서사시와 비극으로 읽는 서양 고전 레시피
브런치 인문학

❙ 일러두기 ❙

1. 희랍 인명, 지명은 고대 희랍어 발음에 가깝게 했으며, 그 외 외래어는 외래어표기법에 따랐습니다.
    예) 오디세우스→오뒷세우스, 히폴리토스→힙폴뤼토스, 테베→테바이, 시라쿠사→시라쿠사이
2. 신의 이름은 주로 희랍 명칭을 사용하였습니다. 다만 로마 명칭을 사용한 경우는 로마 명칭과 괄호 안에 희랍 명칭을 함께 표기하였습니다
    예) 윱피테르(제우스), 유노(헤라), 베누스(아프로디테), 쿠피도(에로스)
3. 그림 설명은 그림의 제목, 작가, 시기(연도), 소장처 순으로 표기하였습니다.

서사시와 비극으로 읽는 서양 고전 레시피

브런치 인문학

강대진 지음

북길드

CONTENTS

머리말　　8

I. 일리아스 [호메로스]　　11

트로이아 전쟁에 관한 시 | 파리스의 선택이 불러온 10년 전쟁 | 아킬레우스의 첫 번째 분노 | 전투 첫째 날 | 아킬레우스의 두 번째 분노 | 아킬레우스의 운명

II. 오뒷세이아 [호메로스]　　47

그 사람의 이야기 | 여정의 시작 | 그 사람의 모험 | 아무것도 아닌 사람 | 집으로 향하는 오뒷세우스 | 오뒷세우스의 귀향

III. 아이네이스 [베르길리우스]　　93

〈아이네이스〉는 2차적 서사시 | 카르타고에서의 아이네아스 | 아이네아스가 기억하는 트로이아 전쟁 | 아이네아스의 여정, 〈오뒷세이아〉의 반영(反影) | 아이네아스의 싸움, 〈일리아스〉의 반영(反影) | 〈아이네이스〉의 정체성

IV. 오이디푸스 왕 [소포클레스]　　137

서사시, 비극, 소포클레스 | 오이디푸스, 누구인가 | 스핑크스의 수수께끼 | 자신을 향해 쏜 화살 | 정해진 운명을 향해 질주하는 오이디푸스 | 오이디푸스의 피할 수 없는 운명

V. 테바이를 공격하는 일곱 영웅 [아이스퀼로스]　　185

희랍 문화와 3대 비극 작가 | 희랍의 극장과 비극 경연대회 | 오이디푸스 집안 이야기 | 〈테바이를 공격하는 일곱 영웅〉과 비극 일반에 대한 해설 | 도입부-에테오클레스의 연설, 정찰병의 1차 보고 | 첫 번째 합창-에테오클레스가 여성들의 공포를 가라앉히다 | 일곱 성문의 공격자와 방어자 배치 | 에테오클레스의 무장, 그리고 전투의 결말

VI. 안티고네 [소포클레스]　　237

〈안티고네〉를 읽기 위해 알아야 할 이야기 | 〈안티고네〉의 줄거리와 세 명의 '거인 방해자' | 첫 장면, 다정하던 자매의 갑작스런 결별 | 승리의 합창과 파수꾼의 보고 | 타협을 거부하는 안티고네 | 하이몬과 크레온의 논쟁 | 안티고네의 자기 애도, 크레온과 테이레시아스의 대결 | 크레온이 받은 징벌

VII. 힙폴뤼토스 [에우리피데스] 283

에우리피데스의 설명적 도입부 | 〈힙폴뤼토스〉의 내용 | 대사 분량과 만들어진 인물의 문제

VIII. 알케스티스 [에우리피데스] 321

사튀로스와 사튀로스극, 구희극, 신희극 | 작품의 전반부-알케스티스가 죽다 | 작품의 후반부-헤라클레스가 죽음과 싸우다

IX. 결박된 프로메테우스 [아이스퀼로스] 367

작가 아이스퀼로스와 〈결박된 프로메테우스〉의 진위 문제 | 프로메테우스, 결박되다 | 오케아노스의 딸들의 등장과 연출의 문제 | 오케아노스와의 대화 | 오케아노스 딸들과의 대화 | 이오의 고난과 미래 | 프로메테우스와 오케아노스 딸들이 땅속으로 가라앉다

X. 아이아스 [소포클레스]   421

작품 요지와 배경 지식 ǀ 도입부-여신의 등장과 아이러니 ǀ 인간은 그림자에 불과하다 ǀ 합창단과 테크멧사 장면 ǀ 아이아스의 유언과 거짓 회심 ǀ 아이아스의 자결과 장례를 둘러싼 다툼

XI. 헬레네 [에우리피데스]   469

발표 연대와 작품 배경 ǀ 설명적 프롤로고스-진짜 헬레네의 상황 설명 ǀ 테우크로스와의 만남 ǀ 합창단의 첫 노래 ǀ 메넬라오스가 찾아오다 ǀ 테오노에를 설득하고 계략으로써 도주하다

XII. 박코스의 여신도들 [에우리피데스]   525

작품 연대, 구조, 해석 방향 ǀ 디오뉘소스의 독백 ǀ 마이나데스 합창단의 노래 ǀ 테이레시아스와 카드모스 ǀ 펜테우스가 두 노인을 비난하다 ǀ 합창단의 노래 ǀ 디오뉘소스가 붙잡혀 오다 ǀ 합창단의 노래 ǀ 전령의 보고-작품 전체의 요약본 ǀ 펜테우스가 여자 옷을 입다 ǀ 펜테우스가 산으로 떠나다 ǀ 펜테우스의 죽음 ǀ '심리 치료' 장면과 데우스 엑스 마키나

원작을 직접 읽으실 분들께 추천하는 우리글 번역서   583

| 머리말 |

  이 책은 2022년 상반기부터 2023년 상반기까지 경남대 교양교육연구소와 양재도서관이 공동으로 주최한 '브런치 인문학' 강의 내용을 정리한 것입니다. 따라서 —특히 5장, 9장에— 다소간 내용 중복이 있으니 감안하고 읽어주시기 바랍니다.
  강의는 크게 세 시즌으로 진행했으며 각 시즌마다 네 작품씩 다루었습니다. 이 책에도 각 시즌마다 다룬 작품을 순서대로 배치했습니다.
  첫 시즌에는 우선 서양의 가장 유명한 서사시 세 편과 가장 유명한 비극 한 편을 다루었습니다. 트로이아 전쟁 중에 아킬레우스의 분노 사건을 다룬 〈일리아스〉, 전쟁 영웅의 귀향과 모험을 다룬 〈오뒷세이아〉, 로마 건국 서사시인 〈아이네이스〉, 그리고 가혹한 운명 앞에서 인간의 의지와 존엄성을 보여준 〈오이디푸스 왕〉입니다. 그 중 세 편의 서사시에 대해서는 형식을 강조했습니다. 〈일리아스〉의 되돌이 구성과 날짜별 균형, 〈오뒷세이아〉의 아들 이야기와 아버지 이야기의 대칭성과 세 가지 주제의 균형, 〈아이네이스〉의 양분 구성 등이 그것입니다. 비극인 〈오이디푸스 왕〉에서는 약간 관점을 달리하여 이야기 진행의 필연성과 인물의 탁월함을 강조했습니다.
  둘째 시즌부터는 희랍 3대 비극작가의 작품이 모두 포함되게 계획했습니다. 다룬 작품은 아이스퀼로스의 〈테바이를 공격하는 일곱 영웅〉, 소포클레스의 〈안티고네〉, 에우리피데스의 〈힙폴뤼토스〉와 〈알케스티스〉입니다. 〈테바이를 공격하는 일곱 영웅〉과 〈안티고네〉는 오이디푸스의 두 아들이 서로 싸워서 동시에 죽은 사건과 그 뒷이야기, 〈힙폴뤼토스〉 내용은 테세우스가 노경에 겪는 재난이라고 볼 수 있으며, 〈알케스티스〉는 헤라클레스의 열두 가지 위업에 딸린 이야기를 다루고 있습니다. 아이스퀼로스는 운명의 힘과 인간의 선택 문제를 자주 다루는데 〈테바이를 공격하는 일곱 영웅〉에서도 마찬가지입니다. 소포클레스는 주로 개인의 결단을 강조하는데 〈안티고네〉에서도 실정법과 자연법의 사이에 선 인간의 결단을 보여주며, 다른 한편 인간 이성의 한계를 탐색합니다. 〈힙폴뤼토스〉에서는 인물 사이의 의사소통(또는 소통 불가능성)에 주의하면서 보시길 권합니다. 앞뒤에 등장하는 신들과 더불어, 인물들의 오고감으로 이루는 구조도 매우 뛰어납니다. 〈알케스티스〉는 죽음이라는 무거운 문제를 희극적 인물 헤라클레스를 등장시켜 가볍게 풀었는데, 아이러니가 두드러지는 작품입니다.

셋째 시즌에 다룬 작품은 아이스퀼로스의 〈결박된 프로메테우스〉, 소포클레스의 〈아이아스〉, 에우리피데스의 〈헬레네〉와 〈박코스의 여신도들〉입니다. 〈결박된 프로메테우스〉는 인간에게 불과 기술을 전해 준 프로메테우스가 제우스의 폭압에 저항하다가 절벽에 묶이는 얘기입니다. 그의 수난은, 제우스에 의해 소로 변해서 온 세상을 떠도는 이오 이야기와 얽혀서 구조적 평행성을 보입니다. 작품에 담긴 여러 지리 정보는 이 세계에 대한 전체상을 제시합니다. 〈아이아스〉는 소포클레스 초기 작품의 특성대로 양분구성을 보이며, 위대한 인물이 실책으로 추락했을 때 그를 어떻게 평가해야 하는지의 문제를 제기합니다. 에우리피데스의 〈헬레네〉는 전쟁이란 허상과 '전쟁 영웅'의 천박함을 폭로

합니다. 또 해피엔딩으로 희랍 비극에 대한 일반적 인상을 뒤엎어버립니다. 〈박코스의 여신도들〉은 평생 신화와 신들을 비웃었던 에우리피데스가 종교현상을 얼마나 잘 이해하고 있는지 보여줍니다. 인간의 숨겨진 욕망이 일순 돌출하고 좌절하는 과정을 통해 거의 현대 심리학의 이론을 선취하고 있습니다.

각 장 끝에는 강의 중에 있었던 질문과 답변을 덧붙여 놓았습니다. 좋은 문제를 제기해주신 분들께 감사의 인사를 전합니다. 강의 진행을 위한 실무와 기술적 도움을 준 김한나 선생과 난삽한 원고를 깔끔하게 정리해주신 허재식 님께도 감사의 인사를 전합니다.

이 책은 강의 기록인 만큼 문장들이 입말 투로 되어 있습니다. 아무래도 입말이 글말보다는 이해하기 쉽고 친근한 느낌을 주니, 그동안 옛책을 어렵게 여기던 분들도 이 책을 통해 비교적 쉽게 고전에 다가갈 수 있지 않을까 기대합니다. 부디 그리되시길 기원합니다.

2025년 1월
강대진

ἸΛΙΆΣ
ὍΜΗΡΟΣ

I

일리아스
호메로스

트로이아 전쟁에 관한 시
파리스의 선택이 불러온 10년 전쟁
아킬레우스의 첫 번째 분노
전투 첫째 날
아킬레우스의 두 번째 분노
아킬레우스의 운명

트로이아 전쟁에 관한 시

서양 최초의 문학 작품은 무엇일까요? 바로 〈일리아스〉라는 작품입니다. 그냥 문학에 국한된 게 아니라, 사실은 최초의 문헌 자료이기도 합니다.

　이와 관련해서 그리스 문화사의 연대 구분을 먼저 보죠. 좀 단순하게 말해서 서양 문화란 것은 동방에서부터 빛이 뻗어 와서 서양의 제일 동쪽부터 비추고, 그 후 서쪽으로 번져나갔다라고 생각하시면 되겠습니다. 그리스 문화는 기원전 8세기를 기점으로 잡을 수 있는데요. 사실은 그전에 다른 단계가 더 있었습니다. 우선 기원전 둘째 밀레니엄에 두 단계로 청동기 문명이 있었어요. 바로 미노아 문명과 뮈케나이 문명입니다. 그 후 암흑기가 한 400년 정도 지속됩니다. 암흑기가 지나고 아마도 기후가 좋아지고 동방과의 교류가 재개되면서 새로운 문자가 들

호메로스 | 영국 대영박물관.

어오는데요. 그래서 새롭게 문화가 꽃피게 됩니다. 그때에 제일 먼저 나온 문헌 자료가 군대의 명단이라든지 세금 목록 이런 게 아니라 〈일리아스〉라고 하는 문학 작품이에요. 이 문학 작품은 호메로스라는 분이 지은 것으로 알려져 있습니다. 대개 눈먼 가객으로 알려져 있는데요. 실제로 이런 분이 있었는지 그런 분이 존재했다면 그가 〈일리아스〉와 〈오뒷세이아〉를 둘 다 썼는지, 아니면 〈일리아스〉나 〈오뒷세이아〉라고 하는 작품이 한 사람의 것이긴 한 건지 혹시 여러 사람이 만든 것은 아닌지 이런 논의들이 있습니다. 하지만 여전히 해결되지 않았고요. 어쩌면 옛날부터 입에서 입으로 전해지던 이야기가 있었는데, 맨 마지막 단계에 어떤 뛰어난 시인이 나타나서 예전 것을 모으고 없는 부분은 보충하고 새로 구조를 짜 넣은 것이 현재의 작품 아닌가 싶고요. 이것이 현재 학자들 사이에 가장 큰 지지를 받는 가설인 듯합니다.

그래서 맨 마지막에 작품을 손질하신 듯한 분이 바로 이분입니다. 대영박물관에 소장된 호메로스 상인데요. 사실 이것도 그냥 상상해서 만든 조각입니다. 조각가마다 조금씩 다르게, 본인이 생각하는 이상적인 시인상을 새기고 있죠. 이 호메로스라는 분은 기원전 8세기에 살았던 분으로 여겨지는데요. 그분의 작품이 〈일리아스〉고, 그 이야기 배경은 트로이아 전쟁입니다.

이 작품은 트로이아 전쟁 중에 일어난 어떤 사건을 다루고 있습니다. 트로이아 전쟁은 기원전 13세기 또는 12세기에 있었던 것으로 여겨지는 전쟁이고요. 아름다운 헬레네가 납치돼서, 그녀를 찾기 위해 그리스 땅에서 약 10만 명의 군대가 트로이아로 몰려가서 10년 동안 전투를 한 끝에, 목마 작전으로 트로이아를 함락하고 헬레네를 찾아온다는 게 그 전쟁의 전말입니다. 그런데 〈일리아스〉는 그 전쟁 전체를 다 다루지 않고요, 트로이아 전쟁이 10년 계속됐는데 10년째의 며칠간에 일어나는 사건만 다루고 있습니다. 즉, 전쟁 10년째에 아킬레우스가 분노한 사건, 어쩌다가 아킬레우스가 화를 내게 되었는지, 그 분노가 어디로 방향을 틀어서, 마지막에 어떻게 해소되었는가 하는 내용입니다.

제목을 설명해드립니다. 〈일리아스〉라고 하는 제목은요, '일리온에 관한 시'라는 뜻입니다. 트로이아의 다른 이름이 일리온이에요. 그래서 〈일리아스〉는 '일리온에 관한 시', 즉 '트로이아에 관한 시' '트로이아 전쟁에 관한 시'라는 뜻입니다. 방금 이 작품의 핵심 주제가 '아킬레우스가 어쩌다가 분노해서 그 분노가 나중에 어떻게 해소되는가'라고 얘기했는데요. 그러면 제목을 '아킬레우스의 노래'라고 하지, 왜 '트로이아 전쟁의 노래'라고 했느냐? 우리가 이 작품을 잘 들여다보면요, 그러니까 아킬레우스의 분노 사건을 쭉 따라가다 보면 트로이아 전쟁 전체가 그려지게 되어 있습니다. 그래서, 이게 최초의 작품이지만 굉장히 교묘하게 만들어졌구나 하는 느낌을 받게 됩니다.

학자들의 연구에 따르면, 현재 우리가 가지고 있는 이 작품은 사실 처음부터 글자로 창작된 게 아니라, 아마도 입에서 입으로 전해지다가 어느 순간에 문자로 정착된 것 같습니다. 기원전 1세기에 살았던 로마 문필가 키케로가 기록하기를, 기원전 6세기에 아테나이에서 노래 시합에 이용하기 위해서, 참가자들이 제대로 노래를 외우고 있는지 판정할 기준을 만들기 위해서 처음으로 문자로 된 텍스트를 만들었다고 했습니다. 그러니까 옛날 사람들에게는 기본적으로 이 작품이 우리가 하듯 책으로서, 눈으로 읽는 것이 아니라 소리로 듣던 것입니다.

그리고 사실은요, 한국도 19세기 말이 될 때까지 기본적으로 청각 중심의, '듣는 문화'였어요. 여러분, '달 밝은 밤에 도련님의 글 읽는 소리가 집 안에 낭랑하게 울려 퍼진다' 그런 얘기 들어보셨죠? 서양도 마찬가지였는데요. 중세에 특히 베네딕트 수도회 같은 데서 수도사들에게 하루에 몇 시간씩 책을 읽되 소리 내지 말고 묵독하라고 그래서, 그게 처음에 수도사들에게 굉장히 괴로운 일이었다고 합니다. 그러니까 여러 문화권에서 기본적으로 글은 소리 내서 읽는 것이었습니다. 어떤 학자의 주장에 따르면 한국은 19세기 말까지도 그랬답니다. 19세기 말까지 '공자 가라사대~, 맹자 가라사대~' 하는 식으로 성현의 말씀을 듣는 철학이 기본이어서, 압도적으로 청각적인 문화였다는 것입니다. 시각적인 정보는 한 번에 전달되는 정보량이 엄청난데, 우리가 청각 중심

문화에 너무 오래 붙잡혀 있어서 근대화에 좀 늦었다라는 것입니다. 현대는 시각 중심 문화가 주류를 이루고 있지요. 《난학의 세계사》(이종찬)라는 책을 참고하시면 좋습니다.

 애기가 좀 멀리 갔네요. 다시 〈일리아스〉로 돌아가죠. 이렇게 긴 작품을 글자 없이 머릿속에서 창작하는 게 가능할까 싶지만, 우리의 판소리를 생각하면 이해가 쉬울 겁니다. 그 내용이 입에서 입으로 전해지다가 어떤 뛰어난 가객이 나오면 내용을 보충하고 수정하기도 하고, 그러면서 현재까지 온 것 같아요. 이렇게 〈일리아스〉는 기본적으로 일종의 공연 대본이었기 때문에 청중을 의식하고 시작하는데요. 옛날 청중들은 이야기를 굉장히 많이 알고 있었습니다. 그래서 트로이아 전쟁에 대한 이야기를 들으러 올 때도 이들이 알고 있는 게 많아요. 따라서 시인은 그 사람들이 다 알고 있는 것은 얘기하지 않고 그냥 지나갑니다. 그런데 현대의 독자들은 그걸 잘 모르죠. 그래서 제가 미리 알아야 할 것 몇 가지만 먼저 얘기해 드리겠습니다.

파리스의 선택이 불러온 10년 전쟁

제우스와 포세이돈이 아름다운 바다의 여신에게 눈독을 들이고 있었습니다. 테티스라는 여신입니다. 그러다가 제우스가 놀라운 사실을 알게 됩니다. 테티스가 아기를 낳으면 그 아기가 아버지보다 뛰어난 존재가 된다는 것입니다. 제우스는 자기 아버지보다 뛰어나기 때문에 아버지를 쫓아내고 자기가 신들의 왕이 되었습니다. 만약 자기보다 뛰어난 아들이 태어나면 자기도 쫓겨날 게 틀림없습니다. 그래서 테티스를 강제로 인간에게 시집보냅니다. 그중에서도 헤라클레스나 테세우스 같은 대영웅이 아니라, 참여한 모험은 많지만 별로 이룬 것이 없는 좀 작은 영웅 펠레우스에게로 보냈어요. 그 결혼식에 모든 신들이 다 초대를 받았는데 불화의 여신은 초대받지 못했답니다. 불화의 여신이 나타나면 불화가 생기기 때문입니다. 그렇지만 초대받지 못했다고 오지 않을 여신이 아닙니다. 그 결혼식 자리에 나타나서 황금사과를 하나 던졌는데요, 거기에 '가장 아름다운 여신에게'라고 쓰여 있었다고 합니다. 그래서 모든 여신이 다 그 사과가 자기 거라고 주장했는데요, 맨 마지막으로 오른쪽의 그림에 보시는 것 같은 세 여신이 남았습니다.

이것은 루벤스(Peter Paul Rubens; 1577~1640)의 〈파리스의 판정〉이라는 그림입니다. 옛날부터 수많은 사람이 그림의 주제로 삼았던 내용이죠. 자, 제우스는 귀찮아서 이 문제를 트로이아 왕자 파리스에게 떠넘겼습니다. 파리스는 원래 태어날 때에 태몽이 굉장히 불길했기 때문에 산에 버려졌던 인물입니다. 어머니가 불덩이를 낳아서, 도시가 불에 타버리는 꿈이었죠. 한데 목자들이 아이를 주워다 키웠습니다. 그래서 자기가 왕자인 줄 모르고 지금 양을 치고 있어요. 거기에 세 여신이 나타납니다. 그림 오른쪽엔 헤르메스가 있네요. 날개 모자를 쓰고 전령의 지팡이를 지녔고요. 그 곁엔 목자 모습의 파리스가 황금사과를 내밀고 있습니다. 왼쪽에 세 여신이 서 있는데, 그림에 이름을 직접 쓸 수는 없기 때문에 이렇게 지물로 표시했습니다. '소지하고 있는 물건'을 '지물(持物)'이라고 합니다. 여신 중 우리가 볼 때 제일 오른쪽에 있는 분은 곁에 공작이 그려져 있으니까 헤라 여신이고요, 가운데 있는 분은 머리에 관을 쓰고 아기 에로스가 동행하고 있는 걸로 봐서 아프로디테고요, 제일 왼쪽은 투구와 방패 그리고 부엉이가 함께 그려져 있는 걸로 봐서 아테네 여신입니

파리스의 판정 | 페테르 파울 루벤스, 1636, 영국 국립미술관.

다. 세 여신은 각각 자기가 황금사과의 주인이 되어야 한다고 주장합니다. 그러면서 각기 파리스에게 선물을 약속합니다. 헤라는요, 자기에게 황금사과를 주면 부와 권력을 주겠다고 약속하고요. 아테네 여신은 전쟁에서의 승리와 명예를 주겠노라고 약속합니다. 한편 아프로디테는 보통 세상에서 가장 아름다운 여인을 주겠노라고 약속한 것으로 알려져 있는데요. 사실은 이 일화가 〈일리아스〉 맨 마지막 부분에 살짝 등장합니다. 거기에 보면, 그냥 한 번 예쁜 여자를 얻게 해주겠다는 게 아니라 세상 누구든지 유혹할 수 있는 능력을 주겠다라고 약속하고 있어서, 일회용이 아니라 여러 번 사용할 수 있는 능력으로 되어 있습니다.

현대에는 사람들이 점점 성평등 같은 주제에 민감해지고, 여성의 상품화 등이 문제 되니까 '가장 아름다운 여인을 주겠다'라고 하면 조금 불편하실 텐데요. 사실 현대에도 '트로피 와이프'라는 개념이 있습니다. 성공한 사람들이 아주 아름다운 여성을 아내나 애인으로 삼아서, 일종의 지위의 상징처럼 곁에 두는 경우 말입니다.

다시 파리스의 판정으로 돌아가죠. 그러면 지금 이 사건의 의미는 무엇이냐? 우선, '이것이 최초의 미인 대회다'라고 말하는 분이 있습니다. 여신의 대역을 뽑아서 종교행사를 관장하게 하는 관행이라는 것이죠. 한편 이 사건의 의미를 달리 심각하게 해석하는 학자들은요, 이것이 우리 인생의 어떤 고비에서, 굉장히 중대한 위기에 자기 앞에 놓여 있는 세 가지 여성적인 원리 중 하나를 선택하는 순간이라고 보고 있습니다. 쉽게 말해서 내 인생의 목표를 무엇으로 두고 살아갈지 결정하는 순간이라고요. 어떤 사람은 부와 권력을 추구하고요, 어떤 사람은 명예를 추구하고, 어떤 사람은 작은 일상의 행복을 추구합니다. 파리스는 그중 세 번째 것을 선택해요. 세 번째 선택지는 대체로, 맛있는 거 먹고 좋은 배우자 만나서 작은 행복을 이루면서 살자는 것과 비슷합니다. 옛날에는 이 선택을 비판하는 사람이 많았어요. 근데 현대의 우리들이 볼 때 그게 그렇게까지 비판할 건가 싶기도 하죠.

그리고 이 사건은 예수님께서 받았다는 시험하고도 비슷합니다. 예수께서 40일 동안 광야에서 굶주리고 있을 때 악마가 나타나서 '예수야, 배고프지? 돌덩이 한번 빵으로 만들어봐라' 하죠? 그걸 거부하니까, 그를 높은 데로 데리고 올라가서 온 세상을 보여주고는 '예수야, 나한테 절 한번 해봐라, 그러면 저거 다 줄게' 그러고요. 또 성전 꼭대기로 데리고 가서 '예수야, 여기서 한번 뛰어내려 봐라. 네가 설마 죽겠냐? 천사가 받아주겠지. 그러면 너 세계적으로 유명해지지 않겠냐?' 그랬더니 예수님은 다 필요 없다고, 자신은 하느님만 섬기겠다 그러죠? 그러니까 '1번, 2번, 3번 중 하나를 선택하시오'라는 문제에 대해, 예수님은 거기에 답이 없으니까 자기가 직접 새로운 선택지를 만든 셈입니다. 그러니, 우리 인생에서도 어떤 갈림길을 만나면 이미 있는 것 중에 선택하는 방법도 있고요, 자기가 원하는 선택지가 없으면 새로운 것을 하나 만드는 방법도 있는 것입니다.

사실 옛사람 중에도 파리스의 판정 이야기를 그런 의미로 해석한 사람이 있었을 테고, 전혀 낌새도 채지 못한 사람도 있었겠죠. 말하자면 앞의 사람은 고전에서 어떤 지혜를 얻은 사람이고, 그렇지 못한 사람은 그냥 재미만 얻은 셈인데요. 사실 재미만이라도 누리는 게 또 어디입니까? 자, 그림 조금만 더 설명하겠습니다. 그림 위쪽에 여신이 하나 더 그려져 있습니다. 한 손에는 횃불을 들고 한 손에는 뱀을 들고 있네요. 보통 전쟁의 여신이라고 해석합니다. 근데 사실은 고대 그리스에서는 전쟁(polemos)이라는 단어가 남성형이기 때문에 전쟁의 여신은 없고요, 로마에는 있습니다. 벨로나(Bellona)라는 여신입니다. 그러니까 이 그림에는 로마식 개념을 그려 넣은 겁니다. 수많은 화가가 이 주제를 그림으로 그렸습니다.

다시 원래 이야기로 돌아가죠. 파리스는 아프로디테에게 황금사과를 넘겨주었습니다. 그런데 그 파리스에게 약속된 바 세상에서 가장 아름다운 여인은 이미 결혼한 상태였습니다. 바로 스파르타의 왕비인 헬레네입니다.

자, 뒤쪽 다비드(Jacques-Louis David: 1748~1825)의 그림을 같이 보시죠.

헬레네와 파리스가 함께 그려진 그림입니다. 우리가 볼 때 오른쪽에

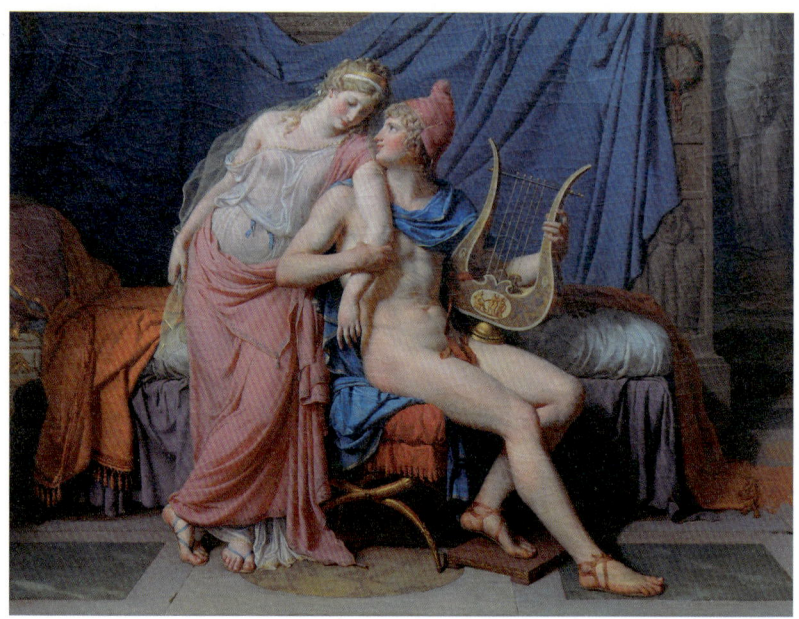

파리스와 헬레네 | 자크루이 다비드, 1788, 프랑스 루브르박물관.

는 파리스가 머리에 '스머프 모자'를 쓰고 있죠? 이게 프뤼기아 모자라고 해서 트로이아 사람의 특징이에요. 그리고 지금 이 그림에서, 남성은 옷을 벗고 여자는 옷을 입고 있죠? 이게 굉장히 전통을 잘 따른 도상입니다. 그리스 도기 그림에서는, 남자는 옷을 벗고 여자는 입고 있는 걸로 그리는 경우가 대부분이에요. 물론 남자도 옷을 입고 있는 경우가 있긴 합니다만. 그런데 여성의 옷이 벗겨지는 경우는 거의 없어서요, 여성의 나체가 그려졌으면 반드시 해석해 줘야 합니다. 뭔가 특별한 사건이 일어났다는 뜻입니다. 지금 이 그림은, 발받침이나 의자 같은 것까지 굉장히 연구를 많이 해서 옛날식으로 그렸습니다.

자, 이제 파리스는 스파르타를 찾아가서 거기서 접대를 받다가, 스파르타 왕인 메넬라오스가 외갓집에 초상이 나서 거기에 간 사이에 그 집 아내 헬레네를 데리고 도망칩니다. 그래서 이 헬레네를 되찾기 위해서 1천 척의 배가 원정을 떠나서 10년 동안 싸웠다라는 것이 트로이아 전쟁의 골자입니다. 그런데 앞에 말한 것처럼, 옛날 사람들은 그런 얘기를 다 알고 있었기 때문에 이야기가 거기서 시작되지 않습니다.

아킬레우스의 첫 번째 분노

⟨일리아스⟩가 시작되는 순간에 벌써, 전쟁은 9년 지나가서 10년째입니다.

　작품 시작 부분을, 뒤에 나오는 그림을 보면서 설명하죠. 여기 옛날의 술 섞는 항아리(크라테르, crater)가 있고요. 기원전 4세기 건데 굉장히 잘 만들었어요. 기원전 4세기에 한국은 아직 청동기 시대였습니다. 그리스에는 기원전 8세기쯤, 암흑기에 철기가 들어왔습니다. 그리고 굉장히 질이 좋은 도기를 만들어서 이야기가 풍부한 그림을 이렇게 그렸습니다. 여러분, 우리 고려청자나 조선백자 같은 데에는 굉장히 서정적인 그림이 그려져 있죠? 서양은 이렇게 서사적인 그림으로 시작했습니다. 그래서 서양의 이야기 전통이 굉장히 길어요. 자, 그림 내용을 보시죠. 전쟁이 길어지자 희랍군이… 아, 결국 제 입에서 '희랍'이라는 단어가 나오고 말았네요. 여러분이 보통 '그리스'라고 부르는 나라, 그 나라 사람들은 자기네 나라를 '헬라스'라고 부릅니다. 그것을 비슷한 발음의 한자로 쓴 게 '희랍(希臘)'입니다. 스스로 '도이칠란트'라고 부르는 나라를 비슷한 발음의 한자로 써서 '독일(獨逸)'이라고 말하는 것과 마찬가지예요. 저도 다른 사람들에게 맞춰서 되도록 '그리스'라고 부르려 했는데,

결국 '희랍'이란 단어가 나오고 말았군요.

다시 하던 얘기를 이어가죠. 희랍군이 배를 1천 척 몰고 트로이아로 갔는데, 대충 계산해 보면 10만 명 정도가 거기 모인 듯합니다. 전쟁이 길어지자 이들은 주변을 약탈해서 좋은 것을 나눠 갖고요. 죄송합니다만, 예쁜 여자들도 자기들끼리 나눠 가졌습니다. 가장 큰 군대를 이끌고 온 아가멤논에게는 크뤼세이스라는 여자가 배당되어 있고요, 전체에서 가장 잘 싸우는 아킬레우스에게는 브리세이스라는 여자가 배정되어 있습니다. 그런데 크뤼세이스의 아버지가 선물을 많이 가지고 아가멤논을 찾아왔습니다.

오른쪽에 있는 그림을 보시면요, 도기 그림 오른쪽 아래에 머리에 물건을 이고 있는 사람이 있죠? 그 물건이 바로 선물입니다. 그러고는, 자기는 아폴론의 사제라면서, 이 선물들을 받고 딸을 돌려달라고 간청합니다. 한데 아가멤논은 그것을 거절하고 노인을 위협해서 쫓아냅니다. 그러자 이 사제는 자기가 섬기는 아폴론 신에게 탄원을 해요. 아폴론은 질병을 내리는 신이기 때문에 희랍군이 곧 질병에 시달리게 됩니다. 그러자 아킬레우스가 회의를 소집합니다. '아킬레우스가 무슨 권한이 있어서 회의를 소집하나?' 이러실지 모르겠는데요. 아킬레우스는 아가멤논의 부하가 아닙니다. 지금 희랍 전체에서 여러 나라 왕이 각각 자기 군대를 이끌고 모여서 연합군을 이루고 있는데요, 가장 큰 군대를 댄 아가멤논이 총지휘관 노릇을 하고 있지만, 다른 왕들도 자율권이 있기 때문에 아가멤논에게 꼭 복종해야 하는 것은 아닙니다. 어쨌든 아킬레우스가 회의를 소집하자, 칼카스라는 예언자가 얼마 전에 아폴론의 사제를 쫓아낸 것 때문에 이런 일이 생긴 거라고 말합니다. 그

아가멤논에게 크뤼세이스의 몸값을 주는 크뤼세스 | 기원전 4세기경, 프랑스 루브르박물관.

래서 아가멤논이 여자를 빼앗기게 되었습니다. 그러자 아가멤논이 화를 버럭 내면서, '다들 예쁜 여자 데리고 있는데 왜 나만 여자를 빼앗겨야 하느냐. 아킬레우스, 네 여자를 내놔라' 하는 식으로 싸움이 번져 나갑니다. 아킬레우스도 화가 나서 칼을 뽑아 싸우려는데 뒤에서 아테네 여신이 머리카락을 잡아당기며 말립니다. 직접 폭력은 피하고 말로만 다투라고요. 그러자 아킬레우스는 아가멤논에게, 당신이 내 여자를 빼앗는 것까지는 참겠지만, 앞으로는 전투에 나서지 않겠노라고 선언합니다. 그러고는 자기 어머니 테티스에게 부탁해서, 자기가 싸우지 않는 동안 희랍군이 패배하게 만듭니다.

오른쪽에 있는 그림은 폼페이에서 나온 벽화인데요. 폼페이는 서기 79년에 베수비우스 화산이 폭발하면서 땅속에 묻혀버렸습니다. 그 후 18세기 중후반부터 조금씩 발굴되기 시작했는데요. 우리에게 거의 2천 년 된 그림을 이렇게 보여주고 있습니다. 그림 한가운데에 아킬레우스가 당당하게 그려져 있고요, 우리 쪽을 보고 있는 여자가 아킬레우스에게 배당됐던 브리세이스입니다. 그리고 그녀를 약간 달래면서 떠나 보내는 듯 그려진 사람은 아킬레우스의 절친한 친구 파트로클로스라고 들 해석하고 있습니다. 그 뒤에 아킬레우스를 주시하고 있는 노인도 하나 그려져 있는데요, 아킬레우스가 전투를 거부하고 전세가 악화되니까 그를 달래기 위해서 사절단이 파견되는데, 사절단에 포함된 노인 포이닉스를 미리 그려 놓은 것 같습니다.

여기서 그림 기법을 조금만 설명하죠. 지금 이 그림은 벽에다가 회칠을 한 다음에 그게 마르기 전에 그 위에 그린 것입니다. 그렇게 하면 안료가 바탕칠 속으로 스며들어가서 보존성이 굉장히 좋아집니다. 프레스코(fresco)라고 하는 기법이죠. 영어로 '신선하다(fresh)'와 같은 말이에요.

이제 희랍군은 아킬레우스 없이 전투를 시작합니다. 사실은 제우스가 아가멤논에게 거짓된 꿈을 보내서, 이제는 트로이아가 함락될 때가 됐으니까 쳐들어가라고 지시했던 거죠. 그래서 그가 군대를 크게 정비해서 진격하자, 적들도 나와서 그것을 막고 전투가 벌어집니다. 사실은 〈일리아스〉의 줄거리는 굉장히 간단해요. '아킬레우스가 화가 나서 전투를 거부한다, 그런데 희랍군이 너무 불리하게 되어 아킬레우스의 친구가 대신 나가서 싸운다, 그 친구가 헥토르에게 죽는다, 그러자 아킬레우스가 마음을 바꿔 전장으로 돌아가서 자기 친구를 죽인 헥토르를

브리세이스를 보내는 아킬레우스 | 기원전 1세기, 이탈리아 나폴리국립고고학박물관.

죽이고, 그 시신을 끌고 다니다가 상대방의 아버지가 찾아와서 사정하니까 시신을 돌려준다. 끝.'

아주 간단하죠? 한데 여러분이 작품을 직접 읽어보려 하면 굉장히 어렵습니다. 길어서 그럴까요? 사실 작품 길이가 아주 길지는 않습니다. 전체가 24권으로 되어 있는데요, 그게 두루마리 24개로 오늘날의 두툼한 책 한 권 분량입니다. 이 작품을 읽기 어려운 주된 이유는 길이보다는 중간에 전투 장면이 너무 많아서입니다. 그리고 전투 장면을 이렇게 많이 넣은 것은 결말을 늦추기 위해서입니다. 작품이 일단 시작되고 나면 너무 빨리 결말에 도달하면 안 됩니다. 얘기가 너무 일찍 끝나면

I. 일리아스 27

많은 사람이 이른바 '본전' 생각을 하게 돼요. 그래서 이야기를 길게 늘이느라 뼈대에다가 살을 채워 넣는데요, 그 살에 해당되는 것이 전투 장면입니다. 이런 것을 '결말 늦추기 장치(retardation)'라고 합니다. 어떤 이야기에나 조금씩은 이런 장치가 들어갑니다.

한편 이렇게 전투 장면이 길게 들어간 또 다른 이유는요, 옛날 사람들이 이것을 즐겼기 때문이기도 합니다. 주변에서도 비슷한 사례를 쉽게 찾을 수 있습니다. 축구 좋아하는 사람들이 그렇죠. 어젯밤에 있었던 경기의 하이라이트 장면을 돌려보고 또 돌려보고, 이쪽 각도에서 보고 저쪽 각도에서 다시 보고, 하는 식이죠. 옛날 사람들은 전쟁을 많이 치렀고, 직접 전투에 참여한 경험도 많았습니다. 실제로 사람들이 죽고 다치는 것을 많이 보았죠. 그래서 그런 것이 여기 그려지면 굉장히 흥미 있게 들을 수밖에 없는 것입니다.

전투 장면이 많아진 다른 이유는 형식 때문입니다. 우리가 어떤 작품이 좋은 작품이다라고 말하려면, 저는 작품의 세 측면을 조명해야 한다고 생각합니다. '내용-형식-의미'가 그것입니다. '내용이 굉장히 풍부하다, 형식적으로 잘 짜여 있다, 의미가 아주 깊다'라고요. 한데 한국에서 특히 잘 언급되지 않는 게 형식이에요. 형식이 무엇인지 규정하려면 상당히 어려운데요. 어찌 보면 표현 방법도 형식이라고 할 수 있지만, 가장 뚜렷한 것은 뼈대입니다. 〈일리아스〉는 이 형식이 굉장히 잘 짜여 있습니다. 뼈대가 아주 튼튼하게 되어 있는 거죠.

전체가 24권으로 되어 있는데, 맨 앞의 세 권과 맨 뒤의 세 권이 짝이 잘 맞습니다. 이 여섯 권은 대체로 전투 바깥에 있고요, 그 사이에는 전투 장면이 나머지 18권에 걸쳐서 펼쳐지는데요. 그 전투가 나흘로 나뉘어서, 전투 첫날 하루는 양쪽이 굉장히 균형 있게 싸웁니다. 전투 시작할 때에 단독 대결 하나, 전투 끝날 때에 단독 대결 하나, 가운데에는 디오메데스라는 사람이 잘 싸우는 장면, 이렇게 해서 첫째 날이 대칭형으로, 균형 잡힌 모습을 보이고요. 나머지 세 날은, 하루는 트로이 아군이 크게 이긴다, 마지막 날은 희랍군이 크게 이긴다, 그 사이의 가운데 날은 서로 세 번씩 진격했다 물러서고, 진격했다 물러서고, 진격했다 물러서는 것으로 되어 있습니다. 요약하자면 전투가 총 나흘간 벌어지는데, 첫날은 독자적으로 균형 잡힌 날, 나머지 세 날은 자기들끼리 묶여서 균형 잡힌 모습, 이렇게 되어 있습니다. 그래서 마치 저울 한가운데를 잡고서 양쪽 접시에 같은 무게의 추를 올려놓는 것처럼, 거의 완벽한 균형을 이뤄낸 것입니다. 과연 이런 일을 글자 없이 머릿속에서 해낼 수 있느냐? 저는, 가능하다고 생각합니다. 문자가 없던 시대 사람들의 기억력은 엄청납니다.

전투 첫째 날

전투 첫째 날에 활약한 디오메데스에 대해 조금 더 설명하죠.

다음에 나오는 그림에 전차를 탄 채로 상대를 공격하는 사람이 디오메데스입니다. 그는 아킬레우스가 싸우지 않는 동안, 특히 전투 첫째 날에 굉장히 잘 싸우는 사람이에요. 사실 이 사람은 원래 다른 부류의 이야기에 나오는 사람인데, 지난 9년간 아킬레우스가 잘 싸운 모습을 보여주기 위해서 임시로 기용한 사람입니다. '그게 대체 무슨 얘기요?'라고 하실지 모르겠는데, 얘기가 좀 깁니다. 희랍의 영웅들은 두 개의 큰 전쟁에서 모두 죽은 것으로 알려져 있는데요. 하나는 테바이 전쟁이고,

아레스에게 창을 던지는 디오메데스 | 존 플랙스먼, 1805, 영국 왕립미술원.

다른 하나가 트로이아 전쟁입니다. 한데 이 두 전쟁은 서로 다른 것이어서, 한쪽 전쟁에 등장하는 사람이 다른 쪽에 나오면 안 되거든요. 그런데 〈일리아스〉 시인이, 원래 테바이 전쟁 이야기에 등장하는 인물 디오메데스를 트로이아 전쟁 이야기로 옮겨다 이용한 것입니다. 그러니까 호메로스는 그냥 신화를 무조건 따라간 게 아니라 경우에 따라서는 그걸 변형시키기도 했던 것이죠.

이 디오메데스는 우선 여신 아프로디테의 아들인 아이네이아스를 부상시키고요. 잠시 후에 아프로디테를 부상시키고, 이어서 전쟁의 신 아레스까지 부상시키는 걸로 되어 있습니다. '아니, 이 사람이 누구길래, 여신의 아들과 여신과 전쟁의 신까지 쓰러뜨리나?' 싶으실 텐데, 그는 아킬레우스의 대역이라고 생각하시면 되겠습니다.

그리고 전투 첫째 날 중간에 굉장히 인상적인 장면이 있습니다. 헥토르가 성 안에 들어가서 자기 아내를 만나보고 가족과 작별하는 장면입니다. 뒤쪽에 잠깐 보시면, 티슈바인(Johann Heinrich Wilhelm Tischbein; 1751~1829)의 그림과 데클러(Carl Friedrich Deckler; 1838~1918)의 그림이 있는데요. 헥토르가 투구를 썼을 때와 벗었을 때의 모습으로 각각 그려져 있습니다.

헥토르가 자기 아들을 안고서 신들에게, 이 아들이 훌륭한 전사가 돼서 어머니에게 기쁨을 주기를 기원하는 모습입니다. 그림 오른쪽 아래에 헥토르의 투구가 놓여 있죠? 아기가 아빠의 투구술이 흔들리는 걸 보고 무서워서 울음을 터뜨리자 아버지가 투구를 벗고요, 그제야 아기가 아빠를 알아보았기 때문에 이렇게 그린 것입니다.

제가 이 그림을 넣은 이유가 있어요. 옛날 사람들도 문학 작품에서 뭔가 교훈을 얻으려 하기는 마찬가지였습니다. 예를 들면 알렉산더 대왕도 아킬레우스를 굉장히 존경하고 본받으려 했으니까요. 근데 사실은 아킬레우스 같은 사람은 본받고 싶어도 그러기 너무 어렵습니다. 여신의 아들인 데다가 모든 걸 다 가지고 있어요. 우리가 굉장히 잘생긴 사람을 보고서, 저 사람을 본받아서 나도 잘생겨져야지 하는 게 가능합니까? '저렇게 잘 싸우는 사람처럼 나도 잘 싸웠으면 좋겠다.' 이런 소망은 품을 수도 있겠지만 사실 이루기가 어렵습니다. 다만 아킬레우스의 어떤 특성, 예를 들면 작품 후반에 보여주는 이해심과 어떤 종류의 절제 같은 것들은 우리가 본받을 수 있겠죠.

한데 헥토르의 경우엔 본받는 게 가능합니다. 현대에도 많은 독자들이 헥토르를 좋아하고 본받으려 합니다. 이유가 있습니다. 아킬레우스는 여신의 아들이기 때문에 미래를 뚜렷이 보고 있어요. 반면에 헥토르는 우리 같은 인간이어서 계속 희망과 절망 사이를 왔다 갔다 합니다. 미래를 알지 못하니까요. 또 약간은 터무니없는 어떤 소망을

◀ **안드로마케와 아스티아낙스와 작별하는 헥토르** | 요한 하인리히 빌헬름 티슈바인, 1812, 독일 올덴부르크 예술문화사박물관.
▶ **안드로마케와 아스티아낙스와 작별하는 헥토르** | 카를 프리드리히 데클러.

가져보기도 하고요. 힘은 좀 달리지만 가족과 국가를 지키기 위해서 자기를 희생하는 모습으로 많은 사람에게 감동을 주기도 하고요. 이렇게 우리와 비슷한 모습이기 때문에 현대 독자들도 그를 좋아하고, 또 본받으려 하는 것입니다. 그리고 그의 아내 안드로마케도 고대에 평판이 좋았습니다. 옛날 사람들이 볼 때 이상적인 배우자라는 거죠.

여자 얘기가 나왔으니, 잠깐 앞에 그냥 지나간 주제를 다시 보죠. 〈일리아스〉 속 사건의 시작이, 아킬레우스가 여자를 빼앗기고 화가 나서 전투를 거부한다는 것 아니에요? 한데 지금 전세가 급한데 자기에게 배정됐던 여자 하나를 빼앗겼다고 막 화를 내는 게 좀 이해가 어렵지 않은가요? 아가멤논도 마찬가지죠. 포로 여인 하나 잃게 되었다고 최고의 전사를 모욕하는 게 아마 이해되지 않으실 거예요. 자, 이 사건을 이해하려면 루스 베네딕트의 〈국화와 칼〉이라는 책을 보셔야 합니다. 그분이 일본 문화를 분석하면서 중요한 구분을 했습니다. '죄의식의 문화'와 '수치의 문화'라는 개념입니다. 서양은 죄의식의 문화를 갖고 있는 데 반해, 일본 문화는 수치의 문화라고요. 한데 많은 학자들이 말하기를 희랍 영웅들의 세계는 '수치의 문화'에 가깝다고 합니다. 이런 사회에서는 남들 앞에 낯을 세우는 것이 굉장히 중요합니다. 남들이 마음속으로만 자기를 존경하는 건 필요 없어요. 자기의 지위가 높고 남들이 자기를 존경한다는 사실이, 자기 옆에 아름다운 여인의 모습으로 형상화, 외면화되어 있어야만 합니다. 그래서 그걸 빼앗기니까 아가멤논도 그렇게 화를 낸 것이고 아킬레우스도 마찬가지였던 거죠.

다시 전투 장면으로 돌아가죠. 아킬레우스가 전투를 거부하고 있는 사이에 첫째 날은 디오메데스가 잘 싸웠지만서도 둘째 날엔 희랍군이

파트로클로스의 다친 팔을 치료하는 아킬레우스 | 5세기, 독일 베를린 고미술관.

갑자기 몰리게 되고요. 셋째 날엔 거의 모든 주요 전사가 부상당하면서 희랍군이 뒤로 완전히 밀리게 됩니다. 방벽이 부서지고 적들이 배 있는 데까지 몰려와서 배에다가 불을 지를 지경이 됐어요. 그러자 아킬레우스의 절친한 친구 파트로클로스가 눈물을 흘리며 아킬레우스를 비난하고, 자기가 나가겠노라고 대신 내보내달라고 합니다.

위에 아킬레우스와 파트로클로스를 그린 그림을 보시죠. 우리가 볼 때 그림 오른쪽에 수염 없는 젊은이의 눈이 굉장히 예쁘게 그려졌죠? 아킬레우스입니다. 그리고 왼쪽에 약간 수염이 난 사람이 파트로클로스예요. 2004년에 나온 영화 〈트로이〉(볼프강 페터젠)를 보면 파트로클로스는 아킬레우스의 어린 사촌으로 설정이 되어 있는데요, 사실은 사촌도 아니고 어리지도 않습니다. 그는 이웃나라에서 살인죄를 저지르고 도망쳐서 아킬레우스의 집에 의탁해 있는 사람이고요. 아킬레우스보다 약간 나이가 많은 것으로 되어 있습니다. 그 파트로클로스가 아킬레우스의 무장을 걸치고 나가서 한동안 잘 싸우지만 결국은 죽게 됩니다. 아폴론이 등을 때려서 갑자기 무장이 벗겨지고, 헥토르에 의해 결정타를 맞고서 쓰러져요. 옷을 입고 벗는 것이 신화나 민담에서 굉장히 중요한 의미가 있습니다. 다른 사람의 옷을 입는다는 건 그 사람이 된다는 뜻입니다. 따라서 여기서 파트로클로스가 아킬레우스의 무장을 걸치고 나가서 죽는 순간에 아킬레우스도 일정 부분 죽었다라고 봐야 합니다.

아킬레우스의 두 번째 분노

전투 마지막 날 아킬레우스가 전투에 참여해서는 거의 죽음의 신인 것처럼 많은 사람을 도륙하는데요. 그건 파트로클로스가 죽으면서 아킬레우스의 어떤 인간적인 면을 함께 가져가버렸기 때문이 아닌가 싶기도 합니다. 옛날 사람들은 이 아킬레우스와 파트로클로스 사이의 우정을 또 우리가 따라야 할 모범으로 생각했습니다. 우정을 위해 목숨까지 바치는 사람들인 것이죠.

파트로클로스가 죽은 후, 아킬레우스는 자기 어머니에게 부탁해서 새로운 무장을 얻게 됩니다. 대장장이 신 헤파이스토스가 만든 것이죠. 그걸 걸치고 전장으로 나가서, 결국 헥토르와 마주쳐 그를 쓰러뜨립니다. 그래서 발목을 꿰뚫어 마차에 묶어서 끌고 돌아오는 장면이 다음에 보실 그림입니다.

이 그림은 희랍 서북쪽, 코르푸 섬에 있습니다. 그 섬에 19세기 말

아킬레우스의 개선 | 프란츠 폰 마치, 그리스 코르푸 섬 아킬레우스 신전.

오스트리아 황제의 부인께서 아킬레우스 성역을 만들었는데, 그곳 건물 벽에 그려진 벽화입니다. 그러니까 한 130년 정도 된 벽화네요. 한국에서도 인기를 얻은 뮤지컬 <엘리자벳>의 주인공, 엘리자벳 황후가 바로 그 그림을 발주한 분입니다.

다시 이야기로 돌아가서요. 복수를 마치고 돌아온 아킬레우스는 친구의 장례를 성대하게 치릅니다. 하지만 그러고도 분이 풀리지 않아서 날마다 헥토르의 시신을 전차에 묶어서 끌고 다니면서 훼손합니다. 그러자 신들이 분개합니다. '헥토르도 우리에게 잘해줬는데 그냥 두면 안 되겠다. 도둑들의 수호신 헤르메스를 시켜서 시신을 훔쳐내자' 합니다. 그러자 제우스가 만류합니다. 그러지는 말고, 내가 아킬레우스에게 영광을 주어야 하니까 누가 테티스를 불러오라고요. 그래서 테티스가 불

헥토르의 시신을 돌려달라고 아킬레우스에게 부탁하는 프리아모스 | 알렉산더 이바노프, 1824, 러시아 트레치야코프미술관.

려오자, 제우스가 부탁합니다. 아들 좀 달래 달라고요. 자, 제1권에서는 아킬레우스가 자기 어머니에게, 어머니가 제우스에게 부탁했습니다. 마지막 권에서는 제우스가 어머니에게, 어머니가 아들에게 부탁합니다. 1권에서 인간의 뜻이 신에게 올라갔다면, 마지막 권에서는 신의 뜻이 인간에게로 내려옵니다. 그리고 여러분은 제1권 시작할 때 머리가 하얀 노인이 '헤아릴 수 없는' 선물을 가지고서 자기 딸을 찾으러 가는 장면을 보셨어요. 그런데 마지막 권에 이와 같이 머리가 하얀 노인이 선물을 많이 가지고 자기 아들의 시신을 찾으러 온 것을 보게 됩니다.

이런 식으로 1권과 마지막 권, 2권과 끝에서 두 번째 권, 3권과 끝에서 세 번째 권이 짝이 딱 맞게 되어 있어서 많은 사람이 경탄하고 있습니다. 3권과 끝에서 셋째 권의 공통점은 단독 대결, 그리고 성벽 위에서 내려다보는 사람들입니다.

한편 프리아모스의 이 여행은 헤르메스가 안내합니다. 그래서 아버지가 아들의 시신을 찾으러 가는 여정은 영웅의 저승 여행 패턴에 맞춰져 있습니다. 해가 진 다음에 출발해서 해 뜨기 직전에 돌아옵니다. 영혼들이 돌아다니는 시간입니다. 무덤가를 지나고 강을 지나가는데요. 저승 강이에요. 강가에서 헤르메스와 마주치는데요, 그는 영혼 인도자입니다. 헤르메스가 아킬레우스의 막사에 있는 거대한 빗장을 벗겨줍니다. 노인이 갑자기 들어서자 아킬레우스가 깜짝 놀라요. 프리아모스는 아킬레우스의 손을 잡고서 고향에 있는 너희 아버지를 생각해서 나의 아들을 돌려달라고 간청합니다. 아킬레우스는 신들의 뜻도 이미 전해 들었고, 또 자기 아버지가 떠올라서 결국 헥토르의 시신을 돌려주게 됩니다.

그래서 이렇게 프리아모스가 헥토르의 시신을 가지고 돌아와서 장례 치르는 것이 마지막 장면이에요.

"그들은 이와 같이 말을 길들이는 헥토르의 장례를 치렀다." 이게 〈일리아스〉의 마지막 문장입니다. 〈일리아스〉 첫 줄은, "분노를 노래하소서 여신이여, 펠레우스의 아들 아킬레우스의 파괴적인 분노를" 이러면서 시작했습니다. 〈일리아스〉 첫 줄엔 여신의 아들 아킬레우스가 나오고, 마지막 줄엔 인간의 아들 헥토르가 나온 것입니다. 이렇게 인류의 문학은 시작부터, 저 높은 데서부터 아래로 내려오고 있습니다. 다음번 〈오뒷세이아〉에서는 일종의 '잡놈들의 세계관'을 보시게 될 겁니다. 〈일리아스〉는 굉장히 높은 귀족들의 세계관이 중심이었어요.

아킬레우스의 운명

제가 방금 내용을 꽤 자세히 얘기하고 형식에 대해서도 얘기했습니다. 이제 의미에 대해서 조금만 얘기해 보죠. 이 작품을 볼 때 많은 분들이 헥토르에게 공감하지만, 사실 이 작품의 주인공은 어디까지나 아킬레우스입니다. 너무나 빛나는 존재이기 때문에 우리가 공감하기 어렵지만서도요, 작품 내에서 유일하게 변화하는 인물이 아킬레우스예요. 그는, 작품 초반엔 분노 때문에 자기 동료들까지 다 죽기를 원하지만, 맨 마지막엔 원수의 아버지까지 불쌍히 여깁니다. 아킬레우스가 원수의 아버지를 자기 아버지와 같게 놓는 순간에, 저는 아킬레우스가 자기 자신을 헥토르와 같은 수준에 놓는다고 생각합니다. 아버지끼리 같으면 아들끼리도 같은 것이죠. 이 아킬레우스는 우주 안에서 인간의 지위가 무엇인지 탐색하는 그러한 역할을 합니다. 그는 어떤 때는 짐승의 수준에 다가갑니다. 헥토르의 살을 저며 먹고 싶어 합니다. 하지만 어떤 때는 제우스처럼 저 높은 하늘에서 인간들을 내려다봅니다. 활력을 과시하며 분주히 움직이지만 금방 스러져버리는, 아주 짧은 시간만 존재하는 저 하찮은 인간들! 한데 아킬레우스는 어떤 면에서 제우스보다 더 뛰어난 면모를 보입니다. 그는, 저 위에서 내려다보면서도 그 하찮은 인간 가운데 자기 자신도 속해 있다는 걸 아는 듯합니다. 이 작품은 논문이 아니기 때문에 그런 인식이 분명하게 표현되지는 않습니다. 그저 여러 구절들에서 우리가 추출해낸 것뿐입니다. 그리고 이런 해석을 도출할 수 있으려면 우선 수많은 전투 장면을 견뎌야 합니다. 그러니 사실 읽기 쉬운 작품은 아니죠.

그리고 또 하나, 이 작품에서 아킬레우스는 죽음의 운명을 받아들입니다. 아킬레우스는 아버지만 잘 만났으면 심지어 신들의 왕도 될 수 있었던 존재였는데요. 신과 인간의 중간에 있기 때문에 그는 인간의 운명, 언젠가는 죽어야 한다는 그 숙명을 뼈저리게 느끼고 있습니다. 하지만 맨 마지막 순간에 아킬레우스는 그 운명을 받아들입니다. 그때 그가 모델로 내세운 사람은 헤라클레스예요. 제우스의 저 뛰어난 아들 헤라클레스가 죽었으니까, 나도 죽음을 받아들이겠노라고요. 다른 사람들은 다 잘 살고 있는데 나 혼자 죽으라고 하면 너무나 억울하겠죠. 하지만 저 뛰어난 아킬레우스가 죽었으니까 우리도 죽을 수 있습니다. 그 아킬레우스는 저 뛰어난 헤라클레스가 죽었으니까 자기도 죽음을 받아들였고요. 그러니까, 이 서양 최초의 문학 작품에서 우리가 얻을 수 있는 지혜는 무엇이냐? 주인공이 우주 안에서 인간의 지위와 운명이 무엇인지 탐색하고, 그것을 이해하고 수용한다는 것 바로 이 점이죠. 아킬레우스는 우리 모두의 대표인 것입니다.

브런치 디저트

이야기는 반드시 교훈을 담고 있는지, 또 이야기를 읽으면서 메시지를 찾아내야 하는 건지요?

문학 작품에서는 바로 지혜가 나오지 않는다라고 했잖아요? 한데 이게 동서양의 차이도 조금 있고, 어쩌면 희랍과 중국 사이의 차이일 수도 있는 듯합니다. 서양 특히 희랍은 이야기 중심이고요, 동양 특히 중국은 가르침이 중심인 듯한 인상이 있습니다.

이제까지 인류가 만들어낸 문학 작품 중에 가장 뛰어난 건 뭐라고 생각하세요? 일단 셰익스피어의 〈햄릿〉이라고 해보죠. 물론 이런 선택에 반대하실 분도 있겠지만, 그래도 세계 최고의 작품 다섯 개만 꼽아봐라 하면 아마 〈햄릿〉이 포함되기 쉬울 거예요. 한데 〈햄릿〉에서 우리는 어떤 지혜, 혹은 교훈을 얻을 수 있을까요? 사람이 우유부단하면 안 된다는 교훈일까요? 아니면, 가족의 죽음을 복수하려면 개인적으로 하지 말고 공적인 장치를 통해야 한다는 걸까요? 그리고 사람들은 보통 이야기 결말이 권선징악적이기를 기대하는데요, 그 작품 끝에는 모든 사람이 다 죽잖아요. 이게 무슨 권선징악입니까? 사실 우리가 〈햄릿〉에서 끌어낼 수 있는 생활의 지혜나 삶의 교훈 같은 건 없습니다. 그런데도 많은 사람이 이 작품을 추앙합니다. 〈전쟁과 평화〉는 어떤가요? 거기서 우리가 얻을 수 있는 지혜는 어떤 건가요? 아니면, 〈모비딕〉이요. 우리가 얻을 수 있는 교훈은 뭔가요? 위험하게 배 타고 먼 데로 나가지 말아라, 이런 교훈일까요? 아니면, 이상한 선장을 만나면 얼른 도망쳐라, 일까요? 아니면, 배가 파선되면 관 속으로 들어가라 일까요? 다 이상하죠? 그러니까 문학 작품에서는 얼른 교훈이 나오지 않고요. 그저 우리가 한 부분 한 부분 보면서 '나 이 사람이 굉장히 마음에 들고, 이 사람처럼 살고 싶어'라든지, '아킬레우스처럼, 혹은 헥토르처럼, 안드로마케처럼, 혹은 프리아모스처럼 행동하고 싶다' 이런 건 있겠죠. 하지만 '바로 이렇게 하는 게 좋다, 저렇게 하는 게 좋다' 이런 지침은 잘 나오질 않습니다.

그런데 보통 좋은 작품들의 의미라고 거론되는 게, 사실 제목 가리고 보면 거의 다 같아요. 대개 이런 식이죠. '인생에 대한 깊이 있는 통찰, 인간의 내면에 대한 심오한 탐색, 유려한 문장' 같은 것들이요. 좋다는 작품치고 이런 평가에 해당되지 않는 게 어디 있겠어요? 그래서 저도 〈일리아스〉에서 우리 삶의 어떤 비밀을 탐색하고, 삶의 의미를 생각해 보고, 그러는 인물로 아킬레우스를 지목했고요. 아킬레우스가 어떤 행동을 했고 어떻게 발전했는지 살펴본 거죠.

특히 아킬레우스의 발전이라는 면은 이번 강좌의 전체 구도와 관련이 있습니다. 이어서 우리가 서사시 세 편을 잇따라 볼 건데요. 그 세 작품을 가만히 보고 있으면 주인공의 모습이, 사람들이 바라는 어떤 이상적 지도자상을 향해 조금씩 조금씩 발전해 나간다는 느낌이 듭니다. 〈일리아스〉 시작 부분의 아킬레우스나 아가멤논 같으면 좀 안 좋은 단계고요, 〈일리아스〉 맨 마지막의 아킬레우스는 상당히 발전한 상태입니다. 제가 언급하지 않고 지나친 대목이 있는데요. 파트로클로스 장례식 때에 아킬레우스가 굉장히 멋진 모습을 보여줘요. 사람들 사이에 분쟁이 일어나면 그걸 조정하고, 동료들을 달래고 중재하기 위해서 자기 재산을 내어놓고, 운동 경기에 참여할 수 없는 노인을 배려하고, 혹시나 왕이 경쟁에 참여했다가 탈락하면 수치를 당할까 봐 부전승을 선언하고, 이런 식입니다. 굉장히 관대하고 여유 있는 모습을 보여주는 거죠. 그러니까 〈일리아스〉 맨 앞에 나온 지도자의 모습, 작품 마지막의 지도자 모습, 또 〈오뒷세이아〉에서 보이는 모습, 〈아이네이스〉에서 보이는 모습, 이런 걸 쭉 따라가면 '지도자는 이래야 되겠구나'라는 교훈을 우리가 끌어낼 수 있습니다.

그렇지만 ―다시 말하지만― 문학 작품이라고 하는 게 어떤 메시지를 전달하기 위한 것은 아닙니다. 심지어 공부 굉장히 많이 하시고 여러 사람에게 좋은 말씀하시는 분도, 제가 어떤 영화 얘기를 꺼냈더니 대뜸 그 영화의 메시지가 뭐냐고 물으셔서 제가 충격을 받은 적이 있어요. 여러분도 혹시 그런 분을 만나면 한번 물어보세요. '그러면 〈햄릿〉의 메시지는 뭡니까?'라고요. 하지만 너무 공격적으로 보이지는 않게 잘 하셔야 합니다.

이런 어려움 때문에 제가 변명처럼, 이야기에서는 교훈이 바로 나오지 않으니까 그냥 즐거움만 얻으시라고 그렇게 말하는 겁니다. 그런데 사실 즐거움이 배움과 연관이 전혀 없지는 않을 것입니다. 많은 사람이 이야기를 듣고서 재밌게 여기는데요, 그건 뭔가 배우는 점이 있어서 그렇다고 해야 할 거예요. 《이야기의 기원》(브라이언 보이드)이라는 책에서는 인간에게 이야기 충동이 있다고 주장하는데요. 이야기를 하려는 충동도 있고, 들으려는 충동도 있다는 겁니다. 그리고 들으려는 충동은, 거기서 어떤 배움을 얻고자 해서라는 거예요. '나라면 저 상황에서 어떻게 행동할까?' 하는 생각을 하기 때문에 일종의 사고실험이 된다는 거죠. 한편 이야기를 하려는 충동은, 그럼으로써 사람들의 주목을 받게 된다는 이점이 있어서라고요.

플라톤의 《국가》에서 〈일리아스〉를 비판한 것은 어떻게 보아야 할까요?
사실 〈일리아스〉가 읽기가 어려운 작품인데요. 그럼에도 우리가 이 작품을 읽어야 하는 이유 중 하나는요, 이름만 대면 누구나 다 아는 유명하신 철학자께서 이 작품을 읽지 말라고 했기 때문이에요. 대체 그 말씀이 무슨 뜻인지 알기 위해서는 이걸 읽어야만 하는 것입니다. 플라톤은 《국가》 2권과 3권에서 〈일리아스〉 내용을 굉장히 많이 비판하고 있습니다. 신들이 난폭하거나 부도덕하게 그려진 대목이라든지, 영웅들이 무례하거나 천박하게 그려진 대목, 그리고 죽음이 무서운 것인 양 묘사한 대목들은 다 지우자고 제안하는데요. 플라톤의 작품엔 늘 어떤 아이러니가 있기 때문에, 그 말을 액면 그대로 받아들이면 안됩니다. 그건 그냥, 지금 자기가 만들려는 이상 국가에서 청소년을 교육하는 데 좋지 않겠다 싶어서 그렇게 비판한 것입니다. 그리고 플라톤 선생님이 하신 말씀이라고 다 맞는 건 아니니까 조금 흘려듣는 태도도 필요합니다. 물론 좋은 말씀이 많기는 하지만요. 지금 이 말씀의 의도는, '이제까지는 문학이 초등교육을 담당해 왔는데 이제 그 역할을 철학이 맡아야 한다'는 일종의 선언이라고, 많은 학자들이 그렇게 해석하고 있습니다. 여러분도 그렇게 보시는 게 좋겠습니다.

고대에는 물론이고, 근래까지도 희랍에서는 〈일리아스〉를 많은 사람이 외우고 있었습니다. 그래서 플라톤도 암송한 내용으로 인용하고 있고요. 또 유명한 사례로, 트로이아 유적지를 발굴한 슐리만의 부인이 있죠. 슐리만이 소피아라고 하는 희랍인 여성과 결혼했는데요, 그분이 〈일리아스〉 대부분을 외우고 있었다고 합니다. 사실 저도 〈일리아스〉의 앞부분 몇 줄을 외고 있어서, 희랍 여행 갔을 때 약간 자랑을 한 적이 있습니다. 같이 공부하던 분들을 모시고서 여행을 갔을 때에, 희랍 문화권에서 극장 유적이 가장 완벽하게 남은 것으로 유명한 에피다우로스 극장에 들렀거든요. 그곳 무대 중앙에 서서 〈일리아스〉 몇 구절을 옛날 희랍어, 현대 희랍어보다도 훨씬 오래된, 거의 3천 년 전 희랍어로 읊었더니 현지 안내자가 다시 한 번 읊어 달라고 청하더라고요. 동양에서 온 사람이 자기네 옛날 말을 운율에 맞춰서 풀어내니까 좀 놀랐던 모양이에요. 희랍어는 다른 언어에 비해 아주 많이 달라지진 않았다고 하지만, 그래도 현대어와 고전어가 완전히 같지는 않습니다.

며칠 간의 사건을 다룬 〈일리아스〉가 교양교육 자료로 적절할까요?
〈일리아스〉라는 작품은 어떤 전체성을 가지고 있습니다. 일단 〈일리아스〉의 배경은 굉장히 한정적입니다. 보세요. 한 40일 간의 이야기예요. 시간적으로 한정이 돼 있고요. 공간적으로 트로이아 앞에 있는 좁은 해변뿐입니다. 그리고 오로지 남자들만, 젊은 사람만 모여서, 전쟁만 하고 있습니다. 그러니까 시간적 공간적으로, 연령과 성별에 있어서, 활동에 있어서 굉장히 한정되어 있는데요. 이 악조건을 무릅쓰고서 〈일리아스〉 작가는 우주 전체를 그 안에 담았어요. 자, 처음에 '아킬레우스의 분노'를 노래한다고 했죠? 한데 그 분노를 따라가다 보면 트로이아 전쟁 전체가 그려집니다. 그리고 전쟁의 중간중간에 평화적인 장면들을 집어넣었어요. 전쟁과 평화로써 인간의 삶이 다 그려지고요. 그 위에다 신들의 장면을 얹어 놓았습니다. 신과 인간으로써 우주 전체가 그려집니다. 제가 이따금 쓰는 비유가 있습니다. 마치 우리가 인터넷 지도를 띄워놓고 클릭할 때마다 점점 카메라가 높은 데로 올라가는 것처럼, 그렇게 구성되어 있다는 거죠. 마치 줌 아웃하는 것처럼 작은 데서 시작해서 점차 시야를 넓혀가며 전체를 담아가는 작품이 〈일리아스〉다라고요.

어떤 분이 말씀하시기를 서사시의 후예는 오늘날의 장편소설들인데, 장편소설의 특징은 온 세상 모든 것을 담으려다가 실패하는 것이라고 합니다. 〈전쟁과 평화〉가 읽기에 왜 그렇게 어렵냐? 역사 전체를 담으려고 했기 때문이다라고요. 〈모비딕〉은 읽기가 왜 그렇게 어렵냐? 고래 전체를 담으려고 해서 그렇다라는 겁니다. 특히 〈모비딕〉을 읽기 시작하면 맨 앞에 고래에 대한 여러 가지 명언, 격언들이 나오죠? 고래 전체를 담으려 하다가 그렇게 되었다는 겁니다. 본문 속에는 고래의 몸에 바닷속에서 심해 오징어와 싸우다가 할퀸 자국 같은 것까지도 자세히 묘사해 놓았는데요. 바로 그것이 이 세계의 세부라는 것입니다.

근데 다른 작품들은 세계 전체를 담으려다 실패했지만 〈일리아스〉는 성공한 것 같습니다. 특히 아킬레우스의 방패에 온 세상이 다 그려져 있는데, 그저 세계 전체를 담으려는 시도가 거기에 반영되었다라고 아시면 되겠습니다.

트로이아 전쟁은 실재했나요?

트로이아 전쟁이 실제로 있었는지 없었는지는 사실 잘 모릅니다. 오늘날 〈일리아스〉에 그려진 트로이아로 지목되는 곳이 튀르키예가 차지한 소아시아 반도 서북쪽 히사를리크인데요. 슐리만이 발굴을 해서 보니까 모두 9개의 층이 있었습니다. 사람이 살다가 떠나가면 거기 자꾸 흙이 쌓이나 봐요. 그렇게 해서 생긴 9개의 층 가운데, 밑에서부터 헤아려서 일곱 번째 층의 아래쪽(VIIa), 또는 그 밑의 층(VI)이 트로이아 전쟁이었던 시기와 겹치는 층으로 추정됩니다. 그리고 실제로 전쟁이 있었다면, 아마 〈일리아스〉에 그려진 것처럼 그렇게 전투하기보다는 포위 작전에 의한 일종의 소모전으로 가지 않았을까 그렇게들 보고 있습니다. 결론적으로 〈일리아스〉의 배경에 역사적 사실이 있는지 없는지는 여전히 논쟁거리다라고 해야겠네요.

ὈΔΎΣΣΕΙΑ
ὍΜΗΡΟΣ

II

오뒷세이아
호메로스

그 사람의 이야기
여정의 시작
그 사람의 모험
아무것도 아닌 사람
집으로 향하는 오뒷세우스
오뒷세우스의 귀향

그 사람의 이야기

〈오뒷세이아〉는 전체적으로, 오뒷세우스가 트로이아 전쟁 끝나고 집으로 돌아가는 이야기입니다. 보통 〈오뒷세이아〉는 '민담이 변해서 된 서사시'라고 하는데요. 그 안에 민담의 요소가 굉장히 많이 포함되어 있습니다. 민담은 뭘까요? 민담은 '사람들이 그냥 서로 즐거움을 주기 위해 만들어낸 이야기'라고들 합니다. 한데 이 작품에서도 자꾸 지혜, 교훈, 메시지를 찾는 분들이 계세요. 저는 그런 분들께, 재미가 우선이다라고 얘기합니다. 물론 우리가 어떤 얘기가 재미있다고 느끼는 건, 여기서 뭔가 배우기 때문이긴 할 거예요. 예를 들어, '내가 저런 상황에 처하게 되면 어떻게 반응할 것인가?' 이런 생각들을 해보게 되고요. 그래서 실제로 낯선 상황에 놓였을 때, 평소 이런 것들을 많이 듣고 많이 생각해 본 사람이라면 아무래도 새로운 상황에 적응하기가 쉽지 않을까 싶긴 합니다. 오늘 우리의 주인공인 오뒷세우스에게 잘 붙는 수식어가 '임기응변에 능한~'인데요, 그의 이야기를 듣다 보면 우리도 조금은 임기응변의 준비가 되지 않나 하는 것입니다.

앞서 〈일리아스〉를 이야기하면서 어떤 작품이 좋은 작품이라고 주장하려면, 내용과 형식과 의미 이 셋을 얘기해야 한다고 그랬죠? 한데 우리나라에선 작품 내용을 자세히 얘기하면 사람들이 싫어합니다. 우선 그걸 얘기해야지 형식을 얘기할 수 있는데 말이죠. 그래서 형식에 대한 언급도 생략하고, 앞의 세 가지 중에 그저 의미만 얘기합니다. 그런데 전에 말한 것처럼 사실 모든 작품의 의미는 다 똑같잖아요? '인간의 내면에 대한 면밀한 탐색, 우리 운명에 대한 깊은 숙고, 이 세계에 대해 넓은 시야를 가지게 하고, 그걸 유려한 문체로 풀어냈다.' 사실 저는 그 '유려한 문체'가 뭔지, 늘 의구심이 있습니다. 문장이 '유창하고 아름답다'는 뜻인데, 그건 사실 작가의 기본 아닌가요? 백일장 심사위원이 학생 글 칭찬할 때나 쓰는 그런 표현을 고전 작품을 평가할 때 사용하는 게 옳은지 잘 모르겠습니다. 아, 제가 너무 멀리 다른 길로 가고 있군요. 다시 원래 얘기로 돌아가죠. 그래서, 형식이 무엇인지 규정하긴 좀 어려움이 있지만, 저는 대체로 형식을 강조한다라고 얘기했습니다.

자, 〈오뒷세이아〉 시작합니다. 이 작품은요, 분량이 〈일리아스〉의 80퍼센트 정도입니다. 〈일리아스〉가 1만 5천 행인데, 〈오뒷세이아〉는 1만 2천 행 정도예요. 그리고 〈일리아스〉처럼 24개의 부분으로 나뉘어 있습니다. 앞 장에서 잠깐 얘기했죠? 〈일리아스〉를 한 사람이 지은 것인지, 아니면 여러 사람이 쓴 걸 대충 편집해 놓은 것인지 아직까지 논란이 있습니다. 하지만 저처럼 '이 작품에 튼튼한 구조가 있다'라고 주장하는 사람들은, 적어도 마지막 단계에 훌륭한 시인이 나타나서 전체를 정리하고 부족한 부분을 채워 넣고 내용을 조정한 것으로 보고 있고요. 그래서 그분에게 호메로스라는 이름을 드리면 된다라는 입장이에요. 근데 아직도 여전히, 부분들이 서로 어울리지 않고 대충 얽혀 있을 뿐이다라고 주장하는 학자들이 있습니다. 이런 학자들은 작품의 최종 조정자를, '편집자(editor)'라는 단어를 사용하지 않고 '리닥터(redactor)'라는 이름으로 부르는데요. 이건 상대를 약간 깎아내리는 폄칭(貶稱)입니다. 이런 경우도 있습니다. 세계적인 학자들이 모여서 공동으로 〈오뒷세이아〉 주석서를 쓰는데, 여섯 분이 모였습니다. 한데 그중에 분석론자는 한 분뿐이에요. 그분은 여전히 자기네 파에 속한 학자가 더 많다고 주장하지만요. 이렇게 대립되는 두 분파의 비중이 5:1이 되게끔 소집된 걸 보면, 분석론자는 이제 많지 않은 것 같습니다. '분석론자'란 〈일리아스〉(또는 〈오뒷세이아〉)는 여러 명의 시인이 쓴 걸 대충 모은 거다라고 주장하는 사람이에요. 한편 그에 반대하여, 적어도 마지막 단계에 한 시인이 작품을 크게 조정했다라고 믿는 사람들은 '단일론자'라고 하는데요. 저는 단일론 진영에 가담하고 있습니다. 물론 〈일리아스〉에도 몇 가지 모순점이 있다는 건 저도 인정합니다. 그런데 〈일리아스〉를 한 사람이 만들었고 또 〈오뒷세이아〉도 한 사람이 만들었다 하더라도, 이 두 시인이 같은 사람인지 다른 사람인지는 말하기가 힘들어요.

롱기누스라고 하는 분의 이름으로 전해지는 〈숭고에 관하여〉라는 작품에는, 〈일리아스〉는 호메로스가 젊었을 때 쓴 것이고, 〈오뒷세이아〉는 나이 먹어서 쓴 것이라고 적혀 있습니다. 하지만, 그게 아니라 같은 전통에서 자라난 서로 다른 두 시인이 있어서, 특히 〈오뒷세이아〉 시인이 〈일리아스〉 시인에게 상당히 경쟁심을 가지고서 그와 맞서보려고 애를 썼다라는 입장이 있습니다. 둘 중 어느 쪽이 맞는지 저도 확실한 입장을 정하기는 어려운데요. 시간이 갈수록 점점 뒤의 주장에 끌리고 있습니다. 즉, 두 작품을 쓴 사람이 서로 다른 시인이라고 하는 거요.

근거를 대라면 이런 겁니다. 〈일리아스〉에서 아주 신중하게 쓰인 구절을 〈오뒷세이아〉 시인이 굉장히 가볍게 쓰는 경우가 있어요. 그래서, '이거 놀려 먹으려고 이렇게 썼구나!' 하는 느낌이 들어요. 물론 같은 사람이 자신을 스스로 놀려 먹는 수도 있긴 합니다. 우리가 나이 먹어서 보면 젊었을 때 자기가 한 짓이 우스워 보이는 수가 있잖아요. 그래서, 나이 먹은 호메로스가 젊은 호메로스를 놀려 먹을 수도 있긴 한데요. 저로서는 그보다는 그냥, '비슷한 환경에서 자라났지만 약간 다른 입장을 취하는 후배 시인이 선배를 좀 놀려 먹으면서 자기 나름의 새로운 작품을 만들고 있다'라고 보는 게 더 재미있는 듯해서요. 그래서 그냥 그쪽을 지지하는 쪽으로 그렇게 결정했습니다.

저도 마음을 정하지 못한 채로 이 논문을 읽으면 이 말이 맞는 것 같고 저 논문을 읽으면 저 말이 맞는 것 같아서, '내가 참 줏대가 없구나, 전공자로서 이러면 되나' 하는 자괴감을 가졌었는데요. 어떤 훌륭하신 학자께서 어떤 책에서, 자기도 마음이 너무나 자주 바뀌어서 인쇄되는 책에다 현재의 생각을 밝히기가 두렵다고 그렇게 써 놓았어요. 그래서 저도 '이거다! 나도 이렇게 말해야 되겠다' 그러고 있습니다. 그래서 저는, 〈일리아스〉 만든 분은 그냥 '〈일리아스〉 시인', 〈오뒷세이아〉 만든 분은 '〈오뒷세이아〉 시인', 이렇게 부르고 있고요. 이 두 분이 같을 수도 있고 다를 수도 있지만, 저는 대체로 '서로 다른 사람으로 보는 게 좋지 않을까' 하는 게 현재 입장입니다.

여정의 시작

다시 〈오뒷세이아〉로 돌아가죠. 〈오뒷세이아〉 시인이 〈일리아스〉 시인에게 맞서기 위해서 상당히 애를 썼어요. 〈일리아스〉는 전체 24권으로 돼 있어서, 전통적으로 알파(A)권부터 오메가(Ω)권까지 있는 걸로 표기했습니다. 그러자 〈오뒷세이아〉도 24권에 맞췄습니다. 역시 알파(α)에서 오메가(ω)까지. '알파'는 제1권을 가리키는데요, 대문자(A)로 쓰면 '〈일리아스〉 1권'이라는 뜻이고요, 소문자(α)로 써놓으면 '〈오뒷세이아〉 1권'이라는 뜻이에요. 작품 제목까지 쓰려면 좀 길어지니까, 그냥 대소문자로 책 제목을 대신한 것입니다. 그런데 〈오뒷세이아〉 분량이 좀 적어요.

그리고 〈오뒷세이아〉 얘기가 나오면 사람들은 대개 '아, 나 그 얘기 알아! 그거 어떤 사람이 전쟁터에서 돌아오다가 바다에서 막 괴물 눈도 찌르고 모험한 다음에, 집에 와서 악당들 처부수는 얘기지?' 그럽니다. 한데 그런 생각을 갖고서 〈오뒷세이아〉를 직접 읽어 보려고 책을 딱 펼치면요, 맨 앞에 여러분이 모르는 사람이 나옵니다. 오뒷세우스의 아들 텔레마코스가 등장해서 아버지의 행방을 찾아다니는 내용이 한참 이어집니다, 4권까지요. 하지만 여러분들처럼 교양을 갖추고자, 고전을 읽기로 굳게 마음먹은 훌륭한 독자라면 꾹 참고서 계속 읽어가겠죠. '아, 참 재미도 없네~' 이러면서요. 그러다가 네 권 지나가고 나면 드디어 오뒷세우스가 나오는데요. '드디어 우리 영웅 나왔다!' 하지만 모험을 안 해요. 배 타고 가다가 파선되는 게 전부입니다. 그래도 여러분이 꾹 참고, '내가 여기까지 읽었는데 포기할 순 없지' 하고 계속 전진하면, 작품의 3분의 1 정도까지 가면 드디어 여러분이 원하는 얘기가 나옵니다. 뱃사람의 모험 얘기요. 그런 얘기가 한 네 권 이어지면 작품 절반을 지나게 되고, 이제 오뒷세우스가 고향에 상륙하게 됩니다. 거기서부터 다시 또 이야기 흐름이 느려집니다. 그러다가 작품 마지막 부분 복수 장면에 도달하면 다시 이야기가, 밀도가 높아지고 사건 진행이 급박해집니다. 전체 24권 중에 이야기 밀도가 제일 높은 데에는 9권부터 12권까지, 오뒷세우스가 자기의 과거 이야기를 들려주는 그 부분입니다.

특히 여러분들이 읽기 힘든 게 앞의 네 권이에요. 〈오뒷세이아〉는 전체가 세 부분으로 나뉘어 있습니다. 네 권-여덟 권-열두 권. 맨 앞의 네 권은 젊은이가 성장하는 이야기, 가운데의 여덟 권은 뱃사람이 모험하는 이야기, 마지막 열두 권은 집 떠난 사람이 돌아오는 이야기입니다. '그런데 맨 앞의 네 권이 꼭 있어야 되나? 이거 재미없는데…' 이런 생각을 여러분이 하실 텐데요. 제 생각에 맨 앞부분이 들어간 이유는요, 그 뒤의 두 부분이 서로 잘 붙지 않기 때문에 그걸 붙여주기 위해서입니다.

'아니? 두 부분을 붙이려면 중간에 들어가는 게 좋지 않나?' 이렇게 생각하실 수 있는데요. 우선 뒤의 두 부분 얘기를 좀 하죠. 뱃사람이 모험하는 이야기로는 '신드바드의 모험' 같은 게 있어요. 집 떠난 사람이 멀리 갔다가 돌아오는 이야기도 여러 가지가 있습니다. 저는 〈추적자〉(존 포드, 1956)라는 서부극에서 그런 요소를 발견하고 깜짝 놀란 적이 있어요. 보통 '방랑자 모티브'라는 건데요, 큰 줄기는 이렇습니다. 어떤 사람이 집에서 떠나서 오랫동안 돌아오지 않자, 그의 아내 또는 약혼녀가 새로 결혼하려고 합니다. 그런데 마지막 순간에 떠나갔던 사람이 돌아온다고요. 한데 그 사람이 꼭 바다에서 모험을 겪을 필요는 없거든요. 그래서 뱃사람의 모험과 방랑자 모티브는 별개의 주제입니다. 서로 잘 붙지를 않아요.

그래서 제가 이런 예를 들어요. 아침에 얼른 나가야 하는 사람이 빨리 준비할 수 있는 식사를 마련합니다. '빵에다 잼이나 발라 먹고 나가야지' 하고요. 한데 빵에 잼을 바르면 이게 상당히 불안정합니다. 혹시 손이 미끄러져서 놓치기라도 하면 꼭 잼 바른 쪽이 아래쪽으로 철퍼덕 떨어져요. 그나마 반대 면이 아래로 가게 떨어지면 툭툭 털어서 먹으면 되는데요, 이게 좀 곤란합니다. 그래서 빵 한 조각을 더 준비하고 거기다 잼을 발랐어요. 그래서 빵 두 쪽을 탁 붙입니다. 그러면 굉장히 안정적이에요. 이쪽으로 떨어지나 저쪽으로 떨어지나 툭툭 털고 먹을 수 있습니다. 〈오뒷세이아〉의 구성이 바로 그런 식입니다. 전체를 두 부분으로 나눠 보자면요, 앞의 네 권은 아들 이야기고 뒤의 스무 권은 아버지 이야기예요. 아버지 이야기는 두 부분으로 되어 있죠? 모험과 귀향입니다. 한데 사실은 앞의 네 권도 마찬가지입니다. 네 권을 두 부분으로 나눠서, 앞부분 두 권은 아들이 고향 땅에서 여행을 준비하는 내용이고요. 뒤의 제3권, 제4권은 아들이 멀리 나가서 모험을 하고 있어요. 그래서 아들 이야기는 아버지 이야기를 뒤집어 놓은 구조로 되어 있습니다. 그러니까 아들의 이야기는 우선 '빵'(고향에서 일어난 일)이 나오고, 거기에 '잼'(모험)을 발라 놓은 셈이고요. 아버지 이야기는 '잼'(모험)이 먼저 나오고, 이어서 '빵'(고향에서 일어난 일)이 나오는 거예요. 그 둘을 탁 붙이면 '빵-잼-잼-빵'의 구조가 되어서 굉장히 안정적으로 결합됩니다. 그러니까 여러분들이 작품을 직접 읽으실 때에는 '1권에서 4권까지는 그런 의미가 있대. 3권, 4권이 아버지의 모험하고 상당히 비슷하군!' 이렇게 생각하면서 읽으면 돼요. 그리고 아들의 모험 내용은 약간 간접적인 것이어서 주로 남에게 이야기를 듣는 것으로 되어 있어요. 그런데 그 이야기 내용이 3권에서 듣는 것은 상당히 사실적인 얘기고요, 4권에서 듣는 것은 굉장히 환상적인 내용입니다. 아버지가 직접 겪는 모험도 앞부분은 사실적인 성격이고 뒷부분은 아주 환상적인 성격이거든요. 그래서 아들과 아버지의 모험이 평행적인 모습을 보여요. '사실-환상-사실-환상'하는 꼴이죠. 둘의 모험이 이렇게 평행하기 때문에 '잼'의 역할을 더욱 잘 수행하게 된 거지요.

그리고 주인공의 모험에 관한 부분의 특징을 더 언급하자면요. 제가 이야기 밀도가 가장 높은 부분이라고 했던 중간 부분, 그 부분은 1인칭 서술에다 시간적으로 과거로 설정되어 있습니다.

제가 앞 장에서 〈일리아스〉 시인은, 트로이아 전쟁 10년간의 이야기를 앞에서부터 뒤에까지 다 하지 않고, 전쟁 10년 차의 며칠간 사건만 보여주지만, 그것을 잘 들여다보면 트로이아 전쟁이 어떻게 시작됐는지 앞으로 어떻게 끝날지도 알 수 있게 되어 있다'라고 했었죠? 〈오뒷세이아〉도 마찬가지예요. 오뒷세우스가 바다에서 10년 떠돌았는데 앞에서부터 다 써 놓은 게 아니라 10년째의 며칠간 이야기만 해놨습니다. 그러면 과거 얘기는 어디로 갔냐? 중간에 본인이 남들에게 들려주는 걸로 돼 있어요. 그래서 시간적으로 작품 초반엔 현재였다가, 중간에 과거로 갔다가, 마지막에 다시 현재로 옵니다. 이런 걸 영화에서는 '플래시백'이라고 합니다. '펑 하면서 뒤로 간다'는 뜻이죠. 그리고 맨 앞부분은

3인칭으로 시인이 서술하다가, 작품 중간 부분에서는 오뒷세우스가 얘기를 들려주니까 '나는 이렇게 했다, 저렇게 했다' 하며 1인칭으로 진행되고, 마지막에 다시 3인칭으로 서술돼요. 2,800년 전의 이야기 기법인데, 정말 대단합니다.

〈일리아스〉 맨 앞에 아킬레우스 분노사건의 원인을 찾아서 시간이 거꾸로 거슬러 올라가는 부분이 있고요, 〈오뒷세이아〉 중간에 과거로 돌아가는 부분이 있어서, 이것이 내러티브 이론에 관한 책에 반드시 인용되는 두 개의 사례입니다. 여러분이 내러티브 이론에 관한 책을 펼치면, 맨 앞에 그 두 가지 얘기가 나와요. 그래서 〈일리아스〉와 〈오뒷세이아〉 안 읽은 사람은, 아니면 적어도 이걸 공부하지 않은 사람은 상당히 곤란하게 되어 있습니다. 고전을 공부해서 좋은 점 중 하나는, 여러 책을 읽기 쉽게 해준다는 거예요. 어떤 책이든지 우선 일종의 선행 연구에 대해, 그러니까 자기와 같은 주제를 다룬 선배 작가에 대해 언급해야 하거든요. 그런데 〈일리아스〉 〈오뒷세이아〉가 서양 문화의 맨 앞에 놓여 있기 때문에, 그리고 옛 사람들이 그 내용을 다 알고 있었기 때문에 그걸 예로 드는 경우가 많습니다.

그래서 이걸 공부해 놓으면 책 읽을 때 도움 되고요. 또 세계 여러 나라 사람과 만났을 때도 도움이 됩니다. 우리가 외국인을 만났을 때, 처음에 날씨 얘기하고요, 이어서 한국에서 인기 있는 거 몇 개 얘기하다가 그다음에는 얘기할 게 없잖아요. 그때는 이런 화제를 이용하시라고 권합니다. '〈일리아스〉 혹시 읽으셨나요?' 아니면 '제가 근래에 〈오뒷세이아〉를 공부했는데 저는 이 대목이 좋았습니다.' 이런 얘기들 하면 다 통합니다. 제가 생생한 증언을 들은 적이 있어요. 국제회의에서

통역 일을 하는 저의 학생 하나가 말하길, 전 세계에서 모인 엔지니어들이 식사하면서 기술과 관련된 얘기는 안 하고, 모두들 호메로스·단테·셰익스피어 얘기를 하더라고요. 그래서 자기도 깜짝 놀랐다고요. 사실 제가 여러분께 나눠드릴 지혜는 없고요. 그저 저와 함께 공부한 내용이 어딘가 써먹을 데가 있다고 말씀드리는 참이에요.

그 사람의 모험

오뒷세우스의 모든 모험을 다 보지는 못하고요, 그냥 우리가 같이 볼 수 있는 모험들의 제목을 적어보았습니다. 오뒷세우스 자신에 대한 이야기는 먼저 모험 이야기, 그 뒤에 귀향 이야기인데요. 작품 중간 부분부터, 그러니까 오뒷세우스가 트로이아 전쟁터를 떠나는 순간부터 그 후에 겪은 일들을 같이 보시겠습니다.

오른쪽에 보시는 그림은 알레산드로 알로리(Alessandro Allori; 1535~1607)가 피렌체의 옛날 은행 건물의 벽에 그려 놓은 그림이에요. 지금은 호텔로 바뀌어서, 아쉽지만 마음대로 가서 볼 수도 없네요.

제가 이 알레산드로 알로리의 그림을 좋아하는 이유는 여러 장면이 함께 그려져 있기 때문입니다. 지금 보시는 그림은 외눈박이 괴물의 눈을 찌르는 장면이에요. 근데 저 뒤쪽에 작지만 다른 모험도 함께 그려져 있습니다.

내용 설명합니다. 트로이아 전쟁이 끝나자 영웅들은 저마다 자기 함대를 이끌고서 고향으로 떠납니다. 오뒷세우스는 일단 동쪽 소아시아에서 서쪽의 유럽 땅으로 건너와서, 이스마로스 사람들의 땅을 약탈합니다. 거기가 얼마 전까지 트로이아를 지원했던 나라이기 때문에, 말하

폴뤼페모스의 눈을 찌르는 오뒷세우스 | 알레산드로 알로리, 1580, 이탈리아 피렌체 살비아티 궁.

자면 적국을 약탈하는 것이니 죄책감은 크지 않았을 거예요. '아니? 작품 주인공이 약탈이나 하다니! 이래도 되는 건가?' 이런 생각을 하실 텐데요. 옛날 사람들 생각은 다릅니다. 〈오뒷세이아〉 제3권에 오뒷세우스의 아들이 아버지 행방 찾아갔을 때, 〈일리아스〉에도 나왔던 네스토르, 그 늙은 왕께서 바닷가에서 제사를 지내다가 그 아들과 마주쳐요. 그러자 '당신 누구냐? 혹시 해적이냐?'라고 물어봅니다. 그래서 많은 학자들이, 당시에는 해적질도 정상적인 경제 활동의 일부였다고 해석합니다. 남의 재산을 그냥 막 뺏어오던 시대였어요. 그나마 지금 오뒷세우스가 약탈하는 지역 사람들은 그동안 트로이아 쪽에 가담해서 희랍군과 싸웠던 사람들이기 때문에 약간의 핑계도 있고요. 사실 전쟁 끝나고 나서 이러면, 요즘 식으로는 이거 전쟁범죄죠.

어쨌든 오뒷세우스 일행이 거기서 처음엔 승리를 거두고, 잔치를 벌입니다. 오뒷세우스는 동료들에게 빨리 떠나자고 재촉하지만, 부하들이 말을 듣지 않고 계속 흥청대다가 적의 응원군이 도착하는 바람에 희생자를 상당히 많이 내고서야 떠나가게 됩니다. 오뒷세우스는 '배마다 6명씩 죽었다'고만 말하는데요. 이 얘기를 들려줄 때만 해도 배가 몇 척인지, 배 한 척에 몇 명이나 타고 있는지 조금 불분명한 상태여서 전체 희생자의 규모를 알 수 없게 되어 있습니다. 나중에 보면 함대 전체는 배 12척이고요, 배 한 척당 한 70~80명 타지 않았나 싶어요. 이런 추정의 근거는 〈일리아스〉입니다. 그 작품 제2권에 '배들의 목록'이라는 부분이 있는데요, 거기에 배가 두 종류 소개됩니다. 사람이 많이 탄 배는 승선 인원이 120명이고요, 다른 종류는 50명을 태울 수 있는 배입니다. 그래서 그 둘을 더해서 2로 나누면 평균적으로 80~90명 정도 되고요. 전체가 1천여 척이어서 대충 트로이아 앞에 10만 명이 모였다라고 그렇게 계산하고 있어요. 다시 오뒷세우스의 배로 돌아가 보면, 한 척마다 6명씩 죽었다는 건 도합 72명이 희생되었다는 거고, 한 척당 7~8퍼센트나 전사했다는 뜻입니다. 꽤 큰 손실이죠.

알로리의 그림을 계속 보죠. 멀리 오른쪽 뒤편에 배로 황급히 도망치는 사람들이 있고 추격하는 사람들이 그려져 있네요. 방금 설명한 이스마로스 전투 장면입니다. 이 사건까지는 〈일리아스〉의 분위기가 연결되는데요. 그다음에 그림의 오른쪽 앞에 그려진 게 로토스 먹는 사람들을 만난 사건입니다. 이들은 굉장히 평화로운 땅에 살면서 저절로 자라나는 달콤한 열매를 먹는데, 이걸 먹으면 집에 가고 싶은 생각이 없어집니다. 그래서 오뒷세우스 일행도 두 사람이 그 열매를 얻어먹고 돌아가지 않으려는 걸 오뒷세우스가 억지로 끌고 오는 것으로 돼 있어요.

그런데 조금 전에 있었던 〈일리아스〉 사건과 비슷한 전쟁 얘기하고, 로토스 먹는 사람들 얘기는 색깔이 좀 다르죠? 사실은 그 사이에 일종의 경계선 같은 게 있어요. 희랍 반도의 남동쪽 모서리에 말레아 곶이라는 돌출부가 있는데요. 거기가 엄청난 풍랑이 일어나는 곳으로 악명 높습니다. 오뒷세우스 일행도 그 부근에서 풍랑을 만나서 9일 동안 어디론가 떠밀려가요. 그런데 민담이나 신화에서 9는 굉장히 상징적인 숫자입니다. 먼저 질문 하나 던져 보죠. 우리는 왜 십진법을 쓰고 있는 걸까요? 제가 볼 때는 아마도 인간이 손가락 10개, 발가락 10개이기 때문일 거예요. 그래서 저는 이따금 농담으로 내기를 제안합니다. 만약에 외계인이 나타났는데 손가락이 4개씩 있으면 팔진법, 손가락이 6개씩 있으면 십이진법을 쓸 거라고요. 다시 십진법으로 돌아가서요, 십진법에서는 9를 넘어가면 단위가 바뀌잖아요. 그래서 9가 굉장히 중요한 숫자가 됩니다. 우리가 흔히 말하길 '아홉 수 넘기기 어렵다'라고 하는데요, 그거하고도 조금 관련이 있을 듯해요. 또 9 곱하기 2도 중요한 숫자입니다. 나중에 오뒷세우스가 집에 갈 때 18일만큼 서쪽에서 동쪽으로 이동하는 걸로 되어 있습니다. 그러니까 여기서 9일 동안 어디론가 떠밀려갔다는 말은 다른 세계, 아마도 환상계로 들어갔다는 뜻일 거예요.

또 하나, 오뒷세우스는 앞으로 여러 모험을 겪을 텐데요. 그의 모험은 크게 두 가지로 구성되어 있습니다. 물리적인 폭력과 성적인 유혹이죠. 한데 방금 본 로토스 열매는 그 두 부류 중 어느 쪽에도 속하지 않습니다. 학자들은 이것을 '무책임의 유혹'으로 규정합니다. 말하자면

'잠수 타고 싶은 마음', 모든 걸 다 던져버리고 어디 숨어버리고 싶은 마음, 이런 걸 반영한다고요. 이 사건에 대해서는 영국 시인 테니슨(Alfred Tennyson; 1809~1892)이 써 놓은 시도 있어요. 〈로토스 이터스(Lotos-eaters)〉라는 시인데, 여러분이 한번 찾아서 읽어보시길 권합니다.

아무것도 아닌 사람

로토스 먹는 사람을 떠나서 항해하던 이들은 다시 어떤 섬에 도착합니다. 한데 맞은편에 또 다른 육지가 있고, 동굴이 있고 짐승 소리가 나요. 그래서 오뒷세우스는, 다른 동료들은 다 섬에서 기다리라 하고서, 배 한 척만 이끌고 건너가서는 그 배도 바닷가에 기다리라 하고 12명만 데리고서 동굴을 탐험합니다. 그 안에 들어가 보니 새끼 양과 염소가 그득하고, 우유와 치즈가 그득해요. 동료들은 빨리 이걸 챙겨서 철수하자고 하지만, 오뒷세우스가 고집을 부립니다. 자기가 여기 주인 만나서 우정을 나누고 선물을 교환하겠노라고 말이죠.

〈오뒷세이아〉에는 이런 관행이 아주 자주 등장합니다. 오뒷세우스의 아들도 아버지의 행방을 찾는 여행에서, 도착하는 곳마다 선물을 주고받는데요. 그게 고대에 말하자면 사람들 사이에 '네트워크'가 이루어지는 절차입니다. 이와 관련해서 근래에 《선물 관계》(리처드 M. 티트머스)라는 책도 나온 게 있어요. 그 책은 《증여론》(마르셀 모스)이라는 책에 기초를 두고 있습니다. 《증여론》은 19세기에 나온, 좀 오래된 책이지만 매우 중요한 저술입니다. 《선물 관계》란 책은 이 《증여론》에 바탕을 두고서 주로 영국의 혈액 정책에 대해 얘기하고 있습니다. 미국은 혈액을 돈 주고 구입하는데요, 영국은 무상으로 기증하는 혈액을 이용한

답니다. 한데 기증 혈액이 구입 혈액보다 더 품질이 좋대요. 사람들이 대가를 받고 팔 때보다 대가 없이 선물로 줄 때에 오히려 더 큰 성의를 보인다라는 게 요지입니다.

어쨌든 고대에 사람들이 선물을 주고받으면서 네트워킹을 이뤘고요. 때로는 그 선물이 멀리까지 이동해서 새로운 관계망을 만들기도 했습니다. 대표적인 게 〈일리아스〉 10권에서 오뒷세우스가 야간 정찰 나갈 때 빌려 쓴 멧돼지 이빨 투구입니다. 원래 그의 외할아버지가 다른 사람에게 선물했던 것이 멀리 여러 사람 손을 거쳐서 다시 오뒷세우스의 머리에 얹히게 된 거죠.

다시 괴물의 동굴로 돌아갑니다. 나중에 생각해 보면 여기서 오뒷세우스가 좀 가볍게 행동한 측면이 있습니다. 그의 동료들이 불을 피워 놓고 음식을 먹고 있는데 주인이 돌아왔어요. 외눈박이 괴물이에요. 오자마자 바위로 문을 막아요. 그 후에 집안일을 하다가 사람들을 발견하고는, '너희는 누구냐?'라고 물어보는데요. 사실 고대의 에티켓을 아는 사람들이라면 벌써 '이거 일이 잘못됐구나'라고 느낄 겁니다. 옛날에는 낯선 사람을 만나면 누군지 물어보기 전에 일단 음식을 대접해야 돼요. 음식을 먹고 난 다음에 상대가 누군지 물어보는데요. 설사 상대가 원수인 게 드러나더라도 해치면 안 됩니다. 같이 식사를 하고 나면 둘 사이에 특별한 관계가 성립되는데요, 그것을 크세노스(xenos) 관계라고 합니다. 이런 사이에는 서로 상대를 보호해줘야 해요. 우리 앞 장에서 트로이아 전쟁에 대해 공부했는데요. 처음에 파리스가 메넬라오스의 집에 가서 접대를 잘 받고는 그 집 아내를 데리고 도망쳤죠? 이건 크세노스 관계를 깨뜨린 거거든요. 그래서 그 관계를 보호하는 제우스, 크세니오스 제우스(Xenios Zeus)께서 노했고, 결국 트로이아가 멸망할 수밖에 없었던 겁니다. 트로이아가 10년이나 버틴 것은 신들에게 바친 게 많아서, 신이 운명을 조금 연장해 주었기 때문입니다.

지금 오뒷세우스는 이 괴물과도 크세노스 관계를 만들려 했던 건데, 뜻밖에도 '너희 누구냐?' 하는 질문을 받았습니다. 그래서 '우리는 트로이아 전쟁에서 돌아오는 사람들이다'라고 답했더니, 그 유명한 전쟁이 언급되었는데도 전혀 감동하지 않고 오히려 일행 중 두 명을 패대기쳐서 먹어버려요. 그리고 잠들어 버립니다. 처음에 오뒷세우스는 그 괴물을 찔러 죽이려 합니다. 하지만 칼을 뽑아들고 간을 막 찌르려다가 다시 생각하니, 바위 문을 열 수가 없어요. 그래서 할 수 없이 기다립니다. 괴물은 다음 날 아침 또 두 명 때려 잡아먹고서 바위 문을 닫고 나갑니다. 한데 동굴 안을 살펴보니 올리브 나무 장대가 하나 있습니다. 오뒷세우스 일행은 그걸 뾰족하게 깎아, 불에다가 끝부분도 그슬어서 단단하게 만들고 숨겨둡니다. 그날 저녁에 괴물이 돌아와서 또 두 명을 잡아먹었을 때, 오뒷세우스는 마론에게서 얻어온 포도주를 그에게 줍니다. 이 포도주는 앞에 본 이스마로스 약탈 때 그곳 제사장에게서 얻어온 건데요. 시인은 그 대목에서는 술 얘기를 안 하다가 지금 이 순간에야 얘기합니다. 오뒷세우스가 이스마로스에서 마론이라는 제사장의 집안을 보호해 줬더니 그가 답례로 굉장히 좋은 술을 줬다고요. 희랍 사람들은 술과 물을 섞어 마셨습니다. 술이 4분의 1, 물이 4분의 3으로 굉장히 묽게 만들어서 먹었죠. 한데 이 술은 20 대 1로 섞어도 여전히 맛과 향이 뛰어났다고 합니다. 아마도 한 번 증류한 코냑 같은 게 아닐까 싶어요. 괴물은 그것을 맛보고는 더 달라, 더 달라 해서 연거푸 세 번을 마시고는 오뒷세우스에게 이름을 묻습니다. 그러자 오뒷세우스는 나는 '아무도 아니'라고, 우티스(Outis)라고 대답합니다. 그러자 상대는, '그러면 내가 너는 맨 마지막에 잡아먹겠다, 이것이 네게 주는 접대 선물이다', 그러고는 잠들어버립니다.

그러자 오뒷세우스는 동료들과 함께, 낮에 만들어놓은 나무창으로 괴물의 눈을 찌릅니다. 자, 알로리 그림의 가장 가까운 부분을 보시죠. 여기 연기도 나고 있죠? 불에 그슬어서 그런 것입니다. 한데 시인은 이것을 문명과 야만의 대결로 표현하고 있어요. 이 대목에서 직유법 두 개를 사용했는데, 모두 도구와 관련된 것입니다. '그들은 마치 회전송곳 돌리듯 나무창을 돌렸다', '괴물의 눈에서는 담금질할 때처럼 김이 나고 치직대는 소리가 났다'라고요. 그러자 괴물이 비명을 지르고, 밖에는 그의 동료들이 몰려옵니다. '누가 너를 해치느냐?' 그러자 괴물은 '우티스야(아무도 아니야)'라고 답하죠. '그러면 네 아버지 포세이돈에게 기도나 해라', 그러고는 동료들이 그냥 가버려요.

그러자 괴물은 바위 문을 열어놓고 손으로 더듬으며 오뒷세우스 일행이 나가기를 기다립니다. 오뒷세우스는 양을 세 마리씩 묶어서 동료들이 배에 매달려서 나가게 하고, 자기 자신은 대장 수컷에게 매달려서 나옵니다. 그걸 그려 놓은 도기 그림이 뒤쪽에 있습니다.

이 사건에서는 숫자가 조금 특별하게 돼 있습니다. 오뒷세우스가 처음 데려간 동료는 12명이었는데요, 그 중 6명이 괴물에게 잡아먹혔고요, 마지막에 6명 남았어요. 그래서 본인 포함해서 사람은 7명이고요. 양은, 동료 6명이 세 마리씩 해서 18마리, 거기에 오뒷세우스 본인이 매달린 대장 수컷까지 모두 19마리입니다. 19와 7. 이게 옛날에 좀 특별한

폴리페모스의 동굴에서 탈출하는 오뒷세우스 | 기원전 510년경, 독일 카를스루에 바덴주립미술관.

숫자였어요. 양력과 음력을 맞추는 데 들어가는 숫자입니다. 19년 동안 윤달을 일곱 번 집어넣으면 양력과 음력이 맞아 돌아갑니다. 이걸 동양에서는 장법(章法)이라고 부르고 서양에서는 메톤주기(Meton週期)라고 부르는데, 기원전 6세기 사람들이 그걸 알고 있었습니다. 어쩌면 〈오뒷세이아〉가 완성되던 기원전 8세기에 이미 알았을 가능성이 있습니다. 오뒷세우스는 전쟁터에서 10년, 바다에서 10년을 보내고 20년 만에 집에 돌아온 걸로 돼 있는데요. 사실은 만 19년이 지나서 20년째 될 때에, 양력과 음력이 다시 맞아 돌아가는 주기에 맞춰서 왔다라는 해석이 있습니다. 그리고 돌아오는 날짜도 달이 새로 떠서 새 달이 시작되고, 새 봄이 시작돼서 새해가 시작되고, 새로운 19년 주기가 시작되고, 이렇게 여러 가지 새로운 것이 겹치는 때라는 해석이 있어요.

오뒷세우스와 폴뤼페모스 | 아르놀트 뵈클린, 1896, 미국 보스톤미술관.

 자, 탈출 장면 도기 그림을 좀 자세히 보실까요? 오뒷세우스가 목도 너무 많이 돌렸죠? 우리가 이렇게 꺾으면 경추골절로 전신 마비되거나 죽습니다. 팔도 이런 자세를 취하면 탈골되는데요. 옛날 사람들이 보이는 대로 그리지 않고 정보를 가장 많이 전달할 수 있는 방식으로 그려서 이렇게 됐습니다.

 오뒷세우스는 동굴 밖으로 나와서 안전한 거리에 다다르자 소리를 지릅니다. "야, 이 머저리야! 나는 우티스가 아니라, 어디 어디에 사는 아무개의 아들 오뒷세우스다"라고요. 그러자 외눈박이 괴물 폴뤼페모스가 막 바위를 던져요. 그러고는 자기 아버지 포세이돈에게 기원합니다, 오뒷세우스에게 저주를 내려 달라고요. 그래서 정말로 오뒷세우스는 집에 가는 데 굉장한 고통을 당합니다. 그래서 제가 농담으로, 이게 사상 최대의 개인정보 누출 사건이었다라고 말하곤 합니다. 부하들이 제발 그러지 말라고 말리는데도, 또 소리 질러 가지고 두 번째 바위가 날아왔을 때는 정말 큰일 날 뻔해요. 앞쪽에 보시는 아르놀트 뵈클린(Arnold Böcklin; 1827~1901)의 그림이 그것입니다.

자, 여기서 오뒷세우스의 모험이 도대체 어떤 의미가 있는지 살펴보죠. 두 가지 학설이 있습니다. 하나는 '성장소설론'이라고 하는 거예요. 오뒷세우스가 모험을 겪을 때마다 차차 성장해서 점점 완벽한 인간이 되어간다는 겁니다. 어떤 모험에서 뭘 배웠는지는 분명하게 언급되지 않습니다. 이 작품이 논문은 아니니까요. 하지만 우리가 방금 본 장면이 오뒷세우스의 밑바닥 상태를 보여주는 게 아닌가 싶어요. 호기심이 과도하고 자기 과시욕을 억누르지 못하는 모습이죠. 하지만 그 후 여러 모험을 거치면서 그는 점점 과묵하고 비밀스러운 사람으로 변해갑니다.

오뒷세우스의 모험을 설명하는 또 한 가지 방법은요, 이건 좀 어려운 이론인데 이렇습니다. 우리 인간은 언젠가 죽는다는 걸 무의식적으로 느끼고 있는데, 그걸 생각하기 싫어한다는 겁니다. 그 사실은 우리가 즐기는 게임 밑바닥에 깔려 있습니다. 우리가 게임을 즐겁게 느끼는 이유는 뭐냐? 게임 속에 나의 아바타가 나와서 여러 미션을 수행하는데요. 조금씩 어려운 단계로 갈 때마다 아바타 모습도 바뀌고 점수도 막 올라가고 하니까 우리가 단계마다 다른 일을 수행하는 걸로 생각하지만 사실은 매 단계마다, 그리고 어느 게임이든 본질은 같다는 겁니다. 내가 죽음 가까이까지 바짝 다가갔다가 도망치는 데서 희열을 느끼는 거라고요. 그래서 매번 어려운 과정 속에서 나의 대리가 도망쳐 나오는 데 성공하는 걸 보고서, 나 자신도 언젠가는 저런 식으로 죽음에게서 피해서 도망칠 수 있으리라는 착각을 일시적으로 가지게 된다고요. 이게 바로 우리가 게임을 할 때 느끼는 즐거움이고요, 오뒷세우스의 모험들도 바로 그런 식으로 구성되어 있다는 겁니다. 그가 죽음 가까이 다가갔다가 피해 빠져나오고, 또 빠져나오고 하는 식으로요. 떠올리기 조금 어려운 이론인데, 상당히 그럴싸합니다.

그리고 오뒷세우스의 모험에 또 하나 사회적인 의미를 부여하면요. 이게 트로이아 전쟁 끝나고 이제 새로운 사회를 만들어야 되는데 어떤 사회가 가장 이상적인 것인지 견학을 해보는 의미가 있다는 겁니다. 〈오뒷세이아〉 첫 구절은 "여러 도시를 보고 사람들의 마음을 알았던 남자에 대해서 이야기해 주십시오"라고 시작돼요. 오뒷세우스는 기본적으로 견학을 다니는 학생이에요. 그런데 사회를 평가하는 기준이 두 가지 있습니다. 하나는 손님을 어떻게 접대하는지 하는 거예요. 제일 밑바닥에 방금 본, 사람 잡아먹는 폴뤼페모스 괴물이 있어요. 그 위에는 잠시 후에 보겠습니다만, 손님을 잘 접대하는데 그 음식을 통해 상대를 돼지로 변하게 하는 키르케가 있고요. 또 어떤 이는 손님을 잘 접대하긴 하는데 집에 안 보내줘요. 칼립소 같은 존재입니다. 손님을 잘 접대하고 집으로 보내주기도 하지만, 남들과 교류를 안 하는 바람들의 신도 있습니다.

여기서 새로운 기준이 나오는데요, 다른 집단과 어떻게 교류하느냐 하는 문제입니다. 남들과 교류하는 데 중요한 수단이 결혼이에요. 서로 남녀를 교환함으로써 사회집단 사이에 교류가 이루어지는데, 바람들의 왕 아이올로스는 자기 자식들을 남매끼리 결혼시키고는, 날마다 자기들끼리 파티하면서 남들과 관련 없이 살아갑니다. 그 위의 사회가 나우시카아의 섬, 오뒷세우스가 지금 이 이야기를 들려주고 있는 섬인데요. 여기서는 남들과 교류도 하고 손님도 잘 접대하고 그러는데, 다른 문제가 있습니다. 거기는 너무나 살기 좋은 데라서 우리가 할 일이 거의 없어요. 꼭 해야 할 일이 없다면 인생도 그다지 의미가 없을 겁니다. 이런 여정을 전체적으로 되돌아보면서 정리하자면 우리가 사는 세계가 약간 어려움도 있고 때로는 무질서도 있지만, 우리가 질서를 잘 챙기고 서로 돕고 교류하면 여기가 제일 나은 데다라는 것 같아요. 그리고 이 정도면 그럭저럭 우리가 바라는 바, 고전에서 이끌어낼 어떤 지혜 아닐까 싶기도 하고요.

집으로 향하는 오뒷세우스

방금 오뒷세우스의 밑바닥 상태를 보셨고요. 그다음에는 바람들의 왕을 만나서 잘 접대를 받습니다. 오뒷세우스가 이제 집으로 가겠노라 하니까 아이올로스가 나쁜 바람을 자루 속에 다 가두어 오뒷세우스에게 건네주고는, 좋은 바람만 남겨서 그를 떠나보냅니다.

오른쪽 이삭 모이용(Isaac Moillon; 1614~1673)의 그림을 보시죠. 여기 그림 왼쪽 앞에 가슴을 드러낸 여성이 있죠? 르네상스 이후의 그림에서 여성이 가슴을 드러냈으면 그건 여신급의 존재라는 의미가 있습니다. 아이올로스의 섬이 일종의 신적인 세계이기 때문에 이렇게 그린 것입니다.

그리고 이상적인 지도자상과 리더십과 관련해서 지금 이 부분에서 약간 할 얘기가 있어요. 오뒷세우스의 문제점 중 하나는 지나친 비밀주의입니다. 자신이 지금 가져가는 자루 속에 얼마나 큰 위험이 들어

오뒷세우스에게 바람을 주는 아이올로스 | 이삭 모이용, 17세기, 프랑스 르망 테세미술관.

있는지 동료들에게 제대로 얘기하지 않고요. 그리고 그는 남을 믿지 않고 자기가 모든 걸 다 하려 하는 사람입니다. 그래서 집에 빨리 가고 싶은 마음에 돛을 직접 조종하고 아흐레 동안이나 자지 않아요. 그러다 결국 막판에 잠이 들죠. 업무분장 없이 혼자 다 하려다 탈진한 셈입니다. 이제 고향 섬이 시야에 들어오고 거기 사는 사람 소리가 들릴 지경인데 깜빡 잠이 듭니다. 그러자 동료들이 '야, 여기 뭐 좋은 거 들었나보다' 하면서 자루를 엽니다. 그러자 거기서 온갖 미친바람이 나와서, 바람들의 왕에게 다시 밀려갔어요. 바람들의 왕은 '당신은 아무래도 신의 저주를 받은 것 같다, 그냥 꺼져라'라고 말합니다.

바람 자루를 여는 오뒷세우스의 동료들 | 테오도르 반 튈덴, 1633, 네덜란드 암스테르담 국립미술관.

　테오도르 반 튈덴(Theodoor van Thulden; 1606~1669)의 이 그림을 보시면 오른쪽 위에 그려진 게 바람들이에요.

　옛날부터 바람은, 남자 머리가 볼을 부풀려서 '후!' 하고서 부는 걸로 그렸습니다. 그림 속 바람 방향이 이쪽저쪽 사방으로 향하고 있죠? 오뒷세우스가 너무 정보 공유를 안 하고, 업무분장 안 해서 결국 이렇게 됐다는 겁니다.

　자, 이제 바람들의 신이 도와주지 않으니 바람도 불지 않아요. 자기들끼리 노를 저어 어떤 해안에 도착합니다. 그곳은 오늘날 북유럽에 있는 피오르 지형 같은 게 있어요. 바다 가까이까지 절벽이 뻗어 나와 있고 좁은 입구를 통과하면 넓고 안전한 포구가 있는데, 농사는 안 짓고 나무를 베어 나르는 길이 잘 닦여 있습니다. 그곳에서 위의 그림에

오뒷세이아 풍경 벽화 | 기원전 60~40년경, 바티칸박물관.

보는 것 같은 거인들을 만납니다.

그 거인들이 바위를 던져서 배를 부수고, 참치 잡는 꼬챙이로 이 사람들을 꿰어갑니다. 오뒷세우스는 처음부터 낌새가 이상해서 제일 바깥쪽에 자기 배를 묶어놓고 있다가, 자신의 배만 간신히 구해서 도망쳐요. 결국, 오뒷세우스는 자기 동료들을 전부 구하고자 노력했지만 성공하진 못한 셈이죠. 이게 작품 맨 앞에 나오는 구절입니다.

한데 지금 이 이야기는 왠지 얘기가 압축된 것 같은 느낌이 있습니다. 학자들은 일단 이 얘기가 사람 잡아먹는 거인들 이야기라는 점에서 외눈박이 괴물 폴뤼페모스 이야기와 중복되니 좀 줄인 거라고 설명합니다. 하지만 그래도 이걸 아예 빼버리면 곤란합니다. 지금 오뒷세우스에게 어려운 문제가 있어요. 배가 너무 많다는 점입니다. 사실 뱃

사람의 모험에 배가 이렇게 많을 필요가 없거든요. 신드바드의 모험처럼 그저 한 척이나 두 척 있으면 됩니다. 근데 이 작품은 〈일리아스〉처럼 트로이아 전쟁에 갔다 오는 영웅을 주인공으로 설정했기 때문에, 그에게 배가 12척이나 있어요. 그래서 방금 본 사건은 배 11척을 없애서 뱃사람의 모험에 적절한 규모로 맞춰주는 의미가 있습니다. 눈치채셨나 모르겠는데, 사실은 조금 전에 이상한 일이 있었어요. 바람 자루에서 광풍이 나왔으면 함선들이 여기저기 흩어져야지, 마치 12척 전체를 하나로 묶어놓은 것처럼 전체가 아이올로스에게로 돌아가는 건 이상하잖아요. 원래 이야기가 배 한 척에 대한 것이었는데, 주인공의 신분에 맞춰서 억지로 12척 이야기로 바뀌놔서 이런 이상한 데가 생겼던 거죠. 한데 지금 이 사건에 의해서 원래 이야기로 돌아가는 참입니다.

그 후에 일어난 일을 보시죠.

오른쪽에 있는 이 그림도 알레산드로 알로리 작품인데요. 멀리 뒤쪽에 배들이 막 부서져 있고, 큰 거인들이 바위 들고 쫓아가고 그 앞에서 조그맣게 그려진 사람들이 도망치고 있죠? 조금 전에 본 사건, 즉 라이스트뤼고네스 인들 만난 거고요. 이들은 그 후 어떤 무인도 같은 데 도착했습니다. 전부 바닷가에 쓰러져 있는데 오뒷세우스가 혼자 정찰을 나가요. 높은 데서 내려다보니 전망 좋은 곳에 아름다운 집이 있습니다. 부하들에게 돌아가서 '저기 사람 사는 데가 있다, 우리 정탐해 보자' 그랬더니, 부하들이 막 울어요. 오뒷세우스는 이제 전체를 두 패로 나눠서 제비뽑기를 시킵니다. 한 패는 바닷가에서 기다리고, 한 패가 정탐을 떠납니다. 정탐 패가 앞에 본 저택으로 갔더니 거기에 아름다운 요정이 있어서, 이들을 안으로 불러들이고 음식을 주는데 그걸 먹자

오뒷세우스 동료들에게 독을 먹인 키르케
| 알레산드로 알로리, 1580, 이탈리아 피렌체 살비아티 궁.

모두 돼지로 변했습니다. 한데 한 사람이 낌새가 이상해서 밖에 남았다가, 오뒷세우스에게 그 소식을 전해요. 오뒷세우스가 칼을 뽑아들고 동료를 구하러 오다가 앞의 그림에 보듯이 헤르메스를 만납니다. 헤르메스는 몰뤼라는 약초를 주는데, 오뒷세우스가 이걸 먹었는지 갖고 있기만 했는지 확실치 않아요. 아마 그냥 갖고 있기만 해도 효과가 있는 것 같아요. 앞의 그림에, 우리에게 가까운 쪽에 키르케가 책을 읽고 있고요, 그 앞에 짐승들이 앉아 있는데 아마도 그녀가 사람을 이렇게 변화시킨 것 같습니다. 옛날에 아직 동물원이 발달하지 않았고 또 사진기도 없던 시절이어서 그런지, 동물들이 좀 웃기게 그려졌습니다.

오뒷세우스가 도착하자 키르케는 또 음식을 내놓는데, 오뒷세우스는 그걸 먹고도 변하지 않아요. 키르케가 지팡이로 때리면서 주문을 외워도 소용이 없습니다. 그는 오히려 칼을 뽑아들고 위협하죠. 헤르메스가 그러라고 지시했던 것입니다. 그러자 키르케는 당신이 오뒷세우스냐고, 당신이 올 줄 알고 있었다고, 빨리 나와 잠자리에 들자고, 그렇게 말합니다. 오뒷세우스는 그녀에게 자기를 해치지 않겠다는 맹세를 시킨 다음에, 그녀의 애인이 되고요. 돼지로 변했던 동료들을 다시 다 사람으로 바꾸고, 바닷가에 있던 동료들도 불러와서 1년 동안 파티하면서 여기서 지냅니다. 오뒷세우스가 집에 가는 데 왜 10년이나 걸렸냐? 집에 가기 싫어서 그랬다는 판본도 있어요. 장 뤽 고다르의 〈경멸〉(1963)이라는 영화에서도 그런 식으로 되어 있습니다. 그리고 트로이아 전쟁은 왜 10년이나 걸렸냐? 남자들끼리 모여서 만날 캠핑하고 신나게 노느라고 그런 거 아닌가 하는 해석도 있습니다.

자, 이제 오뒷세우스가 집에 가겠다고 하니까 키르케가 '그전에 당신은 저승에 다녀와야 한다'고 해요. 그래서 저승에 다녀옵니다.

저승 가는 과정이 재미있는데 지금 그걸 다 설명할 수는 없고요. 그냥 이것은 서양에서 영웅 이야기에 꼭 나오는 요소라는 것만 지적하죠. 영웅이 온전한 존재가 되려면 반드시 두 가지 사건을 겪어야 하는데요. 하나는 여성의 단계를 지나야 한다는 것이고요, 다른 하나는 저승에 다녀와야 한다는 거예요. 이 두 가지가 합쳐질 수도 있습니다. 영웅이 저승에 갈 때에는 거의 언제나 안내자가 있는데요. 그 안내자는 남녀 합체이거나, 남자였다가 여자였다가 하는 식으로 성 정체성이 불분명한 사람이에요. 오른쪽에 그림이 있는데요, 중앙 왼쪽에 그려진

테이레시아스에게 질문하는 오뒷세우스 | 알레산드로 알로리, 1580, 이탈리아 피렌체 살비아티 궁.

이 사람도 그렇습니다.

오뒷세우스가 저승에 가서 만나는 눈먼 예언자 테이레시아스예요. 이 사람은 원래 남자로 살다가 여자가 되었다가 다시 남자가 됐다고 해요. 단테의 〈신곡〉에서도 지옥과 연옥은 남성인 베르길리우스가, 천국은 여성인 베아트리체가 안내하잖아요. 기독교 서사시에 남녀 합체를 등장시킬 수가 없기 때문에 역할 분담을 시킨 것입니다.

자, 다시 그림으로 돌아가서, 전면에 오뒷세우스가 저승에 가서 눈먼 예언자를 만나고 있네요. 그는 그저 '집으로 갈 때 태양신의 섬을 조심하라'고만 말합니다. 이어서 오뒷세우스는 어머니의 혼령도 만나는데, 그림 왼쪽에 그려진 여성입니다. 그림 오른쪽 저 뒤쪽에 저승에서 벌 받는 사람들이 그려져 있습니다. 독수리에게 간을 파먹히고 있는 티튀

오뒷세우스와 세이렌 | 허버트 제임스 드레이퍼, 1909, 영국 페렌스미술관.

오스, 돌을 굴려 올리는 시쉬포스, 물이 앞에 있지만 마시지 못하고 있는 탄탈로스 등입니다. 그림 오른쪽 아래에는 그의 동료들이 양을 잡아서 저승 혼령들에게 피를 먹이려고 준비하고 있습니다.

이렇게 저승에 다녀오자, 키르케는 앞으로 있을 일을 미리 가르쳐줘요. 우선 세이렌들 사이로 지나가야 하는데요. 그들의 노래를 들으면 다 죽으니까 다른 사람들의 귀는 밀랍으로 막고, 혹시 당신이 노래를 듣고 싶으면 돛대에 몸을 꽁꽁 묶고, 혹시 풀어달라고 몸부림치면 더 세게 묶기로 동료들과 미리 약속하라 합니다. 위에 보면 그 상황을 드레이퍼(Herbert James Draper; 1864~1920)가 잘 그렸어요.

스킬라와 카리브디스 사이를 지나는 오뒷세우스의 배
| 알레산드로 알로리, 1575, 이탈리아 피렌체 살비아티 궁.

　이 그림에 세이렌 중 둘은 인간 여자처럼, 하나는 인어처럼 그렸는데요. 세이렌 중 맨 왼쪽, 인어처럼 생긴 여자를 보세요. 턱을 한쪽으로 기울여 젖히고 있죠. 제일 오른쪽 여성도 굉장히 애절하게 노래를 합니다. 다른 사람들은 다 귀를 막고 있어서 '이거 뭔가?' 하는 표정인데, 오뒷세우스는 눈이 뒤집혔어요. 그래서 풀어달라고 발버둥치자, 그의 동료가 약속에 따라 그를 더 세게 묶고 있습니다. 이 사건에 대해 많은 사람들, 스피노자나 호르크하이머 같은 분들이 여러 가지로 다르게 해석하기도 합니다. 그러니까 이 사건에서도 많은 사람이 어떤 지혜를 끌어내려 했다는 거죠. 가장 쉽게 보자면 사람이 속된 유혹에 넘어가면

안 된다는 말이겠죠.

그 다음에 이들은 한쪽에는 엄청난 소용돌이, 다른 쪽에는 머리 6개 있는 괴물 사이로 지나가야 합니다. 한데 소용돌이 쪽으로 가면 모두 다 죽을 위험이 있으니, 여섯 명을 희생시키면서 여섯 머리 있는 스킬라 쪽으로 붙어서 통과합니다. 현실에서도 큰 위험과 좀 작은 위험, 이렇게 두 개가 있는데 둘 중 하나를 꼭 택해야 한다면, 이런 식으로 하는 수밖에 없겠죠. 이 사건을 그린 알로리의 그림이 앞에 있습니다.

오뒷세우스의 귀향

드디어 태양신의 섬에 도착합니다. 거기서 오뒷세우스가 상륙하지 말고 그냥 지나가자고 제안하는데요. 그랬더니 동료들이 반란을 일으킬 기미를 보입니다. 그래서 할 수 없이 그 섬에 내렸어요. 여기서도 오뒷세우스가 너무 정보 공유를 안 한 것 같아요. 그저 '우리가 가져온 식량만 먹어야지 여기 있는 소를 잡아먹으면 안 된다'고만 하지요. 저 소들을 잡아먹으면 집에 못 간다는 얘기는 안 해요. 그런데 한 달 동안이나 바람이 불지 않고 식량이 떨어졌습니다. 오뒷세우스가 섬 구석에 기도하러 간 사이에 동료들이 소를 잡았어요. 뒤에 나오는 티발디(Pellegrino Tibaldi; 1527~1596)의 그림을 보시면요, 앞에 소 잡아먹은 사람들의 눈이 뒤집힌 것처럼 그려졌네요.

여기서 이상한 일이 일어납니다. 소의 가죽이 꿈틀거리고 거기서 우는 소리가 났던 것입니다. 그림 중앙에 오뒷세우스가 칼을 뽑아들고 뛰어나가고 있는데요. 실제로 작품에는 기도하다가 깨어나서 돌아와 사실을 발견하는 걸로 되어 있습니다. 어쨌든 이미 늦었어요. 그림 저

헬리오스의 소를 훔치는 오뒷세우스의 동료들 | 펠레그리노 티발디, 1554~1556, 이탈리아 볼로냐 포지궁전박물관.

멀리 뒤쪽에, 태양신이 마차를 몰고서 제우스에게 항의하러 가는 참입니다. '저놈들을 혼내주지 않으면, 나 일 안 하겠다'고요. 그래서 제우스가 짐짓 좋은 바람을 보내요. 갑자기 좋은 바람이 불어오자, 이들은 배를 몰고 큰 바다로 나갑니다. 하지만 곧 배에 벼락이 떨어져서 돛대도 부러지고 친구들도 다 죽고 오뒷세우스 혼자만 남게 됩니다. 이 사건을 보면 오뒷세우스에게 뭔가 문제점이 있지 않았나 싶습니다. 정보 공유도 안 하고 동료들을 설득하는 데도 너무 약했던 게 아닌가 하는 겁니다.

이제 오뒷세우스는 배 조각을 모아 작은 뗏목을 만들어서는, 그 위에

오뒷세우스와 나우시카아 | 피터르 라스트만, 1619, 독일 바이에른주립회화컬렉션.

엎혀 손으로 노를 저어 가서 칼립소의 섬에 닿습니다. 한데 칼립소가 그를 7년 동안이나 붙잡고 안 보내주는 바람에 거기 갇혀 있다가, 신들이 보내주라 해서 그제야 풀려납니다.

하지만 그가 돌아오는 것을 포세이돈이 발견하죠. '내 아들 눈멀게 한 놈, 혼 좀 나봐라!' 그래서 다시 뗏목이 파선되고, 천신만고 끝에 위의 그림에 보는 것처럼 섬에 도착해서는 그 바닷가에 빨래하러 나온 공주 나우시카아와 마주쳐서 도움을 청해요.

거기서 옷을 얻어 입고 그녀의 집에 가서, 그 집 아버지 어머니에게 도움을 청하고 지금까지 우리가 들은 이 얘기를 들려줍니다. 그래서 그가 들려준 과거 이야기만 1인칭으로 되어 있는 거죠.

이어서 그곳 사람들이 오뒷세우스를 배로 실어다가 고향 바닷가에 내려놓고, 자고 있는 사람을 그냥 두고 갑니다. 지금 오뒷세우스는 환상의 세계에서 현실로 넘어오는 참인데요. 이렇게 자면서 넘어오는 게 제일 그럴싸해요. 그동안 겪은 환상세계 모험이 일종의 꿈인 것처럼 처리되는 셈이죠. 거기서 일단 늙은 충직한 돼지치기를 찾아갔다가 그 오두막에서 자기 아들과 만나고요. 그때 아테네 여신이 오뒷세우스를 늙은 거지로 변신시켜서 처음엔 아들도 알아보지 못하지만, 여신이 잠깐 원래 모습으로 되돌려주어서 아들과 서로 알아보게 됩니다. 이제 오뒷세우스는 다시 늙은 거지의 모습으로 자기 집에 갑니다. 그곳은 난장판이에요. 오뒷세우스의 아내에게 구혼자들이 몰려 와 있습니다.

〈오뒷세이아〉 강의 뒤에 제가 이따금 받는 질문이 '오뒷세우스의 아내는 몇 살쯤 됐을까요?'입니다. 작품에는 정확히 나와 있지 않은데요. 옛날에는 열여덟쯤에 결혼했잖아요? 결혼 후 아기를 바로 낳았다 치고, 그 직후에 남편이 전쟁터에 가서 20년 만에 돌아오는 참이에요. 아들이 턱에 막 수염이 나려는 참인 걸로 되어 있습니다. 그러니 대충 30대 말쯤 되지 않았을까 싶네요. 오늘날에는 수명도 늘어나고 기술도 좋아져서 그 나이에도 아름다운 분이 많이 있지만 옛날에는 그러기 좀 어려웠을 거예요. 그러니 젊은이들이 그 정도 나이 여성에게 구혼하러 잔뜩 모였다는 건, 아무래도 재산과 지위를 노리고서 그런 게 아닌가 싶습니다. 거기 모인 사람 중엔 젊은 축도 많았던 걸로 되어 있어요.

다음 쪽에 있는 코린트(Lovis Corinth; 1858~1925)의 그림을 볼까요!

그런 젊은이들이 모여 있다가, 늙은 거지가 찾아오자 막 구박하고

거지와 싸우는 오뒷세우스 | 로비스 코린트, 1903, 체코 프라하국립미술관.

의자도 집어던지고, 더 젊은 거지와 싸움도 시키고 그럽니다. 하지만 오 뒷세우스는 그들이 시키는 대로 다 해요. 그러면서 상황을 살피고 있 다가, 자기 아내가 활쏘기 시합을 열었을 때에 기회를 얻어 자기도 활 을 쏩니다. 그 활이 평소엔 줄과 본체가 분리되어 있기 때문에 쏘기 직 전에 먼저 줄을 걸어야 하는데, 다른 사람들은 아예 줄을 걸지도 못합 니다. 한데 오뒷세우스가 나서서 아주 쉽게 줄을 걸고, 제일 먼저 우 두머리를 죽입니다. 오른쪽의 도기 그림을 보시면 왼쪽 가운데에 목에 화살 맞아 쓰러진 사람이 있죠?

그동안 거짓말을 일삼았기 때문에 목에 화살 맞아서 죽은 겁니다.

구혼자들을 죽이는 오뒷세우스 | 기원전 330, 프랑스 루브르박물관.

일종의 '시적 정의'이고요. 오른쪽 아래에 오뒷세우스가 뾰족 모자를 쓰고 활을 겨누고 있고요. 그의 아들이 방패를 들고 아버지 앞에서 가려주고 있고, 그 위쪽에 충직한 소치기와 돼지치기가 오뒷세우스를 도와주고 있습니다. 구혼자들은 창이 없어서, 식탁을 들고서 방어하면서 칼을 뽑아 저항하는 모습입니다.

이렇게 구혼자들을 전부 처단하고, 불충하던 하녀들도 다 처형하고, 자기 아내가 낸 수수께끼를 맞추고서 아내를 되찾고, 아버지를 만나는데요. 그곳에 구혼자들의 친척들이 몰려와서 다시 전투가 벌어지지만 아테네 여신이 나타나서 싸움을 말리고서, 명하죠. '너희들, 맹약을 맺고서 오뒷세우스를 왕으로 섬기고 살아라.' 그래서 그 명에 따라 사람들이 맹세를 하는 걸로 작품이 끝납니다.

이거 너무 약한 결말 아니냐, 이럴지 모르겠는데요. 이에 대한 몇 가지 변명이 있어요. 그 중 하나는, 이 작품이 옛날 가객이 여기저기 다니면서 공연하던 걸 기록한 것이어서 이렇다는 겁니다. 공연자가 얼른 얘기를 끝내버리면 다음 날 자기 먹을 게 없어집니다. 그래서 이야기를 자꾸 늘려가는 경향이 생겨나고, 상대적으로 이야기를 끝내는 방법은 잘 발달하지 않게 되죠. 또 다른 설명은, 이런 긴 작품들은 모두 결말이 약하다는 것입니다. 오늘날의 장편소설, 예를 들면 도스토예프스키의 작품도 뒤가 약하다는 얘기를 많이 들어요. 긴 얘기를 끌고 가자면 에너지 소모가 크고, 그래서 끝맺음을 힘차게 하기가 어려워서 그런 것 아닌가 싶네요. 한편, '아니 이게 왜 약한 결말이냐, 이전까지는 두 진영이 이쪽이 죽이면 저쪽이 또 죽이고, 이런 식으로 끝없이 피의 복수의 악순환이 있었는데 여기서 협정을 맺고서 평화롭게 끝나는 건 인류의 정신이 한 단계 올라서는 걸 보여주는 거다, 이거 약한 결말 아니다'라고 말하는 사람도 있습니다.

브런치 디저트

오뒷세우스라는 지도자에게서도 우리가 본받을 점이 있다면 어떤 것이 있을까요? 우선 자제력과 미래에 대한 숙고가 있습니다. 외눈박이 괴물의 동굴에 갇혔을 때, 오뒷세우스가 분노를 참지 않고 감정을 앞세워서 상대를 그냥 죽였더라면 그들도 거기서 나오지 못했을 거예요. 한데 오뒷세우스는 그 후까지 생각했기 때문에, 자기들 힘만으로는 바위 문을 열지 못한다는 걸 생각하고 참았던 거죠. 이와 관련해서요, 오뒷세우스의 능력 중 하나는 뭔가를 '하지 않는 능력'입니다. 이거 중요합니다. 그는 배고플 때도 절제하고, 욱하는 성질도 누르고 그럽니다. 고향에 돌아와서도, 저것들 쳐 죽일까 그러다가 참은 적이 두 번이나 있습니다. 자기에게 못되게 구는 멜란티오스라는 종한테도 그러고요, 음란한 하녀들도 단번에 쳐 죽일까 하다가 참습니다. 그는 유혹 앞에서 자제하여 로토스 먹는 사람들한테도 넘어가지 않았고, 태양신의 섬에서도 고기를 먹지 않았습니다.

늘 희망을 잃지 않고 최선을 다한다는 점도 있습니다. 라이스트뤼고네스 인들 만나서 함대를 다 잃었을 때도, 동료들은 모두 바닷가에 쓰러져 있는데 그는 어떻게든 살길을 찾아서, 새로운 희망이 없나 탐색합니다. 우리도 이런 걸 좀 본받아야 할 거예요. 물론 그의 약점도 몇 개 지적했죠, 부하들과 소통이 부족했고요. 그리고 결과적으로 자기 부하들을 구해내지 못했습니다. 한데 〈오뒷세이아〉 시인은, 그 부하들이 자기들이 어리석어서 죽었다라고 작품 초입에 써 놓았어요.

하지만 작품 내용을 보면 지도자 자신이 설득력이 좀 부족했던 것 같기도 해요. 애당초 이것이 민담이 변해서 된 서사시이기 때문에, 이렇게 한 사람 중심으로 진행되고, 주인공의 성장을 또렷이 보여주기보다는 그냥 에피소드식으로 구성되었기 때문에 이렇게 된 것 아닌가 싶기도 합니다. 그리고 오뒷세우스의 최대 강점은 임기응변 능력인데, 사실 이런 건 타고나야지, 우리가 남을 본받아 키울 수 있는 게 아니죠. 그저 여러 상황에서 되도록 앞뒤를 미리 생각하고 절제하고 자기를 너무 많이 내세우지는 말자, 그리고 그때그때 필요한 대로 또 상황에 맞춰서 적응도 하자 하는 정도입니다. 이게 그럭저럭, 2,800년 전 기원전 8세기 작품에서 우리가 끌어낼 수 있는 일종의 지혜가 아닌가 싶습니다.

〈오뒷세이아〉를 소재로 한 작품이 많이 있나요?

현대에도 그런 게 많고요, 무엇보다 단테의 〈신곡〉이 있습니다. 현대 작가들은 대개 오뒷세우스가 키르케의 집을 떠난 후 집으로 돌아가지 않고 딴 데로, 온 세상을 알고 싶어서 세상 끝까지 가는 걸로 그렸습니다. 사실은 이렇게 결말을 바꾼 첫 번째 작가가 단테입니다. 그 당시는 아직 신대륙 발견 이전이어서, 사람들이 신대륙 있는 줄을 몰랐습니다. '지옥편'에 그려진 오뒷세우스는 지중해를 벗어나서 남서쪽으로, 그러니까 아르헨티나 쪽으로 계속 항해하다가 하늘까지 솟아 있는 산(연옥산)을 보고서 기뻐하던 중에 거대한 풍랑을 만나서 파선되어 죽은 걸로 돼 있어요.

그러니까 1300년대에 벌써 〈오뒷세이아〉를 다른 식으로 바꾼 사람이 있었던 거고요. 현대에도 〈희랍인 조르바〉로 유명한 카잔차키스, 그분이 굉장히 길게 〈오뒷세이아〉 뒷얘기를 써 놨어요. 그분도 오뒷세우스가 키르케에게서 떠난 후, 집에 안 가고 딴 데 간 걸로 해놨습니다. 오뒷세우스가 집에 갔다가 어리석은 백성들 다스리는 게 지겨워서 다시 여행을 떠나는 걸로 만든 시인(테니슨)도 있어요. 한편 근래에 카바피(Cavafy) 같은 분들도 오뒷세우스의 고향 이타케를 찾아가길 권하는 시를 썼고요. 또 데렉 월코트(Derek Walcott)라고 하는 분은 꼭 〈오뒷세이아〉는 아니지만 〈오메로스〉라는 작품을 써서 노벨상을 받았습니다. 그분은 카리브해에 있는 나라(세인트 루시아, 즉 산타루치아) 출신이에요. 그 작품에 아킬레우스도, 헥토르도, 헬레네도 나오는데, 이 사람들이 그냥 변두리에 사는 트럭 운전사, 뱃사람 이런 식으로 설정되어 있어요. 이런 작품으로 노벨상을 받았습니다.

〈오뒷세이아〉와 연관된 소설 중 제일 유명한 것은 〈율리시즈〉라고 하는 제임스 조이스 작품인데요. 장마다 '키르케', '라이스트뤼고네스' 이런 식으로 중간 제목을 달아놨어요. 한데 사실 이게 원본하고 어떻게 연관되는지 독자들이 짐작하기 어렵습니다. 그래도 아무것도 모르는 것보다는 '원작의 이러저러한 에피소드와 연관된 분위기를 배경 삼고 있구나' 하고 읽으면 약간은 도움이 되지 않나 싶네요. 제임스 조이스 소설이 '의식의 흐름'을 따라 쓴 것이라서 얘기가 이리 갔다 저리 갔다 하기 때문에, 이야기 연결이 잘 안 되거든요. 앞뒤가 잘 안 맞아서, 이거 모순 아닌가 싶은 대목도 있는데, 그래도 〈오뒷세이아〉를 길잡이로 삼으면 그럭저럭 맞출 수는 있습니다.

그리고 현대 영화들이 있습니다. 국내에 〈오디세이〉라는 제목으로 소개된 것과 〈율리시즈〉라는 제목으로 소개된 것 두 개가 대표적입니다. 커크 더글러스가 주인공으로 나오는 게 〈율리시즈〉라는 제목이고요. 〈오디세이〉라고 되어 있는 것은 콘찰로프스키(Konchalovsky)라는 감독의 작품으로 원래 TV용인데, 저는 이걸 더 좋아합니다. 그리고 코엔 형제가 만든 〈오! 형제여 어디 있는가?〉라는 작품도 〈오뒷세이아〉의 틀에 따라 만든 것으로 알려져 있습니다. 이 영화는 죄수들이 탈옥해서 집으로 가는 얘기예요. 이와 비슷하게 어딘가 붙잡혀 있던 사람이 탈출하는 이야기들은 대개 〈오뒷세이아〉의 영향을 받은 것으로 많이들 얘기합니다. 예를 들면 〈콜드 마운틴〉 같은 영화요. 미국 남북전쟁 때 전쟁터에 끌려간 병사가 집에 가는 이야기죠? 그리고 이 영화는 본 사람이 거의 없을 텐데요, 희랍의 앙겔로풀로스(Angelopulos) 감독이 만든 〈율리시즈의 시선〉(1995)이 있어요. 영화사 초기에 만들어진 어떤 영화의 필름을 찾으러 가는 감독 얘기인데요. 하비 케이틀이 주인공 역으로 발칸 반도를 통과하면서 다른 시간대로 들어가서 체포되기도 하고, 어떤 여인에게 접대를 받기도 하고, 과거로 갔다가 현대로 돌아왔다가, 조금 이야기가 연결되지 않게, 공간 여행뿐 아니라 시간 여행도 하는 것으로 돼 있습니다.

그리고 어떤 분은 〈시간 여행자의 아내〉라고 하는 타임슬립 영화도 〈오뒷세이아〉의 영향을 받았다고 주장하더라고요. 아닌 게 아니라 오뒷세우스가 나우시카아의 섬에 도착할 때 벌거벗고 도착하는 거요. 그게 다른 차원으로 갈 때 자주 일어나는 일이에요. 〈시간 여행자의 아내〉에서는 어떤 사람이 원치도 않는데 자꾸 다른 시간대로 가요. 그런데 매번 옷을 벗어놓고 다른 시간대로 가기 때문에, 새로운 시간대에 도착할 때마다 옷 구하는 게 큰 문제입니다. 이처럼 다른 세계로 갈 때 옷 벗고 가는 거는 〈터미네이터 2〉라고 하는 영화에도 나오죠? 미래에서 온 터미네이터가 알몸으로 등장해서 맨 처음 하는 일이 자기와 비슷한 체격의 사람을 찾아 옷 빼앗아 입는 거잖아요. 그거하고 오뒷세우스가 알몸으로 도착하는 거하고 상당히 비슷한 데가 있습니다. 이렇게 〈오뒷세이아〉는 민담의 요소를 많이 담고 있어서 여기저기 〈일리아스〉보다도 훨씬 쓰임새가 있는 그런 작품입니다.

서양 사람들은 동양에 대해서 〈논어〉 정도 알고 있는데, 여기 동양 사람들이 〈일리아스〉·〈오뒷세이아〉를 어느 정도 알고 있을까요?
사실 저는 서양 사람들이 〈논어〉를 과연 어느 정도 알고 있는지 좀 의구심을 가지고 있습니다. 사실 동양 사람이 서양 거 배우는 게 서양 사람이 동양 배우는 것보다 훨씬 쉬워요. 그리고 지금 전 세계가 미국화되어 가고 있는데 미국의 뿌리가 서양이어서 그런지, 우리 동양 사람이 서양을 훨씬 많이 알고 있습니다. 서양에서 동양에 대한 관심을 거의 처음으로 보인 분이 괴테예요. 괴테가 '세계 문학'이라는 개념을 만들어냈습니다. 이분이 그 당시에 구할 수 있는 동양 책 번역을 거의 다 구해 읽었어요. 그래서 《서동시집(西東詩集)》이라는 것도 쓰고 자기 나름대로 시야를 넓히려고 그랬는데, 그 당시에도 서양에 동양 것이 충분히 소개되지 않았고요. 오늘날도 서양 작품들이 동양에 소개된 정도에 비해 동양 작품이 서양에 소개된 건 훨씬 적어요. 그래서요, 아마도 서양 사람들이 〈논어〉에 여러 훌륭하신 말씀이 있다더라 그 정도로나 알지, 사실 그 내용을 자세히 아는 사람은 없을 것 같습니다. 한편 〈일리아스〉·〈오뒷세이아〉는 한국에 직접 읽은 사람은 거의 없지만, 불핀치가 이걸 베껴서 작품 만들어 놓은 것, 또 그걸 번안한 만화 등이 그나마 많이 퍼져 있어서 사람들이 작품 내용은 꽤 알고 있는 듯합니다. 저로서는 어떤 식으로든 고전에 접근하게 해준다면 좋은 일이라고 봅니다. 옛날에 제 수업에 자주 오던 어떤 젊은이가 그러더라고요. 자기는 여자들 앞에서 잘난 척하려고 고전 공부한다고. 아, 좋은 동기입니다. 문화라는 게 원래 이성에게 잘 보이기 위해서 생겨났다는 이론도 있습니다. 그래서 저는 무엇이건 고전 공부로 이끄는 건 다 좋다고 생각합니다.

 제가 방금 동양 사람이 서양 것을 배우는 게 그 반대보다 쉽다고 주장했는데요. 거기엔 글자의 문제도 있는 것 같습니다. 동양의 고전문자인 한자가 굉장히 어렵잖아요. 제가 대학 다닐 때 실제로 겪은 일이 있습니다. 그분은 아마 좀 준비가 잘 안 된 채로 한국에 온 사람이고, 지금은 그런 사람 없을 것 같습니다만, 제가 동양철학 수업에 들어갔더니, 선생님께서 한문을 세로 방향으로 오른쪽부터 칠판에 적어놓은 걸 서양에서 온 친구가 가로 방향으로 왼쪽부터 베끼고 있더라고요. 아니, 저렇게 해서야 수업이나 제대로 따라갈 수 있으려나 싶었습니다. 물론 그분도 곧 달라지기는 했겠지만요. 서양 사람들이 동서양의 차이를 이 정도로 모르나 싶어 좀 기가 막혔습니다.

하나 더 얘기하자면, 제가 헤시오도스 수업 시간에 이따금 에즈라 파운드(Ezra Pound; 1885~1972) 시를 인용하는데요. 그분이 세계 여러 언어를 공부했어요. 그래서 자기 시에다가 희랍어, 라틴어 단어도 넣고, 이따금 한자도 섞어 쓰고 있습니다. 그런데 한문 문장이 아니라 그냥 글자인 한자예요. 주먹만 한 크기로 중간에 끼워 넣은 게 약간 부적 같은 모습입니다. 아마 어떤 글자가 형태도 아름답고 뜻이 좋으니까 그냥 하나씩 집어넣은 것 같아요. 예를 들면 덕(德), 이런 글자를 영어로 된 시 중간에 그냥 넣었어요. 힘[力], 이런 거요. 제가 그걸 보고, 아이고 서양 사람이 생각하는 동양은 이런 거구나 하는 생각이 들었습니다.

AENEIS
PUBLIUS VERGILIUS MARO

III

아이네이스
베르길리우스

〈아이네이스〉는 2차적 서사시
카르타고에서의 아이네아스
아이네아스가 기억하는 트로이아 전쟁
아이네아스의 여정, 〈오뒷세이아〉의 반영(反影)
아이네아스의 싸움, 〈일리아스〉의 반영(反影)
〈아이네이스〉의 정체성

〈아이네이스〉는 2차적 서사시

〈아이네이스〉라고 하는 작품은요, 대개 2차적 서사시(secondary epic)라고 들 말합니다. 〈일리아스〉나 〈오뒷세이아〉는 자연발생적으로 생겨난 것인데 반해 〈아이네이스〉는 그런 작품들을 연구해서 2차적으로 만든 작품이라는 뜻입니다. 따라서 이 〈아이네이스〉를 읽으시려면 〈일리아스〉, 〈오뒷세이아〉 내용을 잘 알고 계셔야 합니다. 이 작품 여기저기서 계속 〈일리아스〉, 〈오뒷세이아〉를 인용하고 변형해서 우리에게 전해 주고 있거든요.

〈아이네이스〉는 기원전 1세기에 나온 작품입니다. 베르길리우스라는 시인이 만들었고요. 이 기원전 1세기는 사실 로마의 문화적 전성기라고 할 수 있습니다. 기원전 3세기쯤부터 희랍 문화를 로마식으로 번안하는 작업이 시작되는데요. 기원전 1세기쯤에는 로마가 지중해 전역을

베르길리우스 | 3세기, 튀니지아 바르도 국립박물관.

차지하게 됩니다. 특히 알렉산드로스의 후예인 클레오파트라가 다스리던 지중해 동쪽 지역까지 다 차지하고, 문화적 자신감도 대단하던 시대입니다. 그 시기에 로마의 3대 시인이 다 나왔는데요. 그중 한 분이 여기 소개하는 베르길리우스입니다.

위에 보시는 모자이크는 북아프리카 튀니지아에 있는 것입니다. 바르도(Bardo) 국립박물관이라고 튀니지아의 수도인 튀니스에 있는데요. 그곳에 모자이크가 굉장히 많이 소장되어 있어요. 튀니스는 옛날 카르타고의 수도 자리를 거의 그대로 물려받았습니다. 한니발이 코끼리를 몰고서 알프스를 넘어 로마로 진격한 게 기원전 218년인데요, 이 도시가 그 한니발의 근거지예요. 하지만 3차 포에니 전쟁 때 도시를 완전히 쓸어버리고(기원전 146년) 그 인근에 로마의 식민지가 개척되었어요.

현재 여기 로마 유적도 많이 남아 있고 이처럼 모자이크 좋은 게 많이 남게 되었습니다.

앞의 모자이크에는, 중앙에 앉은 베르길리우스가 양쪽에 무사 여신 둘을 동반하고 뭔가 시상을 가다듬고 있는 듯한 모습이네요. 우리가 볼 때 오른쪽에 있는 여신은 가면을 들고 있죠? 무사 여신들은 예술의 여러 분과를 나눠서 관장하는데, 이분은 특별히 연극 분야를 관장하는 분(Melpomene)으로 그려졌네요. 왼쪽 여신은 역사를 관장하는 클레이오입니다. 베르길리우스의 작품이 우리가 보기엔 문학이지만, 옛사람들이 생각하기로는 역사이기도 하니까요.

이 베르길리우스를 나중에 단테가 자기 작품 〈신곡〉에서 저승 안내자로 기용했습니다. 단테 〈신곡〉의 주인공은 단테 자신인데요. 거기에 베르길리우스가 안내역을 맡아서 지옥과 연옥을 같이 둘러보고, 천국은 여성인 베아트리체가 안내하는 걸로 돼 있습니다. 앞에서 다룬 작품에서도 잠깐 말씀드린 것처럼, 서양에서는 영웅이 온전한 존재가 되려면 반드시 저승에 한 번씩 갔다 와야 하는 것으로 되어 있고요. 그런 특성이 가장 잘 드러난 게 〈오뒷세이아〉 11권입니다. 한편 그런 저승 여행에는 늘 안내자가 있는데 그 안내자는 남녀 합체인 경우가 아주 흔합니다. 아니면 적어도 성 정체성이 모호한 사람이어야 합니다. 그래서 오뒷세우스의 저승 여행에서는 테이레시아스라고 하는, 남자였다 여자였다 남자로 변한 그 사람이 중요한 역할을 한 것입니다. 한데 단테 〈신곡〉은 기독교 서사시여서 조금 문제가 생겼습니다. 기독교 서사시에서는 하느님의 지혜를 찬양해야 하기 때문에 이 세상에 어떤 중간적이거나 혼합된 존재가 있다는 걸 용납하지 못해요. 그래서 신화 속에 나오는 켄타우로스나 미노타우로스 같은 존재들은 지옥의 한 층을 대표하는 간판처럼만 사용되고 있습니다. 아니면 지옥의 관리자거나요. 그래서 저승 안내자로 남녀 합체나 성 정체성이 모호한 사람을 쓸 수가 없기 때문에 〈신곡〉에서는 지옥과 연옥은 베르길리우스가, 천국은 베아트리체가 각기 안내하는 걸로, 즉 남녀가 역할을 분담하는 것으로 짰습니다.

〈아이네이스〉의 저자를 소개하는 다른 그림 보시죠.

옆에 보시는 그림은 단테와 베르길리우스가 저승 강을 건너는 장면입니다. 저승에 가면 강이 여러 개 있어요. 지금 그중에 두 번째인 스튁스 강을 건너가는 참입니다. 제일 오른쪽에는 뱃사공 플레귀아스가 그려져 있네요. 이 스튁스 강은 분노의 진흙 강입니다. 단테의 지옥은 크게 셋으로 나뉘어서 맨 위쪽은 부절제의 죄들을 응징하고 있는데요. 그중에 분노 죄를 지은 사람들은 진흙 속에서 끝없이 서로 싸우는 걸로 돼 있습니다. 그래서 단테가 베르길리우스와 함께 진흙 강을 건너가자, 그림에 보시듯 몇 사람이 달려들고 매달리고 있네요. 이 그림은 근래에 〈살인마 잭의 집〉(라스 폰 트리에, 2019)이라는 영화에서 살짝 변형해서 애니메이션으로 사용하기도 한 것입니다.

베르길리우스는 영어로 '버질(Virgil)'이라고 부릅니다. 한데 국내에 베르길리우스를 아는 사람이 거의 없고요. 작품을 읽은 사람은 더 없습니다. 어쩌다 영문학하시는 분 중 몇몇이 '버질'이라는 이름을 들어본 적 있는 정도예요. 한데 영어의 L(엘) 발음이 우리가 발음하는 것처럼 그렇게 또렷하게 들리질 않습니다. 프랑스어 배우신 분들은 아실 거예요. 단어 끝에 —ille라는 철자가 나오면 대개 /이으/라고 발음하죠. 그게 영어 원어민의 L발음과 상당히 유사합니다. L이 거의 묵음입니다.

단테의 배 | 외젠 들라크루아, 1822, 프랑스 루브르박물관.

그래서 영어에서 '버질'을 거의 '버지'에 가깝게 발음하죠. 지금 우리가 보는 이 그림을 인용한 영화 〈살인마 잭의 집〉에도 베르길리우스가 저승 안내자로 나오는데, 우리말 자막에 '버지'라고 써 놓았더라고요. 아마 들리는 대로 그냥 적은 모양이에요. 한데 그런 거 틀렸다고 지적하면 주최 측에서 굉장히 싫어합니다. '어이구, 또 잘난척하는 인간 하나 등장했구나!' 하는 식이에요. 혹시 독자 가운데 그 영화 관계자 계시면 저를 용서하십시오.

〈아이네이스〉라는 제목은 '아이네아스의 노래'란 뜻입니다. 〈일리아스〉도 원래 '일리온에 관한 노래'란 뜻인데 뒤에 붙은 '시(poiesis)'를 생략한 꼴이라고 얘기했던가요? '일리아스'라는 단어는 '일리온의'라는 뜻의 고유 형용사라고요. 〈아이네이스〉도 마찬가지입니다. 이걸 영어로는

III. 아이네이스 99

'이니드(Aeneid, 아이네이드)'라고 하는데요. 〈일리아스〉를 엉어권에서 '일리아드'라고 하게 된 것처럼, 이 작품을 '아이네이드'라고 하게 된 것도 사실은 소유격부터 나오는 어간을 살려서 쓴 겁니다. '아니, 서양 사람들이 소유격을 어떻게 알았을까?' 생각하실지 모르겠는데요. 옛날에 책 표지에 제목을 적을 때는 '무슨 무슨 책의 총 몇 권', 그리고 각 권의 맨 앞에는 '무슨 책의 제 몇 권' 이런 식으로 쓰는 관행이 있어서 그런 것입니다. 그래서 원제의 소유격이 거듭 나오게 되는 것입니다. 예를 들면 〈아이네이스〉 1권의 제목은 Aeneidos Liber I입니다. 그러니 어미인 —os를 떼어버리고 나머지를 제목으로 쓰기가 쉬운 것이죠.

자, 〈아이네이스〉의 내용은요, 트로이아가 멸망한 다음에 살아남은 사람들이 아이네아스라는 인물을 중심으로 새로운 땅을 찾아서 지중해 연안을 여기저기 떠돌다가 결국에는 이탈리아에 도착하고요. 나중에 로마로 자라나는 나라를 세우게 된다라는 거예요. 그래서 작품 앞부분은 〈오뒷세이아〉를 본받아서 아이네아스가 방랑하는 것을 그리고요. 뒷부분에서는 트로이아 사람들이 전쟁을 치르고 있는데 그 부분은 〈일리아스〉를 본받은 것으로 알려져 있습니다. 전체는 12권으로 되어 있는데요. 분량은 1만 행 정도여서 〈오뒷세이아〉보다 약간 짧습니다. 〈일리아스〉가 1만 5천 행, 〈오뒷세이아〉가 1만 2천 행 정도입니다.

근데 사실은 여러분이 〈일리아스〉와 〈오뒷세이아〉 다 읽고 나서 〈아이네이스〉 읽기 시작하면 좀 어려운 점이 있어요. 어려운 고유명사들을 희랍어식으로 간신히 외워놨는데 이 작품은 이름들을 라틴어식으로 적어놨거든요. 제우스가 아니라 읍피테르, 헤라가 아니라 유노, 이런 식으로요. 그 둘은 뭐 그럭저럭 따라가겠다 싶은데, 포세이돈은 또

넵투누스, 헤르메스는 메르쿠리우스, 그런 것들을 다시 외워야 해서 약간 어려운 점이 있습니다. 다행히 이 작품엔 신이 몇 명 나오지 않습니다. 지금 언급된 정도가 거의 전부입니다.

카르타고에서의 아이네아스

전체 12권 중 앞부분 여섯 권의 큰 줄기를 먼저 보시죠. 제1권에서 아이네아스가 풍랑을 만나서 카르타고로 오게 됩니다. 그전에 그는 시칠리아에 머물러 있었어요. 거기를 떠나서 북쪽으로 방향을 잡았는데 유노(헤라)가 역풍을 보내서 카르타고에 도착해요. 거기서 디도 여왕의 도움을 받게 됩니다. 그러니까 제1권에서 아이네아스가 카르타고에 도착하고요, 제4권에서 그곳을 떠나게 됩니다. 그래서 1권에서 4권까지가 전부 카르타고에서 있었던 일로 묶여 있어요. 2권·3권의 내용은요, 제1권 끝에 카르타고 여왕 디도가 아이네아스에게 트로이아 전쟁에 대해서 이것저것 물어보다가 그러지 말고 그동안 겪은 일을 앞에서부터 차근차근 이야기해 달라고 청하거든요. 그래서 2권에서는 아이네아스가 트로이아의 함락 과정을 들려주고요, 3권에서는 그동안 바다를 떠돌았던 이야기를 해줍니다. 그래서 2권이 일종의 〈일리아스〉, 3권이 일종의 〈오뒷세이아〉가 되어서, 전체의 배치와는 반대되는 순서의 이야기 배치가 중간에 주인공의 입에서 나오게 돼 있어요. 앞에 말했듯 〈아이네이스〉는 〈일리아스〉와 〈오뒷세이아〉 모두의 영향을 강하게 받은 작품인데요. 그 둘 중 어떤 것의 영향을 더 많이 받았냐 하면, 〈오뒷세이아〉 영향이 더 크다는 게 여러 학자의 의견입니다. 〈오뒷세이아〉에서도 오뒷세우스가 바다에서 10년을 떠돌다가 집으로 돌아오게 되는데, 마지막

해의 며칠간 이야기만 시인 자신이 들려주죠. 중간에 있었던 일, 거의 9년에 해당되는 일은 오뒷세우스 자신이 남들에게 이야기해 주는 걸로 해놨었죠? 〈아이네이스〉도 마찬가지입니다. 아이네아스가 디도에게 왔을 때 벌써 7년 정도 여러 곳을 떠돈 상태예요. 그래서 그 사이에 있었던 일을 두 부분으로 나눠서 2권과 3권에 이야기해주는 것으로 돼 있습니다.

문학이라고 하는 게 어찌 보면 이야기 방식의 발전이다라고 얘기할 수 있는데요. 〈일리아스〉에서 트로이아 전쟁 이야기를 시작부터 끝까지 다 들려주지 않고, 사태 중간에서 시작해서 그 앞뒤를 우리에게 차차 보여주는 그러한 기법을 썼고요. 〈오뒷세이아〉에서는 중간에 등장인물이 자기의 입으로 과거 얘기를 들려주는 걸로 돼 있어요. 그러니까 〈오뒷세이아〉는 3인칭이었다가 1인칭이었다가 3인칭으로 서술방식이 변하면서, 1인칭 부분에서 갑자기 과거를 조명하는 것으로 '번쩍하면서 뒤로 돌아가는(플래시백)' 기법을 처음으로 선보였어요. 여기 〈아이네이스〉에서는 〈오뒷세이아〉의 기법을 적극적으로 활용해서, 작품 초반에 이렇게 플래시백 기법이 사용되었습니다.

아이네아스는 디도와 사랑에 빠져 자기 과업을 잊고서 거기 계속 머물러 있다가, 신들이 재촉해서 할 수 없이 떠나게 됩니다. 그러자 디도는 자결합니다. 그 후에 아이네아스는 아버지의 혼령을 만나러 저승에 가는데, 이게 굉장히 중요한 내용으로 전반부 끝부분을 차지합니다.

〈아이네이스〉가 시작되는 순간이에요. 사실은 여기서 아이네아스가 조금 초라한 모습을 보여주게 됩니다. 유노(헤라) 여신이 위에서 아래를 내려다보니까, 트로이아인들이 멀쩡히 항해를 하고 있습니다. 트로이아 전쟁 중에도 유노 여신은 계속해서 희랍군을 응원했습니다. 그 이유는 황금사과 사건 때문이에요. 트로이아 왕자인 파리스가 베누스(아프로디테)에게 황금사과를 주었죠? 베누스가 세상에서 가장 아름답다는 거죠. 사실 그가 유노에게 황금사과를 줬더라면 아무 말썽도 없었을 거예요. 가장 높으신 분의 부인이 가장 아름답다고 하면 별문제가 생기지 않습니다. 그 이후로 유노는 앙심을 품고 계속 트로이아를 해코지하려 했고요. 지금 이미 트로이아가 멸망한 다음인데도, 거기서 살아남은 사람들이 나중에 전 세계를 지배할 나라를 세우러 서쪽으로 가는 걸 참을 수가 없어요. 그래서 바람들의 신을 꼬드기며 미인계를 씁니다. 자신의 시녀 중 가장 아름다운 요정과 결혼하게 해주겠다고요. 이런 것은 다 〈일리아스〉에 원본이 있습니다. 유노가 희랍군을 돕고자 윱피테르(제우스)를 유혹하는데, 그 전에 잠의 신의 도움을 청하면서 사용한 방법이죠. 이렇게 바람들의 신을 동원해서, 풍랑을 보냅니다. 그래서 배 한 척은 아이네아스가 보고 있는 가운데 저 바다 밑바닥으로 가라앉고요, 남은 배들은 뿔뿔이 헤어진 채로 제각기 카르타고에 도착하게 됩니다.

도소 도시(Dosso Dossi; 1479?~1542)가 그린 그림을 보시죠.

한쪽엔 손상된 배들이 그려져 있고, 그 곁에서 아이네아스가 막 정탐을 떠나려는 그림입니다. 아이네아스는 간신히 배 몇 척으로 북아프리카 해안에 도착해서요, 거기에서 일부 동료들이 배를 수리하는 사이에 아카테스라는 사람 하나만 데리고서 정탐을 떠납니다. 그러다가 도중에 자기 어머니와 마주쳐요. 이 아이네아스는 인간인 앙키세스와 베누스 여신 사이에 태어났습니다. 베누스, 영어로 비너스라고 하는 여신

선박 수리 | 도소 도시, 1520, 미국 국립미술관.

이죠. 희랍 신화에는 아프로디테입니다. 한데 그 베누스 여신이 처녀 사냥꾼의 모습으로 나타나서 아이네아스에게 지금 이 지역을 어떤 사람이 다스리는지, 그 디도라는 여자가 어떻게 해서 이 지역으로 오게 됐는지 사정을 다 얘기해 줍니다.

이 일화도 〈오뒷세이아〉에 원본이 있어요. 오뒷세우스가 나우시카아의 섬에 도착했을 때, 아테네 여신이 물 긷는 소녀의 모습으로 나타나서 거기 사정을 설명해주고 길도 가르쳐 주고 하는데요. 그걸 본뜬 겁니다.

이어서 아이네아스가 계속 전진해 언덕에서 내려다보니 새로운 도시가 만들어지고 있습니다. 그는 그걸 굉장히 부러워합니다. 나중에 그가 시조가 될 로마제국에 비하면 아무것도 아닌데 말이죠. 이 작품의

아이네아스에게 나타난 여사냥꾼 베누스 | 피에트로 다 코르토나, 1631, 프랑스 루브르박물관.

전체 12권 중, 앞부분 6권에서는 아이네아스가 굉장히 흔들리는 인물로 그려져 있습니다.

작품 후반부에 들어가면 아이네아스는 완성된 인물이 되어 전혀 흔들림이 없게 되는데요. 그러면 인물의 매력도 사라지기 쉽습니다. 흔들리는 인물이 독자들에게는 더 인간적이고 매력적으로 보이는 법이죠. 한편 작품 후반부에서 흔들리는 모습으로 독자들의 관심을 집중시키는 인물은 대개 트로이아 사람들과 맞싸우는 이탈리아 사람입니다. 이건 시인이 보여주는 균형감각과 관련이 있습니다.

이것도 시인이 〈일리아스〉에서 배운 것인데요. 〈일리아스〉에서 양쪽 전사들이 싸우는데 이기는 사람은 대개 여러 번 등장하는 인물인 반면, 져서 쓰러지는 사람은 보통 딱 한 번만 나오는 인물입니다. 거의 죽기 위해 등장하는 엑스트라들이죠. 한데 시인은, 이 사람이 어떻게 태어나 어떻게 살았고 그때 어떤 식으로 죽었는지 설명해주는 구절들을 아주 길게 덧붙입니다. 학자들은 이것이 일종의 균형 장치라고 봅니다. 승리는 이 편에 주지만, 독자들의 관심과 동정심은 다른 쪽에 주는 식으로요. 그런 특성을 베르길리우스가 굉장히 잘 본받았어요. 〈일리아스〉를 보면 희랍군 쪽 인물들은 다른 이야기에도 등장하기 때문에 신화라는 든든한 배경이 있어요. 그래서 청중이 그쪽 사람들은 꽤 잘 알고 있습니다. 한편 트로이아 사람들은 생소한 인물이고, 방금 소개받았는데 곧장 스러지는 사람들입니다. 그래서 이 사람들에게 특별히 배경을 만들어주려고 호메로스가 애를 썼던 거죠. 한데 여기 〈아이네이스〉에 오니까 또 사정이 달라져요. 트로이아 사람들에게는 이미 트로이아 전쟁과 〈일리아스〉라고 하는 배경이 확실하게 자리 잡고 있어요. 반면에 그에 맞서 싸우는 이탈리아 쪽 사람들에겐 그런 배경이 없습니다. 그래서 시인은 이탈리아 사람들에게 배경을 만들어주려고 특히 자연물을 많이 동원합니다. 이탈리아 쪽 희생자가 어떤 호수 요정의 아들이라든지, 그가 쓰러지자 시냇물과 숲과 강물, 호수들이 슬퍼했다든지 이런 구절들이 많이 나와요. 그러니까 〈아이네이스〉에서는 트로이아 사람들은 그냥 익숙한 인물로 치고, 그 반대쪽 사람들에게 힘을 많이 더해주고 있는 것입니다.

다시 1권 내용으로 돌아가죠. 아이네이스가 언덕에서 내려다보는 장면인데요, 그가 보는 새로운 도시가 카르타고입니다. 이 이름은 사실 '신도시'라는 뜻이에요. 그러니까 나중에 로마의 근원이 되는 나라하고, 나중에 한니발의 고향이 되는 카르타고하고 거의 동시에 시작한 것처럼 그렇게 설정한 것입니다.

이제 이 작품에서 드디어 이상적인 지도자상이 확립된다고 할 수 있습니다. 이전에 〈일리아스〉에 나왔던 아가멤논은 자기 감정이 내키는 대로 최고 전사를 푸대접해서 군대 전체를 어렵게 만들었죠? 그런 사람은 좋은 지도자가 아닙니다. 아킬레우스도 처음엔 그와 비슷한 모습이었고요. 뒤에 가면 아킬레우스가 굉장히 양보하고 다른 사람들을 배려하고 적에게까지 동정심을 보이는 좋은 사람이 되는데, 사실 좀 뒤늦은 감이 있어요. 한편 〈오뒷세이아〉에 이르면 오디세우스가 동료들을 구하려고 애를 쓰는 것까지는 좋은데, 성공하지 못하죠? 그런데 아이네아스는 동료들을 다 구해가지고 새로운 땅으로 이주하고요. 심지어 적(오뒷세우스)이 흘리고 간 사람까지 수습해주는 걸로 그려졌어요. 그는 자기를 희생하고 공적인 목표를 위해 자신의 행복도 포기하는 사람으로 그려집니다. 물론 아이네아스가 이렇게 되는 건 저 뒷부분 얘기고요, 앞부분에서는 굉장히 많이 흔들리고 있습니다.

하지만 그래도 작품 맨 앞에 아이네아스가 도달할 어떤 목표가 벌써 제시되어 있습니다. 우리가 〈일리아스〉에서 어떤 깊이 또는 높이를 느낄 수 있다면요, 〈오뒷세이아〉에서는 넓이를 느낄 수가 있습니다. 인간들의 활동 영역이 수평적으로 굉장히 넓어지는 거죠. 오뒷세우스는 지중해 연안을 두루 돌아다니며 온갖 종류의 사람들과 마주칩니다. 귀족 영웅들만이 아니라 돼지치기라든지, 거지와 눈먼 가객, 마녀도 있고요. 그래서 〈일리아스〉가 일직선으로 가는, 축이 하나뿐인 1차원이라면 〈오뒷세아〉에서 축이 하나 더 생겨서 2차 평면이 만들어지는데요. 〈아이네이스〉에서 또 하나의 축이 생겨요. 말하자면 시간 축이 덧붙여지는 것입니다. 로마인들은 대제국을 건설했던 사람들이어서 그런지 역사적 소명 의식을 가지고서 멀리 앞을 내다보고 있어요. 그리고 또 한편 〈아이네이스〉가 만들어지던 시대에서부터 뒤를 돌아보며, 먼 과거를 회고하고 있기도 하죠. 그런 성향은 작품 시작부터 드러납니다. '오래된 도시 카르타고가 저 맞은편에서 로마와 마주 보고 있다'라는 표현입니다. 아, 물론 이게 첫 줄은 아닙니다. 첫 줄은 시인이 〈일리아스〉와 〈오뒷세이아〉를 본받는다는 걸 보여주기 위해서, "arma virumque cano", "무구와 남자에 대해서 나는 노래하노라" 이렇게 시작해요. 어쨌거나 〈아이네이스〉라는 작품은 로마가 대제국이 되는 순간에 만들어진 작품이어서 이상적인 지도자상이 잘 나오고, 시간에 대한 고려가 두드러진다라고 아시면 되겠습니다. 〈일리아스〉와 〈오뒷세이아〉에서는 인물들의 시선이 '지금 여기'에 고착되어서 시야가 그리 넓지 않습니다. 반면에 〈아이네이스〉는 굉장히 먼 훗날까지 내다보고, 또 굉장히 먼 과거까지 돌아보고 있습니다.

자, 좀 멀리 왔네요. 다시 아이네아스가 언덕 위에서 카르타고가 건설되는 걸 내려다보는 순간으로 돌아가죠. 그는 잠시 후 한 신전에 당도해서 그 안으로 들어갑니다. 그의 어머니 베누스(아프로디테)가 아들을 안개구름으로 가려주어서, 남의 눈에 띄지 않는 상태로 신전의 벽화를 구경하는데요. 거기에 자기들이 겪은 트로이아 전쟁이 그려져 있고 심지어 자기 모습까지 알아볼 수 있습니다. 그러자 아이네아스는 이제 안심해도 된다고, 여기는 야만의 땅이 아니고 여기서도 인간의 고통에는 눈물이 흘려지고 인간의 노고는 보답 받는다고 말합니다. 아주 멋진 말이죠? 타인의 고통에 함께 눈물을 흘려주는 곳, 어떤 사람이 힘써 어떤 일을 했다면 그 노고에 보답이 주어지는 사회, 참 좋은 사회죠. 굉장히 멋진 말이긴 한데, 많은 학자들이 지금 여기서 아이네아스가 그림을 조금 잘못 읽은 걸로 보고 있습니다.

지금 아이네아스가 도착한 데가 유노(헤라) 신전이거든요. 그런데 유노는 트로이아를 미워하잖아요. 그러니 유노 신전에 트로이아 전쟁이 그려져 있다는 것은, 유노의 비위를 거스르면 이 꼴이 된다는 걸 보여주기 위해서일 거예요. 그러니까 우리의 주인공은 그걸 오독한 거죠. 한데 그때 그곳으로 디도가 한 무리 사람들을 이끌고 옵니다. 사람들에게 이것저것 임무를 분배하기 시작합니다. 그런데 거기에 풍랑 속에서 헤어진 아이네아스의 동료들이 들어와서는, '우리는 폭풍을 만나서 동료도 대장도 잃어버렸다, 우린 이탈리아로 가는 길인데 우리를 좀 도와달라'고 탄원합니다. 그 순간에 아이네아스에게서 안개구름이 걷히면서, '당신들이 얘기하고 있는 사람이 나다'라고 자신을 소개하죠. 그러자 디도는 이미 당신에 대한 소문을 들었다며 당신 동료들을 다 데려오라고, 잔치를 열겠다고 합니다.

뒤에 보시는 게랭(Pierre-Narcisse Guérin; 1774~1833)의 그림에서 오른쪽에 있는 여성이 디도예요. 그녀의 곁에서 아이네아스의 아들 아스카니우스가 우리 쪽을 보고 있는데요, 카메라를 의식하고 있군요. 머리에는 '스머프 모자'를 쓰고 있는데, 이건 프뤼기아 모자라고 소아시아 사람들이 쓰는 모자예요. 이 인물이 트로이아 사람이란 뜻입니다. 그리고 소년이 활을 지니고 있는데요. 트로이아 사람들이 활을 잘 쏘기는 하지만서도 이 활은 이 인물이 사실은 아이네아스의 아들이 아니라 쿠피도(에로스)라는 뜻일 수도 있습니다. 베누스(아프로디테)가 아이네아스의

디도에게 트로이아 전쟁에 대해 이야기하는 아이네아스 | 피에르나르시스 게렝, 1815, 프랑스 루브르박물관.

아들을 잠재우고, 쿠피도를 그 아들 모습으로 바꿔서 디도에게로 보냈거든요. 디도가 특히 당신 아들 좀 보고 싶다고 청했는데요, 이 디도는 남편도 잃었고 자식도 없는 상태입니다. 디도의 오빠가 재산이 탐나서 자기 여동생의 남편을 죽였어요. 그래서 남편이 꿈에 나타나서는, 내가 보물을 어디 숨겨놨으니까 왕을 싫어하는 사람들과 함께 도망치라고 충고합니다. 그래서 지금 디도가 페니키아에서 이곳으로 이주해서 새로운 도시를 만드는 참이에요. 그런 사정 때문에 디도가 특히 이 아이 아스카니우스를 굉장히 사랑해줍니다. 한데 디도가 이 소년을 안고서 애정을 보일 때, 쿠피도는 그녀의 가슴에 기대어 계속 사랑을 부어넣습니다. 그래서 디도가 점차 아이네아스를 사랑하게 되는 거죠.

그리고 잔치 중에 이야기를 나누며 이것저것 물어보다가, 그러지 말고 당신 얘기를 앞에서부터 모두 들려달라고 청합니다. 그래서 아이네 아스가 들려주는 것이 2권, 3권의 내용입니다. 그 맨 앞에 나오는 구절도 굉장히 유명합니다. '당신은 나에게 말할 수 없는 것을 말하라고 하시는군요.' 그러면서 얘기를 시작해요.

아이네아스가 기억하는 트로이아 전쟁

어느 날 트로이아 사람들이 성 밖을 내다보니까 희랍군이 다 떠나고 목마 하나만 덩그러니 남아 있어요. 트로이아 사람들이 '이건 뭐지?' 하며 구경하고 있는데 그곳으로 희랍군 한 명이 잡혀 왔습니다. '야, 너는 누구냐?' 그러니까 '나를 제물로 바치려고 해서 도망쳤다'라고 답합니다. '야, 이 말은 뭐냐?' 그러자 '희랍군이 아테네 여신에게 죄를 지었기 때문에 그것을 보속하기 위해 목마를 만들어 놓은 거다, 성벽을 허물더라도 저것을 성안으로 끌어들여야지 당신들에게 복이 오고 저놈들에게 해가 간다, 저놈들 다시 돌아올 거다'라고 말합니다.

트로이아 사람들은 이 목마를 성안으로 끌어들여 놓고 다들 축제를 벌이다가 잠이 들어요. 그러다가 아이네아스가 꿈을 꿨는데 헥토르가 온몸이 난자된 모습으로 나타나서, 트로이가 무너지고 있다고 빨리 떠나라고 그럽니다. 깨어나서 보니까 막 전투가 벌어지고 있어요. 목마 안에서 희랍군 전사들이 나와서 트로이아를 차지하는 참입니다. 하지만 아이네아스가 그냥 도망갈 사람이 아니죠. 저항군을 조직해서 싸우는데요. 처음에는 그럭저럭 잘 싸웁니다. 한데 중간에 위기가 한 번 있어요. 적들이 트로이아 군을 자기편으로, 즉 희랍군으로 오인하는 것을 보고서 '야, 우리가 저쪽 편인 듯 위장하면 되겠구나' 생각합니다.

그래서 상대방의 무장으로 갈아입죠. 그 전술로 처음엔 약간 성과를 거두지만 잠시 후에 적들도, 아군도 그들을 막 공격하게 돼요. 한데 남의 옷을 입는다는 것은 정체성이 흔들린다는 뜻입니다. 따라서 지금 이 장면은 트로이아 군의 정체성 위기를 표현하는 걸로, 학자들은 그렇게 해석합니다. 결국 동료들이 하나씩 죽거나 떨어져 나가고요. 맨 마지막에 아이네아스는 헥토르의 아버지가 죽는 것을 숨은 채 무기력하게 지켜보다가 갑자기 자기 아버지가 떠오릅니다.

지금 이 대목은 아이네아스의 덕목인 피에타스와 연관이 있습니다. 로마 사람들은 피에타스(pietas)라는 덕목을 굉장히 중요하게 생각했습니다. 바티칸 베드로 성당에 가면 성모님께서 죽은 아들 예수를 무릎에 얹고 있는 〈피에타〉라는 조각상이 있죠? '피에타'라는 말은 '신실한 여인'이란 뜻이에요. 피에타스와 같은 어근 피우스(pius)에서 나온 말입니다. 이것은 단테의 〈신곡〉에서도 아주 중요하게 쓰이는 단어인데요. 우리말로 옮기기가 좀 까다롭습니다. 이게 영어의 pity(동정심)라는 말과 piety(경건함)라는 말의 어원이에요. 이렇게 두 가지 뜻이 함께 들어 있어서 옮기기 어려운 거죠. 이 '피에타스'는 우리말로 '경건'이라고 많이 옮기는데, 종교적인 의미도 물론 들어 있지만, 윗사람을 잘 모시고 아랫사람을 잘 챙기는 그런 덕목이 포함되어 있어요. 저는 '경건'은 너무 종교적인 표현이어서 그냥 '충실함'으로 옮길까 싶은데, '신실함'도 괜찮고요. 천병희 선생님께서는 이따금 '효성'도 사용하시는데, 너무 동양적인 듯도 하고요. 어쨌든 우리말로 옮기기 어려운 개념입니다.

페데리코 바로치(Federico Barocci; 1535~1612)의 그림을 보시죠.

여기 아이네아스가 자기 집에서 탈출하는 장면인데요. 아버지를 어

불타는 트로이아에서 탈출하는 아이네아스 | 페데리코 바로치, 1598, 이탈리아 보르게세미술관.

깨에 얹고 아들을 데리고 신상을 가지고 도망치는 것, 이게 피에타스의 대표적인 모습입니다. 한데 여기서 아이네아스가 아내에게 조금 떨어져서 따라오라고 하는데요, 그러다 중간에 아내를 잃어버리게 됩니다. 물론 이야기 진행을 위해 필요한 사건이긴 합니다. 그는 나중에 디도와 만나서 사랑에 빠져야만 하거든요. 그래서 말하자면 아내의 자리가 비어 있어야 합니다. 죄송합니다. 저의 주장이 아니라, 플롯의 논리가 그렇다는 뜻입니다. 이 아내의 이름은 대개 크레우사로 알려져 있는데요, '빛난다'는 뜻입니다. 다음번에 볼 〈오이디푸스 왕〉에 크레온이라는 인물이 나올 텐데요, 그 이름과 같은 뜻입니다. 둘 다 '빛난다'는 뜻이어서, '크레온'은 '왕자', '크레우사'는 '공주'라는 뜻입니다. 이 이름을 사용하는 인물이 신화 속에 꽤 많이 있습니다.

한데 사실은 아버지가 바로 따라나선 게 아닙니다. 원래 안 떠나겠다고 고집을 피우셔서 아이네아스 자신도 떠나기를 포기하려는 순간, 아이네아스의 아들 머리에 갑자기 불이 붙어요. 한데 이상하게 머리카락이 타지 않고 불이 막 아이 뺨을 핥고 뛰어놉니다. 그러자 노인께서 이건 신의 뜻이다, 떠나자 하십니다. 이 아버지는 돌아가실 때까지 아이네아스의 조언자로서, 말하자면 신과 인간 사이를 연결해주는 역할을 합니다. 그 자신이 베누스(아프로디테)와 만나서 사랑을 나눴던 사람이어서 그렇습니다.

아이네아스가 아내를 놓친 장면으로 돌아가죠. 아이네아스는 아내가 없는 것을 깨닫자, 안전한 데에다 아들과 아버지를 내려놓고 집까지 다시 더듬어 가는데요. 도중에 아내의 혼령과 마주칩니다. 죽은 사람이 나타날 때는 평상시보다 조금 큰 모습으로 나타나게 돼 있고요. 그와 마주치는 사람은 온몸에 소름이 돌고 털이 곤두서는 걸로 돼 있어요. 아내의 혼령도 그런 식으로 나타나서는, 새로운 땅에 새로운 여자가 당신을 기다리고 있으니까 그리로 떠나라고 얘기합니다. 〈아이네이스〉의 특징 중 하나는, 아이네아스가 위기에 처할 때마다 어떤 신적인 존재가 조언을 해준다는 점이에요.

앞에 〈오뒷세이아〉에서 제가 오뒷세우스의 약점으로 지적했던 것 있었죠? 부하들을 설득해내지 못했다는 점이요. 그에 비해 아이네아스는 동료들을 더 잘 설득한 것 같은데요. 그럴 수 있었던 건 신적 권위가 받쳐줘서가 아닌가 싶습니다. 물론 이제 더는 돌아갈 데가 없다는 절박감도 약간은 작용했겠죠. 트로이아는 다 불타버렸으니까요. 어쨌든 아이네아스에게 자주 신적 존재들이 나타나니까, 그걸 근거로 다른 이들을

트로이아에서 아이네아스의 탈출
| 지롤라모 젠가, 1507~1510, 이탈리아 시에나 국립미술관.

설득해서 좀 더 결과가 좋지 않나 싶습니다. 뭔가 신적인 후광 없이는 사람들을 설득하기가 좀 어렵지 않은가, 혼자 그렇게 생각해 봤습니다.

위에 보시는 젠가의 그림에는 오른쪽 저 뒤쪽에 트로이아 목마가 있고요, 막 전투가 벌어지고 있습니다. 아내는 뒤따라오다가 뭔가 놀라는 듯한 동작으로 그려졌네요. 그리고 색깔이 약간 희미하게 그려졌는데 혹시 벌써 죽었기 때문인지도 모르겠습니다. 한데 아이네아스는 왜 아내더러 조금 떨어져서 뒤따라오라고 했을까요? 아마 여러 사람이 너무 한데 모여서 움직이면 남의 눈에 띌까 봐 그런 게 아닐까 싶네요.

뒤의 그림은 루브르에 소장되어 있는 작품입니다.

구리판에다가 에나멜을 입힌 굉장히 멋진 작품이에요. 여기 사람 이름도 쓰여 있는데요. 아이네아스를 너무 노인으로 그려놨네요. 크레우

아이네아스 앞에 나타난 크레우사 | 1530, 프랑스 루브르박물관.

사의 혼령이 공중에 뭔가 안개 같은 것에 싸여 나타나 있습니다. 오른쪽 구석에는 트로이아가 불타고 있고요. 궁 안에서 희랍군 둘이 보물을 지키고 있는 걸로 그려져 있네요. 오뒷세우스와 포이닉스입니다.

아이네아스의 여정, <오뒷세이아>의 반영(反影)

제3권 내용은 아이네아스 일행이 지중해 연안을 여기저기 떠돌아다닌다는 건데요. 이들 일행은 트로이아를 떠나서 먼저 가까운 유럽 땅의 제일 동쪽 트라케 지역으로 가요. 한데 마침 거기가 범죄의 땅이어서 죽은 사람이 나무로 변해 있다가, 가지를 꺾자 비명을 지르며 피를 뚝뚝 흘리고는 자기 사연을 얘기하죠. 그래서 이 불길한 땅을 떠나서 델로스에 들러 신의 뜻을 물어봅니다. 그러자 너희 조상의 땅으로 가라는 신탁이 내렸어요. 아이네아스가 아버지께 조상의 땅이 어디를 말하는 것인지 묻자, 그는 자기들 조상이 크레테에서 왔다고 답합니다. 그래서 이들은 크레테로 가죠. 하지만 거기서도 역병과 기근이 돌아서 어찌할까 고심하게 됩니다. 그때 고향에서 모시고 나온 신들이 조언하죠, 트로이아의 먼 조상은 이탈리아 땅에서 왔다고요. 그래서 그 조언에 따라 시칠리아에 들렀다가, 이탈리아 본토로 향하던 중에 풍랑을 만나서 지금 이렇게 카르타고에 와 있는 참입니다. 이런 도정을 가만히 보고 있으면, 아이네아스가 이렇게 방랑하면서 여기저기 일종의 인연을 만들어 놓고 더러 사람을 남겨놓고 가기도 하는 것이 로마가 지중해 연안을 다 차지하고 나서 그걸 정당화하기 위해 자기들에게 연고권이 있다고 주장하는 것 아닌가 싶기도 합니다.

그리고 작품 속 디도에 해당되는 인물도 옛날에 존재하긴 했었지만 시기나 장소가 아이네아스의 행적과 겹치지 않는데, 베르길리우스가 그걸 조금 바꿔서 이렇게 만들었다고 합니다. 어쨌든 이런 얘기들을 들으면서 디도는 점점 아이네아스를 더 사랑하게 되죠. 그러다가 결정적으로, 함께 사냥 나갔을 때 폭풍을 피하는 과정에서 둘이 동굴 속에 함께 들어가고 거기서 결합하게 됩니다. 그 후로 이들은 공공연하게 애인으로 행세하며, 아이네아스는 카르타고 건설을 돕게 됩니다. 결국 신들의 질책을 받고서야 아이네아스는 할 수 없이 떠나죠. 사실 아이네아스 본인은 그렇게 야심이 있는 사람이 아니에요. 웬만하면 트로이아에 그냥 머물고 싶어 했고요, 또 웬만하면 그냥 적당한 땅에 적당히 작은 나라를 만들어서 머무는 게 좋았어요. 그런데 신들이 그를 계속 몰아대고 있습니다. 그래서 아내도 잃어버리고 고향도 잃어버리고,

디도의 죽음 | 구에르치노, 1635, 영국 맨체스터미술관.

이제 애인도 잃어버립니다.

  자, 위의 그림에 멀리 배가 떠나가는 장면이 있고요.

  디도는 아이네아스의 추억을 다 태워버리겠노라고 장작더미를 쌓게 한 다음, 물건들을 갖다 얹고 마지막에 자기 자신이 그 위에 올라가서 자결해요. 그림을 보면 굉장히 깊이 찔렸죠? 이것의 한 5분의 1만 찔러도 죽을 것 같은데요. 아니, 10분의 1만 찔러도 죽을 것 같은데 이렇게 몸을 확 관통한 것으로 그려놨습니다. 디도의 결의를 보여주는 것이겠죠. 그리고 그림 오른쪽 위에는 쿠피도(에로스)가 떠나가는 모습이 보이네요. 사랑이 끝났다는 뜻이겠네요. 이렇게 디도가 자결하는 대목이 《아이네이스》 4권의 마지막 부분입니다. 타인의 고통에 잘 공감하는 분들은 이 부분에서 많이들 눈물을 흘려요. 특히 성 아우구스티누스가 〈고백록〉에다, 자기가 이 부분을 읽으면서 굉장히 눈물 많이 흘렸노라고 적어놨어요. 물론 그 다음 구절에, 자신의 그런 행동을 반성하고 있긴 합니다만. '남을 위해서는 그렇게 눈물을 흘리면서 너 자신의 영혼을 위해서는 왜 눈물을 흘리지 않았던가?' 하는 것입니다. 어쨌든 지금 이 부분이 아우구스티누스 때문에 조금 유명해지기는 했습니다.

그 후에 아이네아스는 시칠리아 땅에 도착해서 아버지를 기리는 운동경기 대회를 개최합니다. 사실은 지난해에 아이네아스 일행이 시칠리아에 처음 도착했을 때 아버지께서 거기서 돌아가셨거든요. 한데 한편에서 남자들이 운동경기를 하는 사이에, 떠돌아다니는 데 지친 여자들이 배에다가 불을 지르는 사건도 일어납니다. 지금 이 방화 사건은 단테 〈신곡〉의 게으름 연옥에서, 우리가 따르면 안 되는 반대 모델로 제시되어 있습니다. 모세를 따라서 이집트에서 나왔지만 이스라엘 땅에 들어가지 못한 사람들과, 아이네아스를 따라서 트로이아에서 나왔지만 이탈리아 땅에 도착하지 못한 사람들, 이렇게 두 가지가 우리가 따라가면 안 되는 사례로 제시된 것입니다.

한데 이런 사태를 당하여 아이네아스가 절망에 빠져 있을 때, 그의 아버지 혼령이 나타나서 '여기 남을 사람은 남고 떠나겠다는 사람만 데리고 떠나라고, 그리고 이탈리아 땅에 오면 나를 찾아오라'고 조언하죠. 그래서 아이네아스는 동료 중 일부만 데리고서 이탈리아로 향합니다.

거기 쿠마이라는 지역으로 가서 아폴론의 여사제를 찾아갑니다. 그녀에게 저승으로 우리 아버지를 만나러 가야 되겠다고 하니까, 그러면 숲속에 가서 황금가지를 찾아오라고 명합니다. 이 '황금가지'는 굉장히 유명한 개념입니다. 《황금가지(*The Golden Bough*)》(제임스 G. 프레이저)라고 하는

아이네아스와 카론 | 벤첼 홀라르, 17세기, 캐나다 토론토대학교도서관.

책도 나와 있습니다. 한데 자기 어머니의 비둘기가 안내해 주어서 아이네아스는 그 황금가지를 비교적 쉽게 꺾어가지고 와요.

그래서 위에 보시는 그림처럼 시뷜라 여사제를 따라서 저승으로 들어갔더니, 저승의 뱃사공이 '너 살아 있는 놈이 여기 왜 왔냐?' 하고 질책하는데요. 그 황금가지를 보여주자, "오랜만에 보는 황금가지에 그의 마음이 흔들렸다"라고 원문에 나와 있습니다. 하지만 그 이전에 저승 뱃사공이 언제 그 가지를 보았는지는 나오지 않습니다.

그런 다음, 늘 가벼운 영혼만 태우던 배에 살아 있는 영웅이 올라타자, 갑자기 배가 삐걱이면서 틈이 벌어지고 물이 스며드는 장면도 그려집니다. 이 상황은 단테가, 우리가 저 앞에 함께 본 그 그림의 장면에서 다시 이용하게 됩니다. 그러니까 단테를 읽으시려면 〈아이네이스〉

아이네아스와 앙키세스 | 알렉상드르 우벨레스키, 17세기.

를 꼭 읽으셔야 돼요. 그리고 단테가 오비디우스 〈변신이야기〉도 굉장히 많이 인용하고 있기 때문에 그것도 읽어야 하고요. 그런데 그 〈아이네이스〉를 읽으려면 먼저 〈일리아스〉와 〈오뒷세이아〉를 읽으셔야 합니다. 그러니까 여러분이 혹시 단테의 〈신곡〉을 읽으려다 실패한 적이 있다면, 미리 준비를 하지 않은 채로 너무 어려운 것을 집어 들어서 그런 거예요. 겨우 구구단 정도 외고서 고등 수학에 바로 달려든 것이나 마찬가지입니다. 한번 단테를 다시 읽어보세요. 아마 '신화 모르고서는 이걸 못 읽겠구나' 하는 생각이 드실 거예요.

자, 아이네아스의 저승 여행을 계속 보죠. 중간에 길이 갈라지는데요. 왼쪽 길로 가면 나쁜 사람들이 벌 받는 구역이 있지만 실제로 거기로 들어가지는 않고요. 그냥 거기서 어떤 일이 벌어지고 있는지 듣기만

합니다. 한편 오른쪽으로 가면 인류에게 좋은 일을 한 사람들을 위한 구역이 있어서, 그들만의 광명이 있고 앞쪽 그림에 보시는 것처럼 이렇게 즐거운 시간을 보내고 있습니다.

거기서 아이네아스가 자기 아버지를 만나요. 아버지는 앞으로 태어날 로마의 위인들의 영혼을 돌보고 있습니다. 그래서 아이네아스가 찾아가니까 '내 아들 왔구나! 내가 로마의 미래를 보여주겠다' 하면서, 저기 저 사람은 누구고, 누구고, 누구다라고 가르쳐 줘요. 이 부분에서 미래의 로마 역사가 한참 소개됩니다. 이런 식으로 주인공의 시점을 기준으로 삼자면 먼 미래에 해당되는 일들이 펼쳐지는데요. 한편 이 작품이 막 나왔을 때 로마 독자들의 입장에서는 자기네 역사에서 굉장히 오래 전에 일어난 사건들이 펼쳐지는 셈입니다. 이런 일은 단테의 '천국편'에서도 볼 수 있는데요. 〈아이네이스〉에서 앙키세스가 맡은 역할을 하는 인물로 카차귀이다(Cacciaguida)라고 하는 단테의 조상님도 나오고요. 그리고 지금 아이네아스가 보는 것 같은 미래 사건들도 〈신곡〉의 여기저기서 여러 인물에 의해 예언되고 있습니다. 이런 상황을 잘 아셔야 단테를 쉽게 읽어나갈 수 있습니다.

한데 아이네아스가 저승에서 돌아오는 대목에 살짝 의혹이 생겨납니다. 6권 마지막에 아이네아스는 '거짓된 꿈이 통과하는 문'을 통해서 돌아오거든요. 꿈이 통과하는 문이 둘 있는데, 진실한 꿈은 뿔로 된 문을 통과하고 거짓된 꿈은 상아로 만들어진 문을 통과한다고 합니다. 아이네아스는 상아의 문을 통과해서 돌아옵니다. 그러면 혹시 그가 저승에서 본 게 다 거짓말이란 뜻인가 싶기도 한데요. 물론 그런 뜻 아니고, 그냥 주인공이 자정 전에 돌아왔다는 뜻이라고 해석하는 학자가 많습니다. 초저녁 꿈은 헛된 꿈이기 때문에 주인공이 '거짓된 꿈이 통과하는 문'으로 돌아왔다는 건 초저녁에 이승으로 돌아왔다는 뜻이란 말입니다.

여기까지가 전반부입니다.

아이네아스의 싸움, <일리아스>의 반영(反影)

이 작품의 앞부분은 아이네아스가 방랑하는 이야기고, 뒷부분은 전쟁하는 이야기라고 했죠? 7권 초반에 아이네아스는 자신이 상륙한 지역, 라티움의 왕에게 사절단을 보냅니다. 한데 이 왕에게는 자기 딸을 이 방인과 결혼시키라고 하는 신탁이 내려져 있었어요. 그래서 왕은 '아, 드디어 사윗감이 도착했구나' 하고서 딸과의 결혼을 준비합니다. 그런데 왕비는 생각이 달라요. 사실은 이것도 유노(헤라)가 왕비를 좀 미치게 만들어서 그랬던 겁니다. 왕비는 전부터 자기 조카를 자기 딸 라비니아와 결혼시키려 마음먹고 있었어요. 그래서 사태가 자기 뜻과 반대로 진행되자, 왕의 뜻을 거역하고 일을 망치려 합니다. 게다가 아이네아스의 아들 아스카니우스는 사냥 중에 이 지역 사람들이 신성시하는 사슴을 죽게 합니다. 그래서 거기서 일단 우발적인 전투가 벌어집니다.

티에폴로(Giovanni Battista Tiepolo; 1696~1770)의 그림을 보시면 중앙 뒤쪽에 그려진 왕이 왼쪽의 아이네아스와 자기 딸을 연결해 주려는 듯한 동작으로 그려져 있는데요. 오른쪽에 그려진 딸의 태도가 그렇게 내키지 않는 것처럼 보이죠? 사실 이 아이네아스는 이미 <일리아스>에도 등장하고, 그동안 오래 방랑도 했고요. 그래서 이탈리아 땅에 도착해서는 겨우 3년밖에 더 살지 못하고 세상을 떠나는 걸로 돼 있어요. 그러니 아마도 라비니아의 입장에서는 낯선 중년 남자보다는 자기 또래이기도 하고

아이네아스에게 라비니아와 결혼을 제안하는 라티누스
| 지오반니 바티스타 티에폴로, 덴마크 국립미술관.

친숙하기도 한 청년 투르누스와 결혼하는 걸 더 원했겠죠. 아마도 이 그림을 그린 화가도 그렇게 생각했는지, 그녀가 마지못해 결혼하는 것처럼 그렇게 그려놨네요. 한편 〈아이네이스〉 원문을 읽어보면요, 라비니아가 무슨 생각을 했는지는 잘 나오지 않아요. 그냥 다른 이가 어떤 발언을 했을 때 얼굴이 발그레해졌다라든지, 어머니와 함께 어떤 제단에 제물을 바치러 갔다라든지 그런 것만 몇 줄씩 나오는데요. 상식적으로 생각하면 아무래도 투르누스에게 더 마음이 끌리지 않았을까 싶어요.

조금 전에 우발적인 전투도 벌어졌다고 했죠? 그래서 아이네아스가 고심하게 됩니다. '어떻게 할까? 우리는 얼마 되지도 않고 적들은 굉장히

팔란테움에 도착하는 아이네아스 | 끌로드 로랭, 1675, 영국 내셔널 트러스트.

숫자가 많은데…' 하는 것입니다. 한데 거기에 강물 신이 나타납니다. 지금 아이네아스가 상륙한 지역 부근에서 바다로 흘러드는 티베리스(테베레) 강인데요, 현재의 도시 로마를 관통하여 흐르는 강이기도 합니다. 그 강물의 신이 나타나서 '이 강을 거슬러 올라가면, 나중에 도시 로마가 자리 잡게 될 곳에 팔란테움이라는 나라가 있는데, 거기에 도움을 청하라'고 충고합니다. 그래서 아이네아스가 거기를 찾아갑니다.

위에 보시는 장면은 아이네아스가 도시 로마에 도착하는 모습입니다. 끌로드 로랭(Claude Lorrain; 1604~1682) 그림이 대체로 풍경을 중심으로 하기 때문에 사람은 좀 작게 그려졌는데, 화면 오른쪽에 집중하시면 되겠

III. 아이네이스

습니다. 그 지역엔 에우안드로스라고 하는 희랍 출신의 왕이 조그마한 나라를 만들어 놓았고요. 아이네아스가 그에게 도움을 청하자 그는, 자기는 늙어서 가기 어려우니까 자기 아들 팔라스를 데려가라고, 그러면서 이 아이를 잘 지도해 달라고 부탁합니다. 작품 후반에 일어난 일을 미리 말씀드리자면요. 이 팔라스가 아이네아스를 도우러 갔다가 지금 라비니아의 신랑감으로 꼽히는 저 투르누스에게 죽어요. 그러자 아이네아스가 그 투르누스를 죽여서 복수한다는 게 작품 뒷부분의 대체적인 틀입니다. 이것은 〈일리아스〉의 틀을 그대로 빌려다 사용한 것입니다. 그 작품에서는, 파트로클로스가 헥토르에게 죽자 아킬레우스가 헥토르를 죽이고 자기도 죽음을 받아들인다라는 게 기본 틀이잖아요.

자, 다시 아이네아스에게로 돌아가면요. 그는 도시 로마에서 돌아오는 길에 옆 나라 에트루리아에서도 병사를 얻어오게 됩니다. 한편 그리로 이동하는 길에, 그의 어머니 베누스가 자기 남편인 대장장이 신 불카누스(헤파이스토스)에게 부탁해서 대단한 무장을 새로 만들어 가져온 것을 받게 되는데요.

그중에 특히 방패에는 정교한 그림이 그려져 있습니다. 이후 전개될 로마의 역사입니다. 이전의 〈일리아스〉 때 아킬레우스의 방패를 함께 보았죠? 거기서는 이 세계 전체의 모습을 보여주기 위해서 방패를 이용했는데요. 여기 〈아이네이스〉에서는 미래의 역사를 보여주기 위해서 그 장치를 이용하고 있습니다. 그러니까 로마인들은 미래에 대한 비전을 지니고 자기들의 역사적 소명을 굉장히 크게 의식하고 있었던 사람들입니다.

아이네아스는 그 무장을 가지고 돌아와 전투를 치르게 되는데요.

아이네아스에게 무기를 주는 베누스
| 제라르 드 레레스, 17세기, 벨기에 마이어 반 덴 베르그 박물관.

그의 적이 되는 쪽에서는 특히 두 전사가 두드러집니다. 일단 왕의 사윗감으로 꼽히던 투르누스가 있고요, 다른 하나로 카밀라라는 여성 지도자도 굉장히 부각되고 있습니다. 이 카밀라는 메타부스라는 장군의 딸인데요. 메타부스는 적들에게 포위당했을 때 자기 딸 카밀라를 창에 묶어서 강 건너로 던지고 자기도 헤엄쳐 건넜다 하고요. 그 딸을 말 젖을 먹여가면서 길렀답니다. 이 카밀라는 굉장히 아름답고 잘 싸우는 여자인데, 원래 트로이아를 도와주러 왔던 아마존 여전사 펜테실레이아를 본떠서 만든 인물입니다.

뒤쪽의 목판화를 보시면, 왼쪽 아래에는 메타부스가 어린 카밀라를 창에 묶어 막 던지려는 참이고요. 오른쪽 위에는 말을 탄 두 전사가 서로 창으로 상대를 찌르는데 그중 왼쪽인 카밀라의 창은 부러지고 상

탈출하는 카밀라와 메타부스 | 〈유명한 여성들에 관하여〉(보카치오)의 하인리히 슈타인회벨 번역본에 실린 목판 삽화, 1474, 미국 펜실베이니아대학교 도서관.

대방이 찌른 창이 그녀를 관통하는 걸로 되어 있네요. 〈아이네이스〉에 보면 사실 이렇게 정면 대결이 벌어지진 않고요. 아룬스라는 궁수가 멀리서 화살을 날려서 조금 비열하게 그녀를 죽입니다. 자기도 누구에겐지 모르게 남들 시야 밖에서 좀 무가치하게 죽어버리는 걸로 되어 있습니다.

그리고 다음 쪽에 보시는 그림은 결정적 장면입니다.

이미 양쪽 진영의 중요한 인물이 많이 죽었고, 아이네아스를 도우러 왔던 팔라스도 투르누스에게 죽은 상태입니다. 그래서 결국 단독 대결로 판가름하자는 제안이 나오는데요. 아이네아스와 투르누스가 대결하다가 이제 투르누스가 위기에 몰리게 됩니다. 그래서 아이네아스가 결정적 타격을 가하려는 순간인데, 투르누스가 자기는 고향에 돌아가서

아이네아스와 투르누스
| 루카 조르다노, 17세기, 이탈리아 피렌체 코르시니궁박물관.

아버지를 모시겠노라며 살려달라고 간청합니다. 〈일리아스〉에서도, 헥토르의 아버지가 아킬레우스에게 '너의 아버지를 생각하라'고 해서 설득해낸 것 기억하시죠? 그래서 여기서도 그 논변이 먹히려는 순간, 상대가 자기 친구 팔라스를 죽이고서 전리품으로 빼앗은 멋진 가죽띠가 아이네아스의 눈에 들어옵니다. 그러자 아이네아스는 분노를 참지 못하고 상대를 찔러 죽입니다. 그래서 투르누스의 혼령이 저승으로 떠나는 것이 작품 마지막 구절인데요. 이렇게 끝나도 되나 싶게 좀 허망한 결말입니다.

저 뒤쪽의 오른쪽 위에는 눈을 가리고 떠나가는 가슴 드러낸 여성이 있는데, 투르누스의 누이입니다. 그녀는 윱피테르(제우스)의 애인이 되었기 때문에 요정으로 변했고요, 신적인 존재로서 자기 동생을 한동안

아이네아스를 올림포스로 데려가는 베누스
| 피터 캔디드, 1600년경,
독일 카이저-프리드리히박물관협회.

도와줘요. 그리고 그녀의 왼쪽에 좀 이상하게 그려진 새가 있는데, 이것은 복수의 여신이 새로 변해서 투르누스의 방패를 치면서 죽음의 전조를 보내는 모습입니다. 지금 이 상황은 전체적으로 〈일리아스〉 22권에 아킬레우스가 헥토르를 죽이는 장면하고 상당히 비슷하게 짜여 있습니다. 〈일리아스〉에서는 아폴론이 헥토르를 한동안 도와주다가 결국 떠나가는데, 여기서도 그와 유사하게 되어 있습니다. 그림의 왼쪽 위에는, 구름 위에 에로스를 동반하고 가슴을 드러낸 여신이 아이네아스를 가리키고 있고요, 그 뒤편에 헤라클레스가 있죠? 베누스가 신들에게 자기 아들을 신으로 만들어 달라고 부탁하는 참이에요. 신들 사이에 헤라클레스가 그려져 있으면, 어떤 인물이 신으로 변하는 순간이다라고 알고 계시면 되겠습니다.

왼쪽에 보시는 피터 캔디드(Peter Candid; 1548-1628)의 그림에도 저 위에서 읍피테르가 내려다보고 있는 가운데, 왼쪽 위의 살짝 낮은 부분에 헤라클레스가 사자 가죽을 쓰고 있고요. 그 아래는 베누스가 물을 부어서 아이네아스에게서 인간인 자기 남편에게서 받은 부분은 씻어 없애고, 말하자면 신에게서 받은 부분만 남겨가지고 아이네아스를 영원한 존재로 만드는 장면입니다. 물론 이 사건이 작품 속에 직접 일어나지는 않고요, 나중에 그렇게 되게 해 달라고 베누스가 부탁하고 읍피테르가 허락하는 걸로 돼 있어요. 유노(헤라)도 마지막에는 타협에 응하는데요. '나는 트로이아인이라고 하는 호칭이 정말로 싫으니, 그 이름 좀 바꾸라'고 요구합니다. 그래서 아이네아스를 따르는 무리는 '라틴 사람'이라고 이름을 바꾸게 됩니다.

〈아이네이스〉의 정체성

베르길리우스는 작품을 굉장히 느리게 오래 쓰는 사람이에요. 그래서 평생 작품 세 개밖에 안 남겼는데요. 그 세 작품을 합쳐도 오늘날의 책 한 권 안에 다 들어갑니다. 맨 처음에 〈선집〉, 또는 〈목가〉라고 하는 10편짜리 목동들의 노래를 쓰고요. 그다음에는 〈농경시〉 4권짜리가 있고요. 마지막에 〈아이네이스〉 12권짜리가 있는 거죠. 그래서 학자들은 그가 맨 처음엔 목축, 거기서 농사, 거기서 다시 전쟁으로 관심을 확대해갔다고 말합니다. 우리 인간이 처음엔 목동이었다가 이후 농부가 되었다가, 마지막엔 전사로 변했는데 그 과정을 보여준다는 겁니다. 베르길리우스는 〈아이네이스〉를 10년에 걸쳐 썼는데요. 그러고도 조금 더 고쳐야지 하다가 세상을 떠났어요. 희랍 땅에 가서 지리적인 내용을 좀 더 확인하고 조금 수정하려다가 뜻을 이루지 못한 겁니다. 어쩌면 작품 결말이 좀 급하게 느껴지는 게, 작가가 뜻밖에 일찍 죽어서인지도 모르겠습니다. 베르길리우스는 죽으면서 이 작품을 다 태워 없애라고 했지만, 황제가 읽어보니까 내용이 너무나 좋아요. (대개는 작가가 생전에 황제 가족 앞에서 작품 일부를 낭독한 걸로 알려져 있습니다. 6권 저승 여행 부분에 마르켈루스라는 젊은이가 등장하는데, 이 사람은 황제가 자기 후계자로 지목했지만 너무 일찍 죽은 이예요. 한데 그가 등장하는 부분을 황제 가족 앞에서 읽었더니, 황제의 누이인 그 젊은이 어머니가 그걸 듣다가 혼절했다는 얘기도 있습니다.) 그래서 황제가 작품을 태우지 말고 좀 정리해서 출간하자 했고요. 다른 시인이 조금 정리했다고 하는데, 사실 작품이 거의 완벽하게 돼 있었기 때문에 별로 손을 댈 필요도 없었다고 합니다. 그러니까 작가의 갑작스런 죽음 때문에 현재 결말 부분이 좀 이상하게 되었다는 거예요.

지난번에 〈오뒷세이아〉에 대해서도 끝이 좀 약하다는 시비가 있었죠? 사실은 희랍의 역사서들, 헤로도토스의 〈역사〉나 투퀴디데스의 〈펠로폰네소스 전쟁사〉도 좀 이상하게 갑자기 끊깁니다. 그래서 옛날 작품들은 오늘날의 작품처럼 어떤 격식을 갖춰서 끝내기보다는, 이런 식으로 갑자기 뚝 끊어지는 게 관행 아니었나 싶기도 합니다. 다른 설명으로는요, 지금 여기 펼쳐진 것이 로마 역사의 맨 앞부분이고 그 뒤에 쭉 이어질 이야기의 앞부분이니까 거기다가 특별히 완결성을 부여할 필요가 없었다는 해석도 있습니다. 그러니 혹시 그 뒷얘기가 궁금하신 분은 리비우스의 〈로마사〉 같은 걸 이어서 읽으시면 되겠습니다.

〈아이네이스〉 속에서 이상적인 지도자상을 좀 찾아보자면요. 드디어 여기서 개인적 행복을 희생하고 공적 목표를 추구하는 지도자가 그려졌다고 할 수 있겠네요. 그리고 작품 자체에 드러난 로마인의 덕목도 있는데요. 이 사람들이 시야가 굉장히 넓어서 지중해 전체를 둘러보고 있다, 역사의식과 소명감이 있다는 걸 지적했습니다. 아이네아스가 여러 번 실패를 겪지만 그래도 좌절하지 않고 다시 일어나는 모습도 우리 모델이 될 만합니다. 그는 말하자면 패자부활전을 통해 결국 성공한 그런 사람이에요.

그리고 앞에서 로마인의 덕목 '피에타스'를 보여주는 사례를 보았죠? 아이네아스 일행이 이탈리아로 가는 길에 시칠리아에 들렀을 때, 오뒷세우스가 흘리고 간 사람을 구조한 것 말입니다. 사실 그 사람은 〈오뒷세이아〉에 나오지 않는 인물인데 베르길리우스가 지어낸 것이에요. 어쨌든 우선 그 대목에서 희랍인 하나 영입했고요. 이탈리아 땅에 도착해서는 현지인 중 팔란테움 사람들과 연합하고, 또 에트루리아 사람들을 끌어들이고 하는데요. 이는 로마가 나중에 그렇게 강대한 국가가 되고, 그 상태를 오래 유지할 수 있었던 이유를 보여주는 겁니다. 그들은 새로운 영역을 차지할 때마다 그 지역 엘리트들을 자기네 지도층으로 흡수했거든요. 이런 면모 역시 오늘날 우리에게 모범이 되지 않나 싶습니다.

저는 자주, 〈아이네이스〉에서 인류가 새로이 확보한 영역은 시간축이다라고 주장합니다. 〈일리아스〉에 높이 또는 깊이가 있다면, 〈오뒷세이아〉에는 넓이가 있고, 〈아이네이스〉에는 시간에 대한 고려와 미래에 대한 비전이 있다고요.

브런치 디저트

<아이네이스>에 실제 로마가 세워지는 과정도 언급되나요?

물론 이 작품에 나옵니다. 작품 중간에 이후의 로마 역사가 두 번 펼쳐지는데요. 한 번은 저승에서 훗날 태어날 영혼들의 행렬이 있었고요, 다른 한 번은 아이네아스의 방패에 그려진 그림에서입니다. 로마의 설립자 로물루스 얘기는 사실 아이네아스 시대를 기준으로 보면 먼 후일의 일입니다. 지금 아이네아스는 새로운 나라를 세우려 애쓰고 있는데요. 그는 나라를 만들어 놓고 3년 있다가 죽어요. 그 후에, 우선 아이네아스가 트로이아 땅에서 낳아서 데려온 아들 아스카니우스가 30년 동안 통치하고요. 이어서 나중에 이탈리아 땅에서 태어난 자기 동생, 배다른 동생에게 나라를 물려줍니다. 그리고 그 나라가 300년 지속됩니다. 알바 롱가라고 하는 나라죠. 이 작은 국가가 조금씩 조금씩 도시 로마 쪽으로 이동하기 시작합니다. 맨 처음에 바닷가 쪽에 있다가, 조금 더 안쪽으로 더 안쪽으로요.

이런 식으로 알바 롱가가 300년 지속된 다음, 기원전 753년에 로마가 세워집니다. 그 계기는 이러합니다. 알바 롱가 역사의 마지막엔 왕가에 아들은 없고 딸만 하나 있어요. 한데 왕의 동생이 자기 형의 권력을 빼앗고서, 자기 조카딸이 아이를 낳지 못하도록 처녀 사제로 만들어 버립니다. 한데 아레스(마르스)가 그녀와 몰래 결합해서 자식이 둘 태어났답니다. 왕은 그 아이들을 바구니에 담아서 물에 띄워버렸는데요. 물결이 그 바구니를 강기슭으로 밀쳐서 뭍에 걸리게 만들었습니다. 그러자 늑대가 그 아이들에게 젖을 물려서, 그렇게 목숨을 건진 두 아이 로물로스, 레무스가 나라를 세우게 됐다는 겁니다. 하지만 이런 얘기가 〈아이네이스〉에 자세히 소개되지는 않아요. 당시 독자들은 다 아는 이야기이기 때문에 그냥 암시만 되어 있습니다. 혹시 자세한 내용을 원하는 분은 리비우스 〈로마사〉 제1권을 보시면 됩니다. 리비우스 〈로마사〉가 국내에 책 네 권으로 나와 있는데요. 그중에 첫째 권이 다섯 부분으로 나뉘어 있는데 그중 맨 앞부분 한 장(章)만 읽으시면 됩니다. 리비우스 〈로마사〉 1권에 신화적인 내용이 굉장히 많이 들어 있어요. 초기 로마는 왕정이었는데, 도합 7명의 왕이 있었어요. 그러다가 6세기 말에 가서 공화정으로 바뀌게 되죠(기원전 509년). 그 일곱 왕의 행적이 리비우스 〈로마사〉 1권에 다 나와 있습니다. 그러니까 전체를 다 읽긴 힘들겠다 싶은 분이라면 그냥 리비우스 〈로마사〉 앞부분만 보시면 되겠습니다.

오뒷세우스와 달리 아이네아스가 성공할 수 있었던 이유는 무엇일까요?
어쩌면 신적인 도움 때문이라고도 할 수 있는데요. 로마인은 굉장히 종교적인 사람들이었기 때문에 그 신들을 그저 문학적 장치로만 보긴 어렵습니다. 저는 어쩌면 아이네아스 자신에게 어떤 종교적인 심성이 있어서 신들의 도움을 받은 것 아닌가 싶어요. 사실 현대의 탈종교적 분위기에서 종교를 운위하는 게 어려움이 있는데요, 저는 '최소한의 영성'이란 개념을 내세우고 싶습니다.

단테의 〈신곡〉을 함께 공부하자고 제안하면 이따금 불평이 나오는 수가 있습니다. '〈신곡〉은 기독교 서사시인데, 기독교를 믿지 않는 사람이 이걸 읽을 필요가 무엇인가?' 하는 것입니다. 그럴 때마다 저는, 단테를 읽기 위해서는 그저 가장 기본적인, 최소의 영성만 있으면 된다고 주장합니다. 제가 '최소한의 영성'이라고 부르는 건, 이 우주의 신비를 놀랍게 생각하는 마음, 세계 속에서 최대한 의미와 질서를 찾아내고, 사람을 진심으로 대하며 어디서나 최선을 다하는 태도, 모든 생명체가 다 연결되어 있는 믿음, 이 세계 어딘가에 나의 자리가 있을 것이라는 희망 등을 가리키는 것입니다. 달리 표현하면 '오로지 부와 권력만이 모든 것'이라고 생각지는 않는 태도, 세상엔 그것 말고도 중요한 것이 있다는 마음가짐입니다. 아마 모든 고전 작품이 다 그렇겠습니다만, 저는 〈아이네이스〉의 바닥에도 그런 입장이 깔려 있지 않나 생각합니다. 물론 그 당시 로마 종교는 굉장히 공적인, 국가 종교였죠. 그렇지만 그런 제도적인 면을 넘어서 〈아이네이스〉에 오늘날 우리도 모방할 수 있는 어떤 경건한 자세가 깔려 있지 않나 싶어요. 아이네아스는 여러 차례 신적 존재와 마주치고 행동 지침을 얻는데요. 그 신들의 의미를 조금 약하게 해석해주자면 그건 결국 아이네아스 자신의 내면이 표출되어, 외적 형상을 얻은 것 아닐까 하는 것입니다. 그리고 우리도 지금 겪는 일들의 의미를 깊이 생각하다 보면 어떤 신적 도움으로 더러 새로운 길을 얻지 않을까 하는 것입니다.

ΟἰΔίΠΟΥΣ ΤΎΡΑΝΝΟΣ
ΣΟΦΟΚΛΉΣ

IV

오이디푸스 왕
소포클레스

서사시, 비극, 소포클레스
오이디푸스, 누구인가
스핑크스의 수수께끼
자신을 향해 쏜 화살
정해진 운명을 향해 질주하는 오이디푸스
오이디푸스의 피할 수 없는 운명

서사시, 비극, 소포클레스

서양 비극 중에서 가장 유명한 〈오이디푸스 왕〉을 같이 보시겠습니다. 사실 이 작품은 서사시와 시대적으로 약간 차이가 있습니다. 서사시의 전성기는 기원전 8~7세기여서 그 무렵 호메로스와 헤시오도스의 작품들이 나왔고요. 우리가 세 번째로 다룬 〈아이네이스〉는 그것을 본떠서 만든 2차적 서사시라고 그랬죠? 즉, 이전 작품을 많이 연구해서 새로 만들어낸 기원전 1세기 로마의 작품입니다. 언어적 차이도 있습니다. 〈일리아스〉와 〈오뒷세이아〉는 희랍어로 되어 있고요, 〈아이네이스〉는 라틴어로 되어 있어서요, 사실은 다른 나라 언어에서 쓰이던 운율을 로마 시인들이 흉내 낸 것입니다. 사실 형식에 있어서 굉장한 일을 해낸 거였어요. 운율은 우리가 번역으로 읽을 때는 알아채기 힘든데요. 일단 번역만 봐도 라틴어가 훨씬 간결합니다. 라틴어는 어휘도 좀 적은 편이어서

소포클레스 | 러시아 모스크바 푸시킨박물관.

현대에 발행된 라틴어 사전도 두께가 좀 얇습니다. 어쨌든 두 언어가 상당히 다른데, 그 차이를 뛰어넘어 같은 운율을 살려 썼습니다.

이번에 다룰 〈오이디푸스 왕〉은 비극인데요. 비극이란 장르의 전성기는 기원전 5세기입니다. 이른바 3대 비극 작가가 모두 기원전 5세기에 활동했습니다. 위의 사진을 보실까요? 소포클레스의 흉상입니다. 이 흉상은 지금 모스크바 푸시킨 박물관에 있습니다.

그런데 옛날 조각상들을 보면, 같은 사람을 새긴 것이라는데 작품마다 다 다르게 생겼습니다. 예를 들어 아리스토텔레스의 조각상 하나 보죠. 다음 쪽의 왼쪽 사진입니다. 이분은 로마에 계시는 분이에요. 이 조각상을 보고서 '어? 내가 아는 아리스토텔레스는 저 사람 아닌데…'라고 생각할 분도 있을 거예요. 지금 우리가 보는 이분은 이마가 상당

아리스토텔레스 | (좌)이탈리아 로마 알템스 궁전 국립박물관. (우)프랑스 루브르박물관.

히 넓고 얼굴이 큰 편이잖아요? 한편 다른 조각상을 볼까요? 오른쪽 사진입니다. 이분은 얼굴이 좀 더 여위고, 앞에 보신 분처럼 당당하다기보다는 약간 위축되어 보이죠? 루브르에 계신 분입니다. 사실 옛날 사람들은 어떤 사람 조각상을 만들 때 그 사람을 닮게 만들기보다는 그냥 자기가 이상적이라고 생각하는 형태로 만들었답니다. 그래서 올림픽 경기 우승자도, 세 번 우승해야지 자기와 닮게 만들어 달라고 요구할 권한이 생겼다고 해요. 그러니 실물과 닮지 않은 조각상을 만나면 '올림픽 우승을 세 번 하지 못해서 이렇구나'라고 생각하시면 되겠습니다. 아, 농담입니다.

원래 얘기로 돌아가서요. 기원전 5세기에 희랍의 3대 비극 작가가 다 나왔습니다. 소포클레스 앞 세대에 아이스퀼로스, 뒤 세대에 에우리피데스입니다. 사실은 현재 이 세 분의 작품밖에는 남아 있지 않아요. 그 전에도 다른 작가들이 있었고 그 후에도 있었지만 그들의 작품은 다 사라졌고요. 동시대에 이들과 경쟁하던 분들 것도 다 없어졌습니다. 도합 33편이 온전히 전해지는데, 아이스퀼로스 작품이 7편, 소포클레스 작품이 7편, 그리고 막내라고 할 수 있는 에우리피데스의 작품이 19편. 그런데 그중에 아이스퀼로스 거 하나(《결박된 프로메테우스》), 에우리피데스 거 하나(《레소스》)는 위작으로 여겨지고 있어요.

소포클레스는 기원전 5세기 초반에 태어나서 5세기 끝까지 한 90살 정도까지 산 걸로 되어 있어요. 우리가 흔히 19세기를 '빅토리아 시대'라고 하죠. 영국의 빅토리아 여왕께서 19세기 초반에 태어나서 20세기 초입까지, 거의 한 세기를 사셨기 때문에 그런 명칭이 생긴 건데요. 소포클레스의 경우도 비슷합니다. 이분은 비극 경연대회에서 아주 여러 차례 우승했고요. 장군으로 선출된 적도 있습니다. '아니, 날마다 글만 쓰던 사람한테 장군직을 맡겨도 되나?' 이럴지 모르겠는데요. 아테나이에는 10개의 인위적인 부족이 있어서 각 부족마다 하나씩 장군을 뽑아서 도합 10명이고요. 거기에다가 군사 장군까지 총 11명의 지휘관이 있었기 때문에 그중 하나 정도는 아마추어여도 괜찮은 그런 상황이었습니다.

한데 세 비극 작가의 작품 성향이 조금씩 달라요. 아이스퀼로스는 가문의 저주 같은 걸 굉장히 강조하고요. 작품도 세 개를 쭉 이어서 봐야지만 그 맥락을 이해할 수 있게 만들었는데요. 이른바 '내용상의 3부작'이라는 겁니다. 반면에 소포클레스는 개인의 결단을 굉장히 강조하고 있습니다. 작품들도 한꺼번에 네 작품씩(4부작) 묶어서 발표하기는 했지만, 그 내용이 죽 이어지는 게 아니라 서로 무관하게 조각조각 떨어져 있어요. 이분은 작품 속에서 운명과 맞서는 개인의 자율성 등을 강조했던 분입니다. 사실 여러분이 직접 읽고서 감동을 느끼기에는 소포클레스의 작품이 제일 좋아요. 제가 이따금 농담 삼아 소포클레스는 '소포를 끌르는 사람'으로 외자고 제안합니다. '내가 그 정도 이름도 못 외울 줄 알아?' 하는 분도 계시겠지만요, 제가 보기에 소포클레스라는 이름이 입에서 매끄럽게 나오는 분이라면 지적으로 상위 5퍼센트 안에 드는 분입니다.

이제 작품을 보죠. 소포클레스의 〈오이디푸스 왕〉은 고대에 가장 유명하던 작품입니다. 현대에도 물론 유명하지만요. 이렇게 유명했던 이유는 아리스토텔레스가 〈시학〉에서 이것을 비극 작품 중 최고로 꼽았기 때문입니다. 뭔가 예를 들어야 하는 상황이면 자주 이 작품을 이용하고 있습니다.

다시 아리스토텔레스 조각상으로 돌아갑니다. 앞에 이탈리아 로마 알템스 궁전 박물관에 소장된 흉상을 다시 보시죠. 저 흉상의 목 부분까지는 흰색이고 그 아래 부분은 갈색이죠? 이와 관련해서 조금 재미있는 전통이 있으니 설명할게요. 로마 사람들은 자기네 조상을 굉장히 높이 섬겨서 늘 집안에 조각상을 모셨는데요. 그 조각상이 대개 부분이 아니라 몸 전체가 표현된 전신상입니다. 그런데 머리 부분은 뺐다 끼웠다 할 수 있도록 돼 있어요. 그래서 이사 갈 때는 머리 부분만 뽑아가지고 옮기면, 새로 입주하는 다른 집에 이미 머리를 제외한 전신상이 서 있습니다. 거기에 머리 부분을 끼워 넣는 겁니다. 그래서 이렇게 몸 따로, 머리 따로 다르게 생긴 겁니다.

기원전 5세기 희랍 비극의 상황을 조금 더 설명하자면요. 옛날에 비극 공연은 그냥 사람들이 모여서 '우리 연극 한번 해보자' 하는 게 아니었고요, '나도 비극 작품 하나 써서 상업적으로 성공해야지'라고 할 수 있는 것도 아니었어요. 국가 재정을 투입한 공적 행사로서, 딱 세 사람만 미리 선정하고 지원해 줘서 작품을 발표했던 겁니다. 그냥 아무나 출전하는 것이 아니었고요, 돈도 많이 들고요. 또 어려운 문제가 있었습니다. 비극에는 합창단이 등장해야 하는데, '보이 소프라노'가 필요하거든요. 한데 당시에 동성애가 유행해서 아이들이 나쁜 사람 만날까봐 꽤 단속을 했습니다. 그러니 국가의 권위를 빌려야 겨우 소년들을 동원할 수 있었던 겁니다. '아이고, 국가 행사니까 댁의 아드님을 좀 데려다 쓰겠습니다'라고요.

아, '아들'이란 단어를 써서 죄송합니다. 성평등 시대에 어울리지 않는 발언같이 들릴 수 있겠네요. 옛날 비극 공연에는 여자가 등장하지 않았습니다. 물론 등장인물 중엔 여자도 꽤 있었지만 그걸 전부 남자 배우들이 연기했어요. 합창단이 명목상 여성 노예들인 경우도 많지만, 그 역할을 다 남자들이 했습니다. 여성 관객이 극장에 갈 수 있었는지 없었는지는 아직까지 논란이 되고 있습니다. 아직도 '여자는 관람하지 못했다'는 학자도 있고요. 한편 아리스토파네스의 희극에, 여자들도 비극을 관람했다고 해야지만 성립되는 농담이 있어서, 그걸 근거로 '여자도 극장에 갈 수 있었다'라고 주장하는 학자도 있습니다.

어쨌든 국가에서 디오뉘소스 축제를 위해 미리 재정을 투입했고요. 국가 지원을 받은 3명의 작가만 출전했는데, 그들이 각기 네 작품씩 발표하는 식으로 적어도 150년 정도는 계속됐던 것 같아요. 그렇게 해서 만들어진 수천 편의 작품 중에 현재 겨우 33편이 남아 있습니다. 한데 〈오이디푸스 왕〉은 아직도 수많은 작품이 남아 있던 시절에 벌써 아리스토텔레스가 최고로 꼽았던 것입니다.

오이디푸스, 누구인가

이탈리아의 파솔리니라고 하는 감독이 만든 〈오이디푸스 왕〉(1967) 영화 포스터를 보시죠. 뒤쪽에 있습니다. 지금 보는 포스터 속 장면은 집안 하인이 어린 오이디푸스를 산에 버리러 가는 장면이에요. 저 영화 찍을 때만 해도 옛날이어서 아직 인권 개념이 확고하지 않아서요, 영화를 보고 있으면 '아이고, 애가 참 고생했네!' 싶어요. 어린 오이디푸스를 죽이도록 명 받은 사람이 아기 손발을 묶어서는 창 자루에 걸머메고 가는 참이에요. 그래서 애가 막 애처롭게 우는데요. 요즘 같으면 감독이 체포될 만한 상황입니다.

이제 작품 내용을 볼까요? 옛날 사람들은 비극을 보러 갈 때 이미 많은 신화를 알고 있었어요. 한데 여러분은 그렇지 못하니까 제가 그냥 조금만 말씀드릴게요.

희랍에 테바이라는 도시국가가 있었습니다. 그 나라 왕에게 신탁이 내려졌어요. 아이를 낳지 말라고, 아이가 태어나면 그 아이 때문에 부모님이 죽는다라고요. 하지만 옛날에는 아기를 낳지 않을 방법이 별로 없었고요, 그만 아이가 태어나버렸습니다. 그래서 그 아이를 난 지 사흘도 안 돼서, 발목을 쇠꼬챙이로 꿰뚫어서는 산에 갖다 버렸어요. '아니 버리더라도 그냥 버리거나 하지, 발목은 왜 쇠꼬챙이로 꿰었나?'라고 생각하실지 모르겠는데요. 이건 아마도 아기가 나중에 원혼이 되어서

영화 <오이디푸스 왕(EDIPO RE)>
| 피에르 파올로 파솔리니, 1967.

부모님을 쫓아오지 못하게 하려는, 주술적인 이유 때문에 그랬던 것 같습니다. 사람이 죽은 다음에는, 죽을 때의 마지막 모습을 간직한다는 믿음이 전 세계 여기저기에 있어요. 물론 다른 생각도 있어요. 우리가 죽은 다음에는 다시 인생의 가장 아름답던 시기로 돌아간다는 믿음도 더러는 있었습니다. 하지만 그보다는, 죽을 때의 상태를 유지한다는 믿음이 더 흔했던 것 같아요. 그래서 애 발목을 꿰어놓은 겁니다. 그런데 이웃 나라 목자가 그 아이를 주워다가 자식 없는 자기 나라 왕에게 건네주었습니다. 그런데 애를 처음 구조했을 때 발목이 부어 있었기 때문에, 아이에게 '부은 발'이라는 이름을 붙여 주었어요. '오이디푸스' 뒷부분의 '-푸스(pous)'라는 말은 영어의 풋(foot)하고 같은 겁니다. 그 앞부분은 '오이다오(oidao)', 또는 '오이데오(oideo)'인데, '부었다'는 뜻이에요. 그래서

전체적으로 '부은 발'이라는 뜻이 되는데요. 나중에 학자들이 이건 희랍어의 '오이다(oida)'에서 나온 거라고 해석했습니다. 우리말에도 옛날에 '외다', '오이다'가 있었죠? 현대어로 '외우다'에 해당하는 말이요. 우연이지만, 그거하고 상당히 비슷합니다. 어쨌든 오이디푸스의 이름에 '알다'란 뜻이 있어서, 전체적으로 '발로 측정해서 아는 사람'이라고 해석한 이들이 있어요. 그래서 원래 부모님이 준 이름과 나중에 학자들이 찾아낸 뜻이 강조점이 약간 달라집니다. 나중 일을 보면 둘 다 맞는 뜻입니다.

자 어쨌든, 신이 아기를 낳지 말라고 했는데 아기가 태어났다, 그래서 아기를 발목을 다치게 해서는 갖다 버렸다, 그랬는데 이웃 나라 왕이 그 아이를 기르게 되었다는 거예요. 그래서 이 아이는 자기가 왕자인 줄 알고 자라다가요, 어느 날 술 취한 사람이 '야, 너는 주워온 애다'라고 말합니다. 그래서 오이디푸스가 부모님에게 여쭤봤더니, 부모님이 화를 내면서 '누가 그러더냐?' 그래요. 그래도 의혹이 풀리지 않아서 델포이를 찾아갔습니다.

자, 뒤쪽에 보시면 델포이 여사제 그림이 이렇게 있네요. 콜리에(John Maler Collier; 1850~1934)라고 하는 분의 그림입니다. 희랍의 중부 지역에 델포이, 현대어로 델피라고 하는 데가 있는데요. 거기 있는 아폴론 성역이 굉장히 유명하고요. 아폴론의 신전 안에 들어가면 여사제가 저렇게 세발 솥 위에 앉아서 신탁을 주는데요. 땅이 갈라져 있어서 거기서 환각성 가스가 올라오고, 여사제가 그 가스에 취해서 중얼중얼 말하면 남자 사제들이 그 내용을 시로 만들어 전해줬다고 합니다. 근데 현재 그 신전에 가보면 별로 가스가 나올 것 같진 않습니다. 그리고 다른 얘기에 따르면 여사제가 월계수 잎을 씹어서 환각을 유도했다는데,

델포이의 여사제 | 존 콜리에, 1891, 호주 아들레이드 남호주미술관.

월계수에 그런 효과가 있는지 잘 모르겠습니다. 어쨌든 이건 그런 전설에 맞춰 그려 놓은 것입니다.

오이디푸스가 이곳에 찾아가서 '신이시여, 저의 부모님은 누구입니까?'라고 물어봤더니, 신께서는 그 질문에는 답하지 않으시고 '너는 아버지를 죽이고 어머니와 결혼할 것이다'라는 이상한 신탁을 내려요. 그래서 이 사람이 무서워서 자기 집으로 가지 못하고요. 델포이에서부터 동쪽으로 가다가 남쪽 북쪽으로 길이 갈라지는 삼거리에서, 남쪽인 자기 집 코린토스로 가지 않고 정반대 방향인 북쪽으로 갔는데요. 그곳이 자기가 태어난 원래 고향이었어요. 본인은 그걸 몰랐죠. 그러다가 중간에 어떤 마차하고 마주쳐서 길 비키는 문제 때문에 싸움이 납니다. 상대방이 먼저 오이디푸스를 때렸어요. 옛날에는 누가 먼저 때렸느냐가 중요했고요. 그리고 도시 밖에서는 자신을 스스로 지켜야 하기 때문에 정당방위의 범위가 넓었습니다. 매를 맞은 이 젊은이가 욱해서 상대방 일행을 전부 쳐 죽였습니다. 뒤쪽에 조제프 블랑(Joseph-Paul Blanc; 1846~1904)의 그런 그림이 있네요.

나중에 보면 그때 죽인 사람이 자기 아버지였어요. 한데 부전자전이랄까 아버지도 성격이 꽤 격해서, 가만히 노리고 있다가 젊은 놈이 마차 옆으로 지나갈 때 말 모는 꼬챙이로 내리칩니다. 희랍 사람들은 짐승을 몰 때 Y자 모양으로 생긴 뾰족한 꼬챙이로 엉덩이를 찌르는 게 보통이었는데요, 그걸로 때린 겁니다. 그러자 그 젊은이는, 이상한 신탁을 받고 그렇지 않아도 기분이 안 좋았던지, 상대방 일행을 모조리 쳐 죽입니다. 그림 전면에 5명이 있고요, 왼쪽 뒤에 한 명 도망가는 것처럼 그려놨네요. 작품을 직접 보면 현장에 다섯 명이 있었다고 되어

오이디푸스의 라이오스 살해 | 조제프 블랑, 1867, 프랑스 파리 에콜 데 보자르.

있습니다. 사실 현장에 있었던 사람의 숫자가 작품 속에서 좀 왔다 갔다 합니다. 테바이에는 '도적들'이 나타나서 왕을 죽였다고 알려져 있었는데요. 오이디푸스 자신은 그냥 한 명이니, '그렇다면 왕을 죽인 사람은 내가 아니다'라고 본인은 계속 그렇게 생각하고 있어요. 그러면서도 오이디푸스는 왕을 죽인 자를 때로는 단수로 때로는 복수로 지칭해서, 자신이 그 범인일지도 모른다는 의혹을 무의식적으로 드러내는 듯도 합니다.

스핑크스의 수수께끼

오이디푸스가 이상한 신탁을 받고 자기 집과는 다른 방향으로 가다가 삼거리 부근에서 노인 일행을 죽이고요. 계속 길을 가는데 스핑크스가

오이디푸스와 스핑크스 | 귀스타브 모로, 1864, 미국 메트로폴리탄미술관.

앞을 가로막습니다. 수수께끼를 내요. 이걸 풀면 살려 주는 거고 못 풀면 잡아먹는 거예요. 앞쪽에 모로(Gustave Moreau; 1826~1898)의 작품이 있습니다.

그림 왼쪽에 스핑크스가 약간 애원하는 듯한 표정으로 오이디푸스에게 매달려 있는 걸로 그려졌네요. 무섭다기보다는 조금 성적인 유혹 같은 분위기를 풍기죠? 지금 이 사건을, 이제 막 어른이 되려는 젊은이의 어떤 성적인 모험으로 해석하려는 사람도 있어요. 아마 '오이디푸스 콤플렉스'라는 단어를 들어보셨을 텐데요. 한국에 〈오이디푸스 왕〉 작품을 직접 읽은 사람은 거의 없지만, 그 내용은 대개들 알고 계시죠. 이렇게 된 데는 프로이트의 공이 큽니다. 여러분이 직접 작품을 읽어보시면 '프로이트가 이걸 읽고 그 아이디어를 떠올렸구나!' 하는 생각이 들 거예요. 작품 중간에 이런 대사가 나옵니다. '꿈속에 자기 어머니와 결합하지 않는 사람이 어디 있냐'고요. '오이디푸스 콤플렉스'라는 게, 말하기 좀 껄끄럽지만 대개는 남자 아이가(더러 여자들한테도 있어요.) 어머니에게 너무 집착해서 아버지를 경쟁자로 여기고, 아버지가 사라져 버렸으면 하고 바라는 마음인데요. 사실 여기서 근친상간, 부친살해 같은 개념이 나오지만 어린이가 그런 걸 어떻게 알겠어요? 사람이 죽는다는 개념도, 성적인 개념도 없고, 단지 자기랑 엄마랑 같이 있는데 누가 끼어드는 게 싫을 뿐입니다. 어쨌든 프로이트 선생님께서는 이게 우리 가슴 저 밑바닥에 억눌려 있는 어떤 원초적인 욕구라고 그렇게 규정했는데요. 사실 희랍의 작품 속에 그 근원이 될 만한 구절들이 있고, 프로이트도 그걸 끌어다 쓴 것입니다.

방금 본 것처럼 우선 〈오이디푸스 왕〉에 그런 구절이 있고요. 또한 소포클레스와 서로 알고 지냈던 듯한 헤로도토스, 그의 작품 〈역사〉에도 그런 사례가 있습니다. 기원전 480년 희랍 땅에 페르시아 대군이 쳐들어왔는데요. 그보다 10년 전, 그러니까 기원전 490년에는 비교적 적은 군대가 마라톤에 왔어요. 그때 아테나이에서 쫓겨난 참주 집안 힙피아스도 함께 왔습니다. 페르시아 군대가 이기면 다시 도시를 차지하려는 속셈이었죠. 한데 그 사람이 마라톤 전투 직전에 자기 어머니와 결합하는 꿈을 꿉니다. 그리고 깨어나서 그걸 굉장히 기뻐해요. 어머니는 조국을 상징하기 때문에 자기가 이 땅을 되찾을 거다라고요. 한데 그날 아침에 기침을 하다가 이가 하나 빠져서 땅에 떨어졌는데 찾을 수가 없습니다. 아마 모래 땅 같은 데 떨어졌던 모양이에요. 그래서 그 사람이 개탄하는 장면이 나와요. 나의 꿈이 작게 이루어지고 말았다고요. 그러니까 꿈이 크게 이루어져야 하는데, 너무 작게 실현되고 말았다는 뜻이겠죠. 이렇게 헤로도토스의 〈역사〉에도 나오고, 지금 우리가 보는 소포클레스의 작품에도 나오고, 그래서 프로이트가 그로부터 2,500년 가까이 지난 후에 그걸 자기 식으로 사용한 겁니다.

다시 원래 이야기로 돌아가죠. 스핑크스의 수수께끼는 대개 이렇게 알려져 있죠. '이름은 한 가지인데, 아침에는 네 발, 점심에는 두 발, 저녁에는 세 발인 존재가 뭐냐?' 그러자 오이디푸스는 '인간이다'라고 맞춰요. 어렸을 때는 네 발로 기어다니다가 성장해서는 두 발로 걸어 다니고, 노년이 되면 지팡이 짚고 '세 발'로 다니니까요. 한데 사실 오이디푸스가 '그건 나다'라고 했어도 정답이었을 거라고 그렇게 말하는 학자도 있습니다. 나중에 오이디푸스가 눈이 멀어서 지팡이로 앞을 더듬으며 돌아다니게 되거든요. 그런데 지금 이 질문의 핵심은요, 어떤 존재의 정체성이 어디 있는지 하는 것입니다. '이게 무엇이다, 이게 누구다'라고 얘기할 때, 무엇을 기준으로 삼을 것인지 하는 문제예요. 근데 플라톤의 후기 대화편들을 보면, 개념을 쪼개고 또 쪼개서 어떤 개념을 정의하는 경우가 많아요. 예를 들어 〈소피스트〉라는 작품에서는 소피스트가 무엇인지 규정하기 위해 직업들을 쪼개고 쪼개고 또 쪼갭니다. 이와 유사하게 플라톤의 학교에서, 인간을 '털 없는 두 발 짐승'으로 규정했다는 얘기도 전해지죠. (이건 디오게네스 라에르테스라는 분의 〈유명한 철학자들의 생애와 철학〉이라는 작품에 나오는 일화입니다.) 그러니까 발의 개수가 어떤 동물의 정체성을 규정하는 데 굉장히 중요한 기준이 되는 겁니다. 근데 발 개수가 시간에 따라 바뀐다니까 사람들은 그걸 이해하지 못했고요. 오이디푸스만 그게 무슨 뜻인지 알았던 거죠. 여기서 오이디푸스가 지식, 혹은 지혜에서 남보다 나았던 점은 무엇이냐? 아마도 시간이 지남에 따라 사람의 정체성도 변화하고 기준도 변해간다는 것, 그것인 듯합니다.

그리고 방금 인간뿐 아니라 오이디푸스 개인도 발이 4개였다가 2개였다가 3개가 되었다고 했잖아요? 거기에 하나 더 덧붙이자면, 그는 어렸을 때 발목을 꿰어 묶였었기 때문에 발이 하나였던 적도 있습니다. 사실 오이디푸스라는 존재는 여러 면에서 경계를 넘고, 판단 기준을 망가뜨리는 사람이에요. 방금 발 개수가 변해서 종적인 기준을 무너뜨렸고요. 또 옛날에는 공간 측정의 기준이 인간의 신체였는데요. 발의 개수가 변한다는 건 공간 측정 기준도 변화시키는 거라고 해석할 수 있습니다. (그의 발 자체에도 문제가 있다는 얘기는 나중에 더 할게요.) 그리고 옛날의 시간 측정 기준 중 하나가 세대입니다. 보통 한 세대는

오이디푸스와 스핑크스
| 장오귀스트도미니크 앵그르, 1827,
프랑스 루브르박물관.

30년, 경우에 따라서는 50년으로 잡죠. 그런데 오이디푸스는 자기 아버지와 같은 아내를 취하기 때문에 아버지 세대에도 속하고요, 자기 자식들과 형제이기 때문에 자식 세대에도 속합니다. 자신의 원래 세대까지 해서 도합 세 개의 세대에 속하는 셈이죠. 그러니까 그는 시간 측정의 기준도 망가뜨리는 사람입니다. 한편 그는 '측정하는 사람'입니다. 그의 이름 뜻부터 '발로 재어 아는 사람'이고요. 작품 원문에 자신이 '하늘의 별을 보고 거리를 재면서 고향을 피해 다녔다'는 회고가 나옵니다.

논의가 좀 많이 앞서 나갔네요. 아직 오이디푸스가 자기 어머니와 결혼하는 데까지는 사건이 진행되지 않았죠? 다시 그림으로 돌아갑니다.

위에 보시는 그림은 앵그르(Jean-Auguste-Dominique Ingres; 1780~1867)가 그린 것인데요. 오이디푸스 뒤쪽의 배경이 좁은 골짜기로 그려져 있습니다.

마치 이런 수수께끼 풀이 과정이 우리 인생에 꼭 한 번은 지나가야 하는 시련인 것처럼 되어 있고요. 왼쪽에는 스핑크스가 있고 그 오른쪽에 오이디푸스가 수수께끼를 듣고 있습니다. 오른쪽 아래엔 이런 시련을 회피하려는 듯한 사람도 그려져 있고요. 왼쪽 아래에는 죽은 사람의 발도 보이네요.

어쨌든 오이디푸스가 수수께끼를 풀었어요. '그 수수께끼의 답은, 사람이다'라고 하니까, 스핑크스가 높은 데서 떨어져서 죽었다고 합니다. '아니, 날개가 있는 존재가 어떻게 떨어져 죽나?' 생각하실 분도 있겠지만, 날개를 몸에 꼭 붙이고 뛰어내리면 죽을 수 있습니다. 매나 독수리가 급강하할 때도 그렇게 하니까요. 그렇게 스핑크스가 죽자 테바이 사람들이 그동안 자기네를 괴롭히던 괴물로부터 자기들을 구해줘서 고맙다고, 이미 과부가 되어 있던 자기네 왕비하고 결혼해서 나라를 다스려 달라고 청하죠.

지금 여기서 오이디푸스는 지혜롭게 행동한 걸까요? '아니, 이 사람아! 당신은 아버지를 죽이고 어머니와 결혼할 거라는 신탁을 받았으면, 아버지뻘 노인과는 싸우지 말 것이고 나이 많은 여자와는 연애 관계를 피했어야지. 왜 그렇게 행동했나?' 이렇게 말할지 모르겠는데요. 옛날엔 어떤 사람이 왕의 아들로 태어나서 왕이 되는 경우가 뜻밖에 드물었어요. 대개는 여성을 통해서 왕권이 전해지고, 그 여자와 결혼하게 되는 사람이 왕권을 이어받았습니다. 동화에서 '이 문제를 해결하면 나라의 절반을 주고 공주와 결혼시켜주겠다'라는 조건이 내걸리는 경우가 많죠? 그런데 어떤 사람이 '아이고, 공주님은 미모가 부족하니 결혼은 사양하고 나라의 절반만 받겠습니다' 이렇게 제안하는 게 가능하냐? 안 됩니다. 두 조건이 패키지로 묶여 있어요. 공주님을 거절하면 나라의 절반도 못 받습니다. 나라의 절반을 준다는 것은 왕이 상대를 자기와 대등한 통치자로 인정한다는 거고, 그의 후계자가 된다는 뜻이에요. 그래서 오이디푸스가 왕 자리를 얻으려면 자기 어머니뻘 여자와 결혼하는 수밖에 없었어요. 그리고 옛날에는 결혼을 아주 일찍 하고 또 남자들이 일찍 죽기도 해서, 사실은 과부라 하더라도 나이가 그렇게 많지 않을 수가 있습니다.

자신을 향해 쏜 화살

그래서 오이디푸스가 왕이 되었고요. 아이를 넷이나 낳고 나라를 잘 다스리고 있는데 갑자기 역병이 돕니다. 사실 이 〈오이디푸스 왕〉이라는 작품은 지금과 같은 코로나19 대유행 상황에 같이 공부하기 꽤 적절한 텍스트입니다. 지금 오이디푸스의 도시 테바이에 번진 역병이 굉장히 엄청난 걸로, 합창단의 노래에도 나오고, 사람들이 몰려와 오이디푸스에게 탄원하는 대목에도 나오고 합니다.

방금 '합창단의 노래'라고 말했는데요. 희랍 비극을 여러분들이 직접 읽으려면 약간 어려움이 있습니다. 뮤지컬 형식으로 되어 있어서 그래요. 희랍 비극에서는 대화 장면 한 번, 합창 한 번, 대화 한 번, 합창 한 번, 이렇게 번갈아 나오게 되어 있습니다. 대개는 합창이 네 번 정도 나오기 때문에 대화 장면은 도합 다섯 개가 됩니다. 이게 5막극의 근원이죠. 대화 장면에서는 사건이 진행되고요. 합창 장면에서는 그 사건의 의미를 돌아봅니다. 그런데 현대인들은 좀 급하게 살죠? 그래서 조바심 때문에 합창 장면을 잘 견디질 못해요. '아, 짜증나는군, 이건 뭐야? 노래도 다 비슷비슷하잖아.' 이런 생각이 드는데요. 사실은 이 장치가 속도를 조절하는 용도도 있습니다. 빠르고 느리고 빠르고 느리고. 〈일리아스〉에서도 마찬가지예요. 인간들의 장면에서 사건이 진행되고 신들의 장면에서 그 사건의 의미가 전달됩니다. 아마 〈일리아스〉 읽다가 신들의 장면에서 짜증내는 분들이 많이 있을 거예요. 일단 그런 장면의 두 가지 역할, 즉 사건에 의미를 부여한다, 너무 빨리 결말에 도달하는 걸 막는다는 점을 생각하시면 좋고요. 비극의 경우는 그나마 길이가 좀 짧다는 걸 위안으로 삼으셔도 되겠네요. 비극은 〈일리아스〉나 〈오뒷세이아〉 같은 서사시에 비해서 분량이 한 10분의 1밖에 되지 않아요. 비극의 길이는 1,500행 정도가 일반적인데요. 〈일리아스〉가 1만 5천 행이니까 그것의 10분의 1 정도입니다. 그러니 '짧으니까 조금만 참자' 하고 읽는 방법도 있겠습니다.

어쨌든 비극에는 이렇게 합창도 나오는데요. 후기로 갈수록 점점 합창의 비중이 줄어듭니다. 그러다가 완전히 합창이 빠져버린 것이 바로 근대의 5막극이죠. 우선 로마 시대에 짧은 합창이 딸린 5막극으로 변했고요. 합창이 아예 없는 작품도 현재 세네카의 비극 작품 중에 남아 있고요. 그리고 이런 것이 르네상스 시대에 프랑스 같은 데 전해져서, 코르네이유나 라신 같은 사람들도 모두 5막극으로 창작하는 게 당연시되었습니다.

지금 제가 여러분들이 신화를 잘 모르실 거라는 생각에 앞에서부터 얘기했는데요. 여러분이 작품을 직접 읽어보시면 조금 다르게 되어 있습니다. 맨 첫 장면이 시민들이 왕궁 앞에 몰려와서 탄원하는 것으로 되어 있죠. 우리가 역병을 당해서 굉장한 재난에 빠졌다, 당신은 지혜

오이디푸스와 안티고네 | 샤를 프랑수아 잘라베르, 1842, 프랑스 마르세유미술관.

로운 사람 아니냐, 지난번에 스핑크스로부터도 우리를 구해 주지 않았 느냐, 우리에게 도움을 달라 하는 것입니다.

위에 보는 잘라베르(Charles François Jalabert; 1819~1901)의 그림은 우리가 따라가고 있는 작품 내용 다음에 이어지는 이야기인데요. 오이디푸스가 눈이 먼 채로 딸 안티고네의 안내를 받아 방랑하는 모습입니다. 그림 오른쪽에 죽은 아이를 곁에 두고 오이디푸스를 가리키며 저주를 퍼붓는 듯한 여인이 있죠? 그 뒤로는 안색이 검게 변한 채 눈이 뒤집히며 쓰러지는 사람도 그려져 있고요.

그런 식으로 수많은 사람이 죽고, 신의 제단 앞에도 사람이 죽어 있고요. 들판에도 죽어 쓰러진 사람이 있는데 짐승이 그걸 먹고는 다른데로 병으로 옮기고 있습니다. 아마도 인수 공통 전염병인 것 같아요.

게다가 조금 이상한 게, 보통의 역병하고는 달리 기근과 부인병이 동반되고 있습니다. 땅에서 곡식이 나지 않고 여자들이 아이를 낳지 못하는 걸로 그려져 있습니다. 그래서 총체적인 대재난으로 그냥 전염병 정도가 아닌 것처럼 되어 있어요.

여기 그려진 역병은 투퀴디데스가 〈펠로폰네소스 전쟁사〉에 기록한 아테나이 대역병을 모델로 삼은 것으로 여겨집니다. 근래에 유명한 의사께서 어떤 신문 기고에서 현재의 코로나19를 아테나이 대역병과 비교하면서, '그 얘기가 헤로도토스의 〈역사〉에 나온다'라고 쓰셨더라고요. 교양 있는 분들도 자주 혼동하시는데요. 아테나이 대역병은 투퀴디데스의 〈펠로폰네소스 전쟁사〉에 나오는 겁니다. 기원전 431년에 아테나이와 스파르타 사이에 전쟁이 발발하는데요. 전쟁 2년 차(기원전 430년)에 아테나이에 대역병이 돌아요. 아테나이는 해군이 강하고 스파르타는 육군이 강하니까, 당시의 아테나이 지도자 페리클레스가 도시 외곽에 사는 사람들을 모두 시내로 들어오게 했어요. 들판을 비우고 육전을 피하면서, 해군을 이용해서 적들의 배후를 치자는 전술이었죠. 우리가 겪은 코로나19 대유행에 '3밀(密) 상황'을 피하라는 게 방역지침이었는데요. 아테나이는 밀폐·밀집·밀접의 '3밀' 상태가 되고 말았습니다. 그래서 역병이 엄청나게 퍼지고 치사율도 굉장히 높았어요. 페리클레스도 전쟁 2년 차에 그 병에 걸렸고요. 다른 사람들의 경우 죽을 사람은 대개 일찍 죽었는데 이 사람은 병이 만성화되어서 그다음 해에 죽은 걸로 알려져 있어요. 요즘도 코로나19 후유증이 유난히 심한 사람이 있는데 그와 비슷한 사례였던 듯합니다.

어쨌든 이러한 대역병이 〈오이디푸스 왕〉에 반영이 되어 있어서, 이 작품은 기원전 430년 이후에 나온 것이라고 그렇게들 보고 있습니다. 자, 지금 극이 시작되면 대역병 상황이고요. 왕궁에 사람들이 몰려와서 오이디푸스에게 도움을 청하는데요. 여러분 중에 작품을 읽자마자 '이거 진짜 좋은 작품이다!' 이렇게 단박에 느끼는 분은 문학적인 감수성이 굉장히 뛰어난 분이에요. 대개는 여러 차례 읽고 또 학자들의 도움을 받아야, 이게 좋은 작품이라는 걸 알 수 있습니다. 이 작품에 몇 가지 장점이 있는데요. 일단 대화 장면하고 합창 장면이 굉장히 잘 맞아 돌아가요. 마치 정교한 톱니바퀴가 착착 물려서 넘어가는 것처럼, 대화 장면이 한 번 나오고 나면 뒤이은 합창이 조금 전에 있었던 사건의 의미를 생각하고, 또 어떤 일이 일어날 것인지 예상하고요. 다시 그에 맞게 그다음 대화 장면이 나오고, 그것에 걸맞은 합창이 또 나오고. 이렇게 착착 잘 맞아 돌아가는 작품이 드뭅니다.

그리고 우리가, 예를 들어 드라마를 볼 때 인물이 좋아서 계속 보는 경우도 있죠? 아리스토텔레스는 〈시학〉에서 인물의 성격은 그다지 중요한 게 아니고, 무엇보다도 플롯이 중요하다고 했습니다. 작품 속에서는 여러 작은 사건들이 계속 이어지는데, 어떤 사건 다음에 어떤 게 나오는지 하는 문제입니다. 하지만 보통 관객의 입장에서는 인물의 매력도 굉장히 중요합니다. 한데 이 작품에서 오이디푸스가 대단히 명민한 인물로 나와요. 명민함도 인물의 매력에서 중요하죠. 특히 그가 어떤 사람에게서 정보를 끌어낼 때면, 육하원칙에 따라서 필요한 질문 중에 놓치는 게 없고요, 또 질문이 아주 간결해서 불필요한 군더더기가 전혀 없어요. 현대의 관객은 이미 수사극이나 재판극을 많이 보았기 때문에 '그게 그렇게 대단한가?' 생각할 수도 있지만요, 〈오이디푸스 왕〉

은 기원전 5세기에 상연된 겁니다. 말하자면 온 세계가 깜깜한 어둠 속에 잠겨 있고, 아테나이에서 희미한 빛이 바깥으로 번져나가는 참입니다. 아테나이는 아마 문맹률이 낮았을 거예요. 민주정을 시행했기 때문에 투표도 하고, 더러 문제 인물을 추방하기도 했거든요. 그러려면 도기 조각에 이름을 써야 됩니다. 지금도 많은 도기 조각에 이름 적힌 게 발견되고 있어요. 그래서 아테나이가 그나마 좀 나은 도시였지만, 아마 그래도 이렇게 논리적으로 따질 수 있는 사람은 많지 않았을 거예요. 읽고 쓸 수 있다고 해서 긴 문장을 제대로 이해하거나 그런 문장을 써낼 수 있는 것도 아니고요. 그리고 문자를 알지 못하는 사람은 문자를 아는 사람과는 전혀 다른 논리를 갖고 있기 때문에 서로 대화하기가 곤란하다고 알려져 있습니다. 제가 깎아내리려고 하는 말이 아니라요. 문자 교육을 받지 못한 사람에게서 정보를 얻어내려면 여러 차례 질문을 던지고, 조금씩 얻어낸 조각조각의 정보를 재정렬해야지 전체 그림을 그릴 수가 있어요.

 게다가 이 작품의 배경은 그것보다도 한 800년 전으로 설정되어 있습니다. 트로이아 전쟁 전이에요. 그러니 사람들의 논변 수준이 아주 높지는 않았다고 해야겠죠. 한데 소포클레스가 여기 굉장히 명민한 인물을 만들어놨어요. 그렇게 해서 우리를 확 끌어들이고 있습니다. 이 오이디푸스는 잠깐만 시간을 얻으면 그 사이에 생각이 벌써 저만큼 전진해 있어요. 계속 상황 변화를 주시하고 거기에 맞춰 신속하게 대응하는 사람입니다. 한데 작품 후반으로 갈수록 그의 처지가 조금씩 달라집니다. 앞부분에서는 사람들이 어떤 요구를 하면, 그는 사전에 그걸 예상하고 벌써 그 일을 하고 있어요. 하지만 뒷부분으로 갈수록 오히려 다른 사람들이 그를 앞지르게 되죠.

지금 우리가 실제 작품 속 맨 첫 장면을 보고 있죠? 시민들이 왕궁으로 몰려와서, '우리를 도와 달라, 우리는 굉장히 어려운 상황에 처해 있다'라고 탄원하자, 오이디푸스는 '내가 벌써 그걸 생각하고 델포이에 사람을 보내 놨다'라고 답합니다. 그러면서 '그 사람이 왜 안 돌아오는지 지금 걱정이 된다고, 시간이 한참 지났는데…'라고 말하죠. (여기서도 오이디푸스가 시간을 측정하는 사람이라는 게 암시되고 있습니다.) 그런데 그 순간 그의 처남 크레온이 델포이에서 돌아옵니다. 크레온은 이전 왕의 처남이기도 했으니, 오이디푸스가 우연히 나타나지 않았더라면 그가 왕이 되었을 수도 있죠. 그는 테바이의 현지 토박이 귀족이어서 오이디푸스가 은연중에 불안하게 지켜보는 사람인 듯합니다. 오이디푸스는 혈통이 아니라 자기 실력으로 권력을 잡은 사람이기 때문에 자기 지위에 대해서 불안감을 가지고 있어요. 그가 시간을 재는 것도 불안감 때문일 것입니다.

돌아온 크레온은 일단 기쁜 소식을 가져왔노라고 말합니다. 이번 역병이 닥친 이유는, 예전 왕이 피살되었는데 그것을 정화하지 않아서라고요. 해결책은 범인을 찾아내서 죽이거나 추방하는 것이라고, 그게 신의 명령이라고 그렇게 말합니다. 여기서 대화 장면이 한 매듭을 짓고 합창이 한 번 나옵니다.

다시 오이디푸스가 등장해서 시민들 앞에서 범인이 있으면 자수하라 아니면 누가 범인인지 신고하라고 명하면서, 범인에게 그리고 알면서도 신고하지 않는 자에게 저주를 보냅니다. 시민 대표인 합창단장은 신께서 내리신 명령이니까 신이 풀어야 된다고, 예언자 테이레시아스를

오뒷세우스와 테이레시아스
| 요한 하인리히 퓌슬리, 1785,
오스트리아 비엔나 알베르티나미술관.

불러서 물어보자고 제안합니다. 자, 뒤쪽 그림에 보이는 사람이 테이레시아스입니다. 이 테이레시아스는, 〈오뒷세이아〉에서도 오뒷세우스가 저승 갔다 만나는 분이어서 제가 앞 장에서도 강조했죠? 지금 이 그림도 오뒷세우스가 저승에 간 장면입니다. 오른쪽 아래에는 오뒷세우스가 칼을 들고 있고요, 왼쪽 위쪽에는 테이레시아스가 나타났네요. 전에도 말했지만 이 테이레시아스는 원래 남자였다가 여자가 됐다가 다시 남자로 변한 존재고요. 굉장히 장수해서 한 7, 8대 정도 살아요. 테바이 초기부터 테바이 망할 때까지 계속 생존해 있습니다. 저승에 가서도 일종의 안내자 역할을 하는 분인데요. 지금 합창단은 이 눈먼 예언자에게 자문하자는 것이죠. 한데 오이디푸스는 그것도 이미 생각하고 있었어요. 벌써 자기가 여러 차례 사람을 보냈는데 안 오는 게 이상하다고 합니다.

이어서 테이레시아스가 마지못해 이끌려옵니다. 하지만 처음엔 말을 하지 않고 돌아가게 해 달라고 청하죠. 그러자 오이디푸스는 그를 비난합니다. 혹시 당신도 전 왕을 죽이는 데 가담한 것 아니냐고, 그러자 예언자는 화가 나서 '당신이 그 범인이다'라고 선언하고 떠나갑니다. 물론 단번에 분명하게 밝혀지는 않고요. 처음엔 좀 모호하게 얘기했다가, 다시 조금 분명하게, 그리고 마지막엔 거의 분명하게 얘기하는 걸로 되어 있습니다. 말하자면 크레셴도(crescendo)의 방법을 썼다고나 할까요. 점점 또렷해지는 그런 방식입니다. 그러자 오이디푸스는 혹시 크레온이 사주해서 나를 지목한 것 아니냐고 공격하고, 테이레시아스는 자기는 인간에게 의존하지 않는다고 아폴론 한 분으로 족하다고 반격하죠. 그 장면이 굉장히 좋아요.

앞서 말한 것처럼 이 작품에 전체적으로 다섯 개의 대화 장면이 있는데요. 그중에 이 테이레시아스 장면이 가장 박력 있게 구성되어 있습니다. 그럴 수 있었던 건 두 인물이 모두 확신에 찬 사람들이어서입니다. 오이디푸스는 이성의 힘을 믿는 사람이고요, 테이레시아스는 신적 권위를 지닌 사람이죠. 둘 다 튼튼한 근거가 있기 때문에 이 둘이 대화 장면에서 부딪히는데, 엄청납니다. 강철의 칼날이 막 부딪히면서 싸우는 것 같은 그런 느낌이 들어요. 저는 여러분들에게 직접 소리 내서 한번 읽어보시라고 권고합니다. 그러자면 여러분들이 미리 캐릭터를 분석하셔야 합니다. 그냥 본인의 해석대로 하시면 돼요. 한번 대사를 장중하게도 쳐 보고 약간 교활하게도, 경망스럽게도 해 보고요. 그런 식으로 자기가 인물을 해석한 대로 하시면 됩니다. 어쨌든 테이레시아스 장면이 굉장히 좋으니까, 본인이 파악한 대로 특성을 살려서 소리 내어 읽으시면 작품의 힘을 더 잘 느끼실 수 있을 거예요.

앞에서 파솔리니의 영화 포스터를 보았죠? 그 영화에서도 테이레시아스 장면이 굉장히 좋아요. 아마 영화를 직접 보시면, 파솔리니가 소포클레스의 대사를 거의 그대로 가져다 썼구나라고 느끼실 겁니다. 마지막만 좀 다르게 했어요. 국내에서도 〈오이디푸스 왕〉이 연극으로 꽤 자주 상연되고 저도 되도록 많이 보려고 하는데요. 포스터에 원작은 소포클레스라고 쓰여 있지만 연출자들이 내용을 조금씩 바꿉니다. 원작에 나온 대로, 그대로 연출하는 경우는 제가 못 봤어요. 파솔리니도 많이 바꿨지만 적어도 테이레시아스 장면은 거의 그대로 두었습니다.

다시 작품 내용으로 돌아갑니다. 오이디푸스는 예언자에게 '혹시 당신이 크레온과 공모해서 지난번 왕도 죽이고, 이번에도 그걸 내게 뒤집어씌우는 것 아니냐'고 공격합니다. 그는 자신이 범인이라는 말을 받아들이지 못합니다. 사실 그럴 만도 한 것이, 첫 장면의 크레온도 그랬고, 둘째 장면에서 합창단도 말하길, 지난번 왕은 범인 한 명이 아니라 여러 명의 도적'들'에 의해서 죽은 게 확실하다고 했으니까요. 한데 오이디푸스 자신은, 그 범인에 대해 언급할 때면 계속 복수 형태를 썼다가 곧 단수 형태를 썼다가 일관성이 없습니다.

그리고 또 하나의 숫자 문제가 있습니다. 잠시 후에 보면 오이디푸스는 자기가 어떤 노인을 죽인 적이 있다고 말하는데요. 그때 상대 일행 중에 살아남은 자가 한 명도 없다고 생각하고 있어요. 그렇지만 나중에 보면 생존자가 한 명 있었어요. 생존자 0명인 줄 알았는데, 1명이라고요. 이 0과 1의 차이는, 예를 들어서 3과 4 사이의 차이하고는 다릅니다. 이것은 양적인 차이가 아니라, 있음과 없음 사이의 질적인 차이예요. 그러니까 이 작품에서는 있음과 없음이 혼동되고, 단수와 복수가 혼동되는 중입니다. 그러니 이 작품에 성 정체성이 혼동되는 사람이 나오는 것도 꽤 잘 어울리겠죠.

잠시 후에 크레온이 달려와서 항의합니다. 당신이 나를 이 소동의 주모자로 지목했다는 말을 듣고 화가 나서 왔노라고, 내가 그토록 어리석은 줄 아냐고, 나는 책임은 지지 않으면서 그냥 권리만 누리고 있는 사람인데 내가 왜 왕의 지위를 노리겠냐고요. 그래서 둘 사이에 언쟁이 벌어지는데, 이 장면은 테이레시아스 장면에 비해 힘이 좀 약합니다. 크레온이 테이레시아스 급의 인물이 못 되기 때문이죠.

거기에 이오카스테, 오이디푸스의 아내가 등장하여 이들을 말립니다. 국가의 불행을 더 크게 만들지 말라고요. 그러면서 왜 다투게 되었는지를 묻습니다. 그래서 결국 테이레시아스가 오이디푸스를 국왕 살해의 범인으로 지목했다는 얘기가 나옵니다. 그러자 이오카스테는 예언자의 말은 믿을 필요 없다면서, 자기의 경험을 이야기합니다. 여기가 작품 중간인데요. 여러분이 희랍 비극을 읽으실 때는 작품 중앙 부분을 주의하시기 바랍니다. 현대 영화들은 대체로 맨 마지막 장면에 반전이 있고, 그 대목을 주시해야 하잖아요? 한데 희랍 비극 작품들은 작품 한가운데에 중요한 장면이 나오고 거기서 사건의 방향이 확 달라지는 경우가 꽤 많아요. 이것은 옛날 사람들이 오늘날과는 다른 즐거움을 추구했기 때문입니다. 현대인은 주로 예기치 못한 일이 갑자기 드러나서 깜짝 놀라는 데(서프라이즈)서 즐거움을 찾는 반면, 옛날 사람들은 자기가 이미 알고 있는 이야기가 있고 어떤 기대가 있는데 그것이 이루어질지 말지를 기다리는, 그 긴장감(서스펜스)에서 즐거움을 느꼈기 때문입니다. 이 구별은 영화감독 알프레드 히치콕이 했던 건데요. 자기는 서프라이즈가 아니라 서스펜스를 강조하는 사람이라고요. 그 얘기하고 비슷하면서도 또 약간 다른 데가 있습니다.

어쨌든 이 작품 한가운데에 부부가 서로 과거 얘기를 들려주는 걸로 되어 있습니다. 이오카스테가 먼저 말합니다. 자기 집안에 아이를 낳으면 그 아이가 아버지를 죽일 거라는 예언이 있어서 아이가 태어나자 그의 발목을 꿰어 산에 버렸다고, 한데 아이 아버지는 엉뚱하게 삼거리에서 강도들에게 살해되었다고요. 이오카스테가 이 이야기를 하는 이유는 예언자의 말은 믿을 필요가 없다고 주장하기 위해서입니다. 아이는 어려서 죽었는데, 애 아버지는 엉뚱하게 다른 사람들에게 피살되었으니까요.

한데 오이디푸스는 그 얘기를 듣다가 '삼거리'라는 단어에 놀랍니다. 그러면서 국왕 살해 사건의 시기, 장소, 피살된 국왕의 나이와 모습, 일행의 숫자 등을 자세히 따져 묻습니다. 앞에 제가 지적한 오이디푸스의 명민한 수사관 같은 면모가 여기 잘 드러납니다. 그리고 그 사건의 생존자가 있다는 말을 듣고서 그 사람을 불러오라고 명합니다.

오이디푸스가 왜 이렇게 예민하게 반응하는지 이오카스테가 묻습니다. 그래서 오이디푸스도 자신의 과거 이야기를 들려주게 됩니다. 자신은 코린토스 왕자로 자라났는데, 어느 날 술 취한 사람의 말을 듣고서 신분에 의혹을 품게 되었다고요. 그래서 델포이를 찾아갔다가 이상한 신탁을 들었으며, 고향 아닌 다른 방향으로 가다가 삼거리 근처에서 어떤 노인 일행을 죽였다는 내용이죠. 지금 이 부분은 스트라빈스키의

〈오이디푸스 왕〉이라고 하는 오페라를 참고하시면 좋습니다. 그 작품은 가사가 라틴어로 되어 있는데요. 배경에서 합창단이 '삼거리, 삼거리[trivium, trivium]' 하면서 오이디푸스의 무의식을 드러내듯 반복하는 가운데, 오이디푸스가 아리아로 자신은 진실을 추적하겠노라고 노래하고, 이오카스테는 추적하지 말라고 노래하는 장면입니다. 일반적으로 현대 음악은 고전·낭만 음악에 비해 듣기 어렵다고 생각하지만요, 스트라빈스키의 작품 성향도 여러 시기로 나뉘기 때문에 신고전주의 시기에 속하는 작품은 꽤 들을 만합니다. 멜로디 따라가기 쉽고요, 가사도 굉장히 좋아요. 특히 오자와 세이지, 일본 출신의 지휘자가 연출한 것은 소품도 희랍 전통을 잘 이용해서 시각 효과도 굉장히 좋습니다. 인터넷에서 찾아보실 수 있습니다. 한번 시도해 보세요.

자, 여기까지 작품에 실제로 그려진 내용을 다시 정리하면요. 맨 앞에 오이디푸스가 시민들의 탄원을 듣는 중에 델포이에 신탁을 구하러 갔던 크레온이 돌아온다, 전왕의 살해 문제를 해결해야 한다고 전한다, 테이레시아스가 불려 와서 논쟁을 벌이다가 오이디푸스가 범인이라 지목하고, 오이디푸스는 그것이 크레온의 사주가 아닌가 의심한다, 크레온이 왕궁에 찾아와서 오이디푸스의 의심을 비판한다, 거기에 이오카스테가 나와서 그들을 말리고 이어서 오이디푸스와 과거 이야기를 나누게 된다. 여기까지 얘기했죠?

정해진 운명을 향해 질주하는 오이디푸스

이오카스테는 오이디푸스를 집안으로 들여보내고, 자신은 신에게 제물을 바치고자 합니다. 그때 코린토스에서 사자가 달려와요. 코린토스 왕이 죽었다고, 그곳 시민들이 오이디푸스에게 그 도시도 다스려달라고 청한다고요. 이제 오이디푸스는 이중 왕국의 통치권을 가지게 되었습니다. 그러자 이오카스테가 오이디푸스를 불러내서는, 그것 보라고, 신탁 같은 건 믿을 필요가 없다고 다시 한 번 확언합니다. 하지만 오이디푸스는 여전히 고향에 돌아갈 생각이 없습니다. 이제 아버지에 대해서는 자신이 죄인 될 걱정이 사라졌지만, 여전히 어머니 문제가 걱정이라고요. 그러자 코린토스 사자는 그 걱정이 무엇인지 듣자고 합니다. 오이디푸스는 아주 솔직하고, 비밀 같은 건 별로 중요시하지 않는 사람입니다.

앞의 세 작품에서 이상적인 지도자상이 어떻게 발달해 왔는지도 살펴보았죠? 한데 여기 이 오이디푸스도 굉장히 민주적인 왕처럼 그려져 있습니다. 늘 백성들을 걱정하고, 백성들의 의견을 귀담아듣는 것으로요. 게다가 굉장히 명민하고, 무엇보다도 진실 앞에 몸을 사리지 않아요. 그 무엇을 희생해서든 진리를 찾으려 합니다.

이 마지막 특성은 늘 옳은 것인지 잘 모르겠어요. 모든 걸 일반 국민 앞에 다 밝히는 게 꼭 좋은 건 아닐 거예요. 예를 들어 어떤 사실을 밝히면 큰 혼란이 일어나겠다 싶으면 적어도 당분간은 그걸 숨기기로 결정할 수도 있잖아요? 한데 지금 우리가 보는 작품이 좀 짧아서일까요? 국왕과 관련된 중대한 비밀을 그냥 다 공개하는 걸로 돼 있습니다.

어쨌든 오이디푸스는 코린토스에서 온 사자에게, 내가 이런 신탁 받았노라고 얘기해 줍니다. 그랬더니 그 사람이, 걱정할 필요 없다고, 사실은 내가 어린 당신을 주워다가 그 집에 건네주었고, 당신이 어머니라고 믿는 분은 진짜 어머니가 아니라고 말합니다. 오이디푸스는 놀라면

진실을 알게 된 오이디푸스 | 기원전 330년경, 이탈리아 쉬라쿠사이 파올로 오로시 고고학박물관.

서도 증거를 요구합니다. 그러자 상대는 당신의 발이 그 증거라고, 그 발목이 묶인 것을 자신이 풀어주었노라고 말하죠. 그제야 오이디푸스는 자기 발목에 흉터가 있는 이유를 알게 됩니다. 이어서 오이디푸스는 자신을 넘겨준 사람이 누구인지 묻습니다. 코린토스 사자는, 테바이 왕가에 속한 목자가 주었노라고 답합니다. 왕이 죽을 때도 왕 곁에 있었던 바로 그 사람입니다.

여기쯤 와서는 이오카스테가 모든 사실을 깨닫죠. 지금 이 장면을 그린 중요한 도기 그림이 시칠리아 쉬라쿠사이 박물관에 있습니다. 제일 왼쪽에 코린토스 사자가 있고요. 가운데에 오이디푸스, 오이디푸스 좌우에는 어린 두 딸이 그려져 있고요. 제일 오른쪽에 그려진 이오카스테는 놀란 표정으로 얼굴을 가리고 있습니다.

IV. 오이디푸스 왕

이오카스테는 오이디푸스에게 더 이상 추적하지 말라고 간청합니다. 오이디푸스는 이 말을 자신의 천한 태생이 드러날까 봐 걱정하는 것으로 오해하고, 당신은 걱정하지 말라고, 당신의 고귀한 혈통에는 아무 타격이 없다고 빈정거리죠. 이오카스테는 그를 말릴 수 없다는 걸 알고서는, 궁 안으로 들어가버립니다. 이오카스테의 마지막 말이 인상적인데요. '불행한 사람, 나는 이렇게밖에는 당신을 부를 수 없군요'라는 말입니다. 가만히 생각해 보면 그를 아들이라고도 남편이라고도 부를 수 없다는, 당신은 그저 '불행한 사람'일 뿐이란 뜻이겠죠.

여기서 오이디푸스가 이 고귀하신 귀족 영애님께서 혹시 자기 남편이 천출이라는 게 밝혀질까 봐 걱정하는 걸로 그렇게 자꾸 몰아가는 건, 아마 밀려오는 불길한 예감을 막으려 필사적으로 방어하는 걸 거예요. 이 명민한 인물은 벌써 사실을 눈치챘을 것 같아요.

어쨌든 이제 옛날 왕이 죽을 때 곁에 있던 사람이 불려오는데요. 그 사이에 이 사람이 어린 오이디푸스를 그 코린토스 사람에게 건네주었다는 새로운 정보가 나왔기 때문에, 애초에 의도했던 것과는 질문이 달라집니다. 애초에는 '내가 그 범인이냐?'고 물으려 했었는데, 이제는 '내가 이 집안의 자식이냐?'는 질문을 하게 된 거죠. 물론 바로 그렇게 묻지는 않고요. 우선 '너 이 사람한테 어린 애를 넘겨줬냐?'고 물어봅니다.

사실 이 작품은 앞뒤로 나누어서 서로 다른 문제를 추적합니다. 앞부분의 문제는 오이디푸스 자신이 왕을 죽였는지 하는 것입니다. 뒷부분에서는 자기가 누구인지 추적하게 됩니다. 이 작품 안에 질문이 세 가지 있습니다. 우선 '왕을 죽인 자는 누구인가?' 그게 첫 번째 질문이에요. 이 작품은 수사극 형식을 취하고 있습니다. 두 번째 질문은 '내

<오이디푸스 왕(Edipo Re)> | 피에르 파올로 파솔리니, 1967.

가 그 범인인가?' 하는 것이에요. 그러다가 맨 마지막에 '나는 누구인가?'라는 질문에 봉착하게 됩니다. 이 작품에 감탄하는 분들은 이 심중한 질문에 주목합니다. '나는 누구인가?' 하는 문제는 우리가 평생 짊어지고 가는, 영원한 수수께끼이니까요.

불려온 사람은 증언을 회피합니다. 사실은 이 대목도 오이디푸스의 명민함이 잘 반영된 장면입니다. 멀리 증인이 보이자, 주변 사람들에게 우리가 처음에 부른 사람 맞는지 확인하고요. 코린토스 사자에게도 이 사람이 당신이 말한 사람이냐고 확인하고, 당사자에게도 코린토스 사자를 아는지 물어봅니다. 현대 재판에서 증인의 신분을 확인하는 것처럼 되어 있습니다.

불려온 사람은 입을 열려 하지 않는데, 오이디푸스가 고문으로 위협합니다. 오이디푸스가 상대를 압박하는 솜씨도 굉장히 잘 그려졌습니다. 결국 상대는 진실을 밝히고 맙니다. 그러자 오이디푸스는 '모든 게 사실이었구나, 모든 게 다 이루어졌구나!'라고 외치며, 궁 안으로 달려 들어가죠. 합창단이 걱정하고 있는 사이에 전령이 나와서는 안에서 일어났던 일을 얘기해 줍니다.

앞에 보시는 장면은 파솔리니 〈오이디푸스 왕〉의 거의 마지막 장면인데요. 오이디푸스가 스스로 눈을 찌르고 궁에서 나오자, 왼쪽에서 전령에 해당되는 사람이 피리를 손에 쥐어주는 장면입니다. 여러분이 파솔리니의 영화를 보시면 약간 헷갈리게 돼 있어요. 맨 앞에 20세기 초반의 이탈리아 같은 배경이 나오고요, 맨 마지막에 20세기 중반쯤의 이탈리아가 나옵니다. 그리고 작품 한가운데, 중심적인 이야기에서는 굉장히 오래전 서아프리카 왕국 같은 배경에서 사건이 펼쳐집니다. 현재-과거-현재로 되어 있어서 어리둥절할 수 있는데요. 아마도 오이디푸스 사건 같은 것은 시대를 초월해서 어디서나 일어날 수 있다는 뜻인 듯합니다. 그렇게 의미 부여하면서 영화를 보시고요.

지금 보시는 영화 장면에는 오이디푸스가 끔찍한 모습으로 나와 있는데요. 무대 위에서는 끔찍한 일을 직접 보여주지 않는다는 게 희랍비극의 관행입니다. 그래서 살인이나 자살 같은 사건은 무대 뒤에서 일어나고, 그것을 전령이 나와서 얘기해 주는 걸로 돼 있어요. 비극은 서사시, 서정시 다음에 발전했기 때문에 그 두 장르의 면모를 모두 자신 속에 포함하고 있는데요. 서정시적 면모는 합창단의 노래고요, 지금 보시는 전령의 보고가 서사시적 측면입니다.

다시 비극 작품 내용으로 돌아갑니다. 우리가 방금 그림으로 확인한 장면은 작품상으로는 아직 나오지 않았고요. 이제 전령이 궁에서 나와서 궁 안에서 일어난 사건을 보고합니다. 이오카스테가 먼저 뛰어 들어와서는 이전 남편 라이오스의 이름을 부르며 슬퍼하다가 방안으로 들어갔고, 그런 다음에 오이디푸스가 뛰어 들어와서는 자기 부인을 찾더라고요, 아무도 가르쳐 주지 않았지만 그는 굳게 잠긴 문을 부수고 들어갔답니다. 한데 이오카스테는 이미 목매달아 죽었고요, 오이디푸스는 그녀의 브로치를(옛날 브로치는 못처럼 아주 길었는데요) 뽑아서는 그것으로 자기 눈을 여러 차례 찔렀답니다. '너는 보고 싶은 사람들을 보지 못했구나'라고 외치면서요. 그러면서 이제 당신들이 그 모습을 직접 볼 수 있을 거라고 말하는데, 곧 왕궁 문이 열리면서 오이디푸스가 나와요. 학자들은 보통 이것을 오이디푸스의 새로운 탄생으로 해석합니다. 산모는 산통을 이기지 못하고 죽어버렸고 자궁 문이 열리면서 아이가 피를 뒤집어쓰고 나오는 거라고요. 굉장히 상징적이죠? 혹시 '나 옛날에 이 작품 읽었는데…'라는 분이 있으면 다시 한 번 읽어보세요. '그때 내가 이런 걸 놓쳤었구나' 아마 그런 느낌이 드실 거예요.

오이디푸스의 피할 수 없는 운명

아리스토텔레스가 〈시학〉에서 비극을 규정하기를, 어떤 사람이 행복하다가 불행에 빠지는 이야기라고 했습니다. 한데 그 주인공은 우리와 유사한 사람이어야 합니다. 신분은 높지만 도덕적으로 중간인 사람이요. 너무 선한 사람이나 악한 사람이면 안 됩니다. 그런 보통 사람이 불행에 빠지되, 무슨 사고나 우연 때문이 아니라 어떤 흠이나 실책(하마르티아) 때문에 불행해져야 한다고요. 그러면 이 틀에 맞춰 볼 때 '오이디푸스의 실책은 무엇인가?' 하는 의문이 생깁니다. 옛날에는 '이 사람이 죄를 지어서 불행해졌다는 뜻이다' 하는 해석이 있었어요. 희랍어 성서에서 '하마르티아'는 '죄'라는 뜻으로 쓰였거든요. 하지만 요새는 이 실책(하마르티아)이란 것이 어떤 지적인 흠, 뭔가를 잘못 알았다는 뜻으로 그렇게들 보고 있습니다. 결국 오이디푸스는 자신이 누구인지 몰랐기 때문에 불행하게 되었다는 것이죠.

그래서 이 작품도 일단 굉장히 불행하게 끝나는 것 같은데요. 사실 여러분들이 희랍 비극을 보시면 대개는 작품 마지막 한 10분의 1 정도, 100행에서 150행 정도가 '슬프다, 슬프다' 하는 내용으로 채워져 있어요. 뭔가 다른 사건이 덧붙거나, 아니면 바로 끝나기를 바라는 현대 독자의 입장에서는 그런 걸 읽을 때 짜증내기 쉬운데요. 이렇게 된 데는 두 가지 이유가 있습니다. 우선, 오늘날 연극이라면 그냥 막을 내리거나, 영화라면 화면이 컴컴해지면서 끝나게 됩니다. 그러고는 자막 나오는 시간이 있어요. 그러니까 혹시 관객이 눈물을 흘렸거나 해도 감정을 추스르고 눈물도 닦고 사람들 앞에 번듯한 모습으로 나설 준비를 할 시간 여유가 있는데요, 옛날엔 그럴 수가 없었어요. 훤한 대낮에 막도 없이 노천에서 극을 상연했으니까요. 그래서 등장인물과 관객의 감정이 충분히 해소될 시간이 필요합니다. 그 때문에 맨 마지막에 100행에서 150행 정도를 슬픔의 노래에다가 배정을 해놓은 거고요.

〈오이디푸스 왕〉의 경우는 다른 기능이 마지막 장면에 더 부가되어 있습니다. 우선 여기서 다시 한 번 오이디푸스의 자질을 보여줍니다. 시민들이, 왜 스스로 눈을 찔렀는지, 차라리 죽음을 선택하지 않은 이유는 무엇인지 물을 때 그것을 다 설명합니다. 오이디푸스는 이 격정의 순간에도 논리적인 선택을 하고, 그것을 설명할 수 있는 사람입니다.

한편 이 부분은 오이디푸스가 다시 일어나는 것도 보여줍니다. 이거

민감한 사람 아니면 찾기 힘듭니다. 오이디푸스가 시민들과 이야기를 나누고 있는데, 이제 권력을 차지한 크레온이 다가옵니다. 그는 크레온에게 자기 딸들을 만나게 해 달라고 집요하게 요구해서 관철합니다. 딸들을 안고서 인사를 나눈 후, 자기를 빨리 키타이론산으로 쫓아내 달라고 요구합니다. 부모님이 원했던 그 장소에서 죽겠다는 것이죠. 크레온은 신들의 뜻을 물어야 한다고 조금 버티다가 결국 그의 요구를 수락합니다. 오이디푸스는 여전히 자기 의지를 관철할 능력이 있다는 것을 보여주는 장면입니다.

아리스토텔레스의 비극 이론에 따르면 어떤 사람의 행운 곡선이 위에서 아래로 확 떨어지고 마는 것 같은데요, 제가 볼 땐 그게 아니라 한쪽 선이 부러진 V자처럼 다시 약간 올라가는 가운데 작품이 끝나는 것 아닌가 싶어요. 그리고 대부분의 좋은 작품들이, 마지막에 그냥 불행으로 끝나지 않고 약간의 희망을 보여주면서 끝나는 게 아닌가 싶습니다. 예를 들어 〈바람과 함께 사라지다〉에서도 맨 마지막에 불이 나서 모든 게 타버렸지만, 여주인공이 '내일은 또 내일의 해가 뜬다'고 중얼거리며 끝나잖아요. 그냥 절망이 아니라 작지만 희망을 주는 그 무엇을 잡으면서 끝나는 거죠. 〈오이디푸스 왕〉도 마찬가지입니다.

한데 오이디푸스가 추적 끝에 내린 결론은 옳은 것이었을까요? 오이디푸스는 굉장히 명민한 인물로 그려졌습니다. 그의 추리는 빈틈없는 듯 보입니다. 근데 사실 오이디푸스가 진짜 왕을 죽였는지는 끝까지 불확실해요. 마지막에 불러온 증인에게 '내가 그 범인인가?'라고 묻지 않고, '당신이 아이를 저 사람에게 넘겨주었는가?'라고만 물어봤거든요. 그래서, 오이디푸스는 이 작품에서 계속 측정하는 사람, 합리적인 존재로 그려졌지만, 그의 추론 과정이 완전히 합리적이진 않은 걸로 되어 있습니다. 자기가 어머니와 결혼한 것은 분명해졌지만, 아버지를 죽인 것인지는 여전히 모호한 채로 남아 있습니다. 물론 살인 현장의 유일한 생존자가, 남들에게 부끄러워서 살인자가 여럿이었다고 거짓으로 전했을 가능성이 크죠. 하지만 작품상으로는 진상이 확정되지 않았습니다.

그러면 이 작품의 메시지는 뭐냐? 문학 작품엔 메시지 같은 거 없다고 제가 거듭 강조했는데요. 그래도 사람들이 찾아낸 게 '이 작품은 이성만능주의에 대한 경고다'라는 겁니다. 이 작품이 발표되던 기원전 5세기에, 인류 역사상 최초로 계몽주의 시대가 열렸거든요. 그래서 인간의 이성으로 모든 걸 다 해결할 수 있다는 태도가 널리 퍼졌는데요. 이 작품이 그런 태도를 비판하고 있다는 겁니다. 오이디푸스는 별을 보고 측정하면서 자기 고향을 피해 다녔다죠? '저쪽이 내 고향이구나, 저리로 가면 안 되겠다'라고요. 그는 또 사건마다 시간을 거듭 재고 있습니다. 델포이에 간 크레온을 기다릴 때도, 테이레시아스를 기다릴 때도요.

그런데 앞에 말했듯, 오이디푸스는 기본적으로 시간 측정의 도구, 공간 측정의 도구를 몸으로 망가뜨리는 사람이에요. 옛날에는 발걸음으로 거리를 측정했었는데 이 사람의 발이 망가져 있습니다. 이름부터 '부은 발'이니까요. 사실은 이 사람에게 보행 장애가 있었을 거라고 보는 학자도 있어요. 이 집안사람들이 다 그렇다는 겁니다. 이건 프랑스 구조주의자들의 주장인데요. 그의 아버지 라이오스도 이름 뜻이 '왼쪽'이에요. 어쩌면 왼다리를 절거나, 걸을 때 자꾸 왼쪽으로 가는 사람이란 뜻일 수 있습니다. 그 윗세대는 랍다코스인데요, 다리가 람다(람다, λ)자처럼 휘어진 사람일 수 있습니다. 한편 오이디푸스 집안사람들은 땅에서 생겨난 괴물을 죽이는 습성이 있습니다. 테바이의 설립자 카드모스는 땅에서 태어난 용을 죽였고요, 오이디푸스는 땅에서 솟아난 스핑크스를 죽게 했어요. 한데 땅에서 태어난 존재들은 일반적으로 다리가 불편하고요, 그런 사실을 보통 다리를 뱀으로 그려서 나타냅니다. 그러니까 이 집안사람들이 한편 땅에서 태어난 괴물의 특성을 가지고 있으면서 다른 한편 땅에서 생겨난 괴물을 죽이니, 이 집안에는 자살적인 특징이 있다고 할 수 있습니다.

신화적으로 더 할 얘기가 있지만 그쪽으로 계속 갈 수는 없으니, 작품 〈오이디푸스 왕〉에 대해 조금만 더 얘기하죠. 이 작품이 놀라운 걸작으로 꼽히는 이유는요, 우리 누구나가 평생 걸머지고 가는 문제, '나는 누구인가' 하는 문제를 제시하고 있어서이기도 하고요. 또 다른 이유로 꼽을 수 있는 게, 이 작품이 '오로지 이성'을 추구하는 태도에 경고를 보낸다는 점입니다. 오늘날의 우리 생활 태도는 거의 이성중심주의라고 할 수 있는데요. 이 작품은 이성에만 의지하지 말라고 충고하는 것이죠. 그러면 당시에 직접 경고를 받던 대상은 누구냐? 이에 대해서는 대답이 엇갈리는데요. '지금 이 작품이 공격하는 건 페리클레스다.' '아니다, 아테나이라고 하는 도시다.' '아니다, 인간의 태도 전반이다.' 이런 세 가지 정도의 입장이 있습니다. 아마도 이 모두가 답이라고 해야 할 것 같습니다.

그리고 제가 다른 강의에서도 강조한 적이 있습니다만, 인쇄된 텍스트를 보고 있으면 한 가지 놀라운 점이 있어요. 작품 거의 끝부분에, 오이디푸스가 자기 자신이 누구인지 알아내기 위해서 농부(라이오스 피살 사건의 생존자)에게 질문을 던지는데요. 그 질문과 대답의 길이가 정말 교묘하게 되어 있습니다. 비극에서는 대화도 운문이어서 운율을 맞추고요, 한 줄에 들어가는 운율 수가 정해져 있어요. 그 운율들의 한 단위가 한 줄이 되는데요. 대개는 한 사람이 한 줄 말하면, 다른 사람이 한 줄 말하고, 이런 식으로 진행되는 게 질의응답의 일반적인 형태예요. 그런데 대화자들의 마음이 급하면 한 줄 안에 질문과 대답이 다 들어가는 수가 있습니다. 말하자면 상대의 말이 다 끝나기도 전에 대꾸하는 것이죠. 아니면 먼저 말하는 사람이 한 줄을 다 채우지 않아서, 대화 상대에게 기회가 주어지는 것일 수도 있고요.

지금 제가 얘기하는 부분이 그렇습니다. 한 줄 안에서 오이디푸스가 꽤 길게 질문하면 상대방이 짧게 대답하고, 그 다음엔 앞줄보다는 조금 짧게 질문해서, 상대의 대답이 약간 길어지고요. 다음 줄엔 질문이 더 짧아져서, 답이 더 길어지고요. 이런 식으로 오이디푸스의 질문은 점점 줄어들고, 상대방의 답은 점점 길어져요. 오이디푸스의 질문이 희랍어로 처음엔 다섯 단어, 그 다음엔 네 단어, 그 다음엔 두 단어, 마지막엔 한 단어가 됩니다. 이게 문장으로 적힌 걸 질문만 묶어서 보면 역삼각형으로, 쐐기처럼 보입니다. 청동기 시대에 피라미드 만들 때도 바위 홈에 나무 쐐기를 박고는 거기다 물 부어 불려서 돌을 쪼개다가 피라미드를 만들었다고 하죠? 쐐기라는 게 이렇게 대단한 발명품인데요. 오이디푸스의 질문을 쭉 모아 보면, 위에서부터 아래로 점점 좁아지면서 쐐기처럼 됩니다. 그래서 그 쐐기의 뾰족한 끝에 온 우주의 무게를 다 실어 꽝 내리치는 것 같은 그런 느낌이 있어요. 아마 극장에서 상연되는 걸 보던 옛날 관객은 그런 효과를 못 느꼈을 거고요, 혹시 파피루스에 적힌 대본을 읽은 사람들은 느꼈을지 모르겠습니다. 이런 기법까지 구사하고 있으니, '소포클레스 선생님은 대체 어디까지 생각한 거냐?' 그런 느낌이 있습니다.

오이디푸스 이야기에 이어지는 내용은, 그의 두 아들이 왕권을 놓고 서로 싸우다가 하나가 쫓겨나서 외국 군대를 몰고 본국에 쳐들어오고, 오이디푸스는 눈먼 채로 방랑하고 있는데 쫓겨난 아들이 그에게 가서 도와 달라 그러다가 저주 받고, 하는 식으로 전개됩니다.

이런 내용은 소포클레스의 〈콜로노스의 오이디푸스〉라는 작품에 나오고요. 그 후에 두 아들은 전투 중에 서로 찔러서 둘 다 죽어요. 이 내용은 아이스퀼로스의 〈테바이를 공격하는 일곱 영웅〉에 잘 그려졌고요. 그 다음 내용, 외국 군대를 이끌고 왔던 폴뤼네이케스의 시신이 버려진 것을 오이디푸스의 딸 안티고네가 국법을 어기고서 장례를 치르고, 본인은 붙잡혀 투옥되었다가 동굴 감옥에서 자살했다라는 게 〈안티고네〉라는 작품 내용입니다.

이 중 소포클레스의 작품 세 개를 '테바이 3부작'이라 부르기도 합니다. 한데 이 작품들은 한꺼번에 발표된 게 아니고요. 이야기 순서로는 〈안티고네〉가 제일 마지막이지만, 창작된 순서로는 이게 제일 먼저입니다. 〈안티고네〉는 초기 작품, 〈오이디푸스 왕〉은 중기 작품, 그리고 〈콜로노스의 오이디푸스〉는 후기 작품으로 분류되어 있습니다. 창작의 절대 연대는 알려져 있지 않고요. 현존하는 7개의 작품을 쭉 시간 순서대로 늘어놓으면 그렇게 될 거다라고 학자들이 보통 그렇게 얘기하고 있습니다.

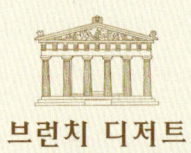

브런치 디저트

오이디푸스 집안 이야기가 영화로 만들어진 작품은 어떤 것들이 있나요?

〈오이디푸스 왕〉도 〈안티고네〉도, 희랍에서도 다른 나라에서도 여러 차례 영화로 만들어졌습니다. 특히 오이디푸스의 두 아들이 싸우는 얘기는요, 7명의 전사가 테바이를 찾아가서 일곱 성문을 하나씩 맡아서 공격하다가 다 죽거든요. 그래서 특히 무슨 모험 영화에 '7인'이라는 말이 들어 있으면요, 예를 들어 〈7인의 사무라이〉·〈7인의 독수리〉·〈매그니피센트 세븐〉 이런 것들은 다 〈테바이를 공격하는 일곱 영웅〉을 본뜬 거라고 생각하시면 되겠습니다. 이 이야기는 나중에 로마 시인 스타티우스가 〈테바이스〉라고 하는 작품으로 만들었고요, 단테가 그 영향을 많이 받았어요. 이 스타티우스는 단테의 '연옥편'에 직접 등장합니다. 연옥에서 죄를 다 씻어서 단테와 함께 천국으로 올라가는 역할입니다. 그래서 제가 농담으로 '천국으로 스타트하는 사람'이라고 합니다.

땅에서 태어난 괴물이 다리에 장애가 있고, 그 사실이 뱀 다리로 자주 표현된다고 했는데요. 그런 종류의 다른 이야기가 또 있는지요?

아테나이 초기 왕 중에 에릭토니오스라고 하는 존재가 있는데요. 헤파이스토스에게서 나온 남성의 씨앗이 여신 아테네의 허벅지에 묻었답니다. 여신이 그것을 양털로 닦아서 땅에 던졌더니 거기서 아이가 태어났다고 해요. 희랍어로 양털이 '에리온'이고, 땅이 '크톤'이어서, 그 아이 이름이 '에릭토니오스'가 되었답니다. 그 아이는 나중에 아테나이 왕이 되었는데, 뱀으로 된 하체를 숨기기 위해서 마차를 발명했다는 얘기가 있어요.

제우스와 튀폰의 싸움 | 독일 뮌헨 국립고대미술박물관.

그리고 태초에 제우스와 겨뤘다는 튀폰도 다리가 뱀으로 그려져 있습니다. 위의 그림이 그것입니다. 그림 왼쪽에는 제우스가 벼락을 겨누고 있고요, 오른쪽의 튀폰은 날개가 달리고 다리가 뱀으로 되어 있습니다. 땅(가이아)의 자식이기 때문입니다.

신화에 유아 살해가 많이 나오는데요. 이걸 사실적으로 받아들여야 하는지, 상징적으로 받아들여야 하는지요?

두 가지 다입니다. 오이디푸스는 어렸을 때 발목을 꿰뚫린 채 버려졌다고 했잖아요. 옛날에도 유아 살해가 굉장히 많이 있었는데요. 아이를 버리는 가장 일반적인 방법은 항아리에 담아서 버리는 거였어요. 항아리가 일종의 옹관묘로 그 자체로 무덤이 될 수 있게 한 거죠. 한데 오이디푸스의 경우에는 —앞에도 말했듯이— 아마도 죽은 아이가 원령이 되어 부모님을 쫓아오는 길 막기 위해서 발을 꿰어서 버린 것 같습니다.

메데이아의 경우에도 자식들을 죽이는데요. 메데이아는 그전에도 고향 땅을 떠날 때 추격자들을 물리치기 위해서 자기 동생을 토막 내서 바다에 던지고, 상대방이 시신을 수습하는 사이에 도망쳤다는 얘기가 있고요. 펠리아스라는 왕을 토막 내서 삶아버렸다는 얘기도 있는데, 이것은 대개 샤머니즘 전통과 연결시켜서 설명합니다. 한반도부터 시베리아를 거쳐서 흑해 연안까지 뻗어 있는 샤먼 문화권에서, 처음 무당이 되려는 사람은 자기가 갈가리 찢겨서 악령에게 먹히는 체험을 하게 되는데요. 옛날 희랍 사람들의 활동 영역이 흑해 주변 오늘날 크림반도 근처까지 펼쳐져 있었어요. 우크라이나 남쪽에도 희랍 도시들이 몇 개가 있었고요. 한데 거기까지 샤먼 문화가 와 있어서 희랍 사람이 그걸 살짝 접하기는 했는데, 그 문화 영역이 멀리 물러가거나 해서 희랍에서 샤먼 문화를 잊어버려서 이런 얘기가 다 범죄 행위로 각색이 됐다는 설명이 있어요.

한편 유아 살해는 당시에 실제로 많이 일어났던 일이기도 했습니다. 메데이아의 경우에는 귀족 가문의 자식이 굉장히 중요하다는 걸 점점 강하게 느껴서, 남편의 배신을 응징하기 위해서 복수한 거 아니에요? 새 부인을 죽임으로써 앞으로 태어날 아이들을 없애고, 이미 자기가 낳은 아이들을 죽여서 과거에 생겨난 씨마저도 없애버려요. 이것은 말하자면 자기를 배신한 남편이 살아 있기는 하지만 죽은 거나 다름없는 상태로 만들려고 그런 것 같습니다. 여기엔 사실적인 것과 상징적인 것이 섞였죠?

그러니까 아이를 죽이는 것은 사실적 차원에서 그 당시 많이 일어나던 일이기도 하고, 또 샤먼 문화권과 관련된 어떤 제의적인 면도 있고, 또 더러는 의미심장한 어떤 의도(귀족 혈통의 철저한 단절)가 들어가기도 하고, 그렇게 보시면 되겠습니다.

ἙΠΤΆ ἘΠΊ ΘΉΒΑΣ

ΑἸΣΧΎΛΟΣ

V

테바이를 공격하는 일곱 영웅
아이스퀼로스

희랍 문화와 3대 비극 작가
희랍의 극장과 비극 경연대회
오이디푸스 집안 이야기
〈테바이를 공격하는 일곱 영웅〉과 비극 일반에 대한 해설
도입부-에테오클레스의 연설, 정찰병의 1차 보고
첫 번째 합창-에테오클레스가 여성들의 공포를 가라앉히다
일곱 성문의 공격자와 방어자 배치
에테오클레스의 무장, 그리고 전투의 결말

희랍 문화와 3대 비극 작가

희랍의 3대 비극 작가 중 하나인 아이스퀼로스의 작품 〈테바이를 공격하는 일곱 영웅〉을 보겠습니다. '희랍'은 우리가 보통 '그리스'라고 부르는 나라입니다. 그 나라 사람들은 자기네 나라를 '헬라스'라고 부르는데, 그것을 비슷한 발음의 한자로 쓴 게 '희랍(希臘)'입니다.

 '저 사람, 모두가 다 아는 얘길 무엇 때문에 또 하나?' 그러실지 모르겠는데요. 요즘 젊은 세대 중에는 '희랍'이라는 단어를 모르는 분들이 계세요. 제가 대학에서 비극 강의하고 마지막에 소감문을 받았더니 어떤 학생이 자기는 희랍이 아랍인 줄 알았다고, 졸업하기 전에 아랍 문학 한번 들어야지 하고 수업에 들어왔더니 아랍이 아니어서 깜짝 놀랐다고 하더라고요. 제가 그걸 읽고서 깜짝 놀랐습니다. 그래서 '이거, 꼭 설명해야 되겠구나'라고 생각해서 지금 얘기한 것입니다.

제가 제목에 '테바이'라는 말을 썼는데요. 혹시 여러분 중에 '저 사람은 왜 테바이라고 부르나?' 하실 분이 있을지도 모르겠네요. 더러 '테베'라는 이름이 사용되기도 하지만, 옥스퍼드 희랍어 사전에 '테바이'라고 올라 있어요. 복수 형태입니다.

희랍은 서양에서 제일 먼저 문화가 발전한 나라입니다. 대체적으로 얘기해서, 동방에서 먼저 빛이 비춰진 곳에서부터 그 순서대로 문화가 발전했다고 보시면 되겠습니다. 여기서 '동방'은 메소포타미아를 가리킵니다. 거기가 인류의 역사에서 가장 먼저 문화가 발전한 데입니다. '아니, 중국 아니고?' 하는 의문을 품는 분도 계실지 모르겠지만요, ―물론 홍산(紅山)문명 이런 거 말씀하시는 분도 있긴 하지만서도― 주류 역사학을 따르자면, 중국과 희랍은 역사 전개 속도가 거의 같습니다. 중국에 청동기 문명이 번성할 때 희랍에도 청동기 문명이 있었고요. 그리고 중국의 시대 구분하고 희랍의 시대 구분이 상당히 비슷합니다. 아마도 전 지구적인 기후 변화와 관련이 있는 것 같아요.

희랍 땅에 희랍어를 말하는 사람들이 처음 들어온 것은 기원전 2천 년경으로 알려져 있고요. 기원전 두 번째 천년대에 두 단계로 청동기 문명이 펼쳐지는데요. 일단 여기서 '천년대'라는 말이 여러분들 듣기에 좀 익숙지 않으실 거예요. 흔히 '밀레니엄'이라고 하는 겁니다. 서기 1년을 기준으로 과거 쪽으로 천 년 가면 그게 기원전 첫 번째 밀레니엄이고요, 거기서 다시 또 과거를 향해 천 년을 더 가면 두 번째 밀레니엄이란 말입니다.

그러니까 기원전 2000년부터 기원전 1001년까지를 기원전 두 번째 밀레니엄이라고 하는데요. 이 시기의 전반과 중후반에 각기 한 단계씩,

두 단계로 희랍의 청동기 문명이 있다가 말기에 '암흑기'가 닥칩니다. 그래서 기원전 1200년에서 기원전 800년 사이에 지중해 연안이 전체적으로 어둠 속에 갇혀 있다가 기원전 8세기쯤부터 다시 문화가 꽃 피게 되는데요. 문학 장르상으로는 맨 처음에 서사시가 번성하고요. 서사시가 좀 약해지고 나니까 서정시, 서정시가 좀 약해지자 희랍 비극의 시대가 열립니다.

우리는 흔히 '희랍의 3대 비극 작가'라는 말을 사용하는데요. 그것은 기원전 480년부터 기원전 400년 정도까지, 한 70~80년 사이에 활동하신 세 분을 가리키는 겁니다. 물론 비극의 역사는 그것보다 훨씬 길어요. 비극이 시작된 이래로 한 150년 정도는 아주 활발하게 작품이 생산됐고요. 기원전 4세기 초중반 어느 때부터인가는 주로 예전 작품을 재상연하게 되었다고 합니다.

자, 뒤쪽을 잠깐 보실까요? 우리가 같이 보는 분은 아이스퀼로스인데요. 지금 이 조각상이 나폴리 국립박물관에 모셔져 있습니다. 제가 다른 강의에서도 나폴리 박물관을 꼭 가 보시라고 강조하는데요. 특히 폼페이 유물을 보실 분들은 여길 방문하셔야 합니다. 제가 폼페이 벽화 등을 보여드리면 '나 거기 갔었는데 그걸 못 봤다, 폼페이에 다시 가야 되겠다'고 하는 분이 계세요. 한데 폼페이 발굴 유물은 폼페이 유적지가 아니라 거의 다 나폴리 국립박물관에 전시되어 있어요.

그리고 이 조각상은 아주 말끔하죠? 이분은 이탈리아의 폼페이에서 발견되었는데요. 이 도시는 화산 폭발로 지금부터 한 2천 년 전(서기 79년)에 땅속에 묻혔습니다. 이 조각상은 코도 안 깨져 있네요. 여러분은 옛날 조각상에서 코가 깨진 걸 많이 보셨을 거예요. 대개 기독교 성

아이스퀼로스 | 이탈리아 나폴리 국립박물관.

상 파괴(iconoclasm) 시대에 그렇게 많이 했습니다. 코로 숨을 쉬어야 사니까, 말하자면 숨 막혀 죽으라고 코를 깨뜨린 거예요. 그래서 그냥 쓰러져서는 그런 식으로 깨지지 않을 듯한 모습으로 깨져 있는 조각상이 많이 발견됩니다. 어떤 유물이 손상되지 않고 멀쩡하게 남아 있으면요, 성모 마리아로 생각했거나 천사로 생각해서 그런 경우가 많아요. 특히 에로스를 천사로 해석한 경우가 꽤 많습니다.

'아니, 나 기독교인인데 분하다, 기독교가 그렇게 문화 파괴적이란 말이냐?' 하실 분도 계실 텐데요. 이교도와 관련된 조각뿐만이 아니라 기독교 자체의 성상까지도 없애야 한다는 과격한 움직임이 한때 있었습니다. 십계명에 '새긴 우상을 만들지 말라'(《출애굽기》 20장 4절)고 되어 있으니까요. 그걸 철저히 지키느라고 '예수님 상도 만들면 안 된다' 이런 주장까지 옛날엔 있었어요. 이슬람교에서는 지금까지도 그걸 철저히 지켜서, 인물상을 그리지 않고 건축물이나 공예품에도 기하학적 무늬나 기껏해야 꽃무늬 비슷한 것 정도만 집어넣잖아요.

어쨌든 굉장히 멀끔한 이분은 원래 기원전 4세기에 청동으로 만들어진 분을 기원전 1세기 말에 대리석으로 모각한 것으로, 학자들은 그렇게 보고 있습니다. 하지만 아이스퀼로스가 정말로 이렇게 생겼다고는 생각하지 않는 게 좋겠습니다. 옛날 사람들은 그냥 자기들이 이상적으로 생각하는 형태를 만들어 거기에 위인의 이름을 붙였다고 아시면 되겠습니다. 그래서 작품마다 모습들이 조금씩 달라요. 현재 아테나이 시내에도, 아리스토텔레스의 학교였던 뤼케이온 유적지 가는 길에 세 비극 작가의 조각상을 나란히 세워 놓은 데가 있는데요. 거기 계신 분도 지금 이분과 다르게 생겼습니다.

희랍의 수도인 아테나이의 서쪽에는 플라톤의 학교인 아카데메이아가 있었고요, 동쪽에는 아리스토텔레스의 학교인 뤼케이온이 있었어요. 뤼케이온은 시내에 가까우니 한번 가 보세요. 그 인근 큰길가에 세 분 비극 작가의 조각상이 있어요. 아마 그 작품도 우리가 보는 이런 작품을 참고해서 만들었을 거예요. 하지만 너무 믿지는 마세요.

비극의 역사가 꽤 길기 때문에 옛날에 굉장히 많은 작가가 있었고요, 작품도 굉장히 많았어요. 하지만 오늘날 온전히 전해지는 작품은 3명 작가의 33편뿐입니다. 조금 전에 보신 아이스퀼로스의 작품이 7개, 소포클레스의 작품이 7개, 그리고 세 작가 중 막내라고 할 수 있는 에우리피데스의 작품이 19개입니다. 한데 그중에 아이스퀼로스의 이름으로 전해지는 것 하나, 그리고 에우리피데스 것 하나는 '혹시 가짜가

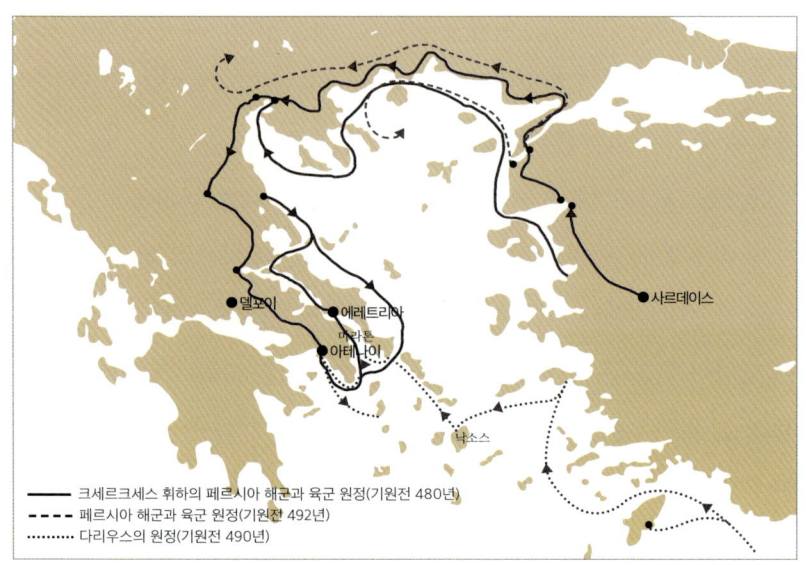

페르시아 전쟁 지도 | 마라톤 전투 및 살라미스 해전.

아닐까?' 하는 의혹을 사고 있어요.

이 세 분의 연대를 결정하는 데에는 살라미스 해전이 굉장히 중요합니다.

자, 지도 보실까요? 기원전 490년의 마라톤 전투, 기원전 480년의 살라미스 해전이라는 두 큰 사건을 포함하고 있는 페르시아 전쟁 지도예요. 우리가 볼 때 오른쪽 중간쯤에 페르시아가 자기네 서쪽 수도로 삼았던 사르데이스가 표시되어 있죠? 소아시아 반도의 서쪽 해안 가까이에 있는 도시인데요. 거기를 아테나이와 에레트리아라고 하는 도시 사람들이 가서 공격했고요. 그걸 보복하기 위해서 페르시아가 희랍 본토로 침공합니다. 사실은 그 무렵 페르시아 왕이 동방을 다 통합한 참이에요. 그래서 서쪽으로 영토를 넓히려고 하는 참이었고요. 사르데이스

공격 사건을 기화로 490년에 마라톤에 군대를 보냈는데 그들이 패배하고 돌아갑니다. 그래서 다시 이걸 보복하기 위해 10년 준비한 끝에, 헤로도토스에 따르면 200만 대군으로 쳐들어옵니다. 사실 200만이란 숫자는 너무 크죠? 기원전 480년, 지금부터 2,500년 전에 그게 가능할까 싶어요. 과장되었다고 생각해서 그것의 10분의 1로 줄여도 엄청납니다. 그 당시에, 줄여서도 20만이라니.

앞의 지도에서 육군과 해군이 해안선을 따라서 나란히 진군하는데요. 굵은 선으로 그려진 게 그들의 행로입니다. 이렇게 나란히 가다가 중간에 300명의 스파르타 전사와 테르모퓔라이에서 싸우기도 하고, 아테나이 수도를 함락하기도 하고요. 그리고 여기 맨 마지막에 살라미스라고 하는 섬 앞에 와서, 그 좁은 해역에 너무 많은 배를 몰아넣었다가 결국에는 거기서 대패하고 돌아갑니다. 그게 살라미스 해전이라고 하는 건데요. 그 이후에 희랍의 문명이 활짝 꽃피고요. 그로부터 한 150년 정도 희랍 문화의 전성기가 펼쳐집니다.

바로 그 시기에 활동했던 분들이 이 3대 비극 작가들인데요. 아이스퀼로스는 살라미스 해전의 군인으로 참전했고요. 소포클레스는 이 해전에 승리한 것을 축하하는 축제에서 소년 합창단으로 노래했어요. 그리고 에우리피데스는 살라미스 해전이 있던 날 밤에, 살라미스 섬에서 태어났다고 합니다. (너무 우연이 겹쳐서 좀 수상하죠?)

그래서 기원전 480년을 기준으로 해서, 아이스퀼로스는 약 40세. '아니, 나이 40 먹은 사람까지 군대에 끌어가나?' 싶으실 텐데, 옛날엔 인적자원이 부족하니까 비상시엔 그냥 몸 움직일 힘이 있는 사람이면 다 이렇게 소집이 됐습니다. 그래서 아이스퀼로스는 480에 40을 더하면,

V. 테바이를 공격하는 일곱 영웅   193

한 기원전 520년생, 소포클레스는 15세 소년으로 봐서 기원전 495년생, 그리고 에우리피데스는 기원전 480년생이 됩니다. 그래서 첫째인 아이스퀼로스하고 소포클레스는 25살 정도 차이가 나기 때문에 부자 관계 정도 되고요. 그리고 소포클레스하고 에우리피데스는 15살 차이가 나서, 삼촌-조카 정도의 나이 차이가 나는 것으로 보시면 되겠습니다.

한편 죽은 시기를 보자면, 아이스퀼로스가 소포클레스보다 한 세대 앞선 사람이니까 당연히 먼저 세상을 떠나고요. 소포클레스하고 에우리피데스는 거의 같은 해(기원전 406년, 기원전 405년)에 죽었습니다. 오히려 에우리피데스보다도 소포클레스가 몇 달 더 살았어요. 소포클레스는 굉장히 장수했기 때문이죠.

자, 다시 정리하자면, 희랍에 청동기 문명이 있다가 암흑기가 닥쳤고, 그 후에 서사시·서정시 시대가 펼쳐지고, 다음에 비극의 전성시대가 열렸다. 그 비극 시대는 살라미스 해전 이후 희랍 문화가 굉장히 융성하던 시기와 겹친다. 거기에 3대 비극 작가가 있었는데, 그 사람들이 3세대, 혹은 한 2세대 반 정도에 걸쳐 활동했다. 그중 첫 번째 세대 작가의 작품을 지금 다룰 것입니다.

희랍의 극장과 비극 경연대회

우리가 지금 다룰 작품의 제목은 〈테바이를 공격하는 일곱 영웅〉, 라틴어로는 'Septem contra Thebas'(셉템 콘트라 테바스)라고 부르고요, 영어로는 보통 'Seven against Thebes'(세븐 어겐스트 씨브즈)라고 합니다. 그래서 제가 다른 데서도 자주 얘기하는데, 어디서 영화 제목 등에 '세븐'이라는 말만 나오면 다 그냥 여기서 비롯된 것으로 아시면 되겠어요. 〈7인의 독수리〉, 〈7인의 사무라이〉 이런 것들이에요. 이병헌 배우가 나왔던 〈매그니피센트 세븐〉이라고 하는 일종의 미국 서부극도 있었는데요. 그것도 일곱 명의, 말하자면 영웅이 나타나서 어떤 마을 사람들을 지켜주는 흐름으로 되어 있잖아요. 사실 이 영화는 일본 영화 〈7인의 사무라이〉에서 틀을 빌려온 건데요, 원래는 〈7인의 사무라이〉도 적어도 제목은 우리가 다룰 〈테바이를 공격하는 일곱 영웅〉에서 따온 겁니다.

여기서 이 작품을 한 구절씩 읽을 수는 없지만, 여러분들이 직접 읽으시려면 꼭 천병희 선생님의 번역으로 보시라고 권해드립니다. 천병희 선생님 번역에는 제목이 〈테바이를 공격하는 일곱 장군〉으로 돼 있는데요. 저는 '장군'이라기보다 '영웅'으로 하고 싶습니다. 옛날 희랍어나 라틴어 제목은 그냥 〈테바이를 공격하는 7인〉으로 되어 있습니다.

그리고 제가 비극에 대해 이 얘기 저 얘기하고 있는데요, 제가 쓴 《비극의 비밀》이라는 책이 있으니까 그걸 참고하시면 이런 내용을 대부분 확인하실 수 있을 것입니다. 아, 그 책에는 지금 우리가 다루는 이 작품에 대한 해설은 들어 있지 않습니다. 그렇지만 제가 늘 얘기하는 것들이 많이 나와 있으니까 약간은 도움이 되지 않을까 싶습니다.

자, 그림 하나 보시죠. 우리가 오늘 보는 작품은 이와 같이 생긴 극장에서 상연되었습니다. 우리가 보통 어떤 연극에 대해서 설명할 때는 '막이 열리면 이러저러한 일이 일어난다' 하는 식으로 설명하잖아요? 한데 희랍에서는 막도 없고 조명도 없었어요. 그림에는 저 뒤에 배경 건물이 있는데요, 사실 이렇게까지 된 건 좀 나중이에요. 이런 극장은 대개 로마 시대에 생겨납니다. 로마가 점점 영역이 팽창하면서 희랍까지 다 차지하고요. 그전에도 희랍의 영향을 많이 받았습니다만, 희랍

고대 희랍 극장

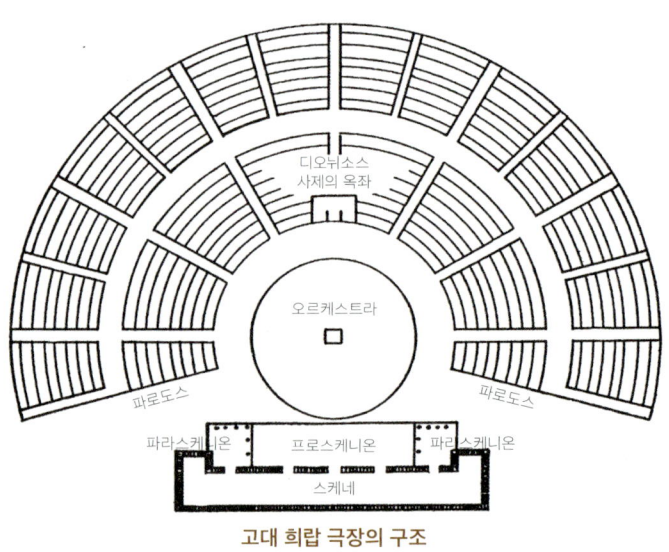

고대 희랍 극장의 구조

의 옛날 극장들을 또 자기네 식으로 좀 바꿔서 많이 활용했어요. 그때에 돌로 지은 뒷배경 같은 것들도 만들고 그랬던 거죠.

희랍 비극의 배경은 거의 언제나 왕궁입니다. 그래서 딴 배경은 별로 필요하지 않아요. 그래서 이렇게 궁 비슷한 건물을 지어 놓은 겁니다. 이따금 신전이 필요한 경우가 있긴 한데요. 왕궁이나 신전이나 비슷한 데가 있으니 그냥 이렇게 건물을 만들어 두고 관객에게 경우에 따라 다르게 생각해 달라는 식으로 이용한 거죠.

지금 여기 보시는 그림은 아무래도 시칠리아에 있는 타오르미나 극장을 보고서 그린 것 같네요. 저 왼쪽 뒤에 산이 보이죠? 타오르미나가 시칠리아 남쪽 해안에 있어서, 거기 극장이 바다를 내려다보면서 약간 오른쪽 남쪽으로 아이트나 화산이 보입니다. 아, 여기 구름도 그려놨는데 살짝 연기같이 그려졌습니다. 화산을 그려 놓은 듯해요.

직접 가서 보시면 좋습니다. 지금도 거기서 타오르미나 영화제도 열리고 있어요. 타오르미나 영화제가 있다는 거, 모르셨죠? '우리 한번 가서 타올라 보자'라는 뜻이 아닌가 하는 생각도 해 봅니다. 거기서 G7 정상회담도 개최된 적이 있고요. 또 한국의 TV 프로그램에도 소개된 적이 있습니다.

극장의 구조는 왼쪽 아래의 그림처럼 이렇게 생겼는데요. 위에서 내려다 본 모습입니다. 이렇게 객석이 둥글게 있고요, 그 앞에 무대가 있고, 그 뒤에 작은 가건물 같은 게 있고요. 무엇보다도 객석과 무대 사이에 둥근 공간이 있어서 거기서 합창단이 춤추고 노래했다는 것을 기억해두셔야 합니다.

희랍 비극은 뮤지컬 형식으로 되어 있어서 대화 장면이 한 번, 합창 장면 한 번, 또 대화 한 번, 합창 한 번, 대화 한 번, 합창 한 번 이런 식으로 진행되는 게 보통입니다. 합창이 네 번 들어 있기 때문에, 합창을 일종의 막으로 생각하면 대화 장면이 다섯 개가 되고요. 대화 장면을 중심으로 설명하자면, 대화 장면이 다섯 개니까 칸막이는 4개가 필요하단 얘기가 됩니다. 방금 합창 장면이 일종의 막 역할을 한다고 했는데요. 막이 내려진 부분은 그다지 길 필요가 없죠? 아닌 게 아니라 로마 시대에는 비극의 합창 장면이 점점 짧아지고, 나중에는 합창이 없는 작품까지 나타납니다. 사실은 희랍 비극에서도 벌써 에우리피데스의 작품에 그런 현상이 나타나요.

서양의 고전 비극이 5막극이 된 이유가 바로 그것입니다. 예전에 막의 역할을 해주던 합창이 네 개여서, 이야기가 다섯 구간으로 나뉘었기 때문이죠. 시간이 가면서 점차 합창이 약해지다가 아예 사라져버리자, 그냥 제1막·제2막 이런 식으로 대본에 표시하는 걸로 형식이 바뀌고요. 점점 극장이 실내로 들어오게 되니까 막이 실제로 올라갔다 내려갔다 하는 걸로 정착된 것입니다.

말 나온 김에 여기서 말씀드리자면요, 로마에서는 연극 공연을 야외에서 했기 때문에 무대 위쪽에다가 뭘 설치하기가 곤란했어요. 그래서 막을 밑에서 위로 끌어올렸습니다. 양쪽에 장대를 세우고 막을 밑에 준비해 두었다가 밧줄로 끌어올리면 되거든요. 눈에 거슬리게 허공에 묶어 두었다가 내리는 것보다는 그쪽이 나았겠죠.

그래서 여러분들이 오비디우스의 〈변신이야기〉(3권 111행 이하)에서도 확인할 수 있는데요, '막이 올라가면 사람 모습이 조금씩 나타나듯이'라는 비유가 있습니다. 막에다가 사람 모습을 그려 놓았는데, 그걸

에피다우로스의 극장 | 사진: Carole Raddato, https://www.flickr.com/people/41523983@N08

끌어올리면 마치 물속에서 사람이 솟아나듯이 그렇게 모습이 점차 드러나잖아요.

 한 가지 우스운 점은, 〈변신이야기〉를 읽을 때 이 부분에서 독자가 약간 당황하게 된다는 겁니다. '막이 올라가다니, 대체 무슨 말?' 하는 거죠. 현대에는 '막이 오른다'라고 하면 보통 극이 시작되는 걸로, 관객과 객석 사이를 가로막던 장벽이 없어지는 걸로 생각하죠? 반면에 옛날 로마에서는 '막이 오른다'고 하면 새로운 시선 차단막이 생기는 겁니다. 얘기가 좀 옆길로 갔네요. 그냥 말 나온 김에 고대의 관행까지 설명했습니다.

 위에 보시는 사진은 희랍 문화권에서 극장 유적이 가장 잘 남아 있는 에피다우로스의 극장입니다. 이와 비슷하게 생긴, 관객이 1만 5천 명 이상 들어가는 극장이 아테나이에도 있었고요. 현재 아테나이 아크로폴리스 남쪽에 그 극장 유적이 남아 있어요. 거기는 에피다우로스만큼 보존이 잘 돼 있지 않아서 제일 아래쪽 객석 몇 줄만 복원해 놓았습니다.

그리고 사실은 지금 제가 소개하는 3대 비극 작가가 활발하게 활동하던 시대에는 돌로 된 극장이 없었어요. 그래서 연극 공연을 할 때마다 ―처음엔 아고라에, 나중엔 아크로폴리스 남쪽 비탈에― 가설극장을 만들어서 거기서 공연하고, 아마 연극이 끝나고 나면 다 철거했던 모양이에요. 그랬다가 나중에, 기원전 4세기, 그러니까 약 2,400년 전에 뤼쿠르고스라고 하는 정치가가 발주해서 아테나이에도 돌로 된 극장을 만들었습니다. 에피다우로스 등지의, 돌로 된 극장들은 일반적으로 기원전 4세기 이후 것들입니다. 일단 연극의 원조라고 할 수 있는 아테나이에서조차 기원전 4세기에 이런 돌 극장을 만들었으니까요. 시칠리아의 쉬라쿠사이에 가보면, 아예 산을 깎아서 만든, 한 덩어리로 된 돌 극장도 남아 있습니다.

극장에 대한 설명이 좀 길었네요. 〈테바이를 공격하는 일곱 영웅〉, 이 작품은요, 보통 '테바이 3부작'이라고 부르는 소포클레스의 작품과 내용이 연관되어 있습니다. 여기서 잠깐 '3부작'이란 말을 설명하죠.

옛날에는 연극을, 그냥 아무나 '우리 한번 극단 만들어서 공연해 볼까?' 이런 식으로 할 수 있는 게 아니었습니다. '야, 나 한번 연극 작가로 이름 날리고 싶어' 하면서 아무나 그냥 작품 써 가지고 내놓고 그런 게 아니란 말입니다. 이게 국가사업이에요. 아테나이에서는 1년에 두 번씩 디오뉘소스 축제가 있었는데, 2월 말에 한 번, 3월 말에 한 번이었죠. 그 축제를 위해서 미리 한 1년 전쯤에, 작가를 세 명만 선정하고 국가에서 돈을 제공해서 작품을 한 번에 네 편씩 상연하게 했습니다. 이걸 '비극 경연대회'라고 하는데요. 그냥 아무나 다 출전하는 게 아니고 국가에서 지정한 사람만 나갈 수 있었고요. 작품 수를 자기 마음대로 정하는 게 아니라 반드시 네 작품씩 묶어서 출품했습니다.

그중 세 작품은 우리가 보통 '비극'이라고 부르는 거고요, 다른 하나는 '사튀로스극'이라고 하는 겁니다. 사튀로스란 귀가 길고 꼬리가 달린 반인반수(半人半獸)입니다. 하체는 대개 말발굽을 가진 걸로 되어 있는데, 나중에는 염소 발굽을 가진 걸로 그리기도 했습니다. 말발굽은 통굽이고요, 염소 발굽은 둘로 갈라져 있죠. 사실 이렇게 발굽이 갈라진 건 대체로 판(Pan) 신의 모습인데, 그 영향을 받아서 사튀로스도 점차 그렇게 그리게 됐다고 해요.

어쨌든 그런 사튀로스들로 이루어진, 디오뉘소스를 추종하는 무리가 나오는 좀 우스운 내용의 연극이 있는데 그걸 사튀로스극이라고 합니다. 우습다니까 혹시 희극이 아닌가 하는 분도 계실 텐데, 희극하고는 다른 장르입니다. 이 당시 희극은 그냥 보통 사람들이 나오고요, 굉장히 성적인 농담을 많이 던지고, 정치적인 비판을 많이 담는 거였어요. 그래서 사튀로스극은 비극과 희극 사이의 중간적인 성격이라 할 수 있는데, 비극 경연대회 때 비극 세 편과 사튀로스극 한 편을 묶어서 네 편을 한꺼번에 상연했던 것입니다. 그 비극 세 편은 내용이 서로 연결되는 경우도 있고, 그렇지 않은 경우도 있었습니다.

아이스퀼로스는 대체로 세 작품의 내용이 쭉 연결되도록 작품을 썼지만, 소포클레스는 그런 방식을 택하지 않았습니다. 관행대로 한 번에 비극 세 작품을 묶어서 발표하긴 했지만서도, 각 작품의 내용이 다 다른 걸로, 서로 상관없는 이야기들을 묶어서 내놨어요. 말하자면 그냥 '묶음 판매'한 것뿐이지 내용이 연결된 건 아닙니다. 앞에서 '테바이 3부작'이란 말을 썼지만, 이 작품들을 한꺼번에 발표한 것은 아니고, 시간 간격을 두고 서로 다른 묶음에 끼워 발표한 것을 오늘날 학자들이 주제가 연관되어 있으니까 그냥 편하게 '3부작'이라고 부르는 것입니다.

오이디푸스 집안 이야기

〈테바이를 공격하는 일곱 영웅〉은 테바이 왕가에 있었던 비극적 사건을, 3대에 걸쳐서 다루고 있는 3부작 중 한 작품입니다. 3부작으로 함께 발표되었던 나머지 두 작품은 지금 전해지지 않아요. 첫 번째 작품은 〈라이오스〉라는 거고요, 두 번째 작품은 〈오이디푸스〉, 그리고 세 번째가 〈테바이를 공격하는 일곱 영웅〉입니다.

그래서 여러분들이 이번에 보실 내용을 이해하시려면 〈오이디푸스〉 내용과 그 앞의 〈라이오스〉 내용을 아셔야 돼요.

라이오스는 오이디푸스의 아버지입니다. 한데 이 집안에 신탁이 내리기를, 자식을 낳으면 그 자식 때문에 부모님이 죽는다, 혹은 나라가 망한다 했어요. 그래서 아기를 낳지 않으려고 했지만, 그만 아기가 생겼어요. 그래서 그 아기를 발목에 쇠꼬챙이로 꿰어서 산에 갖다 버렸습니다. 지금 제가 얘기한 건 소포클레스의 〈오이디푸스 왕〉에 나오는 건데요. 옛날엔 신화에 여러 판본이 있었기 때문에, 작가도 그중 어떤 걸 선택해서 작품을 만들지 선택해야 했습니다. 그래서 사람마다 얘기가 조금씩 달라요. 지금 옆에 보시는 그림은 아기가 발목이 쇠꼬챙이로 꿰인 채 나무에 거꾸로 걸려 있는데 목자가 구원하는 걸로 돼 있네

버려진 오이디푸스
프랑스 국립도서관.

요. 우리가 볼 때 오른쪽에는 왕이 '신이시여, 저를 용서하소서' 하고 기도하는 듯이 그렇게 그려져 있습니다. 신화시대에 맞게 그리지 않고, 후대의 기독교식으로 그려놨는데, 화가가 자기 시대 식으로 그렸구나 하고 양해하시기 바랍니다.

어쨌든 라이오스 왕에게 '자식을 낳지 말아라'라는 신탁이 있었는데, 자식이 태어났어요. 그래서 애를 산에 갖다 버립니다. 그랬는데 한 목자가 그 아이를 주워다가 이웃 나라 왕에게 넘겨주었습니다. 자식이 없던 이웃 나라 왕이 그 아이를 자기 아들로 길렀어요. 한데 어느 날 술 취한 사람이 '야, 너 주워온 애다'라고 얘기해서, 아이가 신분에 의혹을 품고서 델포이를 찾아갔습니다. '신이시여, 저의 부모님은 누구입니까?' 하고 물었더니 신께서는 그 질문에는 답하지 않고, '너는 아버지

V. 테바이를 공격하는 일곱 영웅　203

고대 희랍 주요 도시

를 죽이고 어머니와 결혼할 것이다'라고 하는 이상한 신탁을 내렸어요. 그래서 젊은이는 무서워서 집으로 가지 않고 다른 길로 갑니다.

위에 보시는 지도에 델포이는 왼쪽에, 그리고 그 남쪽에 오이디푸스가 자라난 도시 코린토스가 있고요, 델포이 동북쪽에 오이디푸스의 원래 고향인 테바이가 있습니다. 오이디푸스는 델포이를 떠나 동쪽으로 가다가, 갈림길에서 남쪽으로 가지 않고 북쪽으로 향했어요. 도중에 길 비키는 문제 때문에 싸움이 납니다. 여러분, 차 몰고 나가시면 다툼이 좀 생길 때가 있죠? 그게 사람이 자기 차가 자기 자신의 확장이라고 생각해서, 누가 자기 몸 건드리는 것처럼 조금만 닿아도 참지 못하기 때문이라고 그렇게들 얘기합니다. 그런 현상이 벌써 옛날에도 있었던 모양이에요.

어쨌든 길 비키는 것 때문에 시비가 붙고 싸움이 납니다. 소포클레스의 〈오이디푸스 왕〉에 따르자면, 여기 싸움이 났을 때 젊은이가 자기를 때린 노인을 죽여요. 그뿐 아니라 노인의 일행까지 다 죽였습니다. 사실은 노인이 먼저 공격했어요. 이분도 성격이 보통이 아니어서, 젊은 놈이 마차 옆으로 지나가는 걸 노리고 있다가 마차 모는 꼬챙이로 머리를 후려갈겨요. 나중에 알고 보니 그 노인은 오이디푸스의 아버지였는데요. '아, 이 둘 다 성격이 굉장히 강한 사람들이구나, 부전자전이구나' 그런 생각이 듭니다.

어쨌든 이 싸움 후에 젊은이가 계속 나아가는데, 스핑크스가 길을 막고 수수께끼를 내요. '아침에는 네 발, 점심에는 두 발, 저녁에는 세 발인 존재가 무엇이냐? 이름은 한 가지다.'라고요. 그러자 오이디푸스가 '인간이다!'라고 맞혔죠. 아침에는, 즉 어렸을 때는 네 발로 기어 다니고요. 젊었을 때는 두 발로 걸어 다니다가 노인이 되면 지팡이를 짚고, 말하자면 세 발로 다니니까요. 한데 이 스핑크스는 상대가 수수께끼를 풀면 살려 주고, 수수께끼를 못 풀면 잡아먹는 존재였어요. 그래서 그동안 사람들을 다 잡아먹었어요. 이제 오이디푸스가 수수께끼를 푸니까 높은 데서 뛰어내려서 죽었다고 합니다.

뒤의 그림에 스핑크스가 떨어져 죽는 장면이 나오는데요. 날개를 좀 접어야 하는데 너무 날개를 펼친 채 떨어지고 있네요. 어쨌든, 그래서 오이디푸스가 괴물을 퇴치한 공으로 이미 과부가 되어 있던 왕비와 결혼하게 됩니다. 그리고 나라를 물려받습니다. 옛날에는 공주나, 아니면 과부가 된 왕비와 결혼해서 왕권을 얻는 경우가 많이 있었어요.

그러고서 아이를 넷 낳고 잘 다스리고 있는데 갑자기 나라에 역병이

절벽에서 떨어지는 스핑크스
| 귀스타브 모로, 1878년경.

돌아요. 그래서 델포이 신탁에 물었더니, 이전 왕이 피살되었는데 범인을 처벌하지 않아서 이런 일이 생겼다고 합니다. 오이디푸스는 범인을 찾기 위해 예언자를 부릅니다.

 예언자는 '당신이 범인이다'라고 얘기합니다. 그렇지만 오이디푸스는 그 말을 믿지 못하고 자기가 따로 추적하죠. 이 수사에 결정적인 계기가 된 사건은 코린토스에서 사자가 찾아온 일입니다. 그는 코린토스 왕인 당신 아버지가 돌아가셨다고, 시민들이 당신에게 코린토스도 다스려 달라 한다고 전합니다. 그러자 오이디푸스는 '아이고, 이제 내가 아버지를 죽이는 죄인은 되지 않겠지만서도, 어머니와 결혼하게 될까 봐 무서워서 안 가겠다고 사양하죠. 그러자 이 사람이 '사실 당신은 그 집 친아들이 아니다, 내가 어린 당신을 주워다가 그 집에 건네주었다'라고 밝힙니다.

잠깐 앞의 171쪽 그림을 보시죠. 이 그림은 굉장히 귀중한 자료입니다. 시칠리아 쉬라쿠사이 박물관에 있는 겁니다. 여기 오른쪽에 그려진 여자는 오이디푸스의 아내이자 어머니인데, 모든 사실을 알아채고서 깜짝 놀라 뺨을 가리고 있고요. 그 왼쪽의 오이디푸스는 아직 사태를 깨닫지 못한 듯 그려졌네요.

하지만 오이디푸스도 결국 모든 사실을 알게 되죠. 예전에 코린토스 목자에게 아기를 넘겨주었던 테바이 목자를 찾아 심문한 결과입니다. 그래서 오이디푸스는 결국 스스로 눈을 찌르고 도시를 떠납니다.

159쪽의 잘라베르의 그림을 다시 보시죠. 그림의 오른쪽에는 아이가 막 병들어 죽어 있고, 엄마가 오이디푸스를 저주하고 있고요. 저 뒤에도 이제 병세가 퍼져서 쓰러지고 있는 사람이 그려져 있네요. 오이디푸스는 눈이 먼 채로 이런 식으로 자기 딸 안티고네의 안내를 받아 여기저기 떠돌아다니다가, 맨 마지막에 아테나이 근처에 와서 신들의 부름을 받고 신들에게로 돌아가게 돼요.

한편 이렇게 오이디푸스가 도시를 떠나자, 그의 두 아들이 왕권을 놓고 서로 다툽니다. 그러다가 하나가 쫓겨나서 자기 아버지를 찾아가죠. 자기가 형제와 싸우려고 하는데 자기 좀 도와달라고요. 이때쯤에는 오이디푸스가 일종의 신과 같은 존재가 되어 있고요, 오이디푸스를 모시고 있는 쪽이 이긴다라는 신탁도 내려져 있었어요. 지금 말씀드린 내용은 소포클레스의 〈콜로노스의 오이디푸스〉라는 작품에 나옵니다.

여러분, 제가 소포클레스 작품 중 몇 개가 이 집안과 관련되어 있어서 그걸 한데 엮어서 이야기하는 참인데요. 한 작가의 작품들을 죽 보면, 같은 소재를 쓰더라도 옛날하고 나중하고 서로 다른 식으로 이야기하는 수가 있어요. 그러니까 '이 작가가 옛날에 딴 작품에서 이렇게 얘기했으니까 이 작품에서도 여전히 그 얘기를 바탕에 깔고 있겠지'라고 생각하면 더러 문제가 생깁니다. 그러니까 매번 그 작품에 그려진 것만 따라가자고 생각하시기 바랍니다.

제가 이런 얘기를 하는 건요, 이따금 '저 작품에서 저랬던 사람이 나중에 이렇게 변했군요'라고 말하는 분이 계셔서예요. 독자의 그런 반응이 늘 옳은 건 아니다라고 미리 얘기하는 겁니다. 예를 들어 '오뒷세우스라는 사람이 이 작품에서는 이렇게 나오고 저 작품에서는 저렇게 나오는데 그 사이에 무슨 사건이 있어서 저렇게 변한 걸까?'라는 질문은 ―공부를 정말 열심히 하시는 분이나 던질 수 있는 질문이긴 하지만― 살짝 초점이 어긋난 것입니다. 같은 이름을 가진 등장인물이어도 작품마다 완전히 새로운 인물일 수가 있단 말입니다. (물론 계속 비슷한 정체성을 유지하는 인물도 있긴 합니다.)

다시 앞에 하던 얘기로 돌아가죠. 오이디푸스가 방랑하는 중에, 서로 싸우던 두 아들 중 하나가 자기 아버지에게 와서 도와달라고 하지만, 아버지가 그 아들과 다른 아들까지 저주해서 쫓아 보냅니다. 지금 우리가 보는 작품에서도 아버지의 저주가 몇 번 언급되는데요. 오이디푸스가 왜 자기 아들들을 저주하게 되었는지는 확실치가 않습니다.

그가 저주를 내린 계기 중 하나로 꼽히는 게, 아들들이 아버지를 추방했기 때문이라는 겁니다. 가장 널리 알려진 판본에 따르면 오이디푸스가 자기 눈을 찌르고 스스로 떠나갔다는 것인데요. 이건 소포클레스의 〈오이디푸스 왕〉에 나온 판본입니다. 그 작품이 고대에 가장 유명했던 작품이죠.

저는 이따금 우스개로 '적자생존'이란 용어를 '적어야 살아남는다'는 뜻으로 사용하는데요. 옛날에 수많은 비극 작품이 있었어요. 아마 2천 편 이상 나왔을 거예요. 1년에 두 번씩 4부작이 3묶음 나왔으니까 1년에 20편 이상이 창작되었고요. 적어도 150년 이상 희랍 비극 경연대회가 유지된 듯하니 아마 수천 편이 나왔을 텐데요. 그중에 33편밖에 남아 있지 않아요. 그러니 다른 작품들에서는 이 이야기를 어떤 식으로 이용했는지 알 수 없죠.

가장 유명한 소포클레스의 〈오이디푸스 왕〉에서는, 주인공이 스스로 자기 눈을 찌르고는, 자신을 얼른 추방해 달라고 새로운 집권자에게 청해서 허락받는 게 맨 마지막 장면이에요. 그런데 어떤 판본에 따르면, 잠시 후에 오이디푸스도 마음이 바뀌어서 떠나지 않으려고 했고요. 그때 아들들이 그를 억지로 쫓아냈다, 그래서 아버지가 그들을 저주했다고 합니다. 이게 '아버지의 저주'라는 것의 한 가지 설명입니다. 한편 자식들이 아버지가 사용하지 말라고 하는 어떤 신성한 그릇을 사용했기 때문에 아버지가 저주했다는 얘기도 있어요.

'아니, 다른 비극 작품은 다 사라졌다면서 당신은 어디서 그런 이본들을 알게 되었어?'라고 하실지 모르겠는데요. 이런 것들은 대체로 《아폴로도로스 신화집》에 많이 나옵니다. 아폴로도로스의 〈도서관〉이라는 작품을 제가 번역한 게 있습니다. 근래에 그냥 《그리스 신화》라는 제목으로 재발간되었습니다. '그리스 신화'로 찾으면 비슷한 책이 너무 많아서 찾기가 어려우니, 아폴로도로스 이름으로 한번 검색하시는 게 좋습니다. 그 책 안에 여러 가지 이본들, 여러분이 알고 있는 이야기와는 다른 판본들도 나와 있으니까 그걸 보시면 되겠습니다.

자, 아버지가 떠나지 않으려고 했는데 억지로 떠나보냈다라는 판본과 아버지가 눈이 먼 걸 기화로 뭔가 사용하지 말라는 그릇을 사용했다, 그밖에도 뭔가 음식과 관련해서 아버지를 모욕했다는 이야기도 있어요. 아마 아버지가 눈이 멀어서 앞을 보지 못하니까 아들들이 자기들끼리 좋은 것을 먹고 아버지께는 그보다 못한 음식을 드린 듯합니다. 그래서 아버지가 아들들을 저주하고 떠난 것으로 되어 있습니다.

그러다가 이제 아버지가 필요하게 되자, 찾아왔어요. 그 사정은 대개 이렇게 알려져 있습니다. 처음에 이 두 아들은 서로 돌아가면서 1년씩 나라를 다스리기로 합니다. 그중에 폴뤼네이케스가 먼저 나라를 다스리다가 1년 뒤에 자기 형제인 에테오클레스에게 나라를 넘겨줬어요. 1년 뒤에 '다시 권력을 돌려다오' 했더니 에테오클레스는 자리를 내놓지 않고 오히려 폴뤼네이케스를 쫓아냅니다. 그러자 폴뤼네이케스는 남쪽에 이주해서 아르고스 왕 아드라스토스를 찾아가고요. 거기서 결혼을 합니다.

아드라스토스 왕이 어느 날 저녁에 들으니 밖에서 싸우는 소리가 나요. 나가 보니까 젊은이 둘이서 좋은 잠자리를 놓고 다투고 있습니다. 옛날 희랍에서는 손님이 오면 집 안에 재우지 않고, 집 밖의 반(半)-개방 공간에 잠자리를 마련해 줬어요. 처마를 밖으로 연장해서 기둥으로 받쳤기 때문에, 한쪽은 벽이고 한쪽은 개방 공간인 그런 반-개방형 복도가 있어서, 거기다가 손님들을 재웠습니다. 한데 거기서 소리가 나서

테바이 공격을 준비하는 일곱 영웅 | 기원전 470~460년경, 크리스티.

나가봤더니, 한 젊은이는 사자 가죽을, 다른 젊은이는 멧돼지 가죽을 걸치고 다투고 있습니다.

이 아드라스토스 왕에게는 '너의 딸들을 사자와 멧돼지에게 결합시켜라'라는 신탁이 내려져 있었습니다. '오, 드디어 사윗감들이 도착했군!' 해서 지금 싸움을 말리고 있고요. 그리고 왼쪽에 딸들도 나오면서 그만하라는 듯한 몸동작을 보이고 있습니다. 이렇게 해서 아드라스토스는 두 젊은이를 자기 사위로 삼았습니다. 둘 중 하나는 튀데우스고, 다른 사람이 폴뤼네이케스인데요. 아드라스토스는 이들이 각각 자기의 합법적인 상속 재산을 잃고 지금 여기 와 있다는 걸 알게 됩니다. 그래서 '내가 너희의 나라를 찾아주겠다'라고 해서, 군대를 모아서 먼저 폴뤼네이케스가 쫓겨난 테바이로 쳐들어가는 참입니다.

V. 테바이를 공격하는 일곱 영웅 211

그렇게 해서 모인 7명의 전사가 테바이로 쳐들어갑니다. 앞의 도기 그림에는 6명만 그려져 있는데요. 지금 전투에 돌입하기 전에 자기 머리카락을 잘라 고향으로 보내는 장면입니다. 여러분이 자세히 보실 비극에서 직접 벌어지는 사건이 일어나기 전의 상황입니다.

자, 얘기가 좀 길어졌네요. 우리가 〈테바이를 공격하는 일곱 영웅〉을 좀 자세히 보기 위해서 미리 알아야 하는 내용을 알아보고 있습니다. 이 작품은 원래 3부작의 일부였다, 맨 앞의 것이 〈라이오스〉, 그 작품의 내용은 확실치 않지만 아마도 이런 것 같습니다. 라이오스 왕에게 아이를 낳지 말라는 신의 명령이 내려졌지만 아이가 태어났다, 왕이 아이를 산에 갖다 버렸다, 그리고 나중에 왕이 델포이로 가다가 젊은이와 마주쳐 싸움이 나고, 거기서 죽었다.

그런데 라이오스는 왜 델포이를 찾아가고 있었냐? 가장 널리 알려진 설명은, 옛날에 자기가 갖다 버린 아이가 어떻게 됐는지 알고 싶어서 물으러 갔다는 것입니다. 옛날에는 한 달에 하루밖에 신탁을 안 줬답니다. 그래서 이번 기회를 놓치면 다시 한 달을 기다려야 합니다. 한데 해는 뉘엿뉘엿 기우는데, 젊은 놈이 길을 비키지 않으니까 노인이 마음이 급해서 때린 걸로 그렇게들 보고 있습니다.

지금 〈라이오스〉라고 하는 아이스퀼로스의 작품이 남아 있지 않기 때문에 라이오스가 왜 그 자리에 있었는지는 확실치 않지만요. 다른 이야기들에 비춰 볼 때 아마도 아들의 그 이후 운명을 알아보기 위해서 갔던 것 같아요. 한데 그 여행 때문에 죽음을 당했고, 그리고 아마도 곧장 테바이에 왕이 죽었다는 소식이 전해졌을 거예요. 소포클레스의 〈오이디푸스 왕〉에 보면 라이오스 일행 중에 생존자가 한 명 있었는데, 그 사람이 '도적들이 나타나서 왕을 죽였다'라고, 공격자가 단수가 아니라 복수였던 걸로 전했다 합니다. 아마도 아이스퀼로스의 〈라이오스〉에도 그렇게 돼 있지 않았을까, 그렇게 추정할 수 있습니다. 물론 근거는 없어요. 이 작품은 지금 아주 적은 조각만 남아 있어서, 그것 가지고는 내용을 확실하게 알 수가 없습니다.

함께 발표된 비극 3부작 중에서 첫 번째가 라이오스 왕이 아들을 갖다 버리고 아마도 죽음을 당하는 데까지, 두 번째 작품은 아마도 오이디푸스가 델포이 신탁을 받으러 갔다가 길에서 어떤 노인을 죽이고 왕이 되었다가 역병이 돌아서 쫓겨난 이야기, 그리고 세 번째 작품이 지금 보시는 이겁니다.

〈테바이를 공격하는 일곱 영웅〉과 비극 일반에 대한 해설

이 작품의 분량은 1천 행이 조금 넘는데요. 마지막 부분은 누군가가 가필한 것 아니냐는 의혹을 사고 있습니다. 옛날엔 지금처럼 책이 인쇄돼서 나온 게 아니라 다 손으로 썼기 때문에 누가 글을 읽다가 옆에다 설명을, 그것도 운율에 맞춰서 적어 넣으면 그걸 다시 베끼는 사람에게 혼란이 생기거든요. 희랍 비극은 전체가 운문으로 되어 있습니다. 일종의 뮤지컬 형식인데요. 오늘날의 뮤지컬에서도 간단한 대사까지 노래하는 경우가 있던가요? 오페라에서 레치타티보(recitativo)라고 하는 거 말입니다. 영어를 좇아서 '레시타티브(recitative)'라고 부르기도 하고요. 그러다가 다시 아리아도 나오고, 이중창도 나오고 하는 식으로 진행되는데요. 희랍 비극도 유사한 형식이어서 대화 장면-합창 장면이 이어져요. 합창 장면은 자유로운 노래 같은 거고요. 대화 장면의 대사들은 '단-장-단-장' 하는, 단장3보격(iambic trimeter)이라는 운율에 맞춰져 있어요. 이따금 다른 운율도 조금 섞긴 하지만, 거의 모든 대사가 이 운율로 되어 있습니다.

그런데 어떤 사람이 그걸 읽다가 흥이 나서 여백에다 운율에 맞춘 구절을 흥얼흥얼하면서 적어 놓으면, 그 다음 베끼는 사람은 '가만있자, 이게 원래부터 있던 구절인가, 아닌가? 에라 모르겠다' 하면서 그냥 안 옮기는 것보다는 옮겨 적는 게 나으니까 그 구절을 텍스트 중간에 집어넣어요.

그래서 오늘날 저 같은 고전학자들의 기본적인 임무는 옛날부터 우리에게 전해지는 작품에서 후대에 끼워 넣은 구절을 찾아 지우는 일인데요. 전해지는 텍스트를 적극적으로 지우는 사람도 있고요 —이런 짓은 대개 젊은 학자들이 합니다—, 옛날부터 전해진 건 되도록 안 고치려 하는 사람도 있어요. 그러면서 서로를 비난합니다. '너는 상상력이 부족한 지독한 보수파다!', '너는 과거를 너무 무시한다!' 하는 식으로요. 그리고 젊어서는 마구 고치다가, 나이가 들면 자기가 젊었을 때 주장했던 것을 슬그머니 철회하는 학자도 꽤 많습니다.

어쨌든 여기 이 작품의 맨 마지막 부분은 누군가가, 소포클레스의 작품 〈안티고네〉의 영향을 받아서 덧붙여 넣은 것 아닌가 하는 의혹을 사고 있어요.

그리고 〈테바이를 공격하는 일곱 영웅〉의 길이는 1천 행을 약간 넘어가는데요. 소포클레스의 작품은 대개 1,500행 정도고 그게 비극의 일반적인 길이로 여겨집니다. 한편 내용이 서로 연결되는 3부작의 세 작품은 길이가 길고-짧고-짧게 되어 있습니다.

다시 3부작을 설명합니다. 3부작 중에서 내용이 쭉 연결되는 것은 지금 우리에게 딱 하나만 남아 있어요. '오레스테이아 3부작'이라는 것입니다. '그럼, 이번 기회에 그걸 이야기하지' 하는 분도 계실 텐데요. 그 작품을 다루자면 먼저 아이스퀼로스 것부터 더 깊이 들어가 보아야 합니다.

아쉬운 분들을 위해 다른 책을 소개하자면요. 제가 다른 데서 강의한 게 책으로 나온 게 있어요. 서울도서관 주최로 여러 강의자가 강의한 것을 한꺼번에 모아서 낸 《고전의 고전》이라고 하는 책입니다. 앞에 소개했던 《비극의 비밀》에도 이 3부작에 대한 설명이 있으니 그걸 보시면 되겠습니다.

다시 길이 얘기로 돌아가죠. 방금 말했듯 '오레스테이아 3부작'이, 내용이 죽 연결되는 비극 중에서는 유일하게 우리에게 전해지는 건데요. 이 3부작의 첫 번째 작품이 굉장히 길어요. 1,800행 정도나 되기 때문에, '세 작품이 다 이렇게 길면 전체는 얼마나 되는 거야?' 하고 겁먹을 수도 있는데요. 그다음 작품들은 1천 행, 1천 행 이렇게 조금 짧게 되어 있어서, 전체 세 작품 묶음의 길이는 소포클레스 작품 세 개 묶은 것보다 약간 짧습니다.

〈테바이를 공격하는 일곱 영웅〉의 두드러진 특징으로 두 가지를 꼽을 수 있습니다. 하나는 합창의 비중이 매우 크다는 점입니다. 이게 아이스퀼로스 작품의 일반적 특징입니다. 특히 맨 앞과 뒤에 합창단의 노래가 굉장히 길고요, 가운데에는 대화 장면이 놓입니다.

다른 특징으로 대화 장면 속 배우가 두 명뿐이라는 점을 꼽을 수 있습니다. 에테오클레스하고 전령, 이 둘뿐입니다. 아리스토텔레스의 증언에 따르면, 아이스퀼로스 이전에는 배우가 한 명뿐이었는데 아이스퀼로스가 일종의 개혁을 해서 두 명으로 만들었다고 합니다. '배우 한 명 가지고 연극이 되려나?' 싶으실 텐데요. 오늘날의 모노드라마라는 것이 있지요? 옛날 연극에는 합창단 단장이 배우와 대화를 주고받는 장면이 많습니다. 그러니 합창단 단장은 반쯤 배우라고 해야겠죠. 말하자면 이전에는 배우가 1.5명 있었다고 생각하시면 됩니다. 여러분, 영어로 '위선자'를 히포크릿(hypocrite)이라고 하죠? 그게 원래 희랍어로 '대답하는 사람'이란 뜻이었고, 거기서 발전해서 '배우'라는 뜻도 포함하게 되었습니다. 배우는 자기가 아닌 다른 사람인 척하잖아요, 자기 신분을 숨기고요. 그래서 '배우'를 뜻하던 단어가 '위선자'라는 뜻을 담게 된 겁니다. 애초에 희랍어 '배우(hypocrites)'에는 동사로 '대답하다(hypocrinomai)'의 어근이 들어가 있습니다.

배우가 '대답하는 사람'이라면 질문은 누가 하느냐? 합창단 단장이 하는 겁니다. 이렇게 합창단 단장이 하던 일을 아예 배우를 하나 더 도입해서 그에게 맡긴 게 바로 아이스퀼로스의 개혁이고요. 나중에 소포클레스가 배우를 3명으로 늘립니다. 그렇게 해서 상황을 좀 더 복잡하게 만들 수 있게 된 거죠.

사실 아이스퀼로스도 나중엔 배우 3명을 쓰기도 했는데요. 그것은 후배인 소포클레스의 혁신을 받아들여서 그런 겁니다. 그와 비슷하게 소포클레스도 에우리피데스의 특기인 '기계장치에 의한 신(deus ex machina)'을 차용하기도 했죠.

비극 작품들은 상연 연대가 알려지지 않은 게 많습니다. 그렇지만, 〈테바이를 공격하는 일곱 영웅〉은 연대가 알려져 있는데요, 기원전

폴뤼네이케스와 싸우러 나아가는 에테오클레스 | 구스타프 슈바프, 1912.

467년입니다. 지금 남아 있는 비극 작품 중 가장 오래된 건 〈페르시아 인들〉인데요, 기원전 472년 작품이에요. 이 작품은 살라미스 해전이 있고 8년 뒤에 나온 것입니다. 참고로 더 말씀드리자면, 아이스퀼로스의 '오레스테이아 3부작'은 기원전 458년 작품으로 그의 거의 마지막 작품이고요. 그 작품보다 한 10년 전에 쓴 작품이 〈테바이를 공격하는 일곱 영웅〉이라고 아시면 되겠습니다.

자, 다시 합창에 대해 좀 얘기하죠. 옛날 작품일수록 합창의 비중이 큰데요, 지금 이 작품에서도 맨 앞에 공포에 질린 합창단이 한참을 노래합니다. 성 바깥에 외국 군대가 몰려와 공격하니까요.

자, 위의 그림 보시죠. 지금 이 장면이 전체를 잘 보여줍니다. 여기 왼쪽에 보시면 사람들이 막 신상에 매달리고 있죠? 이런 장면이 한동안 계속됩니다. 그러다가 그림 오른쪽에 보이는 장면은 이 작품의 거의 마지막 부분 내용입니다. 에테오클레스가 자기 형제와 직접 맞싸우겠노라고 나서자 여자들이 그러지 말라고 말리는 장면이죠. 이 작품의 합창단은 테바이 여성들인데요. 이들이 처음에는 막 무서워서 신상에 매달리고 애곡하며 불안에 떨다가 통치자 에테오클레스에게 야단을 맞습니다. 하지만 마지막에 에테오클레스가 자기 형제와 싸우겠다고 나서자, 여자들은 갑자기 태도가 변합니다. 작품 앞부분에서는 너무 감정적이고 현실에 잘 대처하지 못하는 사람들로 행동했는데 마지막 부분에서는 현명한 조언자로 변해서, 그런 식으로 가족과 싸우면 안 된다고, 집안에 저주가 내린다고 경고하는 역할로 바뀌어요. 지금 보시는 이 그림이 작품 전체의 그런 내용을 아주 잘 요약해주고 있습니다.

그림에서 멀리 오른쪽 부분을 보면 벌써 전투가 벌어지는 걸로 그려져 있네요. 사실 작품에서는 맨 처음에 에테오클레스가 대중 앞에 나와서 전황을 듣고는 적절한 전사를 적절한 위치에 배치하고 있습니다.

도입부-에테오클레스의 연설, 정찰병의 1차 보고

맨 처음에 에테오클레스가 전황을 설명하고 지시를 내립니다. '그동안 적들이 우리 테바이를 공격했지만 우리가 잘 막았다. 오늘은 더 잘 막아야 된다. 오늘 그 적들이 굉장히 크게 공격해 올 거라고 예언자가 얘기했다. 내가 어디어디에 벌써 사람들을 배치했으며, 또 정찰병을 보내 놨다'라고요.

거기에 정찰병이 돌아옵니다. 희랍 비극에서는 합창이 나오기 전에 먼저 대화 장면이 하나 있는데요, 그걸 프롤로고스(도입부)라고 부릅니다. 이 작품의 도입부는 두 부분으로 나뉘는데요, 에테오클레스의 연설이 전반부, 정찰병과의 대화가 후반부입니다.

이 작품의 배경에 오이디푸스의 두 아들이 있는데, 누가 형인지는 잘 몰라요. 서양에는 위아래 개념이 좀 약하고요. 그래서 작가마다 다르게, 자기 필요한 대로 형제의 위아래를 정해서 쓰고 있어요. 지금 이 작품에서는 에테오클레스가 형인 것으로 설정되어 있습니다. 대개 학자들은 작품 주인공의 도덕적 책임을 더 크게 부각시키기 위해 그렇게 했다고들 설명합니다.

방금 에테오클레스가, 자기가 벌써 정찰병 보내 놓았노라고 했는데, 잠시 후에 정찰병이 돌아와서는 지금 테바이를 공격하는 적들의 동태를 보고합니다. 7명의 영웅이 자기들끼리 황소를 잡아서 방패에 피를 받고는 거기에 손을 담그고 맹세를 했으며, 자기가 떠나올 때에는 누가 어떤 성문을 맡아서 공격할지 제비뽑기를 하고 있더라는 겁니다.

여기서 다시 테바이에 대한 설명을 좀 해야겠네요. 희랍 중부 도시국가인 테바이에는 성문이 7개입니다. 옛날에 암피온이라는 사람이 뤼라를 연주했더니 돌들이 저절로 날아와서 성이 쌓였는데요, 뤼라의 줄이 7개이기 때문에 성문도 7개가 되었다고 합니다. 한편 〈일리아스〉에 보면 문이 100개인 테바이도 언급되는데요. 그건 이집트의 테바이, 즉 오늘날의 룩소르를 가리키는 말입니다. 희랍의 테바이는 그보다는 규모가 작아요. 희랍의 도시국가들이 산으로 둘러싸인 작은 분지들에 세워져서 그런 겁니다.

그래서 이 작품의 핵심 중 하나는, 어떤 문을 누가 공격해서 에테오클레스가 어떤 근거로 누구를 보내는지입니다. 다른 하나는 맨 마지막에 에테오클레스 자신이 무장을 갖추는 장면입니다. 이 두 가지가 우리가 주목할 점입니다.

정찰병의 보고에 이어, 에테오클레스가 신들에게 자기를 도와달라고 기원하는데요. 올륌포스 신들만 부르는 게 아니라, '아버지의 복수의 신'까지 불러서 학자들의 눈길을 끕니다. 이 집안의 불행은 한편으론 운명이지만, 또 한편으로 개인의 선택 때문이기도 하다는 겁니다. 이게 아이스퀼로스 비극에 자주 보이는 어떤 핵심이에요. 흔히 소포클레스는 개인의 결단을 중시하는 작품을 썼지만, 아이스퀼로스는 가문의 저주를 강조했다고 알려져 있어요. 물론 그럴 수밖에 없는 이유도 있긴 합니다. 작품의 내용을 죽 연결하려니까 아무래도 이야기를 이어주는 어떤 선이 있어야 하잖아요. 그게 가문에 내려진 운명적인 저주인 경우가 많아요. 아가멤논 집안과 오이디푸스 집안이 특히 그런 저주로 유명하죠. 한데 여기서 드러나는 아이스퀼로스의 주장은, 운명이라고들 하는 것에는 사실 인간의 선택도 영향을 끼치고 있다는 겁니다. 사실상 인간들이 스스로 불운을 향해서 달려간다는 거죠. 이게 단테에서도 계속 문제시되는 건데요, 운명은 피할 수 없는가 하는 질문입니다. 아이스퀼로스나 단테나 결론은 비슷합니다. 흔히 운명이라 하는 것도 실은 우리의 선택에 달렸다는 거죠.

조금 다른 얘깁니다만, 요새 유전학의 주장도 마찬가지예요. 우리가 예를 들어 암 유전자를 갖고 태어나더라도, 그게 발현될 수도 있고 발현되지 않을 수도 있다고요. 그게 나의 생활 태도에 따라서 결정된다는 겁니다. 후성 유전학이라고 부르는 거예요. 현대 과학과 옛날 신화 다루던 사람들의 운명관이 비슷하니 묘하네요.

자, 여기까지는 주인공이 올륌포스 신들과 더불어 아버지의 복수의 신을 부르는 것에 대한 설명이었고요. 다시 작품 내용으로 돌아가죠. 현재 우리가 도달한 대목은 원문 77행인데요, 앞에 얘기했던 프롤로고스(도입부)의 마지막 부분입니다.

첫 번째 합창-에테오클레스가 여성들의 공포를 가라앉히다
이렇게 첫 번째 대화 장면이 지나고 나면, 합창단이 입장하면서 노래(등장가)를 시작합니다. 그 내용은, 지금 적들이 공격해 와서 너무나 무섭다는 것입니다. 여인들이 막 비명을 지르며, 벌써 밖에서 적들이 공격한다고 외칩니다. 처음에는 시각적인 관찰로 시작하고, 다시 청각적인 주제로 나아갑니다. 먼지 구름이 일어난다, 성문을 부수는 소리가 들린다 하고요. 심지어 중간에 적들의 '모습이 들린다'라는 구절까지 등장합니다. '공감각적' 표현이죠. 하지만 어떤 학자들은, 지금 이 여인들이 청각과 시각을 혼동할 정도로 정신이 나간 것이라고 해석하기도 합니다. 게다가 이 합창단은 밖에 쳐들어오는 군대가 '낯선 말을 하는' 군대라고 외치고 있어요. 한데 희랍의 여러 도시국가들이 지역별로 다른 방언을 사용하긴 하지만, 외국어까지는 아니거든요. 뜻은 서로 다 알아듣는 정도였습니다.

그러면 작가는 왜 이렇게 꾸몄을까요? 아마도 얼마 전에 있었던 페르시아 전쟁을 여기 얹어서 보여주려는 것 아닐까 싶습니다. 지금 우리가 보고 있는 테바이 전쟁은 트로이아 전쟁보다 한 세대 전에 있었던 사건입니다. 대개 기원전 1300년쯤에 있었던 사건으로 보는데요, 지금 이 작품이 상연된 때는 기원전 500년경이잖아요. 그러니까 자기들 시대보다 800년 이상 전에 있었던 일을 연극으로 만들어 상연하면서 거기에 근래 자기네가 실제로 겪은 페르시아 전쟁 이야기를 슬그머니 얹어 놓은 것입니다.

자, 다시 합창 장면으로 돌아가죠. 여인들이 이렇게 공포에 사로잡혀 외치고 있는데, 거기에 에테오클레스가 나와서는 여자들을 엄히 꾸짖습니다. 신상에 매달려서 울지 말라고요. 이 부분은 그냥 합창만으로 이뤄진 게 아니라 에테오클레스와 합창단이 노래로 대화를 주고받는 내용도 끼어 있습니다. 먼저 여자들이 전쟁 장면을 아주 무섭게 그려내면, 에테오클레스가 '하지 말라' 명하고, 다시 합창단이 전쟁의 참혹함을 묘사하고, 또 그러지 말라 권하고, 그런 식으로 몇 차례 대화가 오가면서 여자들의 감정이 차차 잦아드는 걸로 꾸며져 있습니다.

이 작품 안에서 점점 커 가는 것과 점점 작아지는 것 사이에 대비가 있는데요. 여기서 여인들의 감정은 점점 잦아드는데, 우리는 잠시 후에 에테오클레스의 감정이 점점 격해지는 걸 보게 될 거예요. 그리고 일곱 성문을 공격하는 적들이 소개될 때도 사람 자체는 점점 광포함이 줄어드는 순서로 짜여 있고요. 반면에 그들의 장착한 방패의 그림은 점점 광포한 쪽으로 변해가는 걸 여러분이 보시게 될 겁니다. 그래서 커가는 것과 작아지는 것, 악상 기호로 표시하자면 '크레셴도와 데크레셴도'에 해당하는 추이가 여기 반영되어 있습니다. 그것에 주목하면서 작품을 보시면 좋아요.

그리고 여기 학자들 사이에 논란되는 주제가 한 가지 있습니다. 에테오클레스가 여자들을 자제시키고, 이어서 내가 6명의 전사와 함께 성문을 지키겠다라고 말하는 장면이 있는데요. 벌써 그때에 누구를 어느 성문으로 보낼 것인지 다 결정해둔 것인지 아닌지 하는 점입니다. 우리가 그 논의를 다 살피기는 어렵고요. 그냥 결론만 말씀드리자면, 현대 학자 대부분의 해석은 '에테오클레스가 반쯤 결정하고 여기 왔다가 이후 정찰병의 보고를 듣고서 완전히 결정을 내린다'라는 것입니다. 그래서, 운명이라는 게 이미 정해져 있긴 하지만 우리의 선택 또한 중요하다는 입장과 비슷하게 의견이 모아져 있습니다.

이렇게 에테오클레스에게 설득되어 감정을 절제하기로 했지만서도, 합창단은 또 한 번, '그렇지만 여전히 두렵다'라고 노래하고요. 다시 한 번 '우리는 견뎌야 한다'고 노래하는 것으로 되어 있네요.

일곱 성문의 공격자와 방어자 배치

그런 다음 정찰병이 다시 돌아옵니다. 이 부분이 이 작품의 중심부입니다. 희랍 비극에서는 작품 중심에 중요한 장면이 나오는 경향이 있습니다. 〈테바이를 공격하는 일곱 영웅〉의 경우, 중앙부를 차지하는 삽화, 그러니까 370행쯤부터 700행 정도까지에 굉장히 핵심적인 내용이 들어 있습니다.

정찰병의 보고와 그와 관련된 에테오클레스의 지시에는 테바이 일곱 성문의 이름이 하나하나 거명되지만 여러분이 그걸 다 기억하실 필요는 없겠습니다. 현재 청동기시대의 테바이 도시가 남아 있는 것도 아니고요. 그냥 첫째, 둘째 하는 식으로 요약해 보죠. 정찰병이 '첫 번째 문에는 튀데우스가 있습니다'라고 보고합니다. 이 사람 튀데우스는 오이디푸스의 아들 폴뤼네이케스의 동서로서 아드라스토스의 사위 중 하나예요. 그 사람은 거대한 멧돼지가 나타났던 것으로 유명한 칼뤼돈 출신이고

아테네, 튀데우스, 멜라닙포스 | 기원전 470~460년경, 이탈리아 국립에트루리아박물관.

요. 이 사람 이야기로 특히 유명한 게 있습니다. —우리는 아직 본격적인 전쟁이 시작되기 전 장면을 보고 있습니다만— 이 사람이 지금 벌어지고 있는 이 테바이 전쟁에서 멜라닙포스라는 전사와 싸우다가 치명적인 부상을 입게 됩니다. 그래서 아테네 여신이 그를 위해서 약을 구해 가지고 오는데, 그 사이에 그가 상대방의 골을 파먹고 있었습니다. 그러자 아테네 여신이 그걸 보고 놀라서 돌아섰다 합니다. 만일 이 사람이 그런 끔찍한 짓을 하지 않았더라면 부상에서도 치유되고, 또 영원한 생명까지 얻을 수 있었는데 그만 지나친 복수심 때문에 그 기회를 놓쳤다는 거죠.

위에 보시는 작품은 에트루리아에서 만들어진 테라코타 박공 장식입니다. 로마의 빌라 줄리아(율리우스 빌라)에 가시면 볼 수 있습니다. 중앙 아래쪽에 한 사람이 다른 사람의 머리를 물어뜯고 있고요, 우리가 볼 때 왼쪽에 아테네 여신이 약병을 들고 오다가 표정이 일그러지는 모습을 보입니다. 이것은 굉장히 유명한 사건이어서, 단테의 〈신곡〉에서도 지옥의 제일 밑바닥에서 이 사건을 모방한 장면이 하나 들어 있습니다. 로마 시인 스타티우스가 테바이 전쟁을 주제로 한 작품을 썼는데, 단테가 그 영향을 많이 받았습니다.

다시 정찰병과 에테오클레스의 대화로 돌아갑니다. 정찰병이 보고합니다. '첫 번째 문에 튀데우스가 와 있다. 그의 방패에는 별이 불타는 하늘이 그려져 있고 그 한복판에 달이 그려져 있다.' 방패 문양만 보자면 고흐의 그림이 생각날 정도로 고즈넉한 장면이네요. 하지만 그 방패를 든 사람은 굉장히 격렬한 인간입니다. 공격자 쪽의 예언자가 '지금은 전조가 안 좋으니 아직 진격하면 안 된다'고 하자, 이 튀데우스가 막 욕설을 퍼부으며 당장 공격을 개시하자고 재촉했답니다. 그리고 방금 설명한 것처럼, 나중에 남의 골까지 파먹잖아요. 이렇게 사람은 격렬하고, 방패는 비교적 조용하게 설정되어 있습니다.

그러자 에테오클레스가 답합니다. '그 사람에게 밤이 내리게 될 것이다. 그 사람에게는 멜라닙포스를 보내라.' '멜라닙포스'란 이름은 검은 말이란 뜻입니다. 아마도 이름에 '검다'가 들어 있어서 밤하늘이 그려진 방패에 대응하도록 이 사람을 보내는 게 아닐까 싶습니다.

그리고 여기부터 일곱 명의 아르고스 전사가 잇달아 나오는데요. 앞의 다섯 명은 굉장히 오만방자한 것으로 되어 있어요. 나머지 두 명은 곧 보시겠습니다만, 좀 성격이 다른 것으로 되어 있습니다.

이제 두 번째인 엘렉트라 문 차례입니다. 거기엔 카파네우스라는 전사가 공격해 올 것이라 합니다. 이 사람은 제우스조차도 자기를 막지 못할 거라고 호언장담하면서, 테바이를 불태우겠노라 위협하다가 제우스의 벼락에 죽는데요. 단테의 〈신곡〉에서도 지옥에 붙잡혀 있으면서

카파네우스 | 기원전 340년, 게티 빌라 미술관.

여전히 하느님을 욕하고 있는 걸로 되어 있습니다.

  옛날 도기에 그려진 이 그림을 보시죠. 오늘날 우리가 보기에는 자세가 조금 우습게 되어 있죠? 어쨌든 이렇게 한 손에 횃불을 든 채 사다리를 오르고 있고요. 우리가 볼 때 왼쪽 위에서 이 사람을 향해 벼락이 날아오고 있습니다. 사실 이건 지금 우리가 읽고 있는 장면 다음에 벌어질 사건이에요. 다시 정찰병의 묘사로 돌아가자면, 이렇게 호언장담하는 카파네우스의 방패에는 무장하지 않은 채 불을 운반하는 사람이 있었다 합니다. 마치 올림픽 성화 주자 같네요. 불을 들고 있다는 점에서 첫째 전사의 방패보다는 그림이 조금 격해졌지만, 그림 속 전사가 무장하지 않았다는 점에서 아직은 방패 그림이 좀 약하죠. 이 말을 들은 에테오클레스는 그에게 폴뤼폰테스를 보내겠다고 합니다. 이 사람을 선택한 이유는, 한편 그가 말로 시끄럽게 떠드는 카파네우스와는 대조되게 과묵한 인물이면서, 다른 한편 용기는 불과 같아서 상대의 불에 맞설 수 있기 때문입니다.

정찰병이 말합니다, 세 번째 문에는 에테오클로스가 배정되었다고. 흥미로운 순간입니다. 옛날에 극장에 모인 관객들은 계속 생각하고 있었을 겁니다. '이 집안의 두 아들이 서로 싸우다가 동시에 죽었다는데, 과연 몇 번째 문에서 폴뤼네이케스가 등장할 것인가? 에테오클레스는 바로 그 성문으로 가서 거기서 싸울 것인가, 아니면 일단 그 기회는 그냥 보내고 다른 데서 싸우게 되나?' 하는 것입니다.

한데 지금 에테오클로스라는 사람이 등장했습니다. 에테오클로스와 에테오클레스는 사실 같은 이름입니다. '에테오'는 '참되다'란 뜻이고요, '클레스'와 '클로스'는 모두 '명성'이라는 뜻입니다. 그러니 사람들은 아마 이렇게 기대했겠죠. 에테오클레스가, '그 사람과 내가 이름이 같으니 내가 나가서 그를 상대하겠다'라고 할 거라고요. 하지만 그렇게 되지 않습니다.

정찰병은, 그 사람 방패에는 전사가 사다리로 올라가는 그림이 그려져 있다고 보고합니다. 그러자 에테오클레스는, '그러면 그 사람에게는 크레온의 아들 메가레우스를 보내라'고 지시합니다. 이 메가레우스는 전투 중에 죽으리라는 암시가 나오지만 작품 속에는 확실하게 그의 죽음이 보고되지 않는데요. 다른 전승에 따르면 대체로 자기 자신을 신에게 바쳐서 도시를 구해낸 걸로 돼 있습니다. 조금 전에 사다리를 올라가는 인물 도기 그림을 보고, 지금 여기 다시 사다리가 언급되는 걸 들으니 갑자기 혼란을 느낄 분도 있을 텐데요. 우리가 본 도기 그림은 실제 전사가 그렇게 행동했다는 거고요, 방금 정찰병이 말한 사다리는 방패에 그려진 그림입니다.

그다음 네 번째 성문을 공격하게 된 사람은 힙포메돈이라는 전사입니다. 그 사람의 방패에는 튀폰이 불을 뿜는 그림이 그려져 있다 합니다. 튀폰은 옛날에 제우스와 싸웠다는 거대한 존재죠. 제우스도 그를 간신히 이겼다고 하는데요. 그 튀폰이 입에서 불과 연기를 뿜는 모습이 방패 안에 그려져 있고, 방패 테두리에는 뱀도 둘러져 있다는 겁니다. 그러자 에테오클레스가 말합니다. 휘페르비오스가 그에게 맞서게 하라고요. 그 사람의 방패에는 벼락을 든 제우스가 그려져 있기 때문입니다. 옛날 사람들은 우연히 마주친 동물이나 우연히 들은 노래 따위를 신이 보낸 전조로 생각했습니다. 그러니 그림끼리 맞서는 사람, 특히 상대의 그림을 이길 수 있는 그림을 가진 사람이라면 좋은 결과를 기대할 수 있겠죠. 말하자면 상대의 수호신이 튀폰이니, 그 튀폰을 이긴 제우스를 수호신 삼아 나아가자 하는 것이죠.

그러니까 여러분이 작품을 직접 읽으실 때, 어떤 사람에게 맞서 어떤 이유로 누구를 보내는지 보시면 좋고요. 크게 보아 공격자들은 점점 순해지는 순서로, 방패 그림은 점점 강해지는 쪽으로 변해간다고 흐름을 이해하시면 되겠습니다.

다섯 번째 문에는 옛날에 칼뤼돈 멧돼지 사냥에 참여했던 처녀 사냥꾼 아탈란테의 아들이 와 있습니다. 이름 뜻부터 '처녀의 아들'인 파르테노파이오스입니다. 그 사람은 대단한 미남이고, 이제야 부드러운 솜털이 나기 시작한 걸로 그려져 있습니다. 이제 전사가 굉장히 약해져서 거의 어린 소년으로 변해 있네요. 그런데 그의 방패에는 스핑크스가 그려져 있다고 합니다. 테바이 사람들이 매우 무서워했고, 가장 싫어하는 괴물이에요. 사람은 약하게, 방패는 강하게 변해갑니다.

그러자 에테오클레스는 악토르라는 사람을 보내라고 합니다. 그 사람은 허풍 떨지 않는 자라고. 앞에서는 두 전사가 왜 맞붙게 되는지 제법 설명이 잘 되는데, 여기쯤에서는 도대체 왜 이 사람을 여기에 짝짓는지가 좀 불분명합니다. 그냥 부드러운 소년과 조용한 전사가 맞싸운다는 정도입니다.

이렇게 해서 다섯 명 지나갔습니다. 자, 보세요. 일곱 명이 쳐들어왔는데 그중 하나가 틀림없이 자기 형제예요. 한데 지금 두 명 남았습니다. 관객들로서는 오이디푸스의 두 아들이 되도록 직접 마주치진 않기를 바랐을 거예요. 그리고 당사자들도 되도록 자기 형제와 직접 싸우게 되지는 않았으면 하고 바랐겠죠. 그러니 에테오클레스로서는 자기가 어딘가 다른 성문으로 가야지 자기 형제하고 마주치지 않는데, 보고를 들으니 앞의 다섯 번은 매번 상대에게 딱 맞는 적절한 사람이 있어서 그들을 보냈어요. 이제 단 두 명 남았습니다. 그 둘 중에 하나가 자기의 형제인데요, 보고를 들으니 여섯 번째 성문에 암피아라오스가 배정되었다고 합니다. 자기는 남은 두 전사 중에 하나와 싸워야 하는데, 암피아라오스를 피하면 그다음에 남은 것은 자기 형제뿐이에요. 형제와의 직접 대결을 피하려면 이 기회를 잡아야 합니다. 한데 에테오클레스로서는 도저히 암피아라오스와는 싸울 수가 없어요. 그렇게 점잖은 사람하고는 싸우지 못하겠다는 겁니다.

사실 이 암피아라오스는 자기들이 이 전쟁에서 패배할 것을 알고서 참여하지 않으려 했는데요. 폴뤼네이케스가 자기 집안에 대대로 전해

테바이 전쟁 | 희랍식 석관 부조. 이탈리아 로마 빌라 도리아 팜필리.

져오는 목걸이를 이용해서 암피아라오스의 아내를 매수합니다. 이 목걸이는 테바이 설립자 카드모스의 아내인 하르모니아가 물려준 것인데요. 하르모니아는 아레스와 아프로디테 사이에 태어난 신의 딸입니다. '아니, 아내가 가라 한다고, 실패할 것이 뻔한 전쟁에 나서는 사람도 있나?' 하실지 모르겠지만요, 그럴 사정이 있습니다. 암피아라오스는 원수 집안끼리 정략결혼을 했거든요. 그래서 앞으로 다시 분쟁이 생기면 양쪽 집안 모두에 속하는 아내의 결정에 따르겠노라고 맹세를 했어요. 그랬는데 아내가 매수되어 남편을 전쟁터로 보낸 거죠.

그래서 암피아라오스는 전장으로 떠나면서 자기 아들에게, 나중에 어머니를 죽이라고 명합니다. 자, 위의 그림을 보시죠. 암피아라오스는 전장에서 사람에게 죽지 않고요, 보시는 것처럼 땅이 갈라져서 땅속으로 사라진 걸로 돼 있습니다. 그림 왼쪽에는 사다리를 딛고 올라가는 카파네우스가 보이고요, 오른쪽 끝에는 멜라닙포스의 골을 파먹고 있는 튀데우스가 보이네요. 제일 왼쪽에는 두 아들이 싸우려고 하는 걸 부모님이 막고 있는 걸로 그려놨네요. 에우리피데스의 〈포이니케 여인들〉 내용을 따라 그린 것인데, 그 작품에는 두 아들이 서로 싸워 상대를 죽일 때까지 오이디푸스와 이오카스테가 살아 있었던 것으로 되어 있습니다. 작가마다 이야기를 조금씩 다르게 전하니 그렇게 아시면 되겠습니다.

자, 다시 에테오클레스의 지시를 보죠. 여섯 째 성문 앞에는 암피아라오스, 점잖은 예언자가 와 있는데 자기로서는 도저히 그 사람과는 싸울 수가 없어요. 그래서 거기에 다른 사람을 내보냅니다. 라스테네스라고 하는, 노인 같은 현명함을 갖춘 사람입니다. 그리고 사실 에테오클레스도 알고 있습니다. 암피아라오스가 성문을 공격하지 않을 것이라고, 그는 자신이 전투 중에 죽을 것을 알고 있다고요.

이제 마지막, 일곱 째 성문 차례입니다. 정찰병이 맨 마지막 문에는 에테오클레스의 형제가 와 있다고 보고합니다. 그의 방패에는 정의의 여신이 그려져 있는데 황금 무장을 걸친 사람을 고향으로 데려가는 모습이라고요. 이 말을 듣자 이제까지 침착하게 가장 합리적인 대응책을 모색해 온 이 현명한 군주께서 갑자기 분노를 폭발합니다. '운명이 이렇게 이루어지는구나!' 외치며 자신이 직접 그를 막아 싸우겠다고 선언합니다.

이 사람이 여기까지는 굉장히 조용하고 차분했는데, 이렇게 갑자기 격분하는 것을 두고서 등장인물의 성격이 일관성 없이 그려진 것 아닌가 하는 학자도 있습니다. 하지만 그동안 억눌렸던 분노가 특별한 계기를 맞아 폭발한 걸로 생각하시면 되고요. 또 집안의 운명으로 정해진 게 없진 않지만, 결국 그걸 선택하는 건 인간임을 보여주려 이렇게 구성했다고 보면 되겠습니다.

에테오클레스의 무장, 그리고 전투의 결말

그다음엔 합창단이 에테오클레스의 결정을 뒤집어 보려고 간곡히 매달리지만 이 사람이 듣지 않는 장면입니다. 원문 675행부터입니다. 에테오클레스와 합창단의 노래 대화입니다. 이 부분을 자세히 연구한 학자의 해석에 따르면 여섯 단계로 되어 있답니다.

우선 에테오클레스가 시종을 향해 '나의 정강이받이를 가져오라'고 명합니다. 그러면 합창단이 그러지 말라고 말립니다. 그러면 다시 에테오클레스가 집안의 저주와 운명을 들어, 형제간 싸움의 불가피함을 강변합니다. 다시 합창단의 만류, 다시 에테오클레스의 탄식과 반박. 이런 식으로 여섯 번 반복됩니다. 마지막엔 '한 줄씩 말하기'로 되어 있어서 그 앞의 다섯 번과는 형식적으로 조금 다르게 되어 있습니다.(712~719행)

사실 등장인물 간의 발언이 몇 번이나 교환되는지는 신경 쓰는 사람이 어디 있겠어요. 보통의 관객/독자라면 이걸 그냥 지나치기 쉬운데요. 어떤 학자가 날카로운 안목으로 그걸 찾아내고 좋은 해석을 제안했습니다. 우선 전사들의 무장 관습을 알아야 합니다. 〈일리아스〉에 보면 두 전사가 싸울 때는 여섯 가지 장비를 갖추는 게 규칙처럼 되어 있어요. 아래쪽부터 위로 올라가는데요. 우선 정강이받이를 장착하고요, 그다음에 가슴받이, 이어서 칼을 차고, 대개는 (몸)방패를 —손에 들지 않고— 몸에 걸치고, 투구를 쓰고, 마지막에 창을 잡는 것입니다.

한데 지금 이 장면에 그 첫 번째 것(정강이받이)이 나왔어요. 그리고 그걸 포함해서 여섯 번의 대화가 나와서, 이 대화를 주고받는 동안, 이 사람이 한마디 할 때마다 한 가지씩 장비를 갖춘다는 해석입니다.

폴뤼네이케스와 에테오클레스의 죽음 | 이탈리아 국립에트루리아박물관.

여섯 번의 노래 대화가 나온 다음에 이 사람이 '무장이 끝났다'(717행)라고 말하거든요. 아주 좋은 해석입니다. 물론 반대하는 학자도 없진 않죠. 에테오클레스가 이미 다른 무장은 다 갖췄고, 그저 발이 걸릴까 봐 정강이받이만 장착하지 않고 있다가, 이제 정말 전투에 나서야 하니 그걸 가져오라 명령한 거라고, 그렇게 설명하면 된다는 겁니다. 하지만 저로서는 '여섯 가지 무장'설이 더 마음에 드네요.

어떤 문에 누가 와 있기 때문에 거기다 누구를 배치하라 명령할 때 인물과 방패 그림 사이의 조화를 생각하고, 또 인물의 격렬함은 점점 줄어드는 쪽으로 방패 그림의 격렬함은 점점 커지는 추세를 확인하고, 짝지어진 두 사람 사이의 어울림을 잘 보세요. 지금 에테오클레스가 무장 갖추는 장면도 그냥 아무렇게나 만든 게 아니란 느낌을 받으실 겁니다. '야, 이거 형식적으로 굉장히 잘 만들었구나!' 하는 느낌이 확 다가들어요.

V. 테바이를 공격하는 일곱 영웅   233

무장 장면 이후, 에테오클레스가 전장으로 달려 나가고, 합창단은 이제 일이 어떻게 될까 노래로 걱정하고 있는데 전령이 달려와 전합니다. 다른 여섯 성문에서는 적을 잘 막아냈는데, 일곱 째 문에서는 형제가 서로를 찔러서 동시에 죽었다고요. 앞쪽에 보시는 부조가 그 장면을 잘 보여줍니다.

한데 원문에서는 이 보고 장면이 굉장히 짧아요. 그래서 원래는 훨씬 긴 내용이었는데 혹시 누가 줄여놓은 것인가 하는 의혹도 있고요, 그냥 원래 이렇게 만든 것 같다는 추정도 있습니다. 짧은 보고가 전해지고, 다음에 질의응답이 있고, 다시 짧은 보고가 나와서, A-B-A꼴로 형식이 잘 맞춰져 있긴 하거든요.

그런 다음, 여기에 안티고네와 이스메네가 등장해서는 우리 오라비들을 장례 치러야 한다고, 국가에서는 그걸 금지했다고 말합니다. 하지만, 그래도 자기들은 장례를 치를 거라고요. 많은 학자들은 이 부분은 후대의 누군가가 〈안티고네〉를 참고해서 덧붙인 걸로 보고 있어요.

게다가 결말도 좀 이상하게 되어 있습니다. 합창단이, 죽은 두 사람의 장례를 어떻게 치를지 논의한 끝에, 일단 이 둘이 서로 싸우다 죽긴 했지만 그래도 형제이니 같이 장례 치러야 한다고 결론이 납니다. 그런데 맨 마지막에 합창단 사이에 다시 의견이 엇갈려서 각각 '우리는 에테오클레스를 장례 치르겠다', '우리는 폴뤼네이케스를 장례 치르겠다' 하면서 두 파로 나뉘는 걸로 끝이 납니다. 그래서 혹시 어떤 작가가 한 번 더 손을 대서 마지막 부분이 원래의 흐름과 달라진 것 아닌가 하는 의혹도 있습니다.

브런치 디저트

작가는 왜 에테오클레스와 폴뤼네이케스가 맞붙도록 배치했을까요? 또 승리자 없이 형제가 함께 죽는다는 것은 어떤 의미가 있는 건가요?

오이디푸스의 두 아들이 전투 중에 서로 찔러 동시에 죽었다는 것은 신화에 이미 정해져 있어서, 특별히 소포클레스가 만들어낸 상황이라고는 할 수 없습니다. 다만 그 둘이 집단 전투 중에 함께 죽은 것인지, 아니면 약정에 의한 단독대결에서 맞싸운 것인지, 그리고 우연적으로 마주친 것인지, 아니면 의도적으로 상대를 향해 나아가서 만난 것인지 정도가 작가의 재량에 달려 있었다 할 수 있습니다. 소포클레스는 에테오클레스가 의도적으로 자기 형제를 향해 달려간 것으로 설정했습니다. 상대에 대한 적대감이 그토록 컸다는 뜻일 수도 있겠습니다만, 그보다는 운명이란 것이 사실은 인간의 결정의 결과라는 걸 강조하고 싶어서 그렇게 만든 듯합니다. 집안에 대대로 내려오는 어떤 불행의 그림자도 있고 아버지에게서 받은 저주도 있지만, 그래도 행불행을 결정하는 데 가장 중요한 것은 인간 자신의 선택이란 말입니다.

형제가 둘 다 죽었다는 것을 르네 지라르(René Girard)는 '무차별 재앙의 징후'라고 보았습니다만, 저로서는 증오의 상호성, 그러니까 폴뤼네이케스도 에테오클레스 못지않은 증오를 품고 있었다는 의미가 아닐까, 그리고 그 역시 자기 형제와 유사한 선택을 했고, 자기 선택에 대해 똑같은 결과를 감내해야 한다는 뜻 아닌가 생각합니다. 승자가 없다는 건 비극이 자주 다루는 '동등한 권리를 가진 두 원리의 충돌'하고도 닿아 있고요. 비슷하면서도 다른 두 사람이 맞붙은 것은 레비 스트로스(Claude Lévi-Strauss)가 분석한 이 집안의 양극적 성격과도 연관될 것입니다. 레비 스트로스가 이 집안에는, 스스로 땅에서 태어난 괴물의 특징을 지니고 있으면서도 그런 괴물을 죽이는 자살적 특성, 그리고 한편으로 가족끼리 지나치게 친밀한 관계, 다른 쪽으로는 가족끼리 지나치게 적대적인 관계가 양립해 있다고 분석했거든요.

숫자 7은 어떤 의미를 가지고 있나요?
희랍 전통에는 히브리 전통보다는 숫자에 의미 부여하는 관행이 약한데요. 테바이와 관련해서는 뤼라의 줄이 일곱이라는 것이 일곱 성문의 기원이 되었다 합니다. 암피온이 일곱 줄 뤼라를 연주하자 돌들이 저절로 날아와 일곱 성문을 지닌 성을 쌓았다는 것이죠. 그러면 뤼라는 왜 일곱 줄이 되었냐고 다시 물을 수도 있을 텐데요, 그건 그냥 기능적 필요 때문일 것입니다. 그 정도면 원하는 음역의 소리를 모두 제공할 수 있으니까요. 물론 더 많은 줄을 덧붙이면 더 넓은 음역을 다룰 수 있겠지만, 그러면 악기가 만들기도 다루기도 복잡해졌겠죠. 7은 복잡성과 단순성의 적절한 균형점에서 결정된 현의 숫자라 하겠습니다. 참고로 희랍에 네 줄짜리 현악기도 있었습니다. 〈일리아스〉 9권에서 아킬레우스가 연주하고 있던 포르밍스라는 악기입니다.

ἈΝΤΙΓΌΝΗ
ΣΟΦΟΚΛΉΣ

VI

안티고네
소포클레스

〈안티고네〉를 읽기 위해 알아야 할 이야기
〈안티고네〉의 줄거리와 세 명의 '거인 방해자'
첫 장면, 다정하던 자매의 갑작스런 결별
승리의 합창과 파수꾼의 보고
타협을 거부하는 안티고네
하이몬과 크레온의 논쟁
안티고네의 자기 애도, 크레온과 테이레시아스의 대결
크레온이 받은 징벌

〈안티고네〉를 읽기 위해 알아야 할 이야기

소포클레스의 작품 중에서 오늘날 가장 많이 상연되는 작품이 〈안티고네〉입니다. 기원전 5세기 아테나이의 고전기에 세 명의 비극 작가가 있었고요. 이들의 작품 가운데 현재 온전하게 전해지는 건 33편이에요. 소포클레스의 작품은 7편이 전하는데, 그중에 〈오이디푸스 왕〉과 〈안티고네〉가 제일 유명해요.

오이디푸스 왕의 이야기는 이 주제를 다룬 비극 작품에 대해 얘기하려면 늘 반복해서 다시 설명하는 수밖에 없는데요. 앞 장에서 본 〈테바이를 공격하는 일곱 영웅〉의 사건 전에 벌어진 일입니다.

자, 다시 반복합니다. 라이오스라는 왕에게 자식을 낳지 말라는 신탁이 내렸는데 그만 아기가 태어나고 말았습니다. 그래서 아기 발목을 쇠꼬챙이로 꿰어 산에 버렸습니다. 한데 그 아기를 이웃 나라 목자가 주워다가 자기 나라 왕에게 바쳤습니다. 자식이 없었던 그 왕은 이 아이를 자신의 아들로 키웠는데요. 이 아이가 나중에 자기 신분에 의혹을 품고 델포이를 찾아갑니다. '신이시여, 저의 부모님은 누구입니까?'라고 물었더니, 신께서 '너는 아버지를 죽이고 어머니와 결혼할 것이다'라는 신탁을 내렸죠.

그래서 자기 집이 아닌 딴 데로 가다가, 좁은 길목에서 길 비키는 문제 때문에 싸움이 납니다. 자기를 때린 어떤 노인 일행을 다 죽였는데 나중에 알고 보니까 그 노인이 자기 아버지예요. 그 후에 스핑크스가 길을 막고 수수께끼를 내기에 그걸 풀었더니 스핑크스는 낭떠러지로 떨어져 죽어버리고, 도시 사람들이 그를 자기들의 왕으로 삼았습니다. 그래서 과부가 되어 있는 왕비와 결혼해서 나라를 잘 다스리고 있는데 역병이 돌았어요. 신에게 방책을 물었더니 '이전 왕이 죽었는데 그것을 제대로 처리하지 않아서 이런 일이 생긴 것'이란 신탁이 내립니다. 이제 오이디푸스는 그 문제를 추적합니다.

처음엔 눈먼 예언자 테이레시아스에게 물어봤더니 '바로 당신이 범인'이라고 합니다. 오이디푸스는 그 말을 믿지 않고 자기 힘으로 다시 추적합니다. 결국 자기가 범인이라는 걸 밝혀내는데요. 그 결정적인 계기는 자기 고향 도시에서 어떤 사람이 찾아와서는 '당신의 아버지가 돌아가셨다'고 전한 것이죠. 그러자 오이디푸스가 자기는 어머니가 두려워서 고향에 못 간다고 하죠. 그 사람이 또 말하길, '내가 어린 당신을 주워다가 그 집에 주었다'고 합니다. 이후 아기를 가져다 버렸던 하인의 증언을 통해, 오이디푸스가 사실은 테바이 왕자라는 게 드러나고, 지금 자기가 같이 살고 있는 이가 원래는 어머니라는 게 밝혀지죠. 어머니이자 아내인 이오카스테는 목매달아 죽고, 오이디푸스는 스스로 눈을 찌르고 떠나갑니다. 이게 오이디푸스 왕 이야기의 요지입니다.

이 이야기에 대해서는 다른 사람들도 작품을 썼지만 다른 작가 것은 다 사라지고 소포클레스 것만 남아 있어서, 제가 소포클레스가 제공하는 줄거리를 따라 요약한 것입니다.

사실 이 이야기를 소재로 삼은 작품들의 핵심적인 내용은 대개 비슷하겠지만 세부적으로는 작가마다 조금씩 다르게 하는 수가 있어요. 아이스퀼로스도 ―〈테바이를 공격하는 일곱 영웅〉과 함께 발표된 〈라이오스〉와 〈오이디푸스〉에서― 이 주제를 다룬 적이 있는데, 우리가 아는 것과는 다르게 만들었을 수 있습니다.

그리고 사람들이 잘 모르는데, 오이디푸스의 이야기는 〈일리아스〉에도 나오고, 〈오뒷세이아〉에도 나옵니다. 〈일리아스〉에서는 오이디푸스가 스스로 눈을 찌르고 떠나간 게 아니라, 아마도 왕으로 나라를 잘 다스리다가 나중에 전쟁터에서 죽은 것 같아요. 물론 확실하진 않습니다만. 오이디푸스의 장례식 경기에 어떤 사람이 출전해서 우승했다고 〈일리아스〉 23권에 나옵니다. 〈일리아스〉에는 그의 어머니는 어떻게 됐는지 나오지는 않아요. 한편 〈오뒷세이아〉에서는 오뒷세우스가 저승에 가봤더니, 오이디푸스의 어머니가 거기 있는데 이름이 이오카스테가 아니라 에피카스테라고 해요. 사실 둘이 같은 뜻입니다. '뛰어나게 아름답다' 그런 말이에요. 한데 그녀는 오이디푸스와 결혼하긴 했지만 자식까지 낳은 것은 아니고요. 신들이 사실을 얼른 가르쳐줘서, 결혼하자마자 자결한 것으로 되어 있습니다. 그러니까 〈일리아스〉에는 오이디푸스 이야기가 나오고, 〈오뒷세이아〉에는 이오카스테 얘기가 나오는데 둘 다 모호한 데가 있어요. 우리가 알고 있는 소포클레스의 작품 내용과는 다르게 되어 있다는 게 핵심입니다.

사라져버린 작품의 내용은 우리가 알 길이 없습니다. 그래서 그냥 지금 남아 있는 작품을 중심으로 이야기하는 수밖에 없어요.

그럼, 그 사건 다음에는 어떤 일이 있었냐? 소포클레스의 거의 마지막 작품이 바로 오이디푸스에 대한 것입니다. 여기서 제가 '거의'라고 말한 것은, 이 작품이 소포클레스가 죽고 나서 발표된 작품이어서입니다. 죽은 뒤에 다른 사람이 연출해서 무대에 올렸기 때문에 죽기 전 어느 시기에 쓴 것인지 아주 확실하진 않습니다. 이 작품은 〈콜로노스의 오이디푸스〉라는 것입니다.

사실은 그 작품은 일반 독자가 읽기에 좀 어렵습니다. 작품 자체가 어렵다기보단 독자가 요점을 잡기 어렵다는 뜻입니다. 이 작품이 비극이니 어디선가 좀 슬퍼야 하는데 이게 어디가 슬픈 건지, 그리고 감동을 좀 느끼고 싶은데 그 감동은 어디쯤에서 느껴야 하는지 좀 당혹감이 들어요.

그냥 미리 약간만 얘기하자면요, 이 〈콜로노스의 오이디푸스〉라는 작품은 많은 학자들이 '말년의 양식'으로 분류하는 작품입니다. 여러 분야의 대가들이 인생의 말년에 다다르면요, 자기가 중년까지 견고하게 구축해 놨던 구조들을 허물어뜨리는 경향이 있답니다. 옛날에는 '구조와 균형' 이런 걸 굉장히 강조하다가, 노년에 이르면 '뭘 그런 걸 가지고 세부에 집착하고 그러나?' 하듯이 말이죠. 좀 더 느긋한 태도로 전체의 흐름도 어디는 굉장히 느릿하고 길게 만들기도 하고요, 이전처럼 긴밀하고 빡빡하게 경제적으로 살을 빼고 하는 건 피한답니다.

그래서 저는 이런 이미지를 이용합니다. 늦가을 공원에 가면 느끼는 기분이요. 아직 낙엽이 다 지지는 않아 단풍이 좀 남아 있고요. 잎이 일부는 좀 떨어져서 그 사이로 아직은 따사로운 햇살이 비쳐 드는 것 같은 그런 느낌이요. 〈콜로노스의 오이디푸스〉를 읽으면 그런 느낌이 듭니다. 여러분도 이런 점에 주목하시면, '아, 정말 좋은 작품이구나!' 하시게 될 거예요.

자, 다시 오이디푸스가 테바이를 떠난 대목부터 보시죠. 그는 앞의 159쪽 잘라베르의 그림에 보시는 것처럼 자기 딸 안티고네의 안내를 받아서 세상을 방랑하고요. 사람들은 그를 저주하고 더러는 피하기도 하고 그럽니다. 옛날에는 어떤 사람이 신의 저주를 받으면, 말 그대로 몸에 더러운 게 묻은 것으로 여겼고요. 그래서 그 사람과 접촉하는 사람에게도 그 오염물이 묻는 것으로 생각했습니다.

이런 사고방식이 원시적인 것이라고, 현대인은 그렇지 않다고 생각할 사람도 있을 텐데요. 사실 그렇지가 않습니다. 여러분, 일본에서 원자폭탄 터지고 나서 어떤 일이 있었는지 잘 모르시죠? 제가 많은 분에게 권하는 책이 있습니다. 《나의 유서, 맨발의 겐》(나카자와 케이지)이라는 책입니다. 내용의 절반 정도는 만화고, 나머지 절반은 산문으로 되어 있어요. 어떤 만화가가 자기가 겪은 일을 만화로 평생 기록하다가 맨 마지막에 자기가 그동안 했던 작업을 반쯤은 만화, 반쯤은 글로 정리해서 책으로 낸 겁니다. 일본에서도 원자폭탄 터진 후에 히로시마, 나가사키 사람들을 다른 지역 사람들이 접촉하지 않으려 했답니다. 방사능이 몸에 묻는 건 줄 알았던 거죠. (물론 방사성 물질을 너무 많이 흡수하면 사람 자체에서 바깥까지 방사능이 뿜어 나오긴 하는데요. 그런 사람은 본인

폴뤼네이케스를 저주하는 오이디푸스 | 마르셀 바셰, 1883.

이 곧 죽기 때문에 돌아다니면서 남에게 피해를 끼칠 수가 없어요.) 그리고 원폭 터지고 나서 곧 미군이 진주했기 때문에, 일본 사람들도 미군 눈치를 보느라 쉬쉬하고, 그래서 피해자들이 제대로 보상도 치료도 못 받았다고 해요. 그러니까 현대의 우리에게도 사실은 저 옛날 사람들이 가지고 있었던 오염의 개념이 남아 있는 겁니다. 어떤 끔찍한 일을 당한 사람은 말하자면 몸이 오염된 존재여서 우리와 접촉하면 뭔가 묻는다는 개념이에요. 희랍어로 미아스마(miasma)라고 하는 개념이죠.

자, 이제 오이디푸스도 그런 존재가 되어서, 사람들이 이렇게 피해 다녀요. 그는 안티고네의 안내를 받으며 여기저기 떠돌아다닌 걸로 알려져 있습니다.

그리고 아들 둘이 대립하게 되어 그중 하나가 아버지를 찾아와서 도와달라고 하지만, 아버지가 그를 저주해서 쫓아 보내죠. 옆에 있는 그림이 그 장면입니다. 〈콜로노스의 오이디푸스〉에서 이 장면을 읽으면 독자들은 놀라게 됩니다. '아니, 다 쓰러져가던 노인에게서 어떻게 저런 힘이 나오지?' 하는 것이죠. 마치 죽어가던 노인 안에서 거인이 벌떡 일어나는 것처럼, 굉장히 놀랍게 짜여 있습니다.

그 다음 이야기는 오이디푸스가 떠나고 나서, 두 아들이 서로 싸우다가 하나가 쫓겨나서 남쪽 나라로 갑니다. 그는 아르고스 왕의 사위가 되어서는 군대를 얻어서, 6명의 동료와 함께 일곱 성문을 하나씩 맡아서 공격하다가 결국엔 공격자가 모두 전사한다는 것이었죠. 이 내용은 〈테바이스〉라는 서기 1세기 서사시에 자세히 다뤄져 있습니다. 단테가 그 내용을 숙지해서 자기 작품에 반영했는데요. 따라서 지금 이 이야기를 아셔야 단테의 〈신곡〉, 특히 지옥편을 제대로 보실 수 있습니다. 지옥의 밑바닥으로 내려가면 갈수록 오이디푸스 집안과 테바이 전쟁 이야기가 많이 나와요.

앞의 230쪽 그림에서 여기 사다리 올라가는 사람은 카파네우스인데 테바이 공격 중에 제우스의 벼락에 죽고, 저승에서도 여전히 벼락을 맞고 있는 걸로 되어 있습니다. 한편 그 그림의 오른쪽에 남의 골을 파먹고 있는 사람은 튀데우스인데, 바로 이 사람은 아니지만 이와 비슷한 행동을 하는 인물이 저승에도 있고요. 가운데에 땅이 갈라져서 땅속으로 빠져들고 있는 암피아라오스도, 저승에서 목이 돌아간 채로 행진하는 거짓된 예언자들 가운데 들어 있습니다. 이렇게 단테가 테바이 이야기를 많이 이용하고 있으니, 〈신곡〉 읽을 때를 대비해서라도 잘 알아두십사 말씀드립니다. 이 그림 맨 마지막에 오이디푸스의 두 아들이 서로 찔러 동시에 죽는 장면인데요, 지금 다루는 이야기는 그에 뒤이어지는 사건입니다.

앞의 그림 한쪽에, 널리 알려진 것과는 조금 다른 판본이 새겨져 있으니, 그걸 잠깐 설명해야겠네요. 테바이 전쟁에 대해 에우리피데스가 만든 비극이 있어요. 〈포이니케 여인들〉이란 작품인데요. 이런 제목이 붙은 것은 합창단이 페니키아 출신이어서 그런 것입니다. 희랍 비극의 제목은 합창단의 신분에 따라 붙여지는 경우가 많습니다. 희랍 비극은 뮤지컬 형식이라고 했었죠? 오늘날 우리가 비극 작품을 읽을 때는 대체로 합창단의 노래를 슬슬 무시해가면서 대화 장면에만 주목하는 경향이 있고요. 그래서 주인공들 중심으로 보게 됩니다. 하지만 여러분이 실제 원문을 보시면 합창단의 노래 분량이 아주 많아요. 시대적으로 앞선 작가일수록 더욱 그렇습니다. 후대로 가면, 예를 들어 에우리피데스 작품에서는 점점 합창단의 비중이 줄어들고 있습니다. 그러다가 나중엔 합창단의 노래도 사건 진행과 상관없는 좀 엉뚱한 주제로, 일종의 막간(幕間)가처럼 부르게 됩니다. 이런 경향이 후대에는 더욱 강화되어, 나중에는 합창이 장면과 장면을 나눠주는 막처럼 되는데 로마 비극에서 벌써 그런 게 있고요. 르네상스 이후 프랑스 고전 비극에서는 합창이 없는 극으로 바뀝니다. 물론 이때는 실내에서 공연하면서 막을 이용하니, 장면과 장면을 나누는 장치가 시간적인 것(합창)에서 공간적인 것(천으로 만든 막)으로 바뀌는 거죠.

그렇지만 옛날에는 비극이 종교 제전에 딸린 행사였기 때문에, 여전히 종교적인 색채가 남아 있었어요. 그래서 합창의 비중이 상당히 크게 되어 있었습니다. 한데 합창단 구성원도 일종의 등장인물이고요, 그들 나름의 정체성이 있거든요. 그러니 이 사람들은 어디에서 온 여자들이다라고 표시해서, 예를 들면 〈트로이아 여인들〉하는 식으로 합창단의 신분으로 전체 제목을 정하는 경우가 생깁니다.

물론 여기엔 약간의 문제가 있습니다. 옛날 비극 작가들이 자기 작품에 제목을 붙였는지 안 붙였는지 확실치가 않아요. 대체로 오늘날 우리가 알고 있는 비극 제목들은, 헬레니즘 시대에 알렉산드리아 도서관을 중심으로 연구하던 분들이 정리한 것으로 알려져 있어요. 물론 첫 공연 당시에 관련자들끼리 그냥 임시방편으로 부르던 이름들이 있긴 했을 거예요. 특히 아리스토텔레스 학파에서 비극의 역사 비슷한 걸 기록해서요. 어느 해에 누가 어떠어떠한 작품으로 들고 나가서 우승했다, 그때 2등은 누구였고, 3등은 누구였다라고 기록했던 게 있어요. 디다스칼리아(didaskalia)라고 하는 건데요. 그게 지금 우리에게 제대로 전해지진 않습니다. 그리고 작품 줄거리도 거기 적어 놓는 경우도 있고요. 하지만 줄거리가 잘 전해지지 않는 경우도 퍽 흔합니다.

자, 다시 원래의 이야기로 돌아갑니다. 오이디푸스가 눈이 먼 채로 떠나갔다, 혹은 쫓겨났다. 그 후에 그의 아들들이 서로 싸우다가 둘 다 죽었다. 거기에 이어지는 작품 〈안티고네〉는 오늘날 가장 자주 상연되는 작품입니다. 〈오이디푸스 왕〉이 더 많이 상연되지 않을까 싶겠지만 그렇지 않다네요. 연출가들이 〈안티고네〉를 많이 무대에 올리는 이유를, 작품 내용이 매우 정치적이란 데서 찾는 사람도 있습니다.

사실 비극이란 장르 자체가 상당히 정치적인 것이었습니다. 옛날 사람들은 왜 이렇게 모여서 비극을 열심히 만들어 상연하고, 그걸 함께 보았을까요? 비극이란 장르는 아테나이 민주정과 긴밀하게 연관되어 있었어요. 말하자면 운명을 같이했습니다. 민주정이 가장 번성할 때 희랍 비극도 가장 번성했어요. 하지만 기원전 5세기 말에 아테나이가 스파르타와의 전쟁에서 패배하고 그 후 스파르타나 테바이 같은 나라의 입김을 받게 되면서 민주정이 약해지고, 비극도 함께 쇠락하고 말았습니다.

물론 기원전 4세기에도 아테나이에 민주정이 남아 있긴 했습니다. 왕을 세우거나 전적인 과두정이 시행되진 않았거든요. 어쨌든 펠로폰네소스 전쟁에서 패배한 이후에 민주정도 좀 힘이 빠졌고요. 비극도 작가보다는 배우 중심으로 변했다고 합니다. 그래서 어떤 배우가 몇 가지 레퍼토리를 소화할 수 있는지가 그 배우의 가치를 결정하는 기준이 되었다고 해요. 그래서 배우 중에 큰돈을 번 사람도 나왔고요. 오늘날 톱스타들이 돈을 많이 버는 것과 비슷합니다.

한 가지 재미있는 점은, 석재를 이용해서 지은 극장들은 다 비극이 상대적으로 약해진 이 시대에 생겼다는 겁니다. 희랍 식민도시들 여기저기에 현재까지도 돌로 지은 극장이 보존되어 있는데요. 거기서는 대부분 옛날 작품을 재상연하지 않았나 그렇게들 보고 있습니다.

다시 〈안티고네〉로 돌아갑니다. 이 작품은 옛날 아테나이 민주정에서 비극이 수행하던 역할을 잘 보여주는 것이기도 해요. 방금 말한 것처럼 현실정치와도 연관이 있지만, 또 한편 현실과는 좀 거리를 두고서 아주 깊이 있는 성찰을 유도합니다. 운명이란 무엇인지, 인간의 자유 의지는 무엇인지, 이런 문제를 생각하게 하는 계기가 되어 주죠. 사실 이런 게 오늘날 우리가 문학을 읽는 이유이기도 해요. '문학은 다 지어낸 거짓말인데 우리가 그걸 읽어서 무슨 이득이 있느냐?' 이렇게 말하는 사람도 있습니다. '사람이 실용적인 일을 해야지' 하는 태도죠. 실용이란 무엇일까요? 대체로 먹고사는 문제죠? 그런데 먹고사는 문제가 해결되고 나면 그다음에 뭘 해야 할까요? 아마도 좋은 삶이란 어떤 것인지 생각해야 할 것입니다. '나는 정말 제대로 살고 있는 걸까, 좋은 삶이란 무엇일까?' 사실 이런 생각을 많은 옛 현인들이 했었습니다. 물론 당장 생계가 급하면 그런 건 생각하지 못합니다. 그래서 바로 이 때문에 '삶에는 여가(餘暇)가 필요하다'고 옛날 훌륭하신 분들이 말씀하신 거죠. '학자'(scholar)라는 단어도 '여가'(schole)라는 말에서 나왔다고 하죠? 우리가 문학을 읽고 예술을 하는 것도, 일단 먹고사는 급한 문제들이 해결돼야 합니다.

　그래서 여가가 있긴 있어야 하는데요. 그냥 여가가 있다는 것만으로는 충분치 않습니다. 관심을 한 차원 위로 올려서, 운명에 대해, 인생 전체에 대해서 생각해야죠. 그리고요, 우리가 같이 모여 살잖아요? 모둠살이에 대해서도 생각을 해야 합니다. 인간은 흔히 정치적 동물이라고 하는데요. 현대 한국에선 '정치'라면 무조건 나쁜 것처럼 되어 있는데요, 이 말은 원래 '폴리스'라는 말과 연관되어 있어요. 아리스토텔레스가 〈정치학〉 서두에 '인간은 정치적 동물'이라고 한 것은 '폴리스적 동물'이고요. 결국 '모여 사는 동물', '서로 돕고 사는 존재'라는 뜻입니다. 그러니 인간은 정치 없이는 못 살죠. 그러니까 우리가 모둠살이에 대해서도 생각해야 합니다. 여럿이 함께 살 때 어떤 원칙에 따라 사는 게 올바른 것인지 하는 점이죠.

　조금 전에 제가 〈안티고네〉의 내용이 매우 정치적이어서 현대에 많이 상연된다 그랬죠? 이 작품의 핵심은, 우리가 실정법을 따를 것인지, 아니면 일종의 '자연법'을 따를 것인지 하는 문제입니다. 현실에서 권력을 가진 사람 중엔 실정법주의자들이 많아요. 흔히 '법대로 하자'고들 말하는데, 법이라는 게 사실은 힘센 사람들의 이익에 맞춰져 있는 경우가 많아요. 여기서 우리는 헤겔이 내렸던 비극 규정을 인용할 수 있습니다. 이 철학자께서 말씀하시길, '비극이란 동등한 권리를 가진 두 가지 원리가 충돌하는 장'이라고 했거든요. '권리와 원리', 운율도 잘 맞네요. 그가 이렇게 규정할 때 염두에 둔 건 특히 이 〈안티고네〉입니다.

〈안티고네〉의 줄거리와 세 명의 '거인 방해자'

자, 〈안티고네〉의 줄거리 얼른 요약하죠. 오이디푸스의 두 아들이 죽고 나서 이 집안에 남아 있는 거의 유일한 성인 남자, 크레온이 권력을 잡습니다. 그리고 그는 포고를 내립니다. 에테오클레스는 나라를 지키다가 죽었으니 성대하게 장례를 치러 주고, 외국 군대를 이끌고 쳐들어왔다 죽은 폴뤼네이케스의 시신은 버려두라고요. 하지만 이 두 오라비의 누이인 안티고네는 이를 거부합니다. 제가 '누이'라고 하면 누나인지 동생인지 묻는 분도 있는데, 아마도 동생인 듯하지만 확실치는 않습니다. 서양 사람들이 위아래를 잘 따지지 않아서요.

게다가 이 작품엔 안티고네의 자매 이스메네도 등장하는데, 둘 중에 누가 위인지도 잘 모릅니다. 그래서 우리말로 번역할 때 약간 어려움이 있어요. 천병희 선생님은 아예 '내 사랑하는 아우'라는 표현을 써서 이스메네를 동생으로 설정하셨는데요. 저도 저의 번역에서 이스메네를 동생으로 설정하긴 했습니다만 '동생'이라 하지 않고 '자매'라는 표현을 썼습니다. 사실 일상적 표현은 아니고 교회나 수도원에서 쓰는 표현이지만, 외국문학 번역이니 써도 되지 않나 싶네요. 호칭 문제는 넘어가고요. 과연 이스메네를 동생으로 보는 근거는 무엇이냐? 이 작품에 두 여자가 나오는데, 하나는 약혼자가 있고 하나는 없는 것 같아요. 이것도 분명치는 않습니다. 어쨌든 이스메네의 약혼자에 대해서는 언급이 없습니다. 그래서 약혼자 있는 사람을 언니로 보는 거죠.

우리가 자꾸 위아래를 따지는 이유는 한국어에 존대법이 있어서예요. 얼마나 존대를 해야 하는지 결정해야 하니까요. 그래서 대개 새로운 사람을 만나면 상대방의 나이가 어느 정도 되는지 알려고 애를 쓰잖아요. 특히 '몇 학번이세요?' 하고 물어보는 게 '몇 년생이세요?'를 조금 우회하는 방법인데, 요즘은 이런 질문 방식이 대학 안 다닌 사람을 차별하는 거라는 지적이 있어서 좀 어렵게 되었죠? 저로서는 그냥 서로 존대를 하면 되지 않나 그렇게 생각합니다.

오이디푸스 집안이 전에는 꽤 번성했지만 이제 부모님도 모두 돌아가시고 오라비 둘도 동시에 죽고, 여동생 둘만 남았습니다. 새로운 권력자는, 두 오라비 중 하나는 장례 치르지 말라고 명령했습니다. 하지만 안티고네가 국가의 명을 어기고 자기 오라비를 장례 치르고서 그것 때문에 죽게 된다, 이게 전체의 요지입니다. 그러니까 안티고네의 입장은, 실정법도 어찌지 못하는 하늘이 내린 법이 있다는 거예요. 이 작품은 성문법과 불문법의 충돌을 보여줍니다.

헤겔이 여러 차례 여러 글에서 이 얘기를 했어요. 흔히 헤겔은, 안티고네도 크레온도 모두 옳다 한 것으로 알려져 있습니다. 하지만 어떤 학자는 이건 잘못 알려진 거라고 주장합니다. 헤겔이 변증법의 시조라고들 알고 계시죠? 정반합(正反合), 이런 거 배웠잖아요? 헤겔의 변증법 개념을 좀 간단히 말하자면, 두 개의 대립 명제가 맞부딪혀서 소멸하면서 한 단계 위의 새로운 명제가 생겨난다는 거고요. 이 과정을 흔히 지양(止揚, Aufheben)이라고 하죠.

어쨌든 헤겔은 둘이 다 옳다고 했거나 아니면 둘 다 그르다고 했으니, 둘의 수준이 비슷한 것으로 본 셈인데요. 현대의 학자들은 좀 다르게 보고 있습니다. 기본적으로 안티고네가 옳고 크레온은 잘못했다는 거죠. 안티고네는 민주 시민이고 크레온은 압제자라는 게 현대의 주류 해석이에요. 물론 세월이 가면 또 주류 해석이 달라질 수도 있겠지만, 현재로서는 그렇습니다.

저는 늘 '〈안티고네〉를 읽을 때 여러분을 가로막는 세 명의 거인이 있다'라고 말합니다. 그들을 이겨야지 이 작품을 제대로 읽을 수 있다고요. 그중 하나는 방금 언급한 헤겔입니다. 이 거인과 싸워 이겨야 합니다. 그는 안티고네와 크레온이 모두 옳다고 했지만, 현대엔 안티고네가 옳다는 해석이 우세합니다.

우리를 가로막는 또 한 분의 거인은 아리스토텔레스예요. 아리스토텔레스가 〈시학〉에서 내세운 비극의 기본 구도 때문입니다. 그는 비극이란, 어떤 사람이 아주 행복하다가 불행에 빠지는 구도로 되어 있다고 했습니다. 한데 그 주인공은, 신분은 높지만 도덕적으로 우리와 비슷한 보통 사람이어야 한다고 했죠. 그리고 그 사람이 불행에 빠지는 이유는 어떤 사고나 우연 같은 게 아니라 어떤 흠이나 실책이어야 합니다. '흠과 실책은 많이 다르지 않습니까?' 하실 분도 있을 텐데요. 아리스토텔레스가 쓴 희랍어 단어는 '하마르티아(hamartia)'입니다. 한데 그

'하마르티아'가 뭔지 전혀 설명되어 있지 않아서 학자마다 다르게 해석하고요, 그래서 저도 두 가지 표현을 병기한 것입니다. 이 '하마르티아'라는 말은 〈시학〉에 딱 한 번 등장하거든요. 이렇게 중요한 단어를 아무 설명도 없이 그저 한 번 스치듯 언급하고 말았어요. '비극은 어떤 사람이 하마르티아 때문에 불행에 빠지는 이야기다'라고 했으니, 대충 뭔가 특별한 잘못이란 뜻이겠거니 하는 것입니다.

그런데 지금 우리가 다루는 작품이 〈안티고네〉잖아요. 그래서 많은 사람이, '음, 제목이 〈안티고네〉이니, 안티고네가 주인공이겠군. 아리스토텔레스의 도식에 따르자면, 이 이야기는 안티고네라는 여자가 굉장히 행복하다가 불행에 빠지는 이야기야. 그녀는 결국 목매달아 죽고 말았지. 역시 불행해졌네. 그럼, 그녀의 하마르티아가 뭔지 찾아볼까?' 이런 식으로 생각합니다.

한데 사실은 안티고네가 이 작품의 주인공이 아니에요. 여러분이 작품 전체를 보시면 처음부터 끝까지 이야기를 주도하는 사람은 크레온입니다. 희랍 비극엔 배우의 숫자가 한정돼 있다고 했죠? 아이스퀼로스 극에는 대체로 두 명의 배우가 사용되었고요, ―물론 배우 세 명인 작품도 없진 않습니다만― 소포클레스의 작품엔 대체로 배우가 세 명 쓰입니다. 〈안티고네〉에서도 마찬가지고요. 한데 배우는 세 명이지만 등장인물은 세 명이 넘습니다. 그래서 한 배우가 여러 역할을 해야 합니다. 대개 제1 배우(protagonist)는 처음부터 끝까지 한 사람의 역할만 하고요. 제2 배우(deuteragonist)와 제3 배우는 이 사람 역할도 하고 저 사람 역할도 하는데요. 심지어 남자 배우가 여자 역할도 했습니다.(배우는 모두 남자였죠.)

그러다 보니 조금 기이한 현상도 보입니다. 처음엔 잘 드러나지 않지만 〈안티고네〉의 후반부를 보면 안티고네에게 약혼자가 있어요. 크레온의 아들인 하이몬이라고 하는 사람입니다. 한데 안티고네와 하이몬, 이 두 사람이 동시에 무대에 등장하는 장면이 한 번도 없어요. 아마도 둘의 가는 길이 어긋난다는 의미가 강하겠지만요. 그밖에도 그 둘이 마주칠 수 없는 물리적인 이유가 있습니다. 두 역할을 같은 배우가 연기하고 있기 때문입니다.

그리고 세 번째 배우는 굉장히 바빠요. 가면을 여러 개 갈아 쓰면서 이런 역할도 했다가, 저런 역할도 했다가, 그래서 제3 배우는 재주가 대단해야 합니다. 배역마다 목소리 톤도, 말투도 조금씩은 달라야 하니 말이죠. 그러니까 매번 다른 모습을 보여주자면 재능이 상당해야겠죠. 하긴 현대의 성우들도 한 사람이 여러 톤으로 자유롭게 연기하는 걸 보면, 옛날 배우도 못 하진 않았을 듯합니다.

어쨌든 한 작품에 세 명의 배우가 이렇게 역할을 나눠 연기하는데, 안티고네 역할을 한 사람은 제2 배우예요. 제1 배우로서 처음부터 끝까지 한 가지 역할로 계속 나오는 사람은 크레온입니다. 그러니 이 작품의 주인공이 누군지 정하자면, 크레온이라고 해야 합니다. 이 작품은 크레온이 굉장히 행복하다가 불행에 빠지는 이야기고요. 우리가 주인공의 하마르티아를 찾자면 크레온의 흠, 또는 실책을 찾아야 합니다. 아마도 크레온의 하마르티아는 '지나친 실정법주의' 아닌가 싶습니다. 그는 생각이 너무 한쪽으로 편중돼 있고요. 또한 안보지상주의자, 군사주의자, 전체주의자입니다. 그래서 이 작품이 특히 세계 제2차 대전 이후에, 히틀러 같은 사람을 겪고 나서부터 더 자주 상연되게 됐어요. 크레온의 모습에 그런 독재자의 모습이 겹쳐 있기 때문입니다.

폴뤼네이케스를 장례 치르는 안티고네 | 니키포로스 리트라스, 1865, 그리스 국립미술관.

폴뤼네이케스를 장례 치르는 안티고네 | 마리 스틸먼, 영국 서퍽 우드브리지 사이먼 카터 갤러리.

자, 우리 앞을 가로막는 마지막 거인은 괴테입니다. 괴테가 안티고네에게 굉장히 감탄했어요. 괴테는 안티고네에 대해서 감탄하면서도 몇몇 구절은 좀 이상하다고 평했어요. 다들 아시겠습니다만 괴테는 좋은 작품을 많이 쓰셨고요. 만년에는 유럽의 상류층 사이에 거의 취향의 신, 일종의 왕처럼 군림했어요. 그래서 뒷얘기도 더러 기록되어 있는데요. 변덕과 까탈이 대단했다고 합니다. 어쨌든 이 엄청나신 괴테 선생님께서도 이해를 못 하는 데가 있었는데요. 사실 그 부분을 설명할 길이 있습니다. 뒤에 그 대목까지 가면 그때 말씀드리죠.

일단 관련 그림 하나 볼까요? 앞쪽에 있는 그림입니다. 위에 있는 작품은 여러분이 아테나이에 가셔야 볼 수 있습니다. 아테나이의 현대미술관에 소장되어 있어요. 자기 오라비가 죽어서 쓰러져 있는데 밤중에 안티고네가 몰래 장례 치르러 간 장면이에요.

아래 다른 그림도 보시죠. 지금 이 그림에서는 안티고네가 오라비 시신 위에 흙을 뿌리고 있고, 그 옆에 이스메네가 두려운 듯이 먼 곳을 돌아보고 있고요. 저 멀리 오른쪽 끝 나무 밑에 파수꾼들이 모닥불을 에워싸고 앉아서 자기들끼리 이야기를 나누고 있네요. 이 그림은 마리 스틸먼(Marie Spartali Stillman; 1844~1927)이라는 분의 작품인데, 화가가 여자이기 때문에 이렇게 여성 간의 연대를 표현하는 식으로 그려놨습니다.

첫 장면, 다정하던 자매의 갑작스런 결별

한데 사실은 〈안티고네〉 작품을 직접 읽어보시면, 맨 첫 장면에 벌써 이 둘 사이의 연대가 깨지고 있습니다. 극의 첫 장면에 안티고네가 이스메네를 왕궁 밖으로 불러내요.

여러분이 관객이라면, 객석에서 볼 때 무대 뒤편에 가건물로 지어진 왕궁이 있어요. 희랍 비극의 거의 유일한 배경이 왕궁이에요. 거기 문 앞에 두 사람이 나와서는, 안티고네가 물어요. '이스메네야, 너 혹시 무슨 소식 들은 것 있니?' 그랬더니 아무 소식도 못 들었다고 답해요. 그러자 안티고네가, '내 그럴 줄 알았다. 우리 새로운 권력자께서 오라비 하나는 장례 치르고 하나는 버려두라고 명했단다. 나랑 같이 그 오라비의 장례를 치르자'라고 얘기합니다.

한데 이 부분에요, 우리말로는 잘 옮기기가 어려운데 희랍어에는 쌍수(雙數)라는 숫자가 있어요. 단수, 복수, 쌍수. 그래서 사람 한 명이나 물건 한 개에 대해서는 단수, 여러 명·여러 개일 때는 복수, 그리고 사람 둘이나 두 개의 물건을 가리킬 때는 쌍수를 사용해요. 서양 말에서는 단수, 복수에 따라 동사 어미도 달라지고요, 좀 옛날 말들은 명사와 형용사도 격(格)과 수(數)에 따라 형태가 달라지는데요. 희랍어에는 다른 언어에 없는 쌍수 형태가 있어서 말하자면 동사, 명사, 형용사 모두 한 세트를 더 외워야 합니다. 그래서 희랍어가 상당히 어려워요. 그냥 지나는 길에 하나 더 얘기하자면, 동사도 능동태·수동태만 있는 게 아니라 중간태라는 게 있어요. 어떤 행위의 결과가 자기 자신에게 돌아오거나 본인의 힘으로 뭘 하거나, 그런 경우에 사용하는 형태입니다. 영어에서는 대개 셀프(–self)라는 재귀대명사와 함께 쓰는 동사와 같은 거죠. 불어에서는 재귀동사, 대명동사라고 하는 것과 유사합니다. 그런 형태가 따로 있어서, 희랍어를 더 어렵게 만들고 있어요.

다시 〈안티고네〉 맨 앞 장면으로 돌아가보죠. 안티고네가 이스메네를 불러내서는, 그녀를 설득하기 위해 100행 가까이 발언합니다. 99행까지가 도입부(프롤로고스)인데요, 거기서 쌍수를 굉장히 많이 사용하고 있습니다. '우리 둘', '두 오라비', 이런 식으로요. 옛날에 아주 유명하고 번성하던 집안이 이제 쫄딱 망해서 딸 둘만 남았어요. 그래서 그 둘만의 어떤 고립감, 연대감을 이렇게 표현하는 것으로 학자들이 보고 있습니다.

이런 것이 내용과 형식의 일치예요. 고전적인 작품들의 특징입니다. 물론 일부러 내용과 형식이 빗나가게 만드는 경우도 있긴 하죠. 현대 영화에서 제가 그런 예로 많이 꼽는 게 〈에린 브로코비치〉(스티븐 소더버그, 2000)라고 하는 영화였죠. 어떤 큰 공장 주변에 공해가 막 번지고 있는데 아무도 나서지 않을 때, 어떤 젊은 여성이 사람들을 모아서 그 회사에게 공해 문제를 해결하라고 요구하는 내용이에요. 한데 여주인공이 옷을 굉장히 노출적으로 입고 나와요. 보통 환경운동가라면 저런 옷은 입지 않을 텐데 하는 생각이 들게 해요. 그런데 제가 볼 때에는 감독이 일부러 그렇게 연출한 것 같습니다. 내용과 형식이 조금 엇나가게 해서 사람들의 기대를 깨뜨리는, 좀 파격적인 작품으로 만들려고 그런 것 같아요.

여기 첫 장면에 그렇게 다정하게 연대감을 드러내며 대화를 시작한 두 사람은 100행 안에 결별하게 됩니다. 이스메네는 말하자면 실정법주의자고 현실적응주의자예요. 현재 전 세계 여기저기서 정치적인 분파가 양쪽으로 나뉘어서 충돌하는 양상을 보이는데요. 제가 볼 때 이 세계에는 한편에 적응주의자, 다른 편에 변혁론자 이렇게 두 파가 있는 것 아닌가 하는 생각이 듭니다. 예부터 유구한 성향 대립이라고 할 수 있겠죠. 안티고네는 말하자면 좀 반항적인 성향, 즉 불의를 보고 참지 못하는 사람이고요. 이스메네는 일단 살아야 하니까 어쩔 수 없다는 적응주의자 성향인 듯합니다. 이스메네의 대사를 보면, 권력에 복종해야 한다는 말도 나오고요. 오늘날이라면 비난받을 만한 발언도 있네요. '여자는 남자를 이길 수 없다'는 말이죠.

결국 안티고네가 거기서 이스메네와 결별하는데요. 그렇지만 나중에 언니가 붙잡히니까 이스메네는 자기도 공모자라고, 같이 죽겠다고 나서죠. 하지만 안티고네는 그것을 용납하지 않아요. 그러면서 한편 자신의 예정된 죽음을 스스로 애도해요. 자기 자신을 애도하는 노래가 굉장히 길게 나오거든요. 바로 이 대목이 괴테 선생님이 이상하게 여겼던 두 가지 중 하나예요. '아니, 자기가 정말 죽기로 결심했으면 의연히 죽음을 맞이해야지, 이렇게 죽음을 슬퍼하는 이유는 무엇인가?' 하는 것이죠.

먼저 이 얘기를 할게요. 안티고네의 훌륭한 점은 무엇이냐? 그녀는 사실 논리는 조금 약한데요, 하지만 무엇이 옳은 행동인지 직관적으로 포착하는 능력이 있어요. 우선 도덕적 직관력이 뛰어나고요. 게다가 자신이 옳다고 믿는 바를 끝까지 밀고 나가는 어떤 힘이 있어요.

그래서 어떤 분들은 '안티고네가 너무 고집을 부려서 불행에 빠진 거다. 이게 바로 안티고네의 하마르티아다'라고 말하기도 하죠. 하지만 현대 학자들은 이런 성격상의 특징을 하마르티아라고 부르지 않아요. 그건 '영웅적 기질'(heroic temper)이라고 따로 용어를 만들어 부릅니다. 희랍비극의 주인공 중에는 그런 기질을 보이는 사람이 많아요. 아이아스도 그렇고, 오이디푸스도 그렇죠. 이런 사람들의 발언에는 특징이 있어요. '절대로' '완전히' 같은 극단적인 표현이 많고요, '꼿꼿하다' 같은 표현도 자주 사용합니다. 아이아스도 '꼿꼿한' 칼 위에 넘어져서 죽거든요. 그러니까 꼿꼿한 사람, 아주 강직한 인물들인 것이죠. (사실 비극의 주인공으로서는 이렇게 성격 뚜렷한 사람이 나오는 게 좋지만, 우리 현실에서 그런 분과 같이 살려면 굉장히 힘들죠. 영화를 보세요. 영웅적인 인물들의 부인과 가족들이 굉장히 힘들어합니다.)

그러니까 안티고네는 이런 영웅적 기질을 가진 사람인데, 이런 기질을 하마르티아라고, 그녀의 흠이거나 실책이라 하기는 어렵다는 게 현대의 주류 해석이에요. 한데 괴테 선생님도 그걸 잘 이해하지 못하신 것 같고요. 그리고 안티고네가 마지막에 죽음의 장소로 끌려가면서 자기 자신을 애도하는 노래를 한참 하는 것도 괴테 선생님이 안 좋게 생각했다 했죠? 그런데 옛날부터 가족이 죽으면 그를 애도하는 역할을 하는 게 여자들 몫이었어요. 한데 안티고네가 볼 때, 자기가 이 집안에 남아 있는 마지막 여자입니다. '이스메네도 있지 않나?' 하실지 모르지만, 안티고네가 볼 때 이스메네는 가족의 의무를 다하지 않았기 때문에 벌써 첫 장면에 가족에서 탈락했어요. 이 작품 분량이 1,500행 정도 되는데, 그것의 채 15분의 1이 지나기도 전에 벌써 동생은 자격미달 판정을 받은 셈이죠. '쟤는 우리 집안 아이가 아니라'고요. 그러니 본인이 자신을 애도하는 수밖에 없었던 겁니다.

물론 현대의 독자도 직접 작품을 읽게 되면 그런 생각이 들어요. '아니, 뭐 이래? 영웅적으로 죽겠다고 자기가 일을 벌였으면, 결과도 본인이 기꺼이 감당해야지' 이러기 쉽죠. 한데 사실은 이렇게 전혀 흔들리지 않는 사람을 보면 인간 같지가 않아요. 사람이 좀 약한 데도 있고 해야 우리도 공감할 수가 있습니다. '아이고, 저분은 너무 높이, 구름 속에 사는 분이어서, 우리는 도저히 따라갈 수 없구나' 하게 되면 전혀

폴뤼네이케스를 장례 치르는 안티고네 | 장 조제프 벤자민 콩스탕, 1868, 프랑스 툴루즈 오귀스탱 미술관.

공감이 생기지 않아요. 그러니까 등장인물은 우리와 비슷한 사람으로 그려져야 합니다. 아리스토텔레스도 〈시학〉에서 유사성의 원칙을 제시했어요. 이게 어떤 유사성인지는 약간 해석의 여지가 있습니다만, '보통 사람과의 유사성'이라고 볼 수 있습니다.

자, 다시 안티고네가 오라비의 약식 장례를 치르는 장면입니다. 위의 그림을 보면 오른쪽에 벌써 파수꾼들이 안티고네를 잡으러 온 것으로 되어 있지만, 그 부분은 살짝 잊고 왼쪽에만 주목하시죠. 실제로는 흙먼지로 얕게 덮었는데, 이 그림에선 얇은 천으로 덮는 것으로 그렸네요. 한 가지 특이한 점은 짐승들이 시신을 해치지 않았다는 점입니다.

앞에 본 극 첫 장면에서 안티고네가 이스메네에게 도움을 청한 이유는요, 그녀의 도움이 있어야 오라비를 다른 데로 옮길 수 있기 때문입니다. 일단 산 사람 옮기는 것보다 죽은 사람 옮기기가 더 힘들어요. 더군다나 남자는 더 무거워서 여자 혼자서는 도저히 옮길 수가 없어요. 그렇지만 둘이라면 여자끼리라도 그럭저럭 들어서 옮길 수 있거든요. 그러면 제대로 된 장례를 치를 수가 있어요. 한데 이스메네가 거부함으로써 그 계획이 무산된 거예요. 그래서 안티고네 혼자 가서, 정식 장례는 치르지 못하고 시신 위에 흙먼지를 얇게 덮어 놨어요.

옛날 사람들의 생각에, 사람이 죽었는데 그냥 못 본 척하고 지나가면 신의 벌을 받는 것으로 되어 있습니다. 그래서 저주를 피하기 위해서는 시신에 그냥 흙이라도 한 줌 던져 줘야 해요. 안티고네도 그에 가까운 임시 장례를 치른 것인데요. 한 가지 이상한 것은 짐승들이 그 시신을 전혀 건드리지 않았다는 겁니다.

사실 짐승들의 오감은 우리의 상상을 뛰어넘습니다. 저는 여러분에게 《새의 감각》(팀 버케드)이라고 하는 책을 읽어보시라고 추천합니다. 새들이 얼마나 감각이 뛰어난지 잘 보여주는 책이에요. 새 한 마리가 둥지를 지키고, 다른 한 마리가 먹이 구하러 갔다 오면, 둥지 지키던 새가 벌써 100미터 밖에서 자기 짝을 알아본다고 해요. 여러분은, 참새 얼굴을 보고 개체를 구별할 수 있겠어요? 참새들끼리는 서로 어떻게 알아볼까요? 우리가 보기엔 다 비슷해 보이는데, 저 기러기 같은 새들은, 집 지키던 새가 둥지로 돌아오는 자기 짝을 멀리서 보고 벌써 반가워서 막 날개를 퍼덕퍼덕한대요. 어떻게 아는 건지…. 그리고 특히 독수리처럼 시체 먹는 새들은요, 시체가 썩은 냄새를 굉장히 잘 맡는답니다. 그래서 가스관 터진 데를 그렇게 잘 찾아낸대요. 우리가 사용하는 가스는 원래 냄새가 나지 않는데, 누출 사고를 막기 위해 거기에 시체 썩는 냄새를 조금 집어넣은 거예요. 인간이 그 냄새에 굉장히 민감하거든요. 한데 벌판을 지나가던 가스관이 조금 갈라져서 가스가 새면 독수리들이 그렇게 모인대요. 상공에서 벌써 그 냄새 맡고 오는 겁니다.

그런데 안티고네가 자기 오라비 시신을 흙먼지로 살짝 덮어 놨는데, 그걸 아무 짐승도 건드리지 않았다는 건 신들이 여기 개입했다는 뜻이에요. 제가 아까 헤겔 선생님은 실정법과 자연법 둘 다 옳다라고 했다지만 현대 학자들은 그거 아니라고 한다고 말했습니다. 어떤 분은 헤겔 말이 맞는 거 아닌가 생각하실지 모르겠는데, 작가의 의도는 아무래도 신들이 안티고네의 편을 들어준다는 쪽인 듯합니다. 작품 내에서 기적 비슷한 게 두 번 일어나요. 한 번은 지금 얘기한 거고요. 다른 건 잠시 후에 보죠.

승리의 합창과 파수꾼의 보고

작품 진행을 좀 더 보죠. 앞에 말한 자매간의 대화 다음에 합창단의 노래가 있습니다. 어제 테바이에 쳐들어왔던 적군이 패퇴했다는 기쁨의 노래죠. 그 다음엔 크레온이 등장해서, 우리가 이미 아는 포고를 되풀이하고요. 이어서 파수꾼이 달려와서는 누가 시신에 흙먼지를 덮어 놓고 갔다고 보고합니다. 그 말을 들은 합창단의 반응이 바로 '이것은 신의 개입이 아닌가?' 하는 것입니다.

여기서 잠깐 합창단에 대해서 보죠. 지금 우리가 보는 〈안티고네〉의 합창단은 남성 노인들로 구성되어 있습니다. 희랍 비극의 합창단 구성원은 보통 여성 노예거나 남성 노인들인 경우가 많아요. 왜냐하면, 합창단은 무대 위에서 일어나는 일에 개입하지 못하도록 돼 있거든요. 근데 합창단이 건장한 남자들로 구성되면 사건에 개입할 여지가 커지잖아요. 그래서 되도록 좀 힘없는 사람들로 합창단을 구성하는 게 일반적인 관행이에요. 물론 이들도 이따금 무대 위로 막 뛰어 올라가려는 그런 시도도 있긴 하지만서도, 대개는 자기들끼리 의견이 나뉘어서 약간 논쟁을 하다가 결국에는 좀 더 두고 보자는 쪽으로 결론이 나는 게 보통이죠. 지금까지 남아 있는 작품 중에 그런 식의 진행을 보이는 게 몇 개 있습니다. 이 작품에서는 합창단 구성원이 테바이의 원로들인데요. 크레온 곁에서 파수꾼의 보고를 함께 듣고 있다가, '혹시 신의 뜻이 아닐까요?' 이렇게 말하는 장면이 나와요.

아, 한 가지 덧붙여 설명해야겠네요. 조금 전에 도입부에서 안티고네와 이스메네가 이야기를 나누다가 결별했잖아요? 그 후에 이스메네는 도로 왕궁으로 들어가고, 안티고네는 도시 바깥으로 떠나요. 그 장면을 사실 시각적으로 보시는 게 좋습니다. 둘의 물리적 진행 방향이 다르다는 건, 그 두 사람의 운명의 길이 나뉜다는 뜻이에요.

다른 작품에서도 이렇게 상징적으로 읽는 게 좋습니다. 예를 들면 성서에서 누가 다른 사람을 잡았는데 옷이 찢어졌다, 이런 장면이 나오면 '아, 둘이 서로 완전히 결별했구나'라고 이렇게 보셔야 됩니다. (구약성서 〈사무엘 상〉 15장에서 유대 왕인 사울이 선지자 사무엘의 옷자락을 잡았는데 그것이 찢어지는 장면이 있습니다.)

지금 여기서도 그와 비슷하게, 두 사람이 길 가는 방향이 달라진다면, '아, 서로 다른 인생의 선택지를 택했구나!'라고 보시면 됩니다. 이 장면과 관련해서 하나 더 설명하자면요, 옛날 극장에서 객석에 앉아서 보면 무대 양쪽에 하나씩 길이 두 개 비스듬하게 뻗어 있었어요. 파로도스(parodos)라는 길입니다. 왼쪽은 대체로 도시 바깥으로 통하는 길이고, 오른쪽은 시내로 통하는 길인데요. 도입부 마지막에 그 왼쪽 길 끝으로 안티고네의 쓸쓸한 뒷모습이 채 사라지기도 전에, 오른쪽에서 옷을 굉장히 잘 입고 기세등등한 남성 노인들이 환호성을 지르면서 들어와요. 양쪽 운명의 대비가 뚜렷하게 시각적으로 우리에게 보이는 것입니다.

이건 청각적으로도 드러나는데요. 이 합창단의 등장에 수반되는 합창이 굉장히 유명해요. '이제까지 일곱 성문 테바이에 빛 밝힌 것 중 가장 아름다운 태양의 빛살이여!' 하면서 진입하죠. 이제까지 이 도시에 비쳤던 모든 햇살 중에 지금 이 햇살이 가장 좋은 것이라고요. 어젯밤까지 적들이 치열하게 공격했지만, 그들은 다 쫓겨나거나 죽었노라고 찬양하는 걸로 합창이 시작됩니다.

이와 관련해서 영화 얘기를 하나 하죠. 〈위대한 알렉산더(Megalexandros)〉(테오 앙겔로풀로스, 1980)라고 하는 희랍 영화가 있어요. 앙겔로풀로스라는 감독이 만든 영화인데요. 거기서도 지금 이 장면을 차용한 게 한 장면 들어 있어요. 그 영화는 극장 개봉을 한 것도 아니고요, 국내에서는 회고전에서 한 번 정도 상영했습니다. 이 앙겔로풀로스 감독은 몇 년 전에 길에서 영화 찍다가 오토바이 사고로 돌아가셨어요. 그 영화를 구할 수 있으면 한번 구해서 보세요. 한국에서는 제목을 '알렉산더 대황'으로 좀 이상하게 번역했던데요, 이 영화에서 알렉산더는 그냥 게릴라 대장 이름이에요. 그 영화 속에서 서구 사업가들이 밤새 희랍 땅을 이용해 먹을 논의를 하다가 20세기의 첫 태양을 맞이하러 나가서는, 방금 본 승리의 합창을 읊습니다. 그때 알렉산더가 이끄는 게릴라들이 들이닥쳐서 이들을 납치하지요. 희랍 땅에 쳐들어온 일종의 침입자들이 희랍이 승리한 걸 노래했으니, 포로가 되는 것도 당연하지요.

자, 다시 〈안티고네〉의 첫 번째 합창으로 돌아가죠. 이 합창은 희랍 비극 역사에서 두 번째로 유명한 합창입니다. 가장 유명한 건 뭐냐고요? 이제 곧 '인간 찬양의 합창'이 나올 텐데 그게 말하자면 '1등'입니다. 우선 '2등'인 합창에 연결되는 장면을 보죠.

합창단이 승리의 기쁨을 노래하고 있는데, 크레온이 등장해서는 폴 뤼네이케스의 시신을 절대로 묻지 말라고 사람들에게 명령합니다. 한데 거기에 어떤 파수꾼이 들어와서는, 누가 몰래 장례 의식을 치렀다고 보고합니다. 그러자 크레온은 파수꾼들이 그런 짓을 저질렀을 거라고 화를 내다가, 범인을 잡아오라 그러지 않으면 너희가 뒤집어쓸 줄 알라고 으름장을 놓아 보냅니다. 그 직후에 합창단이 노래하는 게 방금 얘기한 '최고로 유명한' 합창입니다.

그 내용은 이렇습니다. '세상에 무서운 것 많지만 가장 무서운 건 인간'이라고요. 한데 여기서 무섭다는 게 사람들이 흔히 말하는 것처럼 '인간이야말로 가장 해를 끼치는 존재'라는 뜻이 아니라 '무섭게 똑똑하다'는 뜻이에요. 우리가 '그놈들 정말 무서운 놈들이야'라고 말할 때 그냥 '두렵다'라는 뜻이 아니라 거기에 '굉장히 영리하다'라는 의미가 들어가잖아요.

지금 이 합창에서 인간이 가장 무섭다는 근거는, 여러 기술을 발명했다는 거예요. 사실 저도 그물을 볼 때마다 '누가 저런 걸 생각해냈지?' 하는 생각이 듭니다. 낚시 바늘 같은 것도 그렇고요. 이 합창단은 인간의 발명품을 여러 가지 들면서 놀라움을 표현합니다. 황소같이 큰 짐승을 잡아서는 멍에도 지우고, 말이라는 그 큰 짐승의 입에 작은 재갈 하나를 물려서는 이리저리 끌고 다니고 하는 것들이요. 도시와 언어의 발명도 나오고요. 이런 것들을 찬탄한 끝에, 맨 마지막에 가서는 반전이 있습니다. 인간이 이렇게 똑똑하지만서도 그 일이 잘 되고 안 되는 것은 신들에게 달려 있다고요. 그냥 지식만으로는 안 된다는 결론이에요.

그래서 이 합창은 특히 〈오이디푸스 왕〉에 대해 이야기할 때 많이 인용됩니다. 〈오이디푸스 왕〉에 들어 있는 경고가 무엇이냐? 그 작품은, 인간 이성과 합리성만으로 모든 걸 해결하려는 태도를 비판하고 있다는 거죠. 그런 태도와 그에 대한 비판을 가장 잘 보여주는 게 바로 〈안티고네〉에 나오는 이 합창이라고요.

자, 이건 학자들 사이의 논의이니 일반 독자로서는 크게 신경 쓸 것 없고요. 그저 〈안티고네〉에 굉장히 유명한 합창이 두 개 나온다, 그중 하나는 '인간 찬양의 합창'이다고만 기억하시면 되겠습니다.

타협을 거부하는 안티고네

합창이 끝나자 파수꾼이 안티고네를 끌고 들어옵니다. 다음 쪽에 그림이 있죠? 안티고네가 아마 첫 번째 장례에서 필요한 의식을 제대로 치르지 못해서, 그걸 마저 마치려고 현장으로 돌아갔던 모양이에요. 주전자 같은 걸 가져가서 물 뿌리고 그러다가 잡혀온 거죠. 파수꾼은 그 직전 상황을 자세히 보고합니다. 파수꾼들은 폴뤼네이케스의 장례를 무효로 만들기 위해 시신에 덮인 흙을 치웠고요. 시신이 상해서 역한 냄새가 나니까 그걸 피하느라 멀리 떨어져 앉아서는 서로 잠을 깨워가면서 지키고 있었답니다. 한데 갑자기 돌풍이 불어서 흙먼지가 날리고, 그래서 파수꾼들이 눈을 감고서 먼지를 피하다가 보니까 여자 아이가

붙잡혀 온 안티고네 | 기원전 370년경.

바로 시신 옆에 와 있더라고요. 마치 순간이동해서 갑자기 나타난 것처럼 말이죠. 사실 이 돌풍과 갑작스런 소녀의 출현도 신의 개입인 것 같아요. 지난번에 크레온에게 야단을 맞았기 때문에 이번엔 합창단도 입을 다물고 가만히 있지만서도, 관객/독자가 볼 때는 '아, 정말로 신들이 안티고네의 편을 들고 있구나!' 그런 생각이 듭니다.

파수꾼의 보고를 들은 크레온이 안티고네에게 묻습니다. 정말로 너가 그런 짓을 했느냐고요. 그러자 그녀는 사실이라고 시인합니다. 학자들은 대개, 여기서 크레온이 안티고네에게 은근히 타협을 제안한 걸로 보고 있습니다. 속으로 '제발 아니라고 말해다오' 하는 것이죠. 지금 새로운 국왕이 국민들에게 엄청나게 무서운 포고를 내려놨는데, 자기 집안에 있는 조카딸 하나도 통제하지 못한다는 게 드러나면 남에게 웃음거리가 되잖아요. 그래서 실제로는 그런 행동을 했더라도 말로는 그걸 좀 부인해주길 바랐는데, 안티고네가 그걸 정면으로 들이받은 셈이죠.

그러자 크레온은 잘못된 추리를 전개합니다. 이스메네도 공범인 것 같다고, 끌고 나오라고요. 조금 전에 이스메네가 불안해서 어쩔 줄 모르는 걸 자기가 보았다는 겁니다. 사실 이런 오류 추리는 크레온이 자기 조카들을 얼마나 잘못 파악하고 있는지, 그의 추론 능력이 어느 정도인지를 폭로하는 측면이 있습니다. 한데 끌려 나온 이스메네가, 관객에겐 새로운 정보로 허를 찌릅니다. '당신은 며느리를 죽일 건가요?' 하는 질문입니다. 여기서 이제까지 없었던 새로운 문제가 갑자기 돌출합니다. 크레온의 아들 하이몬이 자기 사촌 누이와 혼약한 사이였던 거죠.

이 하이몬은 잠시 후에 안티고네가 끌려 나가고 나서 등장합니다. 앞에 말했지만 하이몬 역은 안티고네 역을 맡은 배우가 가면을 바꿔 쓰고 나와서 하는 거예요. 그래서 두 사람이 같은 장면에는 나올 수가 없죠. 어쨌든, 방금 얘기한 장면 다음엔 이스메네가 자기도 공범이라 주장하고, 안티고네는 그녀를 공범으로 인정해 줄 수 없다고 단호하게 거절하고요. 크레온이 이 둘을 가두라고 명해서 두 여성이 끌려 나갑니다.

그 후에 앞에 말한 '인간 찬양의 합창'이 나와요. 이 합창이 나오는 시점에는 합창단이 비난하는 대상이 대체 누구인지 좀 불분명한데요. 나중에 전체적으로 보면 모든 것을 너무 합리성에 맞춰 처리하려는 크레온을 비판하는 것 같습니다.

하이몬과 크레온의 논쟁

합창이 지나고 나면 하이몬이 달려옵니다. 그가 멀리서 다가오는 것을 보고서, 크레온은 '저놈이 약혼녀 때문에 나에게 항의하러 오는 걸까, 아니면 내 편을 들어주려는 걸까?' 생각하는데요. 하이몬은 오자마자

'저는 아버지 편입니다'라는 말로 시작합니다. 굉장히 공손하고 순종적인 것 같은 태도로 대화를 시도하는데요. 이 대화 장면에서 크레온의 가치관이 잘 드러납니다. 크레온이 안티고네와 대화할 때도 약간 나타나긴 했습니다만, 이 대목에서 그의 전체주의적이고 군사주의적이고 안보지상주의자 면모가 크게 두드러지는 거죠.

물론 안보도 필요하지만 그것에 모든 무게를 다 실으면 다른 게 망가지잖아요. 예를 들어 군비를 확충하기 위해 이용가능한 모든 자원을 다 사용한다면, 군사적으로 세계 최강국이 되어서 기분이야 좀 좋을 수도 있지만 그러면 우리 일상의 삶에는 큰 문제가 생기겠죠. 모든 걸 다 아껴가지고 군비에다가 '몰빵'해야 될 거 아니에요. 그럴 수는 없잖아요, 그래서 우리 삶에는 어떤 균형이 필요한데요. 크레온은 균형이 좀 무너진 사람 같습니다. '균형이 무너지기는 안티고네도 마찬가지 아닌가?' 할 분도 있겠지만요, 안티고네에겐 권력이 없으니 그녀 때문에 엄청난 문제가 생기진 않아요. 권력자의 불균형이 훨씬 더 큰 문제죠.

하이몬이 아버지와 이야기를 나누는 장면을 보면, 이 젊은이가 처음엔 순종적인 것 같지만 사실은 아버지에게 비판적인 여론을 전하려는 중입니다. 자기가 뒤에서 여론을 청취했다고요. 사람들이 왕이 무서워서 앞에서는 말하지 못하고 뒤에서 수군대는 걸 자신이 엿들었다는 것입니다. 들어 보니 다들 안티고네를 칭찬하더라고요. 이 말을 듣고 크레온이 버럭 화를 냅니다. 그 뒤의 대화 과정에서 점점 크레온의 독재자적 면모가 드러납니다. 맨 마지막엔, '내가 나라를 다스리는 데 남의 생각을 따라야 한단 말이냐?' 같은 발언도 나오고요. 결국 크레온은 왕권신수설 비슷한 걸 주장하는 거예요.

여러분이 2,500년 전의 이 작품을 보고 있으면요, 거기에 벌써 현대 민주정의 원리도 나오고 16~17세기 유럽 절대주의 국가들의 원리 같은 것도 나오고 그럽니다. '뭐야, 계몽주의 사상가들도 다 여기서 아이디어를 끌어온 거 아냐?' 이런 생각이 들어요. 플라톤·아리스토텔레스 읽으시고, 키케로·세네카 같은 분들의 글을 읽어보세요. 서양의 계몽주의, 근대주의 같은 것들도 다 이런 고대 사상가들에게서 빌려온 거 아닌가 하는 생각이 듭니다. 바로 이런 현상 때문에 '세상에 새로운 건 없다'는 말이 나온 거예요.

물론 이건 좀 과장된 주장이고요. 새로운 발상이나 새로운 지식도 많이 생겨나긴 했죠. 과학 혁명도 있었고요. 어쨌든 인간의 운명과 개인의 결단, 이 세계 속의 나의 자리, 내가 해야 할 역할이라든지, 사회를 조직해 가는 어떤 원리 같은 것들, 그러니까 가장 기본적인 것들은 다 벌써 고대에 나오지 않았나 그런 생각을 하게 됩니다.

다시 하이몬 장면으로 돌아갑니다. 아버지와 아들의 격렬한 논쟁 끝에 하이몬은 무대를 떠납니다. 자기 아버지에게, 아버지의 친구들하고나 그런 식으로 통치하라고 냉소를 던지고는 뛰쳐나간 거죠.

안티고네의 자기 애도, 크레온과 테이레시아스의 대결

그 다음에 합창단이 에로스의 부정적인 효과를 우려하면서도 에로스를 잘 모셔야 한다고 경고하는 노래를 한 번 부르고요. 이어서 다시 안티고네가 끌려 나옵니다. 크레온은 그녀를 동굴 감옥에다가 가두라고 명합니다. 거기다가 그저 간신히 목숨을 이어갈 정도만 음식을 넣어주어서, 죽든지 살든지 마음대로 하라는 거죠. 그러면서 '우리의 손은 깨끗하다'고 주장하는데요. 마치 예수를 십자가에 못 박으라고 내주는 빌라도가 했던 것 같은 그런 발언이에요.

한데 이 작품에서 크레온은 크게 두 가지 잘못을 저지르고 있습니다. 죽은 사람을 저승으로 보내지 않은 잘못이 앞부분의 핵심이고요, 뒷부분의 핵심은 산 사람을 죽은 자의 영역인 동굴 무덤에 가뒀다는 점입니다. 이 두 문제에서는 삶과 죽음의 경계를 정하고, 두 영역을 어떻게 대접할 것인지가 중요합니다. 이는 인간을 어떻게 대할 것인지의 문제입니다. 상대가 설사 정치적인 원수라 하더라도, 적이라 하더라도 하면 안 되는 행동이 있거든요. 현대의 제네바 인권 협약 같은 것도 그런 사고를 반영한 것이죠. 아무리 적군이라 하더라도 아무리 전쟁 중이라 하더라도, 우리가 원수에게조차도 하면 안 되는 짓들이 있다는 것이죠.

그런 생각이 이 작품에도 반영되어 있습니다. 특히 삶과 죽음의 문제와 관련해서는 아무리 상대방이 원수라 하더라도 더는 침해하면 안 되는 어떤 영역이 있다는 거죠. 그건 인간의 영역이라기보다는 신들의 영역이라고요. 그리고 이 부분에 나오는 안티고네의 대사도 그걸 잘 보여줍니다. 인간이 만든 것도 아니고 언제부터 있었던 건지도 모르지만, 우리가 침해할 수 없는 신들의 법이 있다고. 일종의 불문법, 자연법 개념이 여기 거의 최초로 표현되어 있습니다.

이 장면과 관련된 자료 하나 보실까요? 요르고스 자벨라스(Giorgos Tzavellas) 감독의 1961년 작 영화 〈안티고네〉인데요. 뒤쪽에 있는 장면은 안티고네가 동굴 감옥에 갇히는 장면입니다. 안티고네 역을 맡은 이는 이레네 파파스라는 희랍 여배우인데요, 90 넘어서 근래에 별세하셨습니다. 여러 좋은 영화에 여러 중요 역할로 나왔죠. 제일 유명한 건 〈희랍

영화 〈안티고네〉의 한 장면 | 요르고스 자벨라스, 1961.

인 조르바〉(1964)에 나왔을 때고요. 희랍 신화 소재의 영화에서는 젊어서는 헬레네, 이피게네이아, 엘렉트라 등의 역을 맡고, 조금 나이 들어서는 페넬로페 역을 맡은 일이 있습니다. 나이가 많이 들어서는 〈오디세이〉(1997)라는 영화에 오뒷세우스의 어머니 역으로 나온 적도 있고요.

자, 이렇게 안티고네가 동굴 감옥으로 끌려가면서 자신의 죽음을 애도하는 것을 괴테 선생님이 의아하게 여겼다는 얘기는 앞에서 했습니다. 그 다음 장면은 전설적인 예언자 테이레시아스 장면입니다. 〈오이디푸스 왕〉에서는 테이레시아스가 마지못해 불려오는 걸로 되어 있는데, 이 〈안티고네〉에서는 새들의 이상한 조짐을 알아채고 자진해서 왕 앞에 오는 걸로 되어 있습니다. (이야기 순서로는 〈안티고네〉가 나중이지만, 작품 발표 시기는 〈안티고네〉가 〈오이디푸스 왕〉보다 먼저입니다.)

테이레시아스의 예언 | 잡지 삽화, 1881.

한데 이 테이레시아스가 들어올 때 어떤 소년의 손에 이끌려 옵니다. 위에 보는 그림이 그것입니다. 눈먼 예언자의 이러한 행동은 크레온에게 일종의 모범 역할을 합니다. 아무리 현명한 사람이라 하더라도 때때로 어린 사람의 도움을 받고 그의 조언을 들어야 한다는 거예요. 조금 전에 크레온과 하이몬이 논쟁하는 장면을 보셨는데요. 도중에 크레온이 대응할 논리가 딸리니까 갑자기 나이를 따집니다. 합창단의 동의를 구하듯이 '이렇게 나이든 우리가 저런 젊은 것의 말을 따라야 하는지?' 하는 넋두리입니다. 한국에서도 이따금 그러는 사람이 있죠? '야, 너 몇 살이야?' 사실 그건 논점 변경이죠. 이런 비논리적인 트릭을 맞아서, 하이몬은 현대 젊은이가 할 법한 반론을 제기합니다. '나이가 아니라 논리를 보셔야죠'라고요. 그런데 이런 논법은 한국에서도 잘 안

먹히고 저 옛날 희랍에서도 잘 안 먹혔어요.

방금 테이레시아스가 도착했다고 했죠? 그는 자기가 왜 여기에 자발적으로 왔는지를 설명합니다. 자신이 새점 치는 자리에서 소리를 듣고 있자니, 새들끼리 막 다투는 듯하더라고요. 그래서 자기를 돕는 소년을 시켜서 제물 태우는 불길의 상태가 어떠한지를 물었답니다. 한데 불길도 이상한 모습으로 타고 있다고 해요. 사실은 그때 전쟁에서 죽은 적들의 시신을 그냥 방치해둔 상태였어요. (《안티고네》에서는 폴뤼네이케스 한 사람의 시신 상태에 집중하고 있지만, 에우리피데스의 〈탄원하는 여인들〉을 보면 테바이를 공격해 왔던 모든 영웅의 시신이 버려진 상태였다고 합니다.)

그러니 새들이 그 시신을 파먹고는 그대로 다시 신들의 제단으로 날아들어서 제단까지 오염되는 참이에요. 그래서 빨리 이 문제를 해결하지 않으면 당신에게 안 좋은 일이 닥칠 거라고 크레온에게 경고하러 온 것입니다. 하지만 크레온은 그 말에 복종하지 않고 달려듭니다.

이 장면은 〈오이디푸스 왕〉에 나온 오이디푸스와 테이레시아스의 대립 장면과 유사하게 되어 있습니다. 한데 그 작품에서는 이 둘의 '대결'이 굉장히 박력 있고 멋지게 구성되어 있습니다. 한 사람은 이성을 신뢰하고 다른 사람은 신의 권위를 갖고 있기 때문이죠. 그래서 두 개 강철 칼날이 맞부딪히는 것처럼 엄청난 힘과 팽팽한 긴장이 느껴집니다. 반면에 지금 여기 나오는 크레온은 오이디푸스만큼의 확신과 논리를 갖춘 인물은 아니에요. 예언자와 맞서서 조금 버티다가, '오늘 안에 당신에게서 난 사람이 죽을 거다' 하고서 테이레시아스가 떠나가니까 금방 무너져요.

크레온이 받은 징벌

예언자가 가버리자 크레온은 원로들한테 어떻게 하는 게 좋을지 묻습니다. 원로들은 예언자의 말을 따르라고 권고합니다. 그런데 크레온은 너무나 논리적인 사람이어서 자기가 일을 저지른 순서대로 처리하려고 해요. 그는 '먼저 죽은 사람을 묻고, 그 다음에 동굴에 갇혀 있는 산 사람을 풀어주자'라고 하는데요. 예언자 테이레시아스도 그렇고, 원로들도 마찬가지로 '먼저 동굴에 갇혀 있는 당신 조카딸을 풀어주고, 그 다음에 죽은 사람을 장례 치르자'고 제대로 얘기했어요. 급한 일이 여럿일 때는 그중 가장 급한 걸 먼저 처리해야 합니다.

긴급한 환자가 여럿 생기는 큰 사고를 당해서도 살릴 가능성이 큰 사람들을 되도록 가까운 병원으로 보내고 이미 사망하신 분들은 안타깝지만 조금 멀리 있는 병원이나 안치소로 보내고, 이런 식으로 완급을 조절하는 게 보통이잖아요. 지금 이 작품에서도 그런 상황이 전개되고 있어요.

그 다음 사건은 전령이 달려와서 얘기해 줍니다. 자기들이 우선 폴뤼네이케스 장례를 치르고서, 이어서 안티고네가 갇힌 동굴에 갔더니 멀리서부터 울음소리가 들리더라고요. 가까이 가 보니 안티고네는 벌써 목매달아 죽은 상태입니다. 동굴 속에서 어떻게 목을 매달까 싶으실 텐데, 바위틈에다가 밧줄 매듭을 끼우는 방법이 있습니다. 이건 혹시 절벽을 내려가야 하는 긴급 상황을 마주치면 활용하시라고 말씀드리는 것입니다.

한데 거기엔 안티고네만 있는 게 아니었어요. 하이몬이 그녀를 구하러 동굴에 들어갔던 것입니다. 한데 이미 자기 약혼자가 목매달아 죽은 상태예요. 그래서 그녀를 끌어내리는 중인데 다른 사람들이 도착한 것입니다. 동굴 안으로 자기 아버지가 들어오자 젊은이는 아버지 얼굴에 침을 뱉고는 그를 칼로 찌르려다가 실패합니다. 그러자 그 칼로 스스로 자기를 찌르고 죽어요. 사실 이 장면은 앞에 왕궁 앞에서 아버지와 아들이 논쟁하던 장면과 연결되어 있습니다. 아직 격한 논쟁으로 변하기 전에, 크레온이 자기 아들에게 말하길 '그런 여자는 필요 없으니, 입에서 뱉어버리라'고 해요.

이 표현과 관련해서는 제게도 좀 씁쓸한 경험이 있습니다. 제가 어느 출판사에 〈안티고네〉 번역을 넘겼더니, 편집자께서 '뱉어버리다'라는 표현을 좀 부드럽게 고치자고 해요. 한국 독자들은 이런 표현을 감당 못한다는 겁니다. 저는 시의 본질은 은유라고 생각하는데요, 은유를 다 지우면 그게 시가 되나 모르겠습니다. 그래서 저는, 이 표현은 저 뒤에 나오는 장면 때문에 반드시 '뱉어버리다'로 해야 한다고 주장했고요. 다행히 편집자께서 제 말을 들어주셨어요.

한데 여기쯤 와서 돌이켜보면, 크레온이 했던 말들이 모두 나중에 본인에게 돌아오는 걸 확인할 수 있어요. 합창단의 노래 내용도 마찬가지입니다. 처음 들을 때는 '가만히 있어 봐라, 이게 안티고네를 비난하는 건가, 아니면 크레온을 비난하는 건가?' 싶은데요. 처음에는 여러 구절이 모두 안티고네를 비난하는 것처럼 들려요. 합창단을 구성하는 남자 노인들이 흔히 그러기도 하고요. 하지만 저 뒤에 가서 보면 결국은 그 구절들이 그대로 크레온 본인에게 해당합니다. 크레온은 죽은 사람을 저승에 보내지 않고 산 사람을 저승 가까운 영역에 붙잡아뒀다가, 마지막엔 자기 자신이 살지도 죽지도 않은 영역에 갇힌 꼴이 됩니다. 자기 며느리자리인 조카딸이 죽고, 자기 아들도 죽고, 그 소식을 듣고서 자기 아내까지 자결해요.

이건 맨 끝 장면인데요. 방금 전령이 안티고네와 하이몬의 죽음을 전했다고 했잖아요? 전령이 사태를 전하는 사이에 왕비가 궁에서 나옵니다. 자기가 나오는 길에 문간에서 얼핏 얘길 듣고 잠깐 혼절했다가 깨어났다고, 다시 분명하게 얘기해 달라 청해요. 그래서 다시 한 번 사실을 확인하더니 조용히 집 안으로 들어갑니다. 〈오이디푸스 왕〉에도 유사한 장면이 나옵니다만, 비극에서 어떤 여성이 조용히 집 안으로 들어가면 자살의 전조예요.

그래서 잠시 후에 크레온이 자기 아들의 시신을 수습해서 돌아오다가 자기 아내가 죽었다는 새로운 비보를 듣게 됩니다. 그는 '아무 쓸모없는 나를 세상 밖으로 보내 달라'고 외쳐요. 그러고는 작품 맨 마지막에 그가 슬퍼하며 애곡하는 장면이 길게 이어집니다.

희랍 비극의 맨 마지막 한 10분의 1 정도는 '아이고, 슬프구나! 왜 이런 일이 일어났는가!' 이렇게 탄식하는 노래로 채워져 있어요. 현대 독자가 보기에 좀 지루하지만, 이유가 있습니다. 옛날 연극에서는 막을 내리면서, 또는 화면이 정지되면서 끝나는 방법이 없었어요. 그래서 극의 마지막에 등장인물과 관객의 감정이 충분히 해소될 수 있도록, 슬퍼하는 장면이 길게 이어지게 되어 있었습니다. 이것도 희랍극의 한 가지 특징이라고 알아두시면 좋겠습니다.

극의 맨 마지막에, 다른 사람들을 삶도 죽음도 아닌 중간지대에 묶어두려 했던 크레온이 스스로 그런 상황에 갇히면서 작품이 끝납니다.

브런치 디저트

〈안티고네〉를 이해하기 위해서는 '세 명의 거인'을 넘어서야 한다고 했는데, 괴테에 대해서 못 다한 얘기가 있다면 보충해 주시겠습니까?

안티고네가 잡혀 왔을 때, 크레온에게서 '너, 왜 그런 짓을 했냐?'는 질문을 받자, 그녀는 죽은 사람이 자기의 남편이거나 아이였어도 자기가 그런 식으로 하지 않았을 거라고 답하는 장면이 있어요. 남편도 다시 얻을 수 있고 아이도 다시 낳을 수 있지만, 오라비는 다시 얻을 수가 없어서 자기가 그렇게 한 거라고요. 사실 논리적으로 이상한 논변입니다.

이게 사실은 헤로도토스의 〈역사〉에 나오는 내용이에요. 페르시아 왕가를 향한 어떤 반역 음모 사건이 있었어요. 그래서 반역 의심을 받은 집안 남자들이 모조리 잡혀 들어가 있는데요. 그 집안 여자 하나가 왕궁 앞에 와서 날마다 울어요. 그래서 왕이 귀찮아서 그녀를 불러들여서는, 아무나 한 명 선택하라고 내가 그 사람은 살려 주겠노라고 합니다. 그러자 여자가 고심하다가 자기 오라비를 선택했어요. 그래서 왕이 놀라서 묻습니다. 다른 사람들은 대개 남편이나 아들을 선택하는데 당신은 왜 이런 선택을 했냐고요. 그러자 그 여자가 바로 지금 안티고네가 한 대답을 합니다. 남편도 다시 얻을 수 있고 아이도 다시 낳을 수 있지만, 오라비는 다시 얻을 수가 없기 때문이라고요. 그러자 왕이 그녀의 지혜에 감탄해서 한 명 더 데려가라고 하면서 아들을 내어주었답니다. 다레이오스 왕 때 얘기입니다. 사실 많은 남편들에게 충격을 주는 사건입니다. 여자에게 남편은 전혀 중요하지 않다는 뜻이잖아요.

그런데 〈역사〉에 그려진 사건은 세 사람 중 누구를 구할 것인가 하는 문제여서 안티고네의 경우와는 다릅니다. 누구를 살려낼 것인가 할 때에는 〈역사〉에 나온 논리가 좋은 답이 될 수 있겠지만, 셋 중 누구를 장례 치를 것이냐는 문제도 아니고 그냥 오라비 장례를 치를 것인가 말 것인가가 문제인데 안티고네는 '오라비가 이렇게 중요한 인물이다'라고 설명한 셈이에요. 그래서 논리적으로 문제가 있습니다. 한데 소포클레스가 그 구절을 굳이 집어넣은 건 다른 의도가 있어서인 듯합니다.

일단 소포클레스는 거의 틀림없이 헤로도토스하고 서로 알고 지낸 것 같습니다. 헤로도토스의 작품에 나오는 다른 이야기가 〈오이디푸스 왕〉에도 나오기 때문입니다. (〈오이디푸스 왕〉에서 이오카스테가 '꿈속에 자기 어머니와 결합하지 않는 사람이 어디 있느냐?'고 말하는데, 〈역사〉에 아테나이 참주였다가 쫓겨난 힙피아스가 그런 꿈을 꾼 게 기록되어 있습니다.) 어쨌든 헤로도토스에 나온 것과 거의 같은 논리를 인용한 건데요. 이런 논리를 안티고네가 펼치도록 한 작가의 의도는 무엇일까요? 아마도 안티고네가 자기의 행동을 논리적으로 설명할 능력은 없지만 직관적으로 어떤 진실을 포착했다는 걸 보여주기 위해서가 아닌가 싶습니다. 그러니 안티고네에게 논리적인 설명을 요구하면 안 돼요. 오이디푸스는 논리적으로 설명할 수 있는 사람입니다. 반면에 안티고네는 논리적이라기보다는 본능적으로 해야 할 일을 포착하고 그걸 밀고 나갈 수 있는 힘이 있는 사람이에요. 아마도 이런 본능적 포착 능력을 강조하기 위해서 이런 어색한 논리를 넣은 것 아닌가 싶습니다. 그런데 괴테 선생님은 아마도 안티고네가 모든 장점을 다 갖추길 기대하고 있어서, 이런 점을 이해하지 못했던 것 아닌가 싶네요.

괴테가 이상하게 여긴 것 다른 하나는, 순교자답게 그냥 당당하게 죽지 왜 그렇게 자기의 죽음을 슬퍼하느냐는 것이었죠? 제가 보기엔 이게 괴테 선생님의 한계였던 듯합니다. 괴테는 창작자이지 비평가가 아니기 때문에 그렇습니다. 창작의 재능과 비평의 재능은 완전히 다른 겁니다. 이건 저만의 생각이 아니라 노스럽 프라이(Herman Northrop Frye)가 《비평의 해부》에서 한 얘기예요. 그분이 말하길, 일류 시인이라 하더라도 자기 시를 설명할 때는 삼류 해설가가 될 수 있다고요. 그래서 '당신의 시는 이런 뜻이다'라고 평론가들이 말하면, 시인은 '난 그런 생각한 적 없다. 왜 아무것이나 가져다 덮어씌우냐'고 항의하기도 해요. 그런데 창작자는 자기도 모르게 어떤 좋은 것을 이뤄내는 경우가 꽤 있어요. 뛰어난 예술가일수록 그런 경우가 많이 있습니다. 영화 만드시는 분들도 비슷한 말을 하더라고요. 자기는 아무 생각 없이 만들었는데 평론가들이 굉장히 멋있게 포장을 해준다고. 그러면서 약간 비웃는 분도 제가 만난 적 있어요. 글쎄요? 저는 노스럽 프라이의 말이 맞는 것 같습니다.

민주정과 비극의 번성이 어떻게 긴밀하게 연관된 것인가요?
아테나이 민주정의 전성기는 기원전 6세기 페이시스트라토스 집안의 독재가 끝난 후부터 기원전 404년 펠로폰네소스 전쟁에 아테나이가 패배할 때까지입니다. 물론 그 후에도 민주체제가 그럭저럭 유지되긴 했지만, 나라가 약해져서 외세의 영향을 많이 받았죠. 한데 민주정의 전성기는 희랍 비극의 전성기와 일치합니다. 아테나이에서 비극 경연대회는 국가 행사의 일환이었고, 비극 상연 전후에 전몰자 자녀 격려 의식 등이 딸려 있어서 공적 성격이 강했습니다. 학자들은 비극이 아테나이 시민을 교육시켰다고 봅니다. 이미 고대에도 그런 측면을 강조한 작품이 있는데요, 바로 아리스토파네스의 〈개구리〉가 그렇습니다. 그 작품에 저승에서, 아이스퀼로스와 에우리피데스가 각기 시민들을 어떻게 교육시켰는지 따지는 내용이 나오거든요. 학자들이 가장 강조하는 것은 논리적 측면, 그러니까 등장인물들의 논변입니다. 시민들은 연극 관람 후에 특정 인물의 논변이 제대로 된 것인지 서로 따져보고 자신의 논변을 새롭게 구성했을 것입니다. 그 결과를 가장 잘 보여주는 것이 투퀴디데스의 〈펠로폰네소스 전쟁사〉입니다. 우리는 거기서 정책 결정을 위한 토론을 자세히 볼 수 있습니다. 그러니까 비극이 민주정에 기여한 가장 중요한 것은 토론 능력의 향상이라 할 수 있겠네요. 그 밖에도 비극 관람이, 일상에서 마주치기 어려운 깊이 있는 주제들을 생각할 기회가 되어 아테나이 시민의 소양에 크게 기여했으리라 생각합니다. 아테나이 같은 직접 민주주의 체제에서는 시민 개개인의 소양이 대의제 민주주의에서보다도 훨씬 더 중요했을 것입니다.

ΙΠΠΟΛΥΤΟΣ
ΕΥΡΙΠΙΔΗΣ

VII

힙폴뤼토스
에우리피데스

에우리피데스의 설명적 도입부
〈힙폴뤼토스〉의 내용
대사 분량과 만들어진 인물의 문제

에우리피데스의 설명적 도입부

3대 비극 작가 중 막내인 에우리피데스의 작품을 보시겠습니다. 에우리피데스는 매우 경쾌하고 조금은 되바라진 데도 있고, 그래서 매력도 있는 작가입니다. 앞서 보신 두 작가는 아주 장중한 작품을 만들었기 때문에 묵직하고 감동적인 느낌을 주는 데 반해, 이번 작가는 별로 그렇지 않을 거예요.

뒤쪽의 흉상 사진을 보시죠. 이분이 에우리피데스입니다. 바티칸박물관에 모셔진 조각상인데요. 여러 차례 얘기했지만 실제 인물 이렇게 생겼는지는 확실치 않습니다. 아마 실제로는 이렇지 않았을 거예요. 그냥 조각가가 이상적인 예술가 상을 만든 겁니다.

에우리피데스의 작품 중 온전하게 전해지는 것이 모두 19편인데요. 이 에우리피데스에겐 몇 가지 특징이 있습니다. 이분이 3대 비극 작가

에우리피데스 | 바티칸박물관.

중 마지막 세대니까 말하자면 막내에 해당하잖아요? 옛날 사람들은 비극을 만들 때 신화적 소재를 이용했는데요. 지금까지 남아 있는 33편 중 신화를 소재로 하지 않은 작품은 딱 하나뿐입니다. 아이스퀼로스의 〈페르시아인들〉이라고 하는 작품인데, 그게 지금 남아 있는 작품 중 제일 오래된 것이기도 합니다. 기원전 472년에 발표되었죠. 그러니까 살라미스 해전이 있고 나서 8년째에, 바로 그 살라미스 해전을 직접 겪었던 아이스퀼로스가 살라미스 해전에서 페르시아가 패배한 사건을 그렸던 겁니다. 주로 페르시아 왕궁에 패전 소식이 전해진 경위를 중심으로 이야기가 펼쳐집니다. 아주 힘차고 좋은 작품입니다. 희랍 비극에서 신화가 아닌 주제를 택해서, 역사를 다룬 작품은 이것뿐입니다. 한데 모든 작가가 신화를 이용하니, 후대에 활동한 사람일수록 불리하겠죠? 앞선 시대에 좋은 작가들이 좋은 소재를 다 이용해버렸으니까요. 그래서 에우리피데스는 다른 방법을 썼습니다. 신화를 바꾸는 거예요. 그런데 신화를 자기 마음대로 바꾸면 관객이 따라올 수가 없습니다. 그래서 두 가지 장치를 썼어요. 작품 맨 앞에 어떤 사람이 나와서는 신화 내용을 설명합니다. 그래서 에우리피데스의 특징이 하나 나옵니다. '설명적 프롤로고스'입니다.

자, 복습입니다. 희랍 비극은 대화 한 번, 합창 한 번, 다시 대화 한 번, 합창 한 번, 이렇게 두 종류의 장면이 번갈아 나오는 '뮤지컬 형식'이라 그랬죠? 여기서 합창이 나오기 전, 작품 맨 앞의 대화를 프롤로고스라고 부르는데요. 요새는 아무거나 작품 서두에 나오는 부분을 그냥 다 '프롤로그'라고 하는데, 이게 옛날에는 상당히 전문적인 용어였습니다. 비극에서 합창이 나오기 전에 나오는 장면 말입니다. 저는 그냥 '도입부'라고 부르고 있는데요. 이 도입부 진행방식은 대개 둘 중 하나입니다. 등장인물끼리의 대화거나, 아니면 한 명의 배우가 혼자 독백하거나죠. 우리가 본 작품을 돌이켜보면, 〈오이디푸스 왕〉의 경우엔 오이디푸스가 시민 대표와 대화하는 걸로 시작했죠. 〈안티고네〉에서는 안티고네와 이스메네의 대화로 시작했고요. 한데 에우리피데스의 작품은 첫 장면에 어떤 사람이 혼자 무대에 나와서 독백하는 게 많아요. 대개는 그동안 무슨 일이 있었고, 앞으로 무슨 일이 있을 것이다라고 얘기합니다. 그래서 신화를 모르는 사람도 따라갈 수 있게 돼 있고요. 그리고 현대의 관객이 볼 때는 조금 김이 빠지는 장치인데, 저 뒤에 나올 결과까지 미리 다 얘기하는 일종의 '스포일러'가 나오는 경우도 많습니다.

이런 장치를 적극적으로 이용한 사람이, 희랍의 영화감독 앙겔로풀로스예요. 그분의 영화 중에 배경에서 사람들이 싸운다든지 행진한다든지 하는데, 그 앞에 어떤 사람이 나와서는 카메라를 보면서 현재의 상황을 설명하는 장면이 꽤 나와요. 혹시 방송에 출연해 보신 분들은 잘 아시겠습니다만, 카메라를 보지 말라고 미리 주의를 주는 경우가 꽤 있습니다. 등장인물이 카메라를 의식하면, 관객도 지금 보는 장면이 사실은 일종의 '환각'이라는 걸 의식하게 되거든요. 영화 공부하신 분들은 다 아시겠습니다만, 할리우드 영화의 가장 기본적인 원칙은 '눈에 띄지 않는 편집'이에요. 관객이, 지금 보는 장면이 인간이 만든 것임을 의식하지 못하게 하자는 의도입니다. 그래서 영화가 시작되면 관객이 이야기에 푹 빠졌다가 영화가 끝나는 순간에 현실로 돌아오게끔 되어 있죠. 한데 이따금 어떤 감독들은 이 영화가 사실은 일종의 환각이라는 걸 일부러 일깨우기도 하는데요. 앙겔로풀로스의 영화도 그런 경우가 많고요. 등장인물이 카메라를 보면서 설명하는 장면도 그런 장치 중 하나입니다. 그 해설자는 이야기 속 존재가 아니라 영화를 만드는 데 참여한 제작진 중 하나가 되는 거죠. 앙겔로풀로스 영화는 구하기 어려우니, 좀 더 구하기 쉬운 우디 앨런 영화를 찾아보면 도움이 되겠네요. (《마이티 아프로디테》를 추천합니다.)

자, 어쨌든 자기 뒤에서 어떤 사건이 벌어지고 있는데 한 사람이 그 사건 현장과는 무관한 듯이 카메라 앞에 와서 설명합니다. 여러분이 혹시 영화를 보시다가 그런 장면을 만나면, 이건 아리스토텔레스의 시학(창작이론)을 따라가지 않고 다른 시학을 따라가고 있군, 이렇게 생각하시면 되겠어요. '이건 또 무슨 소리인가?' 하실지 모르겠는데요, 할리우드 영화가 바로 아리스토텔레스의 시학을 따라가는 겁니다. 이야기가 기승

전결로 계속 연결되고요, 개연성과 필연성에 따라 장면들이 아주 자연스럽게 연결돼요. 부자연스럽게 갑자기 상징적인 장면이 튀어나오거나 영화의 틀이 깨지면서 영화 바깥이 드러나거나 하면 비-아리스토텔레스 시학을 따라가는 거예요. 그런데 이미 아리스토텔레스가 태어나기 한 100년쯤 전에 활동했던 에우리피데스의 작품에 비-아리스토텔레스 시학이 적용되어 있어요. 그리고 비-아리스토텔레스 시학을 가장 눈에 띄게 적용하는 사람은, 이 비극 작가들이 활동할 때 같이 활동했던 희극 작가 아리스토파네스입니다. 그 사람의 작품에서는 장면과 장면이 잘 연결되지 않고요. 앞부분하고 뒷부분하고 논리적으로 꼭 일치하지도 않아요. 그리고 중간에 틀이 확 깨지면서 합창단이 앞에 나와서는 관객을 향해 정치적인 주장을 펼치기도 합니다. 그 순간에 이 합창단은 등장인물이 아니라 비극 경연대회에 참여한 '출전자'가 되는 거죠. 이런 현상을 설명할 때 자주 언급되는 게 브레히트 시학입니다. 20세기 초중반에 살았던 독일의 시인, 그 브레히트 선생님께서 연극이라는 게 관객을 몰입시켜서 현실을 잊게 하면 안 된다고요. 이게 인간이 만든 장치라는 걸 관객들이 계속 의식하게 만들어서, 관객들의 비판 의식을 일깨우고 사회를 변혁하는 도구가 되어야 한다고 주장했어요. '저거 사회주의 예술 이론이군' 하실지 모르겠는데, 그런 시학은 이미 기원전 5세기에 아리스토파네스가 적극적으로 활용했고요. 그전에 벌써 에우리피데스의 작품에도 그런 면모가 나타나고 있어요. 물론 에우리피데스 작품이 상연되는 걸 직접 보던 사람들은 그런 거 별로 의식 안 했을 거예요.

다시 에우리피데스의 새로운 발명으로 돌아갑니다. 옛 작가들은 신화를 가지고 비극을 만들었는데, 에우리피데스는 좀 뒤에 태어나서 불리한 입장이었기 때문에 신화를 변형했다, 하지만 그러면 관객이 따라갈 수가 없기 때문에 극 맨 처음에 어떤 사람이 나와서 신화를 설명하는 부분을 넣었다, 여기까지 얘기했고요. 그런데 극 맨 마지막에 가서는 사람들이 알고 있는 신화로 돌아가야 하잖아요. 그래서 마지막에 기계장치를 이용해서 신이 나타나요. 기중기 같은 걸로 신을 무대 배경 저 높은 데 올려놓고요, 그 신이 인물들을 하나씩 지적하면서 말합니다. 당신은 이런 일을 하고 저런 일을 하여라, 그리고 앞으로 이 일을 기념하여 무슨 축제가 있을 것이다, 지금 이 사건은 이러저러한 이유 때문에 생긴 것이다, 이런 식으로요. 그래서 작품 맨 앞에 설명적인 프롤로고스, 맨 마지막에 기계장치에 의한 신이 짝지어져 쓰입니다. 기계장치를 타고 나타나는 신은 '데우스 엑스 마키나(deus ex machina)'라고 하는데, 이 용어는 요즘은 대개 안 좋은 뜻으로 쓰여요. 예를 들어 어떤 TV 드라마가 아주 크게 인기를 얻고 있는데, 이 작품으로 굉장히 각광 받게 된 주연 배우가 음주운전을 했다. 한국에서 음주운전하면 치명적이죠. 그래서 퇴출이 됐다 아니면 갑자기 사고가 나서 출연하지 못하게 됐다, 그러면요. 극 중에 그 사람이 교통사고 나서 죽은 걸로 처리하고 그냥 극을 이어가는 수가 있습니다. 그런데 평론가들이 볼 때, 그 인물이 갑자기 죽었다는 건 너무 부자연스럽잖아요. 그럴 경우에 '저건 데우스 엑스 마키나다'라고 비난합니다. '아무데나 사용하는 만병통치약'이란 뜻으로 빈정거리는 거죠. 이렇게 현대에는 비난의 의미를 지닌 표현이 되고 말았지만, 원래는 에우리피데스의 작품의 결말 부분에 사용하던 기법을 가리키는 전문적인 용어였어요. (물론 이 단어가 비판하는 데 쓰이게 된 것도 아리스토텔레스 때문이긴 하죠. 그는 이 장치를 별로 안 좋게 생각했거든요. 사실 이 기법이 일종의 비-아리스토텔레스 시학에 이용된 것이니 아리스토텔레스가 좋아할 리가 없죠.)

<힙폴뤼토스>의 내용

<힙폴뤼토스>라는 작품은, 테세우스와 그의 아내 파이드라, 그리고 테세우스의 아들 힙폴뤼토스의 이야기입니다. 테세우스가 결혼을 여러 차례 했어요. 아마존 여전사 하나를 아내로 삼고자 납치해 왔는데 아마도 이 여인을 첫 번째 부인이라고 해야 할 것이고요. 두 번째는 파이드라입니다. 테세우스가 미노타우로스를 죽인 이야기는 그의 업적의 정점이라고 할 수 있을 텐데요. 그때 그는 아리아드네라는 크레테 공주의 도움을 받았습니다. 그는 이 아리아드네를 데리고 귀환하다가 도중에 낙소스 섬에 그녀를 버려요. 그리고 나중에 어떻게 아리아드네의 동생과 결혼합니다. 그 과정이 어떻게 된 건지, 사연을 설명해 주는 이야기가 전혀 없어요. 그런데 뒤쪽 그림에 보시면, 테세우스가 두 여자의 손을 잡고 떠나는 걸로 그려놨습니다. 왼쪽에 보시면 두 사람이 서로 손을 맞잡고 눈을 맞추고 있고요. 오른쪽에는 여자가 일방적으로 남자의 손을 잡고 시선을 받지 못하고 있어요. 한편 왼쪽에 있는 여자는 옷을 조금 노출적으로 입고 색깔도 화려하고요, 오른쪽에 있는 여자는 옷을 약간 수더분하게 입었습니다. 한데 여러분들 보시기에는 어떨지 모르겠는데, 제가 볼 때는 왼쪽에 있는 여자가 조금 더 나이 먹은 듯 보여요. 오른쪽이 좀 더 어려 보이는데, 사람마다 다르게 보이겠죠. 테세우스가 아리아드네와 헤어진 이유가 뭐냐? 둘이 서로 사랑했지만 신들이 헤어지라 해서 마지못해 헤어졌다는 판본도 있고요, 테세우스

아드리아네, 파이드라와 함께 있는 테세우스
| 베네데토 제나리 2세, 1702, 오스트리아 비엔나 미술사박물관.

가 아리아드네의 도움을 받긴 했지만 그녀를 사랑하지는 않았다라는 판본도 있습니다. 만약에 테세우스가 아리아드네를 사랑했다면 위에 보시는 그림의 왼쪽에 있는 게 아리아드네고요, 오른쪽은 남자가 좋아서 따라나서긴 했지만 아직 상대의 마음을 얻지 못한 파이드라의 모습이 되겠네요. 만약 테세우스가 아리아드네에게 도움을 받기는 했지만 그녀보다는 파이드라에게 마음이 가 있었다면, 왼쪽이 파이드라고요, 오른쪽은 자기가 도운 남자를 따라나섰다가 결국 버림받는 아리아드네예요. 근데 제 느낌으로는 우리가 볼 때 오른쪽에 있는 여자가 좀더 어려 보여서, 이쪽이 파이드라 아닌가 싶기도 한데, 옛날 화가들이

이렇게 모호하게 그리는 경우가 많습니다. 해석 가능성이 여러 가지로 나오게끔 만들어요. (안티고네와 이스메네의 경우처럼, 아리아드네와 파이드라의 경우에도 둘 중 누가 위인지는 분명치 않은데요. 말하자면 아리아드네가 '첫 번째 신부 후보', 파이드라가 '두 번째 신부 후보'여서 저는 아리아드네가 손위 아닐까 생각하고 있습니다.)

극이 시작되는 순간, 아리아드네는 버림받은 지 한참 됐고요. 테세우스는 아마존 여전사에게서 힙폴뤼토스라는 아들을 낳아서, 그 아들이 성인이 되어 있어요. 그런데 이 힙폴뤼토스를, 그의 새어머니인 파이드라가 사랑하게 돼요.

이건 옛날 관객들이 모두 알고 있던 사항이고요. 실제로 극이 시작되면 사랑의 여신 아프로디테가 제일 먼저 등장합니다. 그러고는 마치 관객을 향해 해설하듯 발언합니다. 테세우스의 아들 힙폴뤼토스가 사냥에만 힘쓰고 사랑의 신을 무시하기 때문에 자기가 벌을 주겠노라고, 그의 의붓어머니인 파이드라로 하여금 이 힙폴뤼토스를 사랑하게 만들어서 두 사람을 파멸시키겠노라고요. 한편 이 작품 맨 마지막에는 아르테미스가 나와요. 그녀는 파이드라에겐 잘못이 없다고 변호해주고는, 앞으로 두 사람을 기리는 이러저러한 행사가 있게 될 거라고 예언합니다. 그래서 이 작품의 맨 앞과 맨 뒤에, 서로 반대되는 성향을 대표하는 두 여신이 배치되어 일종의 대칭구조를 만들고 있습니다. 앞에 등장한 아프로디테는 설명적인 프롤로고스를 전하고, 마지막의 아르테미스는 데우스 엑스 마키나에 해당되는 겁니다. 데우스 엑스 마키나 장면에서 대개 신이 던지는 첫 번째 단어는 '멈춰라'예요. 어떤 끔찍한 일이 일어나려고 할 때 '스톱!' 하면서 나타나는 게, 데우스 엑스 마키나 신의 특징입니다.

힙폴뤼토스와 테세우스, 파이드라 | 피에르나르시스 게렝, 1802, 프랑스 루브르박물관.

지금 위에 보시는 장면은 여러 시간대를 한꺼번에 반영하고 있어서 좀 복잡합니다만, 어쨌든 왼쪽에 뭔가 거부하는 자세로 사냥꾼 모습의 청년이 서 있습니다. 힙폴뤼토스의 이런 모습이 모든 성적인 사랑을 거부하고 오로지 순결을 추구하며, 아무도 밟지 않은 초원에 가서 혼자서 사냥하는 걸 즐기는 청년의 모습이고요. 이게 작품 맨 앞에 아프로디테가 비난하던 태도입니다.

아프로디테가 떠나고 나면 곧 이어서 힙폴뤼토스가 등장합니다. 궁전 앞에, 각각 아프로디테와 아르테미스를 위한 제단이 있는데, 그중에 아르테미스에게만 제물을 바칩니다. 그러자 늙은 종이 옆에 있다가 그러지 말라면서, 저분도 높은 신이니까 같이 섬겨야 한다고 충고하죠. 하지만 힙폴뤼토스는 거부하고 떠나버려요. 그러자 늙은 종이 아프로디테의 신상을 향해서, 당신은 신이니까 인간의 이런 약점을 양해해 달라고 기원을 드립니다. 하지만 신은 그 기도를 듣지 않아요. (에우리피데스 작품에서 신들은 일반적으로 매우 옹졸하고 편파적인 걸로 그려져 있어요.)

지금 작품 맨 앞에 합창이 나오기 전, 도입부 장면을 보셨습니다. 두 부분으로 되어 있어서, 앞부분에서 아프로디테가 나와서 자기가 힙폴뤼토스를 파멸시키겠다고 얘기한 것을 보셨고요. 이러한 설명적 프롤로고스의 특징은 고유명사가 굉장히 많이 나온다는 점입니다. 현재 이전에 있었던 일들을 압축해서, 관객들에게 꼭 필요한 지식을 모두 전달해야 하기 때문에, 사실들의 묶음이기 때문에, 분량에 비해 고유명사가 많이 나와요.

여러분이 에우리피데스의 작품을 읽으면, '아, 왜 이렇게 정이 가는 등장인물이 없냐!', 혹은 '비극이라면 감동이 좀 있어야 하는데 대체 어디서 감동을 느껴야 하는 거지?' 이런 생각이 들어요. 근데 에우리피데스는 굉장히 지적인 작가입니다. 이전 시대의 여러 관습을 뒤집어엎는 사람이기 때문에, 그 앞의 다른 작가들의 관행을 잘 알고 있어야 그의 작품을 즐길 수 있어요. 한데 국내에서는 순차적으로 활동했던 이 세 비극 작가를 대개 한꺼번에 읽게 되잖아요. 시간차를 두고 먼저 이 작가에, 다음으로 저 작가에, 이런 식으로 차차 익숙해진 다음에 새로운 걸 봐야 하는데, 그러지 못하니 에우리피데스만의 장점을 알기 어렵고요. 게다가 고전이라면 독자들이 거기서 뭔가 지혜를 끌어내려고 애를 쓰는 것도 문제입니다. 많은 사람이 고전 작품에서 교훈을 끌어내려고 하는데, 사실 문학에 직접적인 교훈은 없어요. 그래서 새로운 점도 알아채지 못하고, 교훈도 얻지 못하니까 '에우리피데스 재미없다'는 반응이 나오는 거예요. 하지만 옛날 관객들에게는 일단 아주 새로운 시도였다고 아시기 바랍니다.

에우리피데스 작품은 현대의 이른바 '막장 드라마'하고 조금 비슷한 데가 있습니다. 아닌 게 아니라 지금 다루는 작품도 약간 '막장 드라마' 성이죠. 새어머니가 의붓아들을 사랑하다니! 근데 이게 현대 영화로 만들어져서 굉장히 인기를 얻었어요. 줄스 다신 감독의 1962년작 〈페드라(Phaedra)〉입니다. 주연으로 나온 안소니 퍼킨스도 대단한 인기를 얻었고요.

오른쪽의 그림은 파이드라가 죽어가는 모습인데요, 두 번째 장면입니다. 유모가 등장해서는 파이드라가 지금 식음을 전폐하고 죽어가고 있다고 전합니다. 그러다가 유모가 그녀를 달래서 밖으로 데리고 나와요. 유모가 기른 일종의 딸을 뭐라고 해야 할지 모르겠는데, 저로서는 '젖딸'이란 표현을 써 보고 싶습니다. 물론 그런 말이 사전에 등재돼 있지는 않습니다만, '젖아기'라는 말은 그럭저럭 통할 것 같습니다. 유모는 자기가 젖 먹여 기른 이 아기를 어떻게든 살려내려고 애를 씁니다. 거기에 파이드라의 목소리가, 무대 뒤편으로부터 들리기 시작합니다. 그녀는 일종의 환각에 사로잡혀 있어요. 자기가 힙폴뤼토스를 사랑하게 되니까, 힙폴뤼토스가 하는 걸 본인도 그대로 하고 싶어 해요. 그래서 저 숲속을 그리워하고, 초원을 그리워하고, 말 달릴 수 있는 바닷가 모래밭을 그리워합니다. 그러면서 자기를 밖으로 좀 나오게 해 달라고 요구하죠. 그래서 하녀들이 그녀를 데리고 나와서, 햇볕을 쬐고 이야기를 나누는 장면이 있어요. 그러다가 이 유모가 어떻게든 그녀를 살려내려

파이드라 | 알렉상드르 카바넬, 1880, 프랑스 몽펠리에 파브르미술관.

고, 왜 식음을 전폐했는지 밝히라고 졸라댑니다.

그림을 보세요. 카바넬(Alexandre Cabanel, 1823~1889)이 그림을 아주 잘 그렸습니다. 여자 눈의 다크 서클 좀 보세요. 그녀는 식음을 전폐하고 쓰러져 있습니다. 옆에는 시중들다가 지친 하녀도 하나 잠들어 있고요. 유모가 다가와서는 어떻게든 그녀를 살려내려고 애를 쓰고 있습니다. 당신이 무슨 걱정거리가 있냐고 이것저것 하나씩 짚어가다가, 힙폴뤼토스 얘기가 나오니까 갑자기 여자가 펄쩍 뛰어요. 사실은 여기 작품에 아주 두드러지게 나오지는 않는데 파이드라가 낳은 아이가 있어요. 당신이 죽으면 유산 상속에서 당신의 애들이 불리하게 된다는 얘기를 하다가 힙폴뤼토스의 이름이 나오자, 갑자기 여자가 반응을 보인 겁니다. 그것을 실마리로 암중모색하던 유모는 드디어 파이드라가 힙폴뤼토스

VII. 힙폴뤼토스 297

를 사랑한다는 사실을 알게 돼요. 그러자 유모가 작별을 고합니다. 자기는 이런 사태는 도저히 용납할 수가 없다고 차라리 나가서 죽어버리겠노라고요.

대사 분량과 만들어진 인물의 문제

이건 일반 독자가 눈치채기 힘든 점인데요. 이 〈힙폴뤼토스〉라는 작품의 좀 특별한 점이 있습니다. 에우리피데스의 특징 중 하나이기도 해요. 신화적인 인물이 아닌 사람의 비중이 점점 커지고 있다는 점입니다. 여기 이 작품에 중심적 인물이 네 명 나와요. 파이드라와 유모, 테세우스와 힙폴뤼토스입니다. 이들의 대사가 거의 같은 분량입니다.

 아, 그러고 보니 소포클레스의 초기 작품이 양분 구성으로 되어 있단 얘기를 못했군요. 〈안티고네〉 같은 소포클레스 초기 작품은 작품 중간에서, 다루는 문제나 배우 구성이 바뀌는 특징을 보이고 있어요. 비극 발전사에서 처음엔 아이스퀼로스의 '오레스테이아'같이 여러 작품에 걸쳐 긴장을 조성하고 서서히 풀어가는 '내용상의 3부작'이 만들어지다가, 나중엔 단일 작품 내에서 긴장을 조성하는 단계로 가는데, 그 중간적 형태가 이런 양분 구성이라는 학설이 있습니다. 우리가 본 〈안티고네〉에서도 앞부분에서는 죽은 사람을 저승으로 보내지 않은 게 문제 되고 뒷부분에서는 산 사람을 죽은 자의 영역에다 가둬 놓은 게 문제가 된다고 그랬죠. 그리고 이와 관련해서 앞부분에서 안티고네 역을 했던 배우가 뒷부분에는 그의 약혼자인 하이몬 역으로 나와서, 두 사람이 서로 마주치지 못한다고 했잖아요. 이건 옛날에 배우를 적게 쓰기 때문에 나타난 현상인데요, 앞에 어떤 역을 맡았던 배우가 뒤에서는 다른 역을 맡기도 하는 거죠. 한데 지금 우리가 보고 있는 〈힙폴뤼토스〉에서는 앞부분에 파이드라 역을 맡았던 사람이 뒤에는 다른 역을 맡게 돼요. 미리 얘기해서 죄송합니다만, 파이드라가 극 중간에 자살해버려요. (이건 현대식으로 보자면 '스포일러'지만 벌써 도입부에서 아프로디테가 뒤에 일어날 일까지 다 얘기하기 때문에, 독자는 작품을 읽기 시작하면 바로 알 수 있어요.) '아니, 파이드라가 주연 배우인데, 주연이 중간에 죽어도 되나?' 하실 수도 있겠는데요, 옛날엔 그런 작품 많았어요. 그럼, 이 파이드라 역을 맡았던 배우는 뭘 하냐? 작품 뒷부분에는 그 배우가 파이드라의 남편인 테세우스 역할로 나옵니다. 사실 파이드라와 힙폴뤼토스는 서로 마주치지도 않습니다. 〈안티고네〉를 해석할 때처럼 의미를 부여하자면, 두 사람의 시선이 엇나가는 걸 이렇게 보여주었다고도 할 수 있겠죠.

한편 우리가 이 작품에서 주목할 점으로 대사 배당의 문제가 있습니다. 먼저 줄거리를 다시 좀 보죠. 우리가 방금 본 장면에 뒤이어 유모가 다시 돌아와서는 자기 생각이 바뀌었노라고, 자기에게 파이드라의 병을 고칠 방법이 있다고 합니다, 그러니 자기에게 맡겨 달라고요. 그 후에 유모가 힙폴뤼토스를 찾아가서 절대로 발설하지 않겠노라는 맹세를 먼저 받은 뒤에, 파이드라의 사랑을 전합니다. 그렇지만 힙폴뤼토스는 펄펄 뛰면서 여자들 전체를 저주하고 마치 맹세를 어기고 사실을 폭로할 것 같은 태도를 보입니다. 그것을 바깥에서 듣고 있던 파이드라는 자결을 결심하고, 자기 아이들을 구하고자 힙폴뤼토스를 모함하는 유서를 남기겠다는 뜻을 밝힙니다. 그리고는 파이드라가 자살해버리는데요. 후반부에서는 테세우스가 타지에 있다가 돌아와서는, 파이드라의 유서를 보고서 자기 아들을 저주하여 추방하고요. 맨 마지막에 전령이 와서 힙폴뤼토스가 당한 재난을 보고하는 것으로, 이렇게 전체가 4개 정도의 장면으로 되어 있어요. 그래서 이 작품에선 배역 4개가 중요한데 세 사람은 신화에 나오는 사람이고요, 유모만 신화적 인물이 아닌 일상인이에요. (전령은 일종의 '장치'이기 때문에 의미 있는 등장인물로 보기 어렵습니다.)

　영화 촬영 현장 경험이 있는 분의 얘기를 들으니, 같은 엑스트라라 하더라도 대사가 한마디라도 있는 사람과 없는 사람의 보수가 다르다고 해요. 한마디라도 대사가 나오면 보수가 갑자기 확 올라간답니다. 대사 유무와 대사의 분량이라는 게 그렇게 중요한 거죠. 그런데 지금 이 작품의 네 인물 중에서 원래 신화에는 없는 유모의 대사 비중이 전체의 4분의 1 정도예요. 대사의 분량이 많을수록 중요한 인물이란 뜻이니, 유모가 그렇게 크게 기용됐다는 거죠. 이와 같은 성향은 에우리피데스 후기로 갈수록 더욱더 커져서요, 〈헬레네〉라는 작품에 보면, —신분이 낮은 건 아니지만— 에우리피데스가 만들어낸 인물의 대사 비중이 절반 정도 됩니다. 그 작품에는 헬레네, 메넬라오스, 그리고 테우크로스가 잠깐 나오고요, 그밖에는 이집트의 공주와 왕자가 나오는데 그 사람들 대사 비중이 굉장히 커요. 말하자면 비극의 역사에서 처음에는 신화적 인물들만 기용하다가 뒤로 갈수록 일상인이 많아집니다. 처음에는 하인이나 유모 등이 조금씩 나오기 시작하다가, 나중에는 아예 작가가 만들어낸 인물의 대사 비중이 점점 커지고, 맨 마지막에는 완전히 새로 만든 인물만으로 작품이 꾸며집니다. 아가톤이라고 하는 작가가 있어요. 플라톤이 〈향연〉이라는 작품을 썼는데, 그게 비극 작가 아가톤이 경연대회에서 우승한 걸 기념하는 잔치의 경위를 적어놓은 거예요. 그 잔치에 여러 사람이 초대되어 각각 에로스에 대해서 연설한 것을 모아 정리한 것처럼 구성되어 있거든요. 그런데 그 아가톤이 바로, 신화 속 인물이 아니라 완전히 자기가 창작한 인물로만 연극을 만든 최초의 작가입니다. 옛사람들은 신화적 인물이 실재했었다고 생각했는데요. 그런 존재에서부터 점점 가상의 인물로 변해가는 게 희랍 비극 등장인물의 변천사입니다. 그러니 우리가 지금 보고 있는 〈힙폴뤼토스〉에도 유모의 대사 비중이 전체의 4분의 1 정도나 된다는 건 강조할 만한 특징이죠.

희랍 문학사 전체가 〈일리아스〉적인 굉장히 귀족적인 세계에서부터 에우리피데스식의 시장 거리로 내려오는 꼴로 변해왔어요. 벌써 〈일리아스〉와 〈오뒷세이아〉의 관계도 그렇습니다. 〈오뒷세이아〉에서 벌써 일상 공간으로 내려온 셈입니다. 영웅들의 세계관에서 '잡놈'들의 세계관으로. 이런 추세는 비극의 역사에서도 비슷하게 발견됩니다. 아이스퀼로스의 신들의 세계로부터 에우리피데스의 시장 거리로 내려오는 거죠.

그래서 〈힙폴뤼토스〉에서도요, 테세우스가 거의 비열한 인물로 그려졌어요. 에우리피데스의 작품에도 신화적 존재들이 나오기는 하지만 귀족적인 광채나 이런 거 없고요, 그냥 일반인이에요. 현대의 유명 인물도 가정생활에서 부부 싸움하고 그런 것은 일반인이나 다를 바 없죠? 그거나 마찬가지입니다. 이것이 에우리피데스의 작품에서 합창의 비중이 점점 줄어드는 이유 중 하나이기도 합니다. 사생활 현장에 남들이 들어와 있으면 곤란하잖아요. 그래서 합창단의 노래가 점점 적어지고, 분량도 줄어들고, 전체 이야기 진행과 상관없는 노래를 하고, 맨 마지막엔 합창이 그냥 장면과 장면으로 나눠주는 막처럼 그렇게 변해갑니다.

그러니까 에우리피데스의 특징 중 하나가 사생활을 다룬다, 영웅들도 사적인 인물이 되어 있다라는 거고요. 게다가 음모극이 많아요. 한데 합창단 15명이 늘 지켜보고 있잖아요. 그래서 등장인물이 합창단에게 비밀을 지켜달라고 자꾸 부탁해야 합니다. 그러다 보니 합창단이 점점 거추장스러워져요. 그래서 합창의 비중을 점차 줄이는 겁니다. 문학사 설명을 너무 많이 했네요. 어쨌든 희랍 비극의 전개 과정에 그런 면이 있다고 알고 계시면 되겠어요.

이제까지 살펴본 핵심적인 내용은, 테세우스의 마지막 아내인 파이드라가 자기 의붓아들, 그러니까 테세우스가 아마존 여전사에게서 낳은 아들을 사랑하다가 남자에게 거부당하고 그 남자를 모함하는 편지를 남겨놓고 자결한다는 거였죠. 그 후에 테세우스가 그 편지를 읽고서 자기 아들이 자기의 새 아내를 어떻게 한 줄 알고 아들을 저주해서 쫓아냅니다. 아들은 집에서 쫓겨나서 전차를 몰고 바닷가를 달려가다가 바닷속에서 괴물이 튀어나오는 바람에 말들이 이리 뛰고 저리 뛰고 해서 마차가 부서지고, 끈에 얽혀 끌려가다가 죽습니다. 한데 맨 마지막에 아르테미스가 나타나서 테세우스를 꾸짖고 '당신 아들은 잘못이 없다, 그렇지만 파이드라의 사랑도 고귀한 것이다'라고 약간 앞뒤가 안 맞는 발언을 합니다. 사실은 지금 우리에게 남아 있는 이 작품은 에우리피데스가 개작한 걸로 알려져 있어요. 그전에 파이드라를 좀 더 욕정에 시달리는 음란한 여자로 그렸다가 비극 경연대회에서 상을 못 받았어요. 그래서 작품 내용을 고쳐서, 이번에는 이 파이드라가 자기 감정을 억누르고서 자결하려다가 유모에게 들키는 걸로, 그래서 유모가 어떻게든 자기의 젖아기를 살려내기 위해서 계략을 꾸미는 걸로 바꿨습니다. 지금 남아 있는 이 작품은 그나마 파이드라를 상당히 절제 있는 여자로, 한편으로 욕정이 생겨나고 있지만 그걸 억누르려고 애쓰는 여자로 그린 것입니다. 그래서 맨 마지막에 아르테미스가, 파이드라에겐 잘못이 없고 모두가 아프로디테의 계략 때문이라고 변호해 줍니다.

지금 다루는 작품은 제목을 〈힙폴뤼토스〉라고도 하고, 〈파이드라〉라고 부르기도 해요. 그런데 저로서는, 세네카가 쓴 〈파이드라〉가 있으니, 에우리피데스의 작품은 그냥 〈힙폴뤼토스〉라고 부르는 게 어떨까 싶습니다. 네로의 스승이었던 세네카는 서기 1세기에 살았습니다. 네로는 서기 68년에 죽는데, 세네카는 그 이전에 —네로 암살 음모에 가담한 혐의를 받고— 네로의 명에 따라 자결했어요. 그 세네카가 라틴어로 써 놓은 비극 작품이 10개가 있고, 그중에 〈파이드라〉가 포함되어 있습니다. 이 작품에 나오는 파이드라는 에우리피데스의 파이드라보다 좀 더 격렬한 감정을 가진 여성입니다. 그런데 현대 독자로서는 정절이나 절제보다는 격한 감정에 좀 더 공감하잖아요. 읽어보면 굉장히 절절해요. '나는 죽어서라도 당신을 따라가겠노라'고 외치는데. '아, 감정 표현 정말 좋다' 그런 느낌이 듭니다.

다시 앞에 294쪽 그림으로 돌아가 보죠. 이 그림은 사실 이야기 전체를 한데 모아놓은 거예요. 오른쪽에 파이드라가 아직 죽지 않고, 칼을 들고서 죽으려는 듯한 모습을 보이고 있고요. 그의 뒤에서는 유모가 뭔가 속삭이고 있는 걸로 그려놨네요. 이 작품에 아주 유명한 구절이 나오니 그걸 소개해야겠네요. 다시 조금 앞으로 돌아가죠. 파이드라가 곡기를 끊고서 죽으려는 것을 알고는 유모가 어떻게든 그녀를 살려내려 하는데요. 여러 가지 방법이 있다고 하면서 마치 사랑의 미약(媚藥)을 쓸 것 같은 기색을 비쳐요. 그런 다음 힙폴뤼토스를 찾아가, 절대로 발설하지 않겠다고 맹세를 받고서 사실은 너의 의붓어머니가 너를 사랑한다라고 얘기해요. 그러자 힙폴뤼토스가 펄펄 뜁니다. 거기에 아주 유명한 대사가 나와요. '맹세를 한 것은 나의 혀지, 내가 아니다'라는 거예요. '그럼, 네 혀를 자르면 가만히 있을래?' 하고 달려들면 뭐라고 답할지 모르겠습니다만, 유명한 대사여서 아리스토파네스의 희극 〈개구리〉에도 인용되어 있어요. 《개구리》의 등장인물 에우리피데스가 디오뉘소스에게 약속 어긴 것을 비난하자, 디오뉘소스가 바로 이 구절을 댑니다. 약속을 한 것은 내가 아니라 나의 혀라고. 〈개구리〉 앞부분에는 디오뉘소스가 이 구절을 엉뚱하게 기억하고 있는 걸로 되어 있기도 해요. '나는 맹세하고 싶지 않은데 내 혀가 제멋대로 맹세를 하는구나'라고요.)

힙폴뤼토스와 파이드라는 극과 극으로, 한 사람은 지나치게 욕망 쪽으로 가 있고 한 사람은 절제에 지나치게 집착하고 있습니다. 사실은 아프로디테도 인류가 섬겨야 하는 아주 큰 신이에요. 아프로디테가 없으면 성적인 사랑이 불가능하고, 생명이 계속 이어질 수 없거든요. 그러니 이 여신을 완전히 무시하면 안 됩니다. 그래서 〈안티고네〉에서도 잠깐 나오는 합창 주제(主題)가 〈힙폴뤼토스〉에도 나옵니다. 사랑의 신을 섬기지 않으면 안 된다고요. 그러니까 힙폴뤼토스의 태도에도 좀 불건강한 데가 있는 거죠. 어쨌든 남녀 주인공이 서로 대척점에 서 있는데요. 두 사람의 대사에 비슷한 요소가 들어 있어요. 이 사람이 이 말을 했는데, 저 사람도 유사한 표현을 쓰는구나 하면서 짝을 맞춰 볼 수 있습니다. 그런 점에도 주목하면서 작품을 읽으시면 좋아요.

계속해서 294쪽 그림을 다시 보자면요. 작품에서는 여자가 편지를 남겨 놓고 자결한 다음에 테세우스가 집에 돌아와 그 편지를 읽는데, 지금 이 그림에서는 여자가 아직 살아서 칼을 들고 있는데 테세우스가 자기 아들을 노려보고 있는 걸로 되어 있잖아요. 테세우스의 자세를 보세요. 주먹을 부르쥐고 아들을 노려보고 있는데 다리는 다소곳이 모으고, 아내 쪽으로 붙어 있죠? 보통 남자들이 취하는 자세가 아니죠. 전통사회에서 남자에게 '여자 같다'고 하면 굉장히 큰 모욕이었거든요. 영웅적 인물도 인생 후반에 조금 나약해지고 옛날의 광채를 잃어버리는 경우가 많은데, 여기 이 테세우스도 이미 총기를 잃고 의존적 인물로 변한 것으로 화가가 그렇게 그린 듯합니다.

그리고 지금 보는 전체 이야기 틀에는 전 세계 민담에 자주 나타나는 어떤 모티프가 반영되어 있어요. 어떤 젊은이가 지체 높은 여성의 유혹을 물리쳤다가 모함을 당한다는 틀인데요. 흔히 '보디발(Potiphar) 모티프'라고 하는 겁니다. 구약성서 〈창세기〉에, 요셉이라는 인물이 이집트에 노예로 팔려 가서 보디발이라는 사람 집에서 종살이를 하다가, 그 집 아내가 자기를 유혹하는 걸 거절하고서 모함을 당해 감옥에 갇혔다는 이야기요. 거기서 생겨난 이름이고요. 그와 비슷한 이야기가 희랍에도 몇 개가 있는데 그중 하나가 키마이라와 싸웠던 벨레로폰테스 이야기고, 또 아킬레우스의 아버지가 되는 펠레우스도 그런 모함을 당한 적이 있어요. 가장 유명한 것은 이 힙폴뤼토스 이야기입니다.

앞 294쪽 그림은 우리가 에우리피데스의 작품에서 보는 것과 완전히 일치하지는 않고요. 주요 등장인물 네 사람을 한 자리에 모으기 위해 시간적 순서를 약간 어그러뜨리고서 한꺼번에 그린 겁니다. 세 가지 정도의 시간대가 같이 그려진 걸로 보셔도 돼요. 제일 오른쪽부터 이야기가 진행된다고 보면 되겠네요. 파이드라가 자결하려 하니까 유모가 계략이 있다고 속삭입니다. 그 다음엔 제일 왼쪽으로 이동해서, 힙폴뤼토스가 파이드라의 구애를 거절한다. 그 다음엔 중앙 장면, 파이드라가 남긴 편지를 읽은 테세우스가 아들을 저주한다. 이런 식으로 여러 시간대가 함께 그려진 그림이라고 보시면 되겠습니다. 왼쪽 절반은 힙폴리토스가 아버지 앞에서 자신을 변호하며 항변하는 장면이라고 해석해도 되겠네요. 그 장면이 꽤 길게 그려져 있어요.

이 작품의 특징 중 하나로, 등장인물들이 자기가 하겠노라고 공언한 행동을 하지 못하고 반대로 행동하게 된다는 것도 있습니다. 그런 장면이 꽤 여러 차례 반복돼요. 유모는 처음에는 차라리 자기가 죽어버리겠다 하더니, 다시 돌아와서는 '두 번째 생각은 언제나 더 좋다'라고 주장합니다. 힙폴뤼토스도 비밀을 폭로할 것 같은 태도를 보이지만 결국 끝까지 폭로하지 않아요. 맹세를 지켜서 입을 다물고서 아버지의 저주를 받아들입니다. 사실 우리 인생에서도 그런 일 있으니 아주 이상한 일은 아니죠.

자, 이야기의 마지막 부분을 보죠. 아버지 집에서 쫓겨난 힙폴뤼토스가 마차를 몰아 바닷가를 달려가고 있는데 바다에서 괴물이 나타납니다. 이 내용은 전령이 달려와서 테세우스에게 보고하는 걸로 되어 있습니다. 갑자기 그 파도가 산처럼 일어났다고요. 해일 비슷하게 그려지는 데요, 헤로도토스의 〈역사〉에도 해일인 듯한 현상이 기록이 되어 있어서 고대인들도 그 현상을 알았던 듯합니다. 파도가 벽처럼 다가오더니 거기서 소 모양의 괴물이 튀어나왔다는 겁니다. 그러자 말들이 괴물을 피하려고 이리저리 도주하는데요. 이쪽으로 가면 괴물이 이쪽을

힙폴뤼토스의 죽음 | 페테르 파울 루벤스, 1613, 영국 케임브리지대학교 피츠윌리엄박물관.

가로막고, 저쪽으로 가면 저쪽을 가로막고. 그래서 결국에는 전차가 바위에 부서지고, 젊은이는 거기에 얽힌 채 끌려가다가 죽었노라고. 한데 학자들은 '얽힌 채' 끌려갔다는 점에도 주목하고 있습니다. 말하자면 운명의 올가미, 음모의 덫이라고나 할까요?

자, 위의 그림에 힙폴뤼토스가 죽는 장면이 보이네요. 그리고 앞에서도 잠깐 얘기했지만 희랍 비극에서는 일반적으로, 맨 마지막에 전체의 10분의 1 정도 되는 상당히 긴 부분이 애도를 위해 배당되어 있습니다. 예를 들어 〈오이디푸스〉는, 오이디푸스가 아버지를 죽이고 어머니와 결혼했다는 사실이 드러나자 스스로 눈을 찌르고 떠나갑니다. 그러면 그가 눈에 피를 흘리며 왕궁 문에서 나오는 데서 극이 끝나거나 아니면 성문 밖으로 나서는 장면으로 끝나면 좋을 텐데요, 그렇지 않죠.

오이디푸스는 여러 행에 걸쳐 슬픔을 표현하고, 그러면 또 합창단이 그에게 질문을 던져서 왜 그랬냐고 묻고, 그에 대해 이런저런 대답을 하고. 이런 식으로 마지막 부분이 상당히 늘어집니다. 〈안티고네〉 뒷부분에도 크레온이 지나치게 행동하다가 아들과 아내를 잃은 장면에서 그냥 끝나지 않고, 합창단과 노래를 교환하며 슬픔과 후회를 토로하는 게 한참 길게 나옵니다. 왜 그렇게 되었냐? 옛날에는 오늘날처럼, 막이 내리면서 연극이 끝나거나, 화면이 어두워지고 자막이 올라가면서 영화가 끝나는 식으로 할 수가 없었기 때문이죠. 극의 마지막에 등장인물과 관객의 감정이 충분히 해소될 수 있는 시간이 필요해서, 그런 애도의 장면을 뒤에 길게 넣었다는 거예요. 〈힙폴뤼토스〉에서도 그런 애도의 장면이 길게 이어집니다.

이제 아들이 온몸이 찢긴 채로 실려 옵니다. 전령의 보고를 들으면 이미 젊은이가 죽었겠다 싶지만, 아직은 완전히 숨이 끊기지 않은 상태입니다. 이때까지만 해도 테세우스는 정신을 차리지 못하고, 한때는 빛나던 인물이던 테세우스는 자기 아들이 되도록 고통스럽게 죽었으면 좋겠다고도 하고, 죽은 게 잘된 일이라고도 합니다.

한데 여기 한 가지 문제가 있어요. 조금 앞으로 돌아가서 보면요, 테세우스가 아들을 저주해서 쫓아 보낼 때 자기 아버지인 포세이돈에게 빌어서 힙폴뤼토스에게 죽음을 보내달라고 청하거든요. '어, 테세우스는 아이게우스의 아들 아닌가?' 할 분도 있겠는데요. 옛날 영웅들은 보통 아버지가 둘이에요. 인간 아버지와 신 아버지가 있어요. 테세우스도 그냥 인간인 아이게우스의 아들이라는 판본도 있고, 포세이돈의 아들이라는 판본도 있습니다. 이걸 절충하자면 인간과 신이 같은 여자와 같은 밤에 결합했다고 하면 됩니다. 어쨌든 테세우스의 아버지는 포세이돈이라고 하는 판본도 있는데요. 그 포세이돈이 자기 아들에게 세 가지 소원을 들어주겠노라고 전에 약속한 적이 있대요. 그런데 아마도 그 세 번의 기회 중 두 개는 이미 사용한 것 같아요. 그래서 맨 마지막 남은 기회를 이용해서 저 아들이 죽었으면 좋겠다고 한 거예요. 그래서 아들이 초주검이 되어 실려 왔을 때는, 이미 세 가지 기회를 다 써버렸기 때문에 아들을 살려낼 수가 없었던 거죠. 한데 테세우스가 그 마지막 기회를 사용하면서 자기 소원이 이루어질지 아닐지 약간 의구심을 보이는 듯 되어 있어요. 그래서 학자들 사이에는, '포세이돈이 세 번의 기회를 허락했는데 이번에 그 권한을 처음 사용해보는 거다'라는 주장도 더러 있습니다. 그에 대해 '그러면 두 번의 기회가 남았는데 그걸 이용해서 아들을 살려내지 않은 이유는 뭐냐?' 하는 반론이 있어요. 그래서 전체적으로 이게 첫 사용인지, 마지막 사용인지 불분명하게 되어 있습니다. 앞에는 '내 아버지가 정말 약속대로 내 소원을 들어줄 것인가?' 하고 의심했는데, 뒤에는 '아이고, 내가 기회를 모두 사용해버려서 너를 살려낼 수가 없구나!'라는 식입니다.

자, 다시 아들이 만신창이로 실려 온 장면으로 돌아가죠. 테세우스는 그때까지도 아들을 비난하고 있었는데 아르테미스가 나타납니다. 사실은 이 모든 게 아프로디테의 계략 때문이라고 밝힙니다. 그러고는 힙폴뤼토스도, 파이드라도 잘못한 게 없다고 설명하죠. 그런데 이 부분에서 아르테미스도 약간 비열하게 그려져 있어요. 에우리피데스의 작품엔 신들이 저급하게 행동하는 사례가 많습니다. 그리고 이걸 적극적으로 활용한 사람이, 지금 우리가 보는 희랍 고전기로부터 한 400년 뒤에 활동했던 로마 시인 오비디우스예요. 오비디우스의 〈변신 이야기〉에 보면 신들도 아주 야비하고요, 영웅들 역시 굉장히 저급하게 그려집니다. 오비디우스는 그런 '장난'을 치다가 결국 귀양살이 갔어요. 아우구스투스 황제가 '저놈을 시골구석에 처박아라!' 명해서, 저 멀리 흑해 연안의 촌구석으로 추방되었다가 돌아오지 못하고 거기서 죽었죠. 한데 이 오비디우스는 벌써 에우리피데스에게 나타난 성향을 되살려 쓴 겁니다.

어쨌든 〈힙폴뤼토스〉 마지막 부분에 테세우스도 굉장히 '찌질하게' 그려졌고요. 아르테미스도 마찬가지입니다. 아프로디테에게 보복하기 위해 그녀가 아끼는 존재를 죽이겠노라고 밝히는데, 신이 —자기 숭배자를 살리지 못한다는 점에서— 무능한데다가 부정의하기까지 하다는 느낌을 줍니다. 그리고 모든 사연을 다 설명한 다음에도, 자기는 신이기 때문에 사람이 죽는 데에 같이 있으면 안 된다고 하면서 냉정하게 떠나가요. 그래서 '아니, 이렇게 자기를 위해서 모든 것을 바친 젊은이가 죽어 가는데 그냥 둬도 되나?' 싶어요. 아닌 게 아니라 힙폴뤼토스도 '나를 버리고 가시는군요'라고 약간의 비난이 담긴 발언을 합니다. 한편 신이 떠나버린 뒤에는 아들과 아버지가 화해하는 장면이 나와요. 그래서 이 작품에서 뭔가 교훈을 끌어낸다면, 인간들끼리 서로 돕고 이해하면서 살아가야 한다는 게 될지도 모르겠네요.

오른쪽에 보면 옛날 도기 그림이 있어요. 그림 왼쪽에 집 안의 늙은 가정교사가 '가지 말라'고 말리는데 힙폴뤼토스가 뛰쳐나가는 걸로 돼 있고요. 오른쪽 아래에 바다에서 튀어나온 황소가 약간 귀엽게 그려져 있죠. 그리고 오른쪽 위에는 아버지의 저주에 따라서 복수의 여신이 나타난 걸 그려놨습니다. 지금 보는 에우리피데스의 작품에도 그렇고,

힙폴뤼토스의 죽음 | 기원전 340~320년경, 영국 대영박물관.

희랍 비극에 자주 나오는 테마 중 하나가 '오늘 하루만 넘기면 된다'라는 거예요. 저주가 오늘 하루에 집중되어 있기 때문에 오늘 하루만 지나가면 되는데, 사람들이 그걸 참지 못합니다. 흔히 하는 말로 '참을 인(忍) 자 세 번이면 살인도 면한다'라고 하는데, 그 순간을 넘기지 못해서 사고들을 치죠. 어쩌면 이 작품에서도 아버지가 저주를 내리긴 했지만, 아들이 그렇게까지 급하게 뛰어나가지 않았으면 이런 불행은 피했을지도 모르죠.

자, 전체적인 평가를 해보죠. 사실 저로서는 이 작품이 아주 마음에 들진 않았어요. 등장인물이 모두 너무 극단적이고, 선의보다는 악의가 두드러져 보여서였습니다. 유명한 작품이니 강의와 해설을 안 할 수는 없고요. 그래서 어떤 책에다 '이 작품이 유명하기 때문에 다룬다'고 적었더니, 저와 오래 공부한 젊은 영화감독께서 자기는 그 구절이 좀 우스웠다고 하더라고요. 그 말을 듣고 제가 속마음을 들킨 것 같아서 약간 부끄럽기도 했습니다. 다행히 제가 직접 번역한 판본으로 읽으니까 좀 덜 살벌하게 보이긴 하네요.

이 작품은 구조가 매우 튼튼하게 짜인 것으로 유명하니 일단 '형식' 점수가 높습니다. 맨 앞에 아프로디테의 등장, 마지막에 아르테미스의 등장으로 균형을 맞췄고, 그 사이의 앞부분은 여성들의 대화, 뒷부분은 남성들의 대화가 있고요. 여성들의 대화 중간에는 유모와 힙폴뤼토스의 대화, 남성 대화의 중간에는 전령의 보고가 들어가서 그 부분의 중심 역할을 합니다. 그런데 이 작품을 칭찬하는 학자 중에는, 당시 여성의 불운한 처지와 그런 가운데서 보이는 여성들의 훌륭한 자질이 잘 표현되었다고 강조하는 분도 있어요. 특히 파이드라는 감정의 절제와 더불어 자기성찰이 있는 여성이고, 유모는 강인한 성격에 현실적 지혜를 갖춘 사람으로 평가하는 것입니다. 반면에 남성들은 약점이 더 많이 보이는데요. 힙폴뤼토스의 경우 지나친 여성혐오와 자기중심성, 테세우스의 경우 성급함과 지나친 복수심이죠. (하지만 저로서는 여전히 파이드라가, 자기를 위해 애써준 유모를 향해 사태를 그르쳤다고 너무 심하게 몰아세우는 게 마음에 걸립니다. 자기성찰이나 절제 같은 덕목으로 그런 행태가 다 가려질지 의문입니다. 아무래도 에우리피데스는 관객이 그 어떤 등장인물과 공감하거나 정서적으로 동일시하는 것을 방해하고자 했던 듯합니다.)

마지막에 부자(父子)가 서로 화해하고 용서하는 것을 칭찬하는 학자도 있지만, 이것 역시 남자들끼리의 일이고 두 사람 모두 파이드라에 대해서는 전혀 언급하지 않는다는 게 또 문제입니다. 그래서 아르테미스 여신이 파이드라의 사랑이 기념되리라고 약속한 것이 과연 성취될지에 대

영화 〈페드라〉 | 줄스 다신, 1962.

한 의구심이 있고요. 물론 이런 점은 당대의 관객 눈에는 잘 보이지 않았을 거고, 아마 대개의 관람자는 여성혐오를 당연시했을 거예요. 하지만 시인이 대본으로 읽는 독자를 염두에 두고, 어쩌면 먼 훗날의 주의 깊은 독자를 기대하고 아이러니 담긴 장면들을 숨겨두었다는 해석입니다. 여러분도 이런 다양한 해석들을 염두에 두고 읽으시면 좋습니다.

〈힙폴뤼토스〉는 영화로 만들어져 더 유명합니다. 앞에서도 잠깐 이야기한 〈페드라〉라는 작품이고요, 줄스 다신(Jules Dassin) 감독 작품으로 멜리나 메르쿠리와 앤서니 퍼킨스가 나왔죠. 옛날에 일본 개봉 제목을 따서 〈죽어도 좋아〉라는 조금 이상한 제목으로 한번 개봉했다가, 1990년대에 〈페드라〉라는 제목으로 다시 개봉했습니다. 뒤쪽에 보시는 게 거의 첫 장면이에요. 앤서니 퍼킨스가 대영박물관에서 파르테논 조각을 보고 있는 걸로 시작해요. 여기 말 머리가 보이죠. '힙폴뤼토스(Hippolytos)'라는 이름 자체가 '말을 푼다'는 뜻입니다. '힙포스(hippos)'

영화 <페드라> | 줄스 다신, 1962.

는 '말'이라는 뜻이고요, 뒤에는 '뤼오(lyo)'라는 단어의 어근이 들어갔네요. '분석(analysis)'이라는 단어에도 들어 있는 요소죠. 그래서 원래는 '말을, 말의 고삐를 푸는 사람' 그런 뜻으로 지었을 텐데, 결과적으로 '말에 의해 온 몸이 해체되는 사람'이란 뜻이 되어버렸네요. 그러니까 힙폴뤼토스 이야기가 말과 관련이 있어서, 영화에서 이렇게 말 조각이 나오는 걸로 시작을 했어요. 멜리나 메르쿠리가 희랍의 대선박왕의 현재 부인인데요. 자기 의붓아들이 너무 결혼에 신경 안 쓰고 있어서 자기가 가서 달래어 결혼시키겠노라고 영국에 찾아갔는데, 그만 둘이 사랑에 빠지고 말죠. 맨 마지막에 아버지가 사실을 알게 돼요. 남주인공이 다른 여자와 결혼하려고 하니까 멜리나 메르쿠리가 사실을 폭로하잖아요? 영화 보실 분을 위해 제가 자세한 얘기를 피해야 하는데요.

맨 마지막에 남주인공은 자기 아버지가 사준 스포츠카를 몰고 바닷가 절벽 길을 막 달려가다가 "페드라!" 하고 외치면서 절벽으로 떨어져 죽는 걸로 돼 있어요. 옛날의 마차는 현대의 스포츠카에 해당하니 그런 식으로 꾸민 거죠. 그 마지막 부분의 음악이 굉장히 좋아서 옛날 방송에서 영화음악 시간에 많이 들려주곤 했었죠. 거기 쓰인 오르간 음악이 바하의 〈토카타와 푸가〉였는데요. 남주인공이 그 멜로디를 따라 노래하다가 "페드라!" 하면서 떨어져 죽는 걸 제가 수업시간에 조금 흉내 내면, 학생들이 웃어요. 요즘 학생들은 이 영화를 못 보았을 테니 조금 우습게 느껴질 듯하네요. 사실 저희 세대도 이 영화를 극장에서 보지는 못하고, TV에서 재방영하는 거 본 친구들이 좀 있긴 했죠. 요즘 학생들은 영화음악 방송조차도 모르니, 웃을 수밖에 없죠. 그러면 '아, 내가 너무 옛날 얘기를 하고 있구나' 싶기도 했습니다. 영화 안 보신 분들은 한번 찾아서 같이 보시면, 희랍 비극의 어떤 분위기가 담겨 있구나 하는 느낌을 받으실 거예요. 영화 중간에 배가 침몰해서, 죽은 선원의 여성 가족들이 검은 베일을 쓰고서 사무실로 모여들어요. 제가 보기엔 희랍 비극 속의 합창단이 그런 식으로 현대적으로 변형된 것 아닌가 싶습니다.

그리고 뜻밖에, 사람들이 전혀 예상치 못한 데서 이 작품과 연관된 모티브를 찾을 수도 있습니다. 뒤에 보시는 그림은 피카소의 유명한 작품 〈게르니카〉죠? 2차 대전 직전에 히틀러의 독일 공군이 피레네 산맥의 도시 게르니카에다 폭격을 가해서 큰 희생이 생겼어요. 그에 분노해서 피카소가 그림을 그렸다고 하죠. 한데 이 그림에서 저 위에 폭발하는 불꽃이 그려져 있고요, 왼쪽에 소, 불꽃 바로 밑에는 말이 그려져

게르니카 | 파블로 피카소, 1937, 스페인 마드리드 레이나 소피아 국립미술관.

있잖아요. 어떤 미술평론가께서는, 여기서 소는 공격자를 상징하고 말은 희생자를 상징한다고 해석하더라고요. 제 기억에 그런 해석의 근거를 밝히지는 않았던 듯한데요. 혹시 평론가께서 지금 이 장면, 힙폴뤼토스가 말을 몰고 가다가 소에 의해 죽는 장면을 머릿속에 두고 있어서 그런 것 아닌가 하는 생각이 듭니다.

에우리피데스의 작품 중에 내용이 굉장히 충격적이어서 오늘날 영화로도 만들어지고, 그래서 더욱 유명해진 작품 〈힙폴뤼토스〉를 같이 보셨습니다. 다시 한 번 에우리피데스의 특징을 강조하자면, 맨 앞에 설명적인 프롤로고스로 시작한다, 맨 마지막에 데우스 엑스 마키나가 나온다. 그리고 평범한 사람의 비중이 점점 커지고 있다. 합창단의 비중이 점점 줄어들고 있다. 그리고 다른 데서도 더러 나오는 모티프, 보디발 모티프도 나오고, '오늘 하루만 지나면 된다'는 것도 있고요. 이 작품에 나오는 꽤 유명한 구절 몇 개도 강조했습니다.

브런치 디저트

희랍 비극의 합창은 악보가 남아 있나요?

아니오, 없습니다. 우리가 희랍 비극을 이해하기 어려운 이유 중에 하나는, 합창이 모두 사라져버렸다는 점입니다. 그런데 혹시 여러분 중에 '나는 희랍 음악 들은 적 있다' 하는 분이 계실지도 모르겠어요. 제가 얼핏 보니, 《노튼(Norton) 앤솔로지》 음악편에 에우리피데스가 작곡한 노래라는 게 들어 있더라고요. 어떻게 만들었는지 모르겠어요. 일단 《노튼 앤솔로지》에 대해 얘기할게요. 아마 대학에서 영문학 전공하신 분들은, 《노튼 앤솔로지》라고 해서 좋은 작품들을 조금씩 떼어 편집해 놓은 아주 두꺼운 책으로 수업을 들으셨을 거예요. '앤솔로지(anthology)'라는 말의 앞부분은 '안토스(anthos)', '꽃'이라는 뜻이고요, 뒤의 '로지'라는 말은 희랍어로 '모으다(lego)'의 뜻이에요. 그래서 전체적으로 '꽃 모음'이라는 뜻이에요. 어떤 식물에서 꽃이 제일 아름다운 부분이니까 그 꽃만 따서 모아 놓은 것이란 말입니다.

이런 선집 중에서 유명한 게 《노튼 앤솔로지》인데요. 문학 선집만 있는 게 아니라 음악 선집도 있어요. 거기에 맨 앞에 에우리피데스의 노래가 들어 있습니다. 제 기억에 〈오레스테스〉의 합창이었던 것 같아요. 한데 전혀 설명이 없어서, 그걸 어떻게 만든 건지 모르겠어요. 사실 조금 생각해 보면 방법이 없진 않습니다. 희랍어는 장단이 아주 잘 발달해 있고요, 악센트도 세 개가 있어요. 올리는 악센트, 내리는 악센트, 올렸다가 내리는 악센트. 프랑스어에도 악센트 세 개 있죠? 그게 희랍어에도 다 있습니다. 강세가 아니라 '음악적 악센트'라고 해요. 그래서 원래 고전 희랍어에는 그걸 다 표시했어요. 아, 물론

VII. 힙폴뤼토스

비극이 나오던 시기에는 대문자만 있고, 소문자도 띄어쓰기도 없었어요. 악센트 표시도 당연히 없었고요. 그러다가 점차로 소문자·띄어쓰기·악센트 표시가 생겨나서 문서에 그 모든 장치가 다 들어갔는데, 현대 희랍어에서는 이미 그 악센트가 다 없어졌기 때문에 그냥 우리가 흔히 보는 것 같은 스트레스 악센트 표시만 남겨놨어요. 어쨌든, 옛날에는 단어마다 장단과 높낮이가 있었기 때문에 문장 자체가 그럭저럭 악보 역할을 했습니다. 우리나라에서도 같은 단어라도 지역어마다 높낮이와 장단이 좀 다르고, 그래서 지역어가 약간 음악적으로 들리기도 하잖아요. 그게 일종의 악보 역할을 해 줄 수는 있겠어요. 아마 그 높낮이와 장단을 악보에 옮겨서 재현한 것이 노튼 음악 앤솔로지의 노래 아닌가 싶습니다.

에우리피데스의 작품이 좀 난해한데, 혹시 작가가 존경을 덜 받아서 그런 건 아닐까요?

네, 우승은 소포클레스가 제일 많이 했고요. 아이스퀼로스도 꽤 많이 우승했는데, 에우리피데스는 우승을 별로 못했어요. 겨우 네 번 우승입니다. 스물두 번 출전한 결과예요. 그래서인지 인생 말기에 에우리피데스는 마케도니아로 이주했다가 거기서 죽었어요. 그때 막 알렉산드로스 집안이 북쪽에서 일어나기 시작했거든요. 그래서 거기 가 있던 중에, 산책을 나갔다가 들개에게 찢겨 죽었다고 전해집니다. 하지만 이런 얘기는 사람들이 공연히 지어낸 것일 수 있으니, 걸러 들어야 하고요. 어쨌든 생애 마지막에 희랍 남쪽에선 전쟁도 벌어지고 하니까 저 북쪽 지역에 가 있다가 죽어요. 그래서 에우리피데스가 다소 낙심한 거 아니냐는 견해도 있는데요. 그래도 지금 작품이 이렇게 많이 남아 있는 걸 보면 또 그 나름대로 인기가 있었다고 보기도 합니다. 그리고 20세기 중반쯤에는, 다른 작가들은 이미 많이 연구된 상태라서 그랬는지 학자들 사이에 에우리피데스의 작품이 재밌다고 갑자기 붐이 일어났던 적도 있었어요.

아리스토파네스의 희극 〈개구리〉에 나오는 평가가 맞는 것인가요?

〈개구리〉는 디오뉘소스가 저승에 에우리피데스 데리러 갔다가 아이스퀼로스를 데려오는 내용입니다. 그 작품에서 디오뉘소스는 두 작가를 경쟁시키고, 말하자면 거듭 양쪽의 무게를 달아보는데요. 겨룰 때마다 조금씩 조금씩 아이스퀼로스에게 유리하게 되는 듯하다가, 결국 맨 마지막에 아이스퀼로스를 데리고 오는 것으로 되어 있습니다. 물론 약간 놀려먹는 식으로 써 놓은 거니까, 우리가 〈개구리〉에 나오는 평가를 꼭 믿을 필요는 없습니다.

여러분, 아리스토파네스의 〈개구리〉는 굉장히 재미있습니다. 앞부분은 저승 여행 모티프, 뒤에는 역사상 최초의 문학비평이 나와 있는데요. 거기서 희극 작가 아리스토파네스가 두 시인의 특성을 굉장히 잘 포착했어요. 에우리피데스는 우리가 한 가지 주제에 집중하지 못하게 이야기를 자꾸 옆으로 끌고 나가요. 그래서 〈메데이아〉를 예로 보자면, 서로 헤어지게 된 남녀가 '야, 내가 네게 잘해준 것과 네가 해준 것을 한번 비교해 보자. 첫째, 둘째, 셋째…' 이러면서 따지는 장면이 나옵니다. 그러면 이 순간, 그 사이에 관객에게 생겨났던 공감이나 동점심 같은 게 다 사라져 버려요. 마치 이혼 법정에 온 것같이, 법정극처럼 돼 있습니다. 그래서 '첫째, 둘째, 셋째' 이렇게 꼽는 장면이 흔히 나오고요. 대화가 아주 논리적으로 전개됩니다. 그런 점도 아리스토파네스가 〈개구리〉에 반영했는데, 그 대목을 읽으시면 아마 희랍 비극을 처음 접하는 분들은 어리둥절하실 거예요.

여러분도 좀 어려우시죠? 온갖 이름이 난무하고, 신화적 인물만 해도 골치 아픈데, 문학사에 나오는 인물, 읽어보지도 않은 아리스토텔레스하며 아리스토파네스 등이 계속 나오니까요. 아마 약간 혼란스러우실 텐데, 그런 분은 그냥 희극 작가 아리스토파네스가 에우리피데스와 아이스퀼로스, 소포클레스가 모두 등장하는 〈개구리〉라는 작품을 썼다라고 알고 계시면 되겠어요. 〈개구리〉에는, 소포클레스는 조용한 사람이라서 옆에 가만히 있는 걸로 돼 있고 비극 시인 중 첫째 세대와 세 번째 세대가 싸우는 걸로 그려 놓았습니다. 한데 이 희극 작가께서 평론가 재능이 있었던지, 두 시인의 특징을 굉장히 잘 포착해서 작품에 잘 반영했어요.

문학이 높은 데서 낮은 데로 내려온 게 관객의 관심이 달라져서 그런 것인가요?
분명하게 알기는 어렵지만, 시대가 가면서 관객의 관심이 달라졌을 수도 있고요. 작가의 성향 차이일 수도 있고요, 문학사적으로 이제 그렇게 될 분위기가 무르익었기 때문일 수도 있습니다. 예술가들은 남이 벌써 했던 것은 안 하려 하잖아요. 해럴드 블룸(Harold Bloom)이라고 하는 학자께서 《영향에 대한 불안》이라는 책을 썼어요. 작가나 예술가들이 남에게 영향 받는 게 싫어서 일부러 앞 시대 사람을 '오해'한다는 겁니다. '네가 어떻게 말했든 나는 이렇게 이용하련다' 하면서 자기 마음대로 막 바꿔요. 어쩌면 에우리피데스도 앞 시대 작가들이 장중한 작품을 만들었으니까 자기는 좀 경박하게 만든 것 같아요.

그리고 에우리피데스의 활동 시기가 대체로 펠로폰네소스 전쟁과 겹친다는 것도 영향이 있을 듯합니다. 아이스퀼로스는 신이 역사에 개입하는 걸 자기 눈으로 봤어요. 근데 에우리피데스 시대에 오면 신탁을 조작하는 시대가 되어버렸죠. 그래서 그가 아마 신들이 떠나가버린 세계를 그리려고 했는지도 모르겠습니다.

ΆΛΚΗΣΤΙΣ
ΕΥΡΙΠΊΔΗΣ

VIII

알케스티스
에우리피데스

사튀로스와 사튀로스극, 구희극, 신희극
작품의 전반부-알케스티스가 죽다
작품의 후반부-헤라클레스가 죽음과 싸우다

사튀로스와 사튀로스극, 구희극, 신희극

앞 장에 이어 에우리피데스의 작품을 하나 더 보겠습니다. 왜 에우리피데스의 작품은 두 개를 다루는지 궁금하실 분도 있겠습니다. 일단 에우리피데스 것은 남아 있는 작품이 많습니다. 현재까지 온전하게 전해지는 비극 전체 33편 중에 19편이 에우리피데스 작품입니다. 방금 '비극'이라고 했는데, 사실 그중 한 작품은 사튀로스 합창단이 등장하는 '사튀로스극'이고요. 지금 살펴볼 〈알케스티스〉는 좀 특별한 점이 있는데요. 그 사튀로스극을 대신하는 작품이란 점입니다.

사튀로스는 뒤쪽 그림에 보는 것처럼 생겼습니다. 지금 이 장면은 프로메테우스가 불을 가져온 순간을 그린 것입니다. 사튀로스는 대개 반인반수(半人半獸)라고 하는데 사실 거의 인간 모습입니다. 귀가 당나귀처럼 크고요, 이렇게 꼬리가 있습니다. 그리고 발은 원래 말발굽인데,

불을 가져온 프로메테우스 | 이탈리아 라파리 에올리에박물관.

후대로 가면서 판(Pan) 신 그림의 영향을 받아서 염소 발굽으로도 그리게 되었습니다. 판은 하체가 염소 모습입니다. 말과 염소는 발굽이 다르죠? 말은 통굽이고 염소는 둘로 갈라져 있습니다. 사튀로스들은 대체로 어떤 놀라운 일이 있으면 깜짝 놀라는 역할로 그림 속에 많이 등장하고요.

오른쪽에 보시면 사튀로스가 그려진 다른 유명한 그림이 있습니다. 에우리피데스의 〈박코스의 여신도들〉에서 테바이의 젊은 왕 펜테우스가 박코스의 여신도들을 염탐하기 위해 여자 옷을 입고 여자들 사이에 숨어 있다가 잡혀서, 자기 어머니와 이모들에게 몸이 갈가리 찢겨서 죽는 장면이 있는데 그걸 그려 놓은 작품입니다. 그림을 보시면 오른쪽 여자들이 남자의 분리된 상체를 붙들고 있고요, 왼쪽에는 발목을 들고 있는 이도 그려져 있네요. 그리고 오른쪽 끝에 그려진 것이 사튀로스입니다. 이런 짓은 하면 안 된다는 듯한 동작을 취하고 있습니

디오뉘소스 추종자들을 엿보다 찢겨 죽은 펜테우스 | 기원전 480, 미국 텍사스 킴벨미술관.

다. 귀와 꼬리가 아주 잘 보이지 않고요, 발도 그냥 곰 발바닥처럼 그려져서, 말발굽도 염소 발굽도 아닌 듯 보입니다. 앞의 그림도 그렇습니다만, 이런 그림들이 일반적으로 비극 공연을 보고서 그린 것이어서 이렇게 된 듯합니다. 극 중에 사튀로스 분장을 한 사람들이 나오는데, 그 발을 동물 모양으로 하기가 힘들잖아요. 그래서 그냥 사람 발로 나오니까 그걸 보고 그린 그림에도 이렇게 사람 발처럼 그려진 겁니다.

제가 사튀로스 얘기를 이렇게 자세히 하는 이유가 있습니다. 희랍 비극은 네 편씩 묶여서 발표됐다, 아무 때나 상연하는 게 아니라 1년에 두 번 디오뉘소스 축제 때, 그러니까 2월 말에 한 번 3월 말에 한 번 이렇게 두 차례 경연대회가 있었고 거기서 상연된 거고요. 공연 상황에 대해 대(大) 디오뉘시아라는 3월 말의 행사를 기준으로 얘기하면요. 축제 기간의 마지막 나흘은 연극 대회에 배정해서 사흘간은 비극 경연대회를 하고, 마지막(또는 첫 부분) 하루는 희극 경연대회를 열었던 것으로 알려져 있습니다.

한데 비극 경연대회에는 아무나 출전하는 게 아니라, 국가에서 지정한 사람 3명이 있어서, 국가에서 비용을 지급하고 합창단을 구성할 수 있는 권리도 주었습니다. 이 3명의 작가가 각각 네 작품씩 출품하는데 그것을 묶어서 '4부작'이라고 부릅니다. 한데 그 네 작품이 전부 같은 성격의 것이 아니라 세 작품은 우리가 생각하는 비극 작품으로 되어 있어서 그건 '3부작'이라 부르고요, 마지막 하나가 사튀로스극입니다. 이 극에는 조금 전에 보신 것 같은 사튀로스들이 합창단으로 등장합니다. 내용은 비극처럼 끔찍한 사건이 담기지 않고 약간 우스운 이야기를 담고 있는데요, 우습다고 해서 희극이란 말은 아닙니다. 희극과는 별개의 장르입니다.

이 사튀로스극에 대해서는 국내에 아는 사람이 거의 없습니다. 그래서 '사튀로스극'이라 하면 '아, 그거 풍자극이죠?'라고 말하는 사람이 있어요. 한데 이 정도 반응을 보이는 사람조차도 우리나라에서는 극소수의 지식층에 속하는 분입니다. 그런데 이것도 잘못 아는 것입니다. 사튀로스극은 풍자극이 아니에요. '풍자극'이라고 말할 때 그분이 생각한 건 '세타이어'라고 하는 거예요. 세타이어는 라틴어로 사티라(satira), 또는 사투라(satura)라고 하는 것으로, 영어에서는 이 단어의 마지막 철자만 바꿔서 satire라고 적습니다. 그건 대개 '풍자극'이라 하지 않고 그냥 '풍자', 아니면 '풍자시'라고 하죠. 이 장르는 로마인들이 자기들 고유의 것이라 자부하는 문학 장르입니다. 다른 문학 장르는 다 희랍에서 빌려왔는데 이 장르만큼은 자기들이 만들었다고요. 이 사투라에는 우스운 내용의 시가 많이 있고요, 사회 비판적인 내용도 많습니다. 사실은 여러분들도 이미 알고 있는 이야기 중에 로마의 사투라가 있습니다. '시골쥐, 서울쥐'가 바로 호라티우스의 사투라 중에 들어 있어요. 시골에 살던 쥐가 친구를 따라 도시로 온 쥐가 처음에는 화려한 것에 놀라지만, 잠시 후에 여러 위험을 보고서 시골로 도망쳐가서는, 원래 살던 데가 더 좋다고 말하는 내용이죠? 여러분이 전래동화로 알고 계실 텐데, 사실 전래동화라는 것 중 다수가 희랍과 로마의 여러 이야기들이 대개는 일본을 거쳐서 번안되어 들어온 것입니다.

하지만 이런 '세타이어'는 대개 '풍자시'라고 부릅니다. 한편 사튀로스극은 로마의 문학 장르인 사투라가 아니라, 영어로 '세이터 플레이(satyr play)'라고 하는 겁니다. 희랍어의 '사튀로스(satyros)'에서 −os를 떼어버리고, 그 앞부분만 적고는 /세이터/라고 읽어요. 그런데 사람들이 이걸 '세타이어'와 혼동해서 사튀로스극을 풍자극이라고 하는 겁니다.

설명이 좀 길었네요. 비극 경연대회 때는 작가마다 작품 네 편을 한꺼번에 발표하는데, 그중에 네 번째 것은 앞의 세 개와는 약간 성격이 다른 것으로, 귀가 길고 꼬리가 있는 반인반수 합창단이 나온다는 게 요지입니다. 그런 사튀로스극 중 한 편이 현재까지 전해지고 있습니다. 에우리피데스의 〈퀴클롭스〉라고 하는 극이에요. 오뒷세우스가 트로이아 전쟁에서 돌아오던 중에 배가 난파해서 어떤 섬에 도착했다. 한데 거기에 외눈박이 괴물이 살고 있고, 사튀로스들이 그 괴물에게 종살이를 하고 있더라는 내용입니다. 이 사튀로스들은 자기들의 주인인 디오뉘소스를 따라가다가 배가 파선되는 바람에 거기에 표착했고, 괴물에게 붙잡혀 종살이를 하는 중이다, 그래서 오디세우스가 거기서 이 외눈박이 괴물의 눈을 찌를 때, 사튀로스들이 그 곁에서 사건을 지켜보는 것으로 되어 있습니다. 이것이 현재까지 남은 33편의 비극 묶음 중 유일한 사튀로스극이에요.

〈알케스티스〉라는 작품은 그 사튀로스극 대신에 4부작에 들어간 것인데요. 사튀로스극을 빼고 다른 것을 넣은 이유는 무엇일까요? 아마 사튀로스극은 여러 번 보았으니, 약간 다른 시도를 해보기 위해서가 아닌가 싶습니다. 그래서 비극보다는 약간 우스운 내용이고, 사튀로스가 나오지 않는 짧은 극을 하나 넣자 해서 이 작품이 나온 것 아닌가 하는 것입니다. 어떤 사람은 〈알케스티스〉를 사튀로스극이라고 부르기도 하는데, 사튀로스가 등장하지 않으니 엄밀한 의미의 사튀로스극은 아니고, 그저 '사튀로스극 대용'이라고 아시면 되겠습니다.

사튀로스극과 관련된 사항을 조금 더 설명합니다. 사튀로스극이 우스운 내용이라고 했는데, 그렇다고 해서 희극은 아닙니다. 비극 작가 세 분 중 소포클레스와 에우리피데스가 활동하던 시기는 아리스토파네스라는 희극 작가의 활동 시기와 겹치는데요. 이 작가의 작품은 정치적 성격이 아주 강하고, 플롯이 잘 연결되지 않는, 아리스토텔레스 시학 아닌 '브레히트 시학'을 따라가는 작품입니다. 이야기가 단절 없이 연결되지 않고 조각조각 토막이 나요. 예를 들면 작품 앞쪽에서는 틀림없이 주인공에게 아내가 있었는데, 뒤에 가면 기존의 아내는 전혀 신경 쓰지 않고 새로 결혼식을 올리는 식으로, 앞뒤가 맞지 않는 내용도 나옵니다.

그리고 내용이 굉장히 정치적입니다. 특히 중간에 이야기가 중단되어 배우는 다 퇴장하고 합창단이 단독적으로 발언하는 순간이 있습니다. 그 발언 내용은 대체로 두 가지 중 하나입니다. '여보시오, 심사위

원들. 우리가 노래를 이렇게 잘하는데 상을 주어야 하지 않겠습니까?' 하는 게 그 한 가지입니다. 이렇게 되면 극적인 환상이 깨집니다. 얼마 전까지 등장인물이었던 사람이 갑자기 경연대회 참가자 자격으로 발언 하니 말이에요. 우리가 영화를 보는데, 갑자기 주연 배우가 카메라를 똑바로 보고서 '이 작품은 이런 저런 영화제에 출품할 건데, 심사위원 여러분, 우리에게 상을 주셔야겠죠?'라고 발언한 다음, 다시 등장인물로 돌아가서 연기를 계속한다고 생각해 보세요. 그러면 관객은 감독이 미쳤다고 생각하거나, 이건 실험영화구나 하고 여길 거예요. 어쨌든 할리우드 영화를 볼 때와 같은 몰입은 이미 사라져버렸다고 봐야죠. 일부러 이런 효과를 내는 게 바로 '브레히트 시학'입니다. 아리스토텔레스 시학은 이야기가 기승전결로 연결되어서, 관객이 이야기 속으로 완전히 빠져들어 작품이 끝날 때까지 환상이 깨지지 않는 그런 거예요. 그런데 현대에는 점점 이야기 틀의 안과 밖이 섞이는 영화가 많아지고 있죠. 특히 영화제에서 상 받는 작품들이 그렇습니다. 이야기 순서의 앞뒤를 바꾸고 엉뚱한 장면을 집어넣고, 그래 갖고 옛날처럼 몰입하지 못하게 하는 그런 영화들이요. 대체로 그런 작품들이 상을 받습니다.

이런 건 대체로 '브레히트 시학'을 따르는 작품이라 해요. 그런데 브레히트라는 사람이 태어나기 2,300년 전에 아리스토파네스가 그런 걸 벌써 다 했습니다. 아리스토텔레스의 시학에 대비되는 창작 원칙입니다. 약간 혼동하실 분도 있어서 설명할게요. '시학'이라는 말은 책 제목으로도 쓰이고요, 또 어떤 사람이 어떤 작품을 만들 때의 이론적 배경이나 그 창작자의 태도 같은 걸 가리키기도 합니다. 제가 지금 '브레히트 시학'이라고 말한 것은 브레히트가 《시학》이라는 책을 썼다는 게 아니라, 브레히트의 예술 이론을 가리킨 거예요.

희극에 대해 조금 더 설명합니다. 아리스토파네스가 쓴 극은 특히 '구희극(Old Comedy)'이라고 합니다. 그러면 '신희극'도 있을까요? 네, 있습니다. 메난드로스라고 하는 작가의 극인데, 그 사람의 작품은 대체로 아리스토텔레스 시학에 따라서 쓴 것이에요. 우리가 이야기 속으로 들어가면 그 몰입감이 극 끝날 때까지 지속되고요, 그의 작품에는 늘 반복되는 패턴이 있기 때문에 익숙해서 편안한 느낌도 들어요. 보통의 패턴은 이렇습니다. 아버지의 말을 듣지 않고 화류계에 드나드는 아들이 있다, 그는 사창가에서 어떤 여자를 만나고, 이 둘은 결혼하면 안 되는 사이인데 이미 아기가 생겼다, 하지만 나중에 여자가 사실은 귀한 집 딸이라는 게 밝혀지고 젊은 커플이 행복하게 결혼식을 올린다. 자, 이런 식으로, 앞에 보신 아리스토파네스 극에 비해 일관된 이야기 흐름이 있고요. 정치적인 내용은 거의 보이지 않습니다.

그리고 신희극은 표현이 굉장히 점잖아요. 그래서 성적인 농담 같은 건 잘 안 나옵니다. 반면에 아리스토파네스의 희극엔 성적인 농담이 굉장히 많이 나와요. 이른바 '화장실 농담'도 굉장히 많습니다. 죄송합니다만, '똥, 오줌, 방귀, 트림' 같은 말들이 계속 나오고요. 성적인 것도, 이성애적인 것만이 아니라 동성애적인 것도 자주 나옵니다. 그래서 아리스토파네스 작품은 번역하기 좀 어렵습니다. 어휘가 널뛰기를 하거든요. 아주 고상한 표현이 나오다가 갑자기 저급한 단어가 나오는 식이어서요. 그냥 저급한 것만 계속 나오거나 고상한 것만 계속 나오면 그래도 일관성이 있을 텐데 말입니다. 물론 현대 독자가 작품을 읽는 데도 어려움이 있고요.

희극에 대해 너무 오래 얘기해서, 혹시 〈알케스티스〉는 보지 않을 건가 싶으실 텐데 그건 아니고요. 제가 지금 사튀로스극이 우스운 내용으로 되어 있지만 희극은 아니라는 걸 설명하는 중입니다. 고대 희랍의 희극에는 구희극도 있고 신희극도 있는데, 구희극이 좀 더 웃깁니다. 그런데 정치적 발언이 많이 들어 있고, 이야기 흐름이 잘 연결되지 않고요. 그래서 아리스토텔레스 시학이 아닌 다른 시학을 따라가는 작품이다. 신희극은 늘 나오는 패턴을 따라가며 아리스토텔레스 시학에 맞춰져 있다. 표현은 좀 더 점잖지만, 현대의 우리가 읽기에는 재미가 없다.

자, 요약합니다. 사튀로스극은 희극이 아니고 그 표현은 비극의 고급 어휘에 가깝다, 그렇지만 내용이 약간 우스운 데가 있다, 그렇다고 신희극이나 구희극하고 완전히 같은 것도 아니다. 자, 그런 사튀로스극 지금 같이 보시겠습니다.

작품의 전반부-알케스티스가 죽다

앞 장에서 에우리피데스의 특징을 설명했죠? 맨 앞에 설명적인 프롤로고스가 있다. 마지막에 데우스 엑스 마키나가 있다.

데우스 엑스 마키나는 원래 '기계장치를 타고 나타난 신'이란 뜻인데요. 요새는 좀 좋지 않은 뜻으로 '미봉책, 임시방편'이란 의미로 사용되고 있습니다. 전에 들었던 예를 다시 사용하자면, 인기 드라마의 주연 배우가 어떤 큰 사고를 쳤다, 그러면 그 배우를 퇴출시키고 극 중에서는 죽은 것으로 처리하는 경우 따위죠. 하지만 원래는 상당히 전문적인 용어였던 겁니다. 아리스토파네스 〈구름〉에서는 아예 극 중에 데우스 엑스 마키나와 비슷한 장치가 나오는데요. 소크라테스가 바구니에

헤라클레스의 모험 지도

올라탄 채로 허공에 매달려서 대기를 연구하고, 그의 제자들은 땅을 들여다보면서 연구하는 장면입니다.

자, 이제 〈알케스티스〉 내용을 보셔야 합니다. 〈알케스티스〉의 줄거리를 요약하자면, 헤라클레스가 북쪽으로 사람 잡아먹는 말을 잡으러 가다가 어떤 여자가 남편 대신에 죽게 된 것을 살려낸다는 겁니다. 아주 간단하죠? 헤라클레스는 희랍의 대표적인 영웅으로서 그가 이룬 12가지 위업이 유명한데요. 그중 앞의 여섯 개는 희랍의 남쪽 펠로폰네소스 반도에서 한 일입니다. 위의 지도를 보시면 점 찍힌 지점이 일곱 군데 있는데요. 하나는 헤라클레스의 고향인 티륀스고요, 나머지 6개는 여섯 가지 위업을 이룬 장소입니다.

지명이 적혀 있지만 신경 쓰지 마시고요. 그냥 여기서는 멧돼지, 저기서는 사슴을 잡고, 사자와 싸우고, 머리 여러 개 있는 뱀과 싸우고, 외양간 청소하고, 새 떼를 퇴치하고, 이런 식으로 6가지 큰일을 했다고만 알아두세요. 그다음 뒷부분 6가지는 세계의 동서남북, 그리고 세상 끝과 저승에 다녀오는 것입니다. 세상의 남쪽에 가서 소를 잡아 오고, 북쪽에 가서 말을 잡아 오고, 동쪽에 가서 아마존의 허리띠, 서쪽에 가서 게뤼온의 소 떼를 데려오고, 세상 끝에 가서 헤라의 황금사과를 가져오고, 그리고 저승에 가서 머리 여럿 달린 개 케르베로스를 데려오는 것. 이렇게 12가지 위업을 행하게 되지요.

〈알케스티스〉 속의 사건은 헤라클레스가 세상의 북쪽으로 말 잡으러 갈 때 겪은 일입니다. 가축의 역사에 대한 책을 보면, 말은 인류가 길들인 동물 중에 상당히 늦게서야 가축으로 편입이 되었답니다. 그러니 영웅이 말을 잡으러 가는 것도 꽤 적절한 일화입니다. 그 말이 있는 곳은 트라케 지역입니다. 희랍의 북동쪽, 오늘날 마케도니아 지역 테살로니키에서 약간 동쪽 지역을 트라케라고 하는데요. 거기에 디오메데스라고 하는 왕이 사람 잡아먹는 말을 키우고 있어요. 헤라클레스는 에우뤼스테우스의 명을 받아 그 말을 잡으러 가는 길입니다.

뒤의 그림은 모로(Gustave Moreau; 1826~1898)의 작품인데요. 사실은 굉장히 큰 그림의 아래쪽만 조금 잘라놓은 거예요. 말이 사람을 물어뜯고 있죠? 헤라클레스가 말 주인을 잡아서 먹이고서 말들을 끌고 왔다고 합니다. 그랬더니 그 임무를 맡겼던 에우뤼스테우스는 그 말들을 그냥 풀어주라 명합니다. 풀려난 말들은 자기 고향을 향해서 가다가 들짐승들에게 죽었다고 해요. 좀 허망하죠? 사람은 잘 잡아먹지만 스스로는 지킬 줄 모르던 그런 말이었던 모양이에요.

디오메데스의 말 | 귀스타브 모로, 1865, 프랑스 루앙미술관.

자, 배경 설명을 조금 더 합니다. 오늘의 이야기는 〈힙폴뤼토스〉에 연결됩니다. 테세우스의 아내가 아마존 여인에게서 태어난 의붓자식을 사랑하다가 일이 뜻대로 되지 않자 그를 모함하는 편지를 남겨 놓고 죽었다, 노경에 총기를 잃은 테세우스는 그 편지를 믿고 자기 아들을 저주해서 쫓아낸다, 아들이 마차를 몰고 바닷가를 달려가다가 바다에서 튀어나온 괴물 때문에 죽는다, 그 후에 이어지는 이야기입니다. 나중에 의술의 신으로 모셔지는 아스클레피오스가 죽은 힙폴뤼토스를 살려냈답니다. 한데 죽은 사람이 살아나면 세계 질서가 무너지잖아요. 그래서 제우스가 벼락을 던져서 아스클레피오스를 죽였답니다. 그러자 아스클레피오스의 아버지인 아폴론이 자기 자식이 죽은 것에 분개해서 벼락을 만든 퀴클롭스들을 없애버렸대요. 사실은 벼락을 만든 존재보다는 그걸 사용한 제우스에게 더 책임이 있지만서도, 자기 아버지에게 대들 수는 없으니까 벼락을 만든 존재들에게 화풀이를 한 거죠.

그러자 제우스가 화가 나서 아폴론을 인간에게 종살이하도록 보냈답니다. 옛날에는 신이 잘못을 저지르면 인간에게 가서 종살이한다는 개념이 있었어요. 그래서 아폴론이 희랍 북쪽의 텟살리아 지역에 와서 아드메토스라는 사람의 집에서 종살이를 하게 되는데요. 아드메토스가 그에게 굉장히 잘해줬기 때문에 아폴론이 보답하기 위해서 가축을 엄청나게 늘려 주고, 또 아름다운 아내를 얻게 해 주고, 부자로 만들어 줬다고 합니다. 그 이야기가 오늘 다룰 작품으로 연결되는 겁니다.

아폴론은 거기서 그치지 않고, 운명의 여신들을 술 취하게 만들어서 약속을 받아냈다고 합니다. 아드메토스가 자기 대신 죽을 사람을 하나만 구해 오면 본인은 죽지 않아도 된다는 약속입니다. 그 후로 이 아드메토스는 자기 대신 죽을 사람을 구하려고 애를 쓰지만, 아무리 노력해도 그런 사람을 구할 수가 없습니다. 늙으신 부모님조차도 그걸 거부하세요. 그러자 그의 아내가, 자기 남편이 죽으면 아이들이 아버지 없이 자랄 것이 걱정되어서 자기가 대신 죽기로 결심합니다. 그래서 그녀가 죽는 날, 이 이야기가 시작돼요.

작품 첫 장면에 아폴론이 나옵니다. 아폴론이 등장해서, 마치 관객이 안 보이는 것처럼 독백으로 혼자서 이런저런 사연을 전달하는데요. 관객은 '아, 에우리피데스 작품답네, 또 시작이군' 이렇게 생각했겠죠. 에우리피데스가 작품 맨 앞에 설명적인 프롤로고스, 마지막에 데우스 엑스 마키나, 이렇게 만든 이유 중 하나는요. 사람들로 하여금 '이것도 에우리피데스 작품이구나'하고 느끼게끔 자기의 인장(印章)을 확 박아 놓은 거예요. 저도 어떤 영화를 보다가 그런 느낌을 받은 적이 있습니다. 어떤 거리의 뒷골목에 제대로 된 조명도 없는데, 어떤 사람이 모자를 깊게 눌러쓰고서 낮은 목소리로 주인공을 위협하는 장면이 나오는 걸 보고 '아차, 이거 코헨 형제 영화였지. 의식을 안 하고 보고 있었네' 하는 생각이 든 겁니다. 이렇게 인위적으로 늘 같은 장치가 반복되면 '이건 아무개 작품이구나'라고 생각하게 되고, 우리가 극에 몰입하기보다는 그 사람의 다른 작품을 떠올리고, 그 사람과는 다른 방식으로 극을 전개하는 다른 작가도 생각하게 되죠. 그러면 몰입감이 갑자기 확 떨어집니다. '이건 사람이 만든 인위적 창조물이다'라고 의식하게 돼요. 바로 이런 게 에우리피데스의 기여입니다. 우리로 하여금 감동을 느끼기보다는 조금 다른 측면에서 생각하게 하는 지적인 작가죠. 인위적인 시작과 인위적인 마침, 이런 것들이 몰입 방지 장치라고요.

자, 다시 〈알케스티스〉의 도입부로 돌아갑니다. 아폴론이 등장해서는 '그동안 정들었던 집아, 나는 이제 떠나가노라' 하고 인사해요. 이 〈알케스티스〉라는 작품에는 배우가 두 명뿐이에요. 한데 배역은 여러 개입니다. 우리 지난번에 안티고네와 그의 약혼자인 하이몬이 서로 만나지 못하는 이유 중 하나가, 같은 배우가 두 가지 역을 연기하는 것 때문이라고 얘기했죠?

오늘 보시는 〈알케스티스〉에서는 알케스티스가 남편 대신 죽으려고 하는데, 헤라클레스가 그녀를 죽음으로부터 구해냈다는 게 핵심적인 내용이에요. 한데 여주인공 알케스티스가 극 중간에 죽어요. 그러면 알케스티스 역을 했던 배우는 그 후에 뭘 하느냐? 극의 뒷부분에서 헤라클레스 가면을 쓰고 나와서 헤라클레스 역할을 연기해요. 그래서 이 작품 안에서 구원을 받는 사람과 구원하는 사람을 같은 배우가 공연하게끔 되어 있어요.

여러분, 저 남미의 작가 보르헤스 작품을 보면 그런 거 있죠. 어떤 중대한 사건이 있어서 수사기관에서 그걸 추적하는데, 나중에 알고 보니까 그 수사를 지시한 높은 분이 범인이었다는 식이요. 오늘날에는 범죄물 같은 데서 그런 걸 많이들 보시고, 예를 들면 나쁜 경찰 나오는 영화들에 그런 사례가 꽤 있지만서도, 보르헤스 작품을 보면 좀 기묘한 느낌이 드는데 저는 희랍극의 관례에서 영향을 받지 않았나 그런 생각이 듭니다. 저는 뭐든지 다 고전에서 나왔다고 주장하니까요. '이건 에우리피데스의 영향이다!'라고 얘기하고 싶어요.

어쨌든 이 작품에는 배우가 두 명뿐이어서, 같은 배우가 성향 다른 여러 역할을 시간차를 두고 연기하고 있습니다. 한 가지 미리 말씀드리자면, 이 작품에서 중요한 '배역' 중 하나가 집이에요. 사실은 〈힙폴뤼토스〉에서도 집이 일종의 배우처럼 되어 있었습니다. 힙폴뤼토스의 대사 중에 '벽아, 네가 말을 할 수 있다면 얼마나 좋을까!' 이런 것도 있습니다. 그와 유사하게 〈알케스티스〉에서도 중요한 단어 중 하나가 '집'입니다. 알케스티스의 작별 인사 중에 집을 향한 것도 있어요. '잘 있거라, 살기 좋았던 집아!' 이런 식이죠. 마치 기형도(奇亨度; 1960~1989)의 시 같군요. '잘 있거라, 짧았던 밤들아!' 저로서는 기형도도 이 작품의 영향을 받았다고 주장하고 싶네요. 아, 농담입니다.

다시 첫 장면으로 돌아갑니다. 맨 처음에 아폴론이 나와서는 '정든 집아, 나는 떠나노라' 하고 인사합니다. 그러고는 그동안 있었던 일을 얘기하는데 '설명적인 프롤로고스'입니다. 그동안의 사정을 설명하고 앞으로 사건이 어떻게 진행될지도 예언합니다. 아폴론은 예언의 신이니 예언이 잘 어울리기도 하네요. 그때 죽음의 신이 거기에 도착합니다. 분장은 어떻게 했을지 궁금한데요, 여러분이 연출을 맡으면 어떻게 할지 한번 생각해 보세요.

자, 죽음의 신 타나토스가 나타나서는 시비를 겁니다. '아폴론, 당신 설마 알케스티스를 살려 주려고 여기 온 건 아니겠지?' 그러자 아폴론이 죽음의 신을 한번 회유해 보려 시도합니다. 젊은 사람을 데려가는 것보다 나이 먹은 사람을 데려가는 게 유리하지 않겠냐, 그러면 장례식도 화려하게 받고 좋지 않겠냐, 하는 것입니다. 그랬더니 죽음의 신이 '그것은 돈 많은 사람들에게나 유리한 원칙이다'라고 반격하는데요, 이것도 재미있는 구절입니다. 만약 '장례식을 화려하게 할수록 내게 유리하다'는 논변에 죽음의 신이 넘어간다면, 부자는 계속 돈으로 다른 사람을 사서 죽음에게 넘겨주고, 자신은 영원히 살 수 있을 거 아니에요? 죽음의 신은 평등주의자네요.

지금 이 작품의 한 가지 특징은, 죽음에 대한 여러 가지 관점들이 다 소개된다는 점입니다. 우선 늙으신 부모님이 아들 대신 죽기를 거부해요. 오른쪽의 그림 좀 설명할게요. 폼페이 벽화입니다. 폼페이 벽화는 르네상스 이후의 그림처럼 통일된 시점과 원근법을 쓰지 않고요, 인물의 가치에 따라서 크기를 달리하는 기법을 썼어요. 그래서 이 그림에서도 아폴론이 뒤에 있지만 보통 인간보다 키가 더 크게 그려져 있네요. 맨 뒤에 수염 없는 젊은이가 화살통을 등에 지고, 손은 수인(手印)을

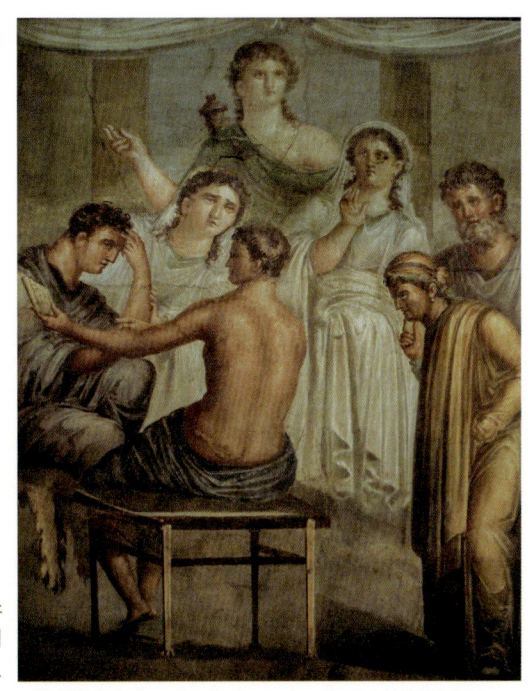

죽어가는 아드메토스
| 폼페이 벽화, 이탈리아 나폴리 국립고고학박물관.

취하고 있죠? 불교의 수인처럼 옛날부터 신의 어떤 표시가 있었어요. 그림 왼쪽에는 얼굴이 흙빛이 된 채 아드메토스가 죽어가고 있고요. 그림 맨 오른쪽에는 늙으신 부모님이 아들이 죽는데도 별로 동요하지 않고 구경하고 있는데, 어머니는 거의 노려보는 듯이 들여다만 보는 걸로 그려져 있네요. 중간에 아드메토스의 아내가 뭔가 제안하려는 듯 손을 내미는 것으로 그려져 있습니다.

이렇게 늙으신 부모님도 아들 대신 죽기를 거부해요. 특히 나중에 알케스티스가 죽자, 아버지가 며느리 장례에 문상을 왔다가 아드메토스와 싸우게 되는데요, 그때의 대사가 인상적입니다. '이놈아, 젊은 놈

VIII. 알케스티스   339

남편 대신 죽음을 청하는 알케스티스
| 하인리히 퓌거, 1804~1805,
오스트리아 빈 예술대학.

에게만 햇빛이 달콤하고 늙은이에게는 안 그런 줄 아냐?' 하는 대사입니다. 사실 우리는 그런 선택의 지경에 몰리지 않기를 바라지만, 만약 가족 중 누군가 꼭 죽어야 한다면 젊은 사람보다는, 온 순서대로 나이 드신 분이 떠나는 게 순리겠죠. (나이 드신 분들께서는 저를 용서하세요. 일반적으로 그렇다는 말이고요.) 그런데 여기 그와는 다른 관점이 제시된 겁니다. '내가 너한테 안 해준 게 뭐냐? 그동안 키워 주고 교육시켜 주고, 이것저것 다 해 줬는데 죽는 것까지 대신 해 줘야 되냐?' 그러는데요, 이것도 일리 있는 논변입니다.

다른 그림 하나 볼까요? 위에 있는 그림입니다. 저는 이 그림이 정말 마음에 듭니다. 오른쪽에는 남자가 얼굴이 흙빛이 된 채 눈도 맞추지 못하고 죽어가고 있고요, 왼쪽에는 아내가 눈길을 하늘로 향하고 한 손으로 남편을 가리키면서 다른 손으로 자기 가슴을 짚고 있죠. '신이시여, 저 사람 대신 제가 죽겠습니다'라고 기원하는 것 같고요. 그녀 밑에는 아이들이 둘러싸고 있어요. '엄마가 세상 떠나면 우리는 어떻게 해요?' 하는 듯합니다. 그리고 남편 머리맡에는 시종이 '여보시오, 여보시오, 당신 아내가 대신 죽는다니 정신 차리시오'라고 말하는 듯하네요. 한편 왼쪽에 머리 벗겨진 노인이 손을 쭉 뻗으며 '야, 며늘아가, 그럴 필요 없다!' 하고 말리는 듯합니다. 재밌게 잘 그려진 그림입니다. 이것도 시아버지의 태도를 보여주는 것 같은 그림이에요.

조금 전에 언급한 장례식 장면을 보면, 며느리가 죽었다니까 시아버지가 장례용품을 들고 오면서 '그래, 남자가 결혼을 하려면 이런 결혼을 해야지. 이런 결혼이야말로 득이 되는 거야' 합니다. 결혼을 사랑의 결합이라기보다는 이득을 보는 수단으로 생각하는 듯해요.

제가 이렇게 말하면, '저 사람은 정말로 결혼이 사랑의 결합이라고 믿는 걸까?' 하실 분도 있겠지만요. 바로 이런 것들이 우리가 비극을 읽는 이유고, 고전에서 얻어낼 수 있는 지혜 같은 겁니다. 평소에 생각하지 않았던 근본적인 문제에 대해 사색과 토론의 기회를 제공한다는 거죠. 여러분, 아주 속된 모임에 참석해서 계속 먹는 얘기, 돈 얘기하다가 집에 와 보세요. 얼마나 피곤해요. 한데 어떤 모임에서 우리가 평소에 잊고 지냈지만 아주 근본적인 어떤 문제가 제기돼서 그에 대해서 깊이 있는 얘기를 나누고 좋은 말을 듣거나 어떤 책을 소개받거나 하다가 돌아왔다, 아니면 여럿이 함께 그런 주제를 다루는 영화나 연극을 봤다. 그러면 왠지 오늘은 꽤 충실하게 산 것 같은 그런 느낌이 들죠. 그리고 '내가 따라가기는 좀 힘들지만, 이거 꽤 괜찮은 생각들이다' 그런 느낌이 들어요. 이런 것이 고전과 문학, 예술이 우리에게 주는 사색의 계기이고 또 이익이라고 말할 수 있을 겁니다.

아, 제가 너무 거룩한 말씀을 늘어놓고 있군요. 다시 작품으로 돌아가죠. 자, 이 작품에는 죽음에 대한 서로 다른 태도, 결혼에 대한 다른 관점, 이런 것도 나와 있습니다.

아직 좀 멀리 있습니다만 장례식 장면을 미리 조금 보죠. 아버지 페레스가 이득 되는 결혼에 대해 언급하자, 아들이 자기 아버지를 보고서 '당신이 죽었어야 하는데, 왜 안 죽었냐?'고 공격합니다. 이어서 둘 사이에 추악한 말다툼이 벌어집니다. 학자들은 이게 어쩌면 희랍 비극 사상 가장 추악한 말다툼 장면일 거라고 말합니다. 그런데 거기서 아버지가 자기 속내를 밝히죠. 자기가 조금 전에 칭찬하기는 했지만, 사실 속으로는 알케스티스가 머저리라고 생각한다고요. 왜 남을 위해서 죽냐고, 나 같으면 안 그런다고.

우리가 지금 앞쪽에 있는 그림을 보느라고 조금 앞서 나갔습니다만, 이 그림은 전체를 종합적으로 잘 보여주는 거고요. 오른쪽의 그림은 그냥 아내가 죽어가는 장면을 보여주고 있네요. 이 장면이 작품 시작되는 순간에 벌어지는 사건입니다.

자, 조금 전에 아폴론이 등장해서 그동안 있었던 일을 설명했고요, 자기는 죽음과 같은 집 안에 있을 수 없기 때문에 떠나가노라고 선언했습니다. 지난번에 〈힙폴뤼토스〉에서도 그랬죠? 아르테미스도 자기가 힙폴뤼토스를 사랑하기는 하지만 죽는 사람하고 같은 지붕 아래에 있

알케스티스의 죽음 | 장 프랑수아 페이롱, 1785, 프랑스 루브르박물관.

으면 안 된다고. 그래서 여신이 떠나고 난 뒤 맨 마지막에 아버지와 아들의 화해 장면이 나오는데요, 우리 인간들은 어찌 보면 고통의 공동체입니다. 우리 모두가 언젠가는 죽을 존재로서 고통은 우리들끼리 나눠야 합니다. 고통과 공감의 공동체죠. 신들에게는 고통도 죽음도 없기 때문에 신은 인간에게 공감할 수가 없어요. 죽음을 겪을 수 없기 때문에 그렇습니다. 물론 신들도 자기의 피보호자에 대해 약간의 감정이 없진 않겠지만, 마치 멀리 객석에서 무대 위의 사건을 물끄러미 바라보듯 하는 거라고 해야겠죠. (이건 아리스토텔레스가 〈니코마코스 윤리학〉에서, 조상이 사후에 후손의 불행을 볼 때 과연 불행감을 느낄지에 대해 논의하면서 사용한 표현입니다. 후손의 불행이 이미 죽은 본인에게는 아주 큰 슬픔이 되지는 않는다고 말이죠.)

이렇게 아폴론이 떠나가려다 죽음의 신 타나토스와 마주쳐서, 한번 다른 제안을 해보지만 거절당하는 것까지 보셨고요. 이 두 신이 다 무대를 떠나면 합창단이 들어오는데, 이들은 아드메토스의 도시의 시민인 남성 노인들입니다. 첫 시간에 얘기했어요. 희랍 비극은 뮤지컬 형식으로 돼 있어서, 대화-합창-대화-합창, 이렇게 번갈아 나오는데, 합창단은 대체로 무대 위에서 벌어지는 사건에 개입할 수 없게 되어 있습니다. 그래서 남성 노인이나 여성 노예로 구성되는 경우가 많아요. 이따금 합창단이, '우리가 한번 무대 위로 뛰어올라가 볼까?' 이런 논의를 하기도 하지만, '아니야, 좀 더 기다려 보자. 사실이 확실치 않잖아' 이런 반론이 나오고, 사건에 개입할지 말지를 놓고 토론하다가, 결국에는 개입하지 않는 쪽으로 결론 나는 게 보통입니다.

그런데 여성 합창단이라면 고통당하는 주인공에게 공감을 표현하는 경우가 많고요, 남성 노인들이 나오면 대체로 약간 거리를 두고서 좀 냉담한 경우가 많습니다. 〈안티고네〉에서도 테바이 귀족 남성들이 나와서 처음에는 안티고네를 좀 멀리하는 듯, 자기들 생각만 하는 듯했지만, 뒤로 가면서 가만히 보면 안티고네보다는 오히려 크레온을 비판하는 걸로 드러나게 돼 있었죠? 한데 지금 이 〈알케스티스〉의 경우에는 남성 노인들이 나와서, 무엇보다 남편을 칭찬하고요. 물론 알케스티스도 칭찬하긴 하지만 남편을 위해서 죽었다는 점에서 칭찬해요. 그러니까 여성의 역할이라는 게 남성을 위해서 봉사하고 때로는 죽어주기도 해야 하는 걸로 돼 있습니다.

사실 민담에서, 가족 한 사람이 죽게 되었을 때 다른 사람이 대신 죽어서, 살아남은 가족이 행복하게 여생을 누린다고 하는 패턴이 꽤 있어요. 지금 우리가 보는 〈알케스티스〉에서는 일단 여자가 죽어서 남자가 행복하게 된다는 패턴을 따라가고 있는데요. 이와는 반대인 사례도 있습니다. 남자가 죽어서 여자가 행복하게 살았다는 얘기 말이에요. 그러니까 여성 독자께서는 너무 화내지 말고, 그냥 비긴 걸로 생각해 주세요. 예전 어떤 보험 광고에, 남편이 보험을 잘 들어 놓고 죽어서 아내가 여생을 편안하게 살았다는 식의 전개가 나와서 항의가 꽤 많았다고 해요. 애당초 광고 제작자의 의도는, 불의의 죽음을 당하더라도 남은 가족에게 살길을 마련해 주고 떠나라는 뜻이었겠지만, 특히 아내를 찾아온 보험사 직원이 너무 잘생기고 아내와 너무 다정하게 대화하는 것이 죽은 사람에게 공감하는 시청자의 질투심을 불러일으킨 것 같아요.

그런데 민담에는 부부 중 한 사람이 다른 사람을 위해서 죽어서 다른 사람이 행복하게 살았다라는 게 꽤 흔하고, 남자가 죽은 경우도 여자가 죽은 경우도 모두 있으니까 너무 화를 내지는 말아 주세요. 자, 〈알케스티스〉의 핵심적인 내용은 다 들으셨습니다. 아내가 남편을 위해서 죽으려고 했는데 마지막 순간에 헤라클레스가 와서 아내를 구해 냈다는 거죠.

한데 이 작품에 대해서 고전학 연구자들 사이에 평가가 엇갈리고 있어요. 이상하게도 남성인 학자들은 남편을 비난하고요, 여성인 학자들은 남편을 칭찬하는 경우가 많아요. 저 자신도 남편을 비난하는 쪽이고 작가가 '남편을 어리석고 심약한 것으로 그려냈구나' 하는 생각인데, 다르게 보는 분도 있습니다. 남편을 칭찬하는 분들의 주장에 따르자면, 이 이야기가 어떤 사람이 죽음을 받아들일 용기가 없어서 자기 아내를 '팔아' 자기만 살아남는 얘기가 아니라는 거예요. 그보다는 오히려 남편이 굉장히 어려운 상황에서도 손님을 잘 접대해서 보답 받은 이야기라는 해석입니다.

근데 이런 호의적 해석에 가담하는 분들이 대체로 여성들이어서 조금 의아합니다. 일단 그런 해석을 따라가 보죠. 아드메토스는 옛날에 아폴론을 잘 접대해서 보답을 받았다, 그리고 이번엔 상중(喪中)에 헤라클레스가 찾아왔는데 또 헤라클레스를, 무리를 해가면서 잘 접대해서 다시 보답을 받았다. 이건 〈오뒷세이아〉의 바탕에 깔린 개념이죠. '신을 접대한 이야기(theoxenia)'라는 모티프입니다. 신들이 이따금 나그네의 모습으로 돌아다니며 사람들을 시험하는데, 초라한 모습이어서 대부분의 사람이 신인 줄 모르고 박대한다. 그런데 어떤 사람이 상대가 신인 것을 모른 채 그저 남을 돕겠다는 마음에서 잘 접대를 했고, 그 때문에 나중에 큰 복을 받는다라는 패턴이에요. 〈오뒷세이아〉에서 오뒷세우스가 늙은 거지의 모습으로 제 집에 찾아가기도 하고요. 신약성서 〈사도행전〉에도 제우스와 헤르메스가 이 세계를 시찰한다는 개념이 나옵니다. 신들을 접대한 바우키스와 필레몬 이야기도 〈변신이야기〉에서 찾을 수 있고요.

자, 다시 〈알케스티스〉 줄거리로 돌아갑니다. 이 지역 원로 노인들이 합창단으로 등장하는데 이들은 대체로 아드메토스 편이어서, 한편으로 알케스티스를 위해서 애도하긴 하지만 자기네 군주가 살아남는 것에 대해서 기꺼운 마음을 표현합니다.

이들의 첫 대사는 '알케스티스가 벌써 죽었나, 아니면 아직 안 죽었나?' 하는 것입니다. '곧 죽는다더니 곡소리가 안 들리네. 혹시 애도를 위해 집 밖에 물건 내놓은 게 있나?' 이런 식으로 자기들끼리 질문을 주고받습니다. '아스클레피오스가 살아 있었더라면 그가 알케스티스도 살려낼 텐데, 아스클레피오스는 이미 죽어버렸으니 어쩔 수가 없네' 이런 얘기도 하고요. 이 노인들은 어찌 보면 죽음의 불가피성을 밝혀주는 역할도 하고 있습니다. 한데 어떤 학자는 여기 이 노인들이 '아무 소리도 들리지 않는다'고 말하는 게, 그들이 희생자에 대해 귀를 막았다는 뜻이라고 해석하기도 합니다. 멋진 해석입니다.

거기에 하녀가 나와요. 에우리피데스 작품의 특징 중 하나가, 신화적이지 않은 인물들에게 대사 배당을 많이 하는 거라고 앞서 잠깐 얘기했습니다. 하녀가 울면서 나오자 합창단이 묻습니다, 알케스티스가 죽었냐고요. 그러자 하녀는 그녀가 곧 죽을 것 같다고, 지금 죽음과 씨름하고 있다고 답합니다. 그러면서 하녀의 입장에서 이 집 남편을 조금 비난합니다. 그래서 이 장면에도 죽음에 대한 몇 가지 토론이 나오고요, 이 하녀가 일종의 전령 노릇을 해요.

잠깐 전령의 역할에 대해 설명하죠. 희랍 비극이라는 장르는, 그 이전에 서사시와 서정시가 발전하고 나서 나온 것이어서 비극 안에는 그 두 가지 장르의 흔적이 남아 있다고 합니다. 서정시의 흔적이 합창단의 노래고, 서사시의 흔적이 전령의 보고라고요. 희랍 비극에서는 끔찍한 장면을 무대에서 직접 보여주지 않기 때문에 그런 사건은 무대 뒤에서 일어나고, 전령이 나와가지고 사건을 자세히 묘사해 주는 게 관례입니다.

저는 현대 영화에서 이와 유사한 장면을 본 적이 있는데요, 여러분께 〈스모크〉(웨인 왕, 1995)라는 영화를 추천합니다. 뉴욕 브루클린에 살면서 몇 십 년 동안 조그만 담뱃가게를 운영하는 사람이 있어요. 날마다 같은 시간에 같은 장소를 카메라로 찍는 사람입니다. 하비 케이틀이 주인공으로 나오는데요. 영화 맨 마지막에 자기가 그 카메라를 어떻게 얻게 됐는지 한참 얘기를 해줘요. 그래서 '아니 그냥 그림으로 보여주지, 왜 길게 말로 설명하나?' 했더니, 맨 마지막에 영화가 끝나면서 조금 전에 말로 전달된 장면이 이번에는 소리는 없이 그림만으로 나오더라고요. 저는 혹시 저것도 희랍 비극의 전령 장면을 보고서 아이디어를 얻은 게 아닐까 하는 생각을 했습니다.

여러분, 지금처럼 시각 매체가 발달하기 전에는 라디오 굉장히 많이 들으셨죠? 요즘도 이따금 운전하거나 그럴 때면 라디오 사연 같은 걸 귀 기울여 듣잖아요. 당초 인간은 이야기 듣기를 좋아하기 때문에, 연극이나 영화 같은 시각 예술이 발달하기 전에 소리로 전달되던 이야기에 꽤 익숙했을 거예요. 저 옛날 아직 조명 기구도 부족하고, 기름을 아끼기 위해서 저녁이면 얼른 호롱불 끄고서 자야 하던 시대에, 잠 안 오면 컴컴한 데서 할머니가 얘기를 들려주기도 하고 그러지 않았을까요. 저로서는 전령의 보고가 그 역할을 넘겨받은 게 아닌가 싶네요. 한데 지금 〈알케스티스〉에서는 그 역할을 하녀가 약간 떠맡았고요, 작품 뒷부분에서는 헤라클레스가 또 그 역할을 합니다. 앞에 말한 것처럼 맨 마지막에 헤라클레스가 죽음과 싸워서 알케스티스를 구해내는데요. 싸우러 나가기 전에 헤라클레스는 우선 자기가 어디에 매복했다가 죽음의 신을 만나고, 어떻게 싸울지를 예상해 보아요. 요즘 식으로 말하자면 '플래시포워드(flashforward)' 장면이죠. 자, 다 아시겠지만 영화에서 갑자기 과거를 회상하는 장면이 나오면 그런 것은 '플래시백(flashback)'이라 부르죠? '펑 하면서 뒤로 간다'고요. 그와 반대로 미래를 미리 그려보는 거는 '플래시포워드'라는 말을 씁니다. '펑 하면서 앞으로 간다'라고요. 오늘 보는 작품에서 헤라클레스가 미래 사건을 예상하면서 그 기법을 시전해요. (이 기법은 아이스퀼로스의 '오레스테이아 3부작'에도 쓰였습니다. 오레스테스가 아버지의 죽음을 복수하기 위해 어머니를 죽여야만 하는 상황인데, 자신이 그걸 실행하는 장면을 미리 떠올리는 대목이 나옵니다.)

다시 하녀와 합창단의 문답으로 돌아가죠. 합창단은 알케스티스의 상황을 묻고, 하녀는 알케스티스가 죽음을 앞두고 집 안에서 어떤 일을 했는지 자세히 설명합니다. 그 장면은 소포클레스의 〈오이디푸스 왕〉에서, 모든 사실을 알게 된 이오카스테가 집 안에 들어가서 자살하기 전에 했던 행동하고 상당히 유사하게 돼 있습니다. 대개 자살을 준비하는 여자들은 집 안의 정든 기물과 하인들에게 인사를 보내고요, 특히 결혼의 침상에게 작별을 고하는 장면이 자주 나옵니다. 〈알케스티스〉에서는 여주인공이, 자기가 죽고 나면 남편이 새 결혼을 할 거라는 예감을 품은 채 침상에게 인사하는 장면이 유명해요. 앞에 말했듯, 이 작품에서는 집과 가구가 일종의 등장인물처럼 돼 있어요. 그래서 알케스티스가 자기 침상에게 말을 걸어요. '침상아, 나는 너를 떠나야겠구나. 그런데 어떤 여자가 너를 차지하겠구나. 그 여자는 나만큼 덕이 있지는 않겠지만 나보다는 행복하겠지.' 이런 식입니다. (이 문장도 아리스토파네스가 자기 희극 〈기사들〉(1,250행 이하)에 인용한 적이 있어요. 거기서는 권력을 잃어버린 인물이 탄식하는 대목에서, '화관(花冠)아, 누군가 너를 차지하겠지. 그자는 나보다 더 큰 도둑은 아니겠지만

나보다 운은 더 좋겠지' 하는 걸로 바뀠습니다. 여기저기 이용할 만한 활용도가 높은 구절입니다.)

한데 여기서 알케스티스의 탄식을 듣고 있자면, '아니, 어떤 사람이 자기가 덕이 있다고 스스로 말한다면, 그게 정말 덕이 있는 사람인가?' 하는 의구심이 들죠? 근데 이건 지난번 〈안티고네〉에서 괴테 선생님도 이해 못 했던 거예요. 옛날부터 가족이 죽으면 그걸 애도하는 것은 여자들의 역할이었는데 이제 자기 집안에 남은 여자가 없어서 누구도 자기를 애도해 줄 수 없기 때문에, 집안에 남은 마지막 여자인 자신이 스스로 애도하는 걸로 이렇게 보자 했잖아요. 알케스티스의 경우에도 그걸 적용해야 할 듯합니다.

한데 알케스티스는 죽으려고 몸을 돌리다가 다시 달려와 침상에 몸을 던지기도 하고, 하인들과 작별 인사를 나누기도 하죠. 그리고 여기에, 아폴론이 아드메토스를 칭찬한 것과는 조금 다르게 하인들의 시각이 반영되어 있어요. 평소에 남편이 화를 내면 안주인이 그걸 막아주기도 했었기 때문에 하인들이 그녀의 상실을 더욱 슬퍼했다는 거예요. 같은 사람에 대한 평가도 높은 분의 시각과 낮은 사람의 시각이 다르죠? 이 작품에도 그런 대목이 있습니다.

하녀는 알케스티스가 곧 밖으로 나올 거라고 예고합니다. 그녀가 마지막으로 햇빛 보기를 원하고 있다고요. 이런 대목은 〈힙폴뤼토스〉에서 파이드라가 햇빛을 보고 싶다고, 밖으로 나오고 싶다고 하는 장면과 상당히 비슷하게 되어 있습니다.

그 다음엔 합창단의 짧은 노래가 나오는데요, 이 합창단의 노래도 조금 우스운 데가 있어요. '저렇게 좋은 아내를 잃어버리다니, 저 정도면 자살해야 하는 거 아니냐?' 하는 것입니다. 지금 아드메토스는 죽기가 싫어서 자기 아내를 방패막이로 내세우고 있는 참인데, 자살이라니 좀 아이러니하죠. 어쩌면 이 말은, 아드메토스의 선택이 사실상 도덕적인 자살행위라는, 어떤 깊은 진리를 폭로하는 것인지도 모르겠네요.

이어서 알케스티스가 나와서는 하늘과 땅을 부르고, 자기 집을 부르고, 애들하고 작별하고, 떠나갑니다. 한데 여기서 알케스티스가 두 번 죽어요. 노래로 한 번 죽고, 대사로 다시 한 번 죽는 거죠. 그녀는 남편에게 '내가 나의 덕에 걸맞게, 당신에게 베푼 것만큼 보답해 달라고는 요구하진 않겠다'고 말합니다. 남을 위해서 죽는 건 어떤 것으로도 도저히 보답할 수가 없으니까요. 다만 합당한 보답을 요구하는데, 새 결혼을 하지 말라는 거예요. 질투심 때문이 아니라, 자기가 지금 애들 때문에 죽는 건데, 계모가 들어오면 애들을 미워할 거라고요. 그랬더니 아드메토스가 자기는 절대로 집안에 여자를 들이지도 않을 것이라고 맹세합니다.

한데 이 아드메토스는 과장이 심한 사람이에요. 그래서 아내가 요구한 것보다 더 크게 약속해 놓고 정작 지키지는 못하는 걸로 돼 있습니다. 자기가 결혼을 안 하는 정도가 아니라 이 집안에 여자를 들이지도 않겠다고, 그리고 음악도 연주하지 않고 앞으로 아주 조용히 살겠다고 약속합니다. 하지만 이 사람이 약속하는 건 이 극 안에서 전부 깨집니다. 잠시 후에 헤라클레스가 도착해서 술 취한 채로 고래고래 노래하는 데서 벌써 음악 없애겠다는 게 깨지고요, 나중에 헤라클레스가 여자 데리고 오니까 아드메토스가 슬금슬금 눈치 보다 그녀를 받아들여요. 이런 것을 보면 '좀 덜떨어진 남편이구나' 하는 생각이 들고요, 사실 그렇게 보는 남성 학자들이 많아요. 저도 거기에 가담했고요.

그리고 여기서 알케스티스가 아이들과 마지막 작별을 하는데요. 아내는 오로지 아이들에게만 집중하고 남편은 거의 돌아보지도 않아요. '얘들아, 나 없으면 너희는 어떻게 사니?' 특히 딸은, 계모가 들어오면 굉장히 못되게 다룰 테고, 나중에 결혼할 때 도와줄 사람도 없고, 아기 낳을 때 도와줄 이도 없을 거라고, 이렇게 걱정합니다. 그녀의 마지막 인사는 다 노래로 되어 있어요. 그러면 남편이, 그럴 일 없을 거라고 단언하는데요. 남편의 발언은 모두 단조로운 운율의 일상어법으로 되어 있어서, 거의 사무적인 인상을 줍니다. 게다가 남편이 무슨 말을 하건 아내는 사실 거의 듣지 않아요. '저 인간, 입만 살아 있지' 거의 그렇게 보는 듯합니다. 그래서 제가 볼 때 아이들과 엄마는 굉장히 절절하게 작별을 하는데, 남편도 거기 끼어보려고 '우리 가족, 우리 가정' 이러면서 슬픔에 동참하려 하지만 자꾸 튕겨 나가는 느낌이에요. 그러다가 맨 마지막에 남편에게 '잘 있어요'라고 인사하고 쓰러지는데요, 희랍어로 '잘 있어요'가 '카이레(chaire)'라는 단어예요. 그런데 원문에 보면, 그냥 '카이르' 하고 한 음절만 발음합니다. '안녕'이라고 해야 하는데, '안-' 하고서 떠나는 것이나 마찬가지죠. 아이들에게는 길게 인사하고 남편에게는 그저 작별 인사 한 단어를 건네는데, 그것도 두 음절인 단어의 앞부분 한 음절만 발음하고 만다고요.

사실 아내가 죽음을 선택한 것은 남편을 사랑해서라기보다는 아이들 걱정이 돼서고요. 아내는 남편의 약한 심성을 잘 알고 있어요. 친구만 좋아하고 가족은 잘 안 돌보는 부류입니다. 방금 본 343쪽 그림엔 남편이 막 매달려서 울고 있고 아이들도 매달리고 있는데요. 원문을 보면 아드메토스가 아내를 향해 '나를 버리지 마시오'라고 말하는 장면이 나와요. 이건 옛날에 가족이 죽어갈 때, 죽지 말라고 당부하는 일종의 관용 표현인데, 현대인이 읽으면 좀 우스운 느낌이 들어요. 자기를 버리지 말라니! 사실은 자기가 아내를 버려서 죽게 만들었으면서 대체 무슨 말인지요.

자, 이제 아내가 정말로 죽었습니다. 이미 노래로 한 번 죽었지만, 마치 잊은 말이 있다는 듯이 다시 살아나서 대사로 또 한 번 죽은 겁니다. 그 다음엔 시신을 실어내기 전에 이 집 아들이 슬픔의 노래를 부르는 장면이 이어집니다. 아들 이름이 에우멜로스인데요, '에우(eu)-'는 '좋다'란 뜻이고요, '멜로스(melos)'는 '멜로디'거든요. 이름 자체가 '노래를 잘한다'는 뜻이죠. 물론 그의 아버지가 음악을 좋아해서 아들 이름을 이렇게 지었을 수도 있고요.

한데 공연 때는 어떻게 했을지 학자들 사이에 약간 논의가 있습니다. 어린이처럼 체구가 아주 작은 어른 배우가 기용되어 노래했다고 하면, 배우를 세 명 쓴 게 되고요. 다른 제안도 있습니다. 알케스티스 역의 배우는 약간 높은 침상 위에 누워 있고, 아들 역을 맡은 어린이가 '립싱크'를 하면 누워 있는 알케스티스 역의 배우가 노래를 한다는 거죠. 그러면 멀리서 보기엔 소년이 노래하는 것처럼 들렸을 거라고요. 한 가지 참고로 말씀드리면, 여기 등장한 에우멜로스는 〈일리아스〉에도 나와요. 우선 제2권 '배들의 목록' 부분입니다. 당시에 트로이아 앞에 희랍 연합군이 10만 명 정도 모여 있는데, 거기 주인을 따라온 말들 중에 제일 좋은 말은 아킬레우스 것이고, 두 번째가 에우멜로스의 말이라고요. 그 이유는 목축의 신인 아폴론이 직접 이 집안의 말을 길러

줬기 때문이에요. 하지만 제23권에서는 그 좋은 말이 전차 경주에 출전했다가 마차가 부서지는 바람에 꼴등하는 걸로 되어 있습니다. 〈일리아스〉 시인이 약간의 농담을 넣은 부분입니다.

작품의 후반부-헤라클레스가 죽음과 싸우다

이제 작품의 중간쯤 왔어요. 그런데 갑자기 우당탕퉁탕하면서 헤라클레스가 등장해서는 아드메토스를 찾아요. 그러면서 합창단에게 설명합니다. 자기는 지금 디오메데스의 말을 잡으러 가는 참이라고, 하지만 아무 정보도 없다고요. 이 영웅은 등장부터 좀 우습게 그려져 있어요. 사튀로스극 대용으로 만든 작품이니 약간은 우스운 면모가 필요해서 그런 모양입니다. 헤라클레스는 그 말이 사람을 잡아먹는다는 말을 듣고는 흠칫 놀랍니다. 아마도 과장적으로 갑자기 겁먹은 듯 보이게 연기했겠죠. 잠시 후에 헤라클레스가 술에 취해서 노래를 꽥꽥 부르는데요. 학자들은 그게 죽음 앞에서 긴장되어서 그 스트레스를 해소하기 위한 거라고 해석합니다.

이 작품에서 죽음을 대하는 여러 관점이 소개된다고 했는데요. 이 헤라클레스도 죽음에 대한 어떤 태도를 보여줘요. 일단 지금 보여주는, 죽음 앞에 다소 위축되기도 하고 스트레스를 받는 모습이 그렇고요. 좀 더 영웅적인 모습은 잠시 후에 보여주는데, 자기가 이번 모험에서 죽을 수도 있지만, 그래도 할 일은 해야 한다는 겁니다. 사명을 위해서는 죽음의 위험도 무릅쓴다는 태도죠.

반면에 아드메토스는 이 세상에 좋은 게 너무 많아서 못 떠나는 사람이고요. 알케스티스는 아이들을 위해서 죽음을 자발적으로 택하는 사람이고, 아드메토스의 아버지는 아들과 비슷한 부류입니다. 부전자전이에요. 서로 비슷하기 때문에 그 둘이 싸우는 장면 그렇게 추하게 그려진 듯해요.

자, 이제 아드메토스가 나와서 손님을 맞이합니다. 헤라클레스는 그의 슬픈 기색을 알아차리고 무슨 일이 있는지 물어봅니다. 하지만 누가 죽었냐고 노골적인 표현을 쓰지는 않아요. 그런 말이 일종의 전조가 될 수 있기 때문에 피한 것이죠. 우선 '부모님이 안녕하시기를 원합니다'라고 떠봅니다. 그러자 '부모님은 잘 있습니다'라고 답해요. 아마 좀 씁쓸한 표정이었겠죠. 그러자 다시 '아이들도 안녕하기를 바랍니다'라고 인사합니다. 이번에도 '네, 모두 잘 있습니다'예요. 마지막으로 '아내도 안녕하기를 바랍니다' 했더니, 이번엔 약간 얼버무려요.

그러자 헤라클레스가, 아무래도 안 좋은 일이 있는 것 같다고 다른 집을 찾아가겠노라고 합니다. 그랬더니, 아니라고 아니라고 이 집에 머물라고, 거의 매달립니다. 옛날 귀족들은 손님을 잘 접대해야 했거든요. 그러면서 '이방 여인이 하나 죽었을 뿐'이라고 둘러댑니다. 아마 이 말을 죽은 알케스티스가 들었다면 기분 나빴을 거예요. 물론 문자만 따지자면 거짓말은 아니죠. 아내는 다른 지역에서 시집 온 사람이니까요. 이제 아드메토스는 곡소리 들리지 않는 별채가 있으니 거기 가서 계시라고, 불행한 일은 이왕 벌어진 것이고 당신을 딴 집에 보내면 내가 더 불행할 거다라고 강권합니다.

헤라클레스가 그 말에 따라 안으로 들어가자, 합창단이 일단 자기들 왕을 나무랍니다. '집에 상사가 났는데, 손님을 맞아들이면 되겠냐?'고요. 그러자 아드메토스는 자기는 불친절한 사람이란 평판이 싫다고 답합니다. 그러자 합창단은 태도를 바꿔서 그를 칭찬해요. 옛날에 아폴론도 이 집에서 환대받았다는 걸 강조하고, 그 때문에 이 집안이 복 받았다는 것도 상기합니다. 대다수 여성 고전학자들은 이 부분을 강조해요. 한데 그 해석을 따라가면 우리가 패턴에 따라서 작품을 해석하기 좋다는 장점이 있긴 합니다. '신을 잘 접대해서 복 받은 이야기'로 말이죠.

그 다음 장면이 앞에 얘기했던 장례 장면이고요. 거기에 아드메토스의 아버지 페레스가 왔다가 아들과 싸우게 되죠. 자, 오른쪽 그림들을 볼까요? 맨 위에 보시는 그림에는, 중앙부에 이렇게 여자가 창백한 모습으로 죽어 있고요. 오른쪽에는 헤라클레스가 죽음의 신과 싸우는 걸로 되어 있습니다. 저는 이 그림 볼 때마다 참 대단하다 싶습니다. 프레드릭 레이턴(Frederic Leighton; 1830~1896)의 그림인데요. 여기 죽음의 신의 허벅지 좀 보세요. 굉장히 건조하면서도 강단 있어 보이게 그렸습니다. 헤라클레스가 사자 가죽을 휘날리며 바깥쪽에서 다리를 걸고 있네요. 뒤쪽에 몸부림치는 남자는 아마도 남편인 것 같아요.

하지만 가운데에 있는 이 그림이 우리가 보는 작품 내용에 좀 더 가깝게 돼 있습니다. 위의 그림에는 죽음의 침상 곁에서 싸우는 걸로 돼 있었지만, 사실은 헤라클레스가 무덤가에서 기다렸다가 죽음의 신과 싸워서 알케스티스를 구해냈다고 돼 있어요.

맨 아래 그림은 옛날 로마의 카타콤에서 나온 벽화인데요. 여기 헤라클레스가 저승의 개를 데리고 있죠? 아마도 그가 저승에 갔을 때 알케스티스도 함께 데리고 돌아왔다는 판본인 것 같습니다. 물론 아주 확실치는 않지만요.

다시 장례 장면으로 돌아갑니다. 핵심은 앞에 얘기했지만 한두 가

죽음과 싸우는 헤라클레스 | 프레데릭 레이턴, 1870, 미국 하트포드 워즈워스 아테니움 미술관.

무덤가에서 죽음의 신과 싸우는 헤라클레스 | 기원전 470년경, 영국 대영박물관.

저승에서 알케스티스를 데려온 헤라클레스 | 4세기, 이탈리아 로마 카타콤 벽화.

지 빼먹은 것도 있고, 그 다음 얘기를 봐야 하니까요. 아드메토스의 아버지가 장례용품을 들고 찾아온다, 이런 식의 결혼이 정말 좋은 거라고 찬양하다가 아들과 말다툼을 하게 된다고 했죠? 아들은 '당신이 죽었어야지, 어떻게 이럴 수가 있냐'고 따집니다. 그러자 아버지도 신랄한 진실을 밝혀요. '너야말로 비겁한 놈이다, 나는 네게 안 해준 게 없다, 이제 곧 처남이 쳐들어올 거다.' 사실 이건 상당히 현실적인 위협입니다. 한편 이 페레스 노인은 노령의 형상화라고 해석하는 학자도 있습니다. 도입부에 죽음의 신이 구체적 모습으로 나타났던 것처럼, 이 부분에는 노년이 인간 모습으로 제시된 거라고요. 이건 민담에서 자주 나타나는 테마입니다.

이제 페레스도 떠나고, 아드메토스 역시 아내의 시신을 운구하며 퇴장하자, 헤라클레스가 하인을 따라 등장해요. 먼저 하인이 나와서 이 요란스런 손님의 행태를 비난하고 있는데, 헤라클레스도 거기에 따라와서는 하인을 막 끌어안고 술을 권합니다. 취하면 아무나 껴안고 막 입을 맞추는 사람들 있잖아요. '야야, 술 한잔 해. 너도 같이 노래 좀 해' 막 이러고 있는데 하인이 진실을 밝힙니다. 이 집 여주인이 돌아가셨다고, 당신 때문에 자기는 장례에도 참여하지 못했다고요. 그제야 헤라클레스가 정신이 들어요.

헤라클레스는 아드메토스가 자기를 속인 것을 깨닫지만, 한편으로 그 와중에도 자길 접대해준 것을 칭찬합니다. 그러고는 죽음과 싸워서 알케스티스를 구하겠다고 다짐합니다. 지금 어디쯤 가고 있겠지, 내가 거기 가서 이렇게 저렇게 싸울 것이다라고 얘기하는 거죠. 실제로 일이 그렇게 됐는지는 확실치 않고요. 어쨌든 앞에 말한 '플래시포워드'

에 해당되는 게 나옵니다.

그러고 나서 헤라클레스가 퇴장하면, 곧 바로 아드메토스가 재등장해요. 배우가 딱 두 명뿐이어서 좀 바빠요. 다른 역을 하려면 나가서 얼른 다른 가면 쓰고 다시 무대로 돌아와서 새로운 역할을 연기해야 합니다. 지금 헤라클레스 역할을 하는 사람은 조금 전에 알케스티스 역으로 나왔던 배우고요, 제1 배우는 아드메토스예요. 그러니까 주연 배우는 아드메토스 역 외에는 하인 역할 하나만 더 하면 될 거고요, 조연 배우는 알케스티스-헤라클레스-페레스, 그리고 어쩌면 에우멜로스 역을 해야겠네요. 그러면 첫 장면의 하녀 역할은 누가 했을까요? 여자 역할이니 아마 주로 알케스티스로 나온 조연 배우가 했을 것 같네요. 여러분이 한번 이렇게 맞춰보세요.

자, 이제 아드메토스가 장례를 마치고 무대로 돌아오는데요, 이 장면도 좀 웃깁니다. 자기 아내를 떠밀어서 죽게 만들고는, 이제 아내가 죽고 나니까 요즘 젊은 사람들 용어로 '현타'가 옵니다. '현실 자각 타임'이요. 아, 속된 표현을 써서 죄송합니다.

집에 돌아와 보니 큰일 났어요. 아내 없이 어떻게 살 것인지, 미래가 걱정됩니다. 애들은 엄마를 찾으며 울고, 집 안에는 온통 먼지가 쌓이고, 가사는 제대로 되지 않고, 이제 어떻게 사나 하는 거예요. 그래서 '아이고, 나보단 죽은 내 아내가 더 행복하구나, 차라리 내가 죽을 걸!' 이렇게 아주 나약한 모습을 보입니다. 애 엄마는 애들을 위해 죽었는데, 남은 아비가 자기 슬픔에 빠져서 정신을 차리지 못해요.

그러자 합창단은 이런 경우에 늘 사용하는 위로의 말을 건넵니다. 비극 작품에서 가족 잃은 사람을 위로하는 방법이 몇 가지 있어요. '세상에 고통을 당한 사람은 너뿐이 아니다. 외아들 잃은 사람도 있다.' 대충 이런 식입니다. 이어서 아드메토스와 합창단이 노래 대화를 나누며, '세상에 필연보다 강한 것은 없다. 죽음은 누구나 다 당하기 마련이다'라고 노래하고 있는데 헤라클레스가 아내를 데리고 등장합니다.

영웅은 우선 아드메토스를 가볍게 나무랍니다. '왜 나를 속였냐?'고요. 그러자 아드메토스는 손님이 딴 데로 갈까 봐 그런 거라고 변명합니다. 이렇게 점잖게 질책한 다음에, '이 여자를 받으라, 내가 큰 씨름 끝에 얻어낸 상이다'라며 여자를 넘겨줘요. 아드메토스는 '우리 집에 여자를 들일 수 없다'고 자못 강경하게 맞서지만, 점차 양보하게 됩니다. 처음엔 여자를 묵게 할 공간이 없다고, 자기 방에 둘 수도 없고 아내 방에 둘 수도 없다고 변명거리를 찾는 듯하더니 슬그머니 여자를 살피고 있습니다. '당신은 내 아내와 정말로 많이 닮았다'고요. 그러다가 헤라클레스가 그의 손에 여자를 맡기자 마지못한 듯 여자 손을 잡습니다.

말하자면 이건 두 번째 결혼식입니다. 남성 학자들은 비난하고, 여성 학자들은 아드메토스의 또 한 번의 '환대'이고 또 한 번의 보답으로 얻은 행복한 결말이라 여기는 장면이에요. 헤라클레스는 여자의 베일을 걷게 합니다. 당신 아내라고, 내가 죽음과 싸워 구해냈다고. 한데 아내는 아무 말도 하지 않아요. 아드메토스가 묻습니다, 왜 그녀가 말이 없는지. 그러자 헤라클레스가 설명합니다. 이 여자가 한번 죽음을 겪었기 때문에 사흘 동안 말을 못할 테니 그런 줄 알라고요.

그녀는 사흘 뒤엔 언어능력을 되찾았을까요? 많은 학자들이 부정적으로 생각합니다. 이번 사건을 계기로 부부간에 완전히 금이 가서, 아내가 더는 남편과 대화하지 않으려는 마음이어서, 이렇게 꾸민 거라고요. 그리고 또 물리적으로도 알케스티스가 말을 못할 이유가 있습니다. 여주인공처럼 꾸미고 나온 이 사람은 사실 배우가 아니거든요. 그냥 일반인에게 여자 옷을 입혀 데리고 나온 거예요. 조금 전에 알케스티스 역할을 하던 배우는 지금 헤라클레스 역할을 하고 있습니다. 그러니까 여기 약간 아이러니가 있어요. 이 헤라클레스는 말하자면, 동시에 알케스티스이기도 하니 아드메토스가 어떤 사람인지 다 알고 있습니다. 좀 이상한 해석이죠? '아니, 같은 배우가 두 역할을 하는 것은 이야기 바깥의 사정이고, 이야기 내부에서는 헤라클레스와 알케스티스가 서로 다른 개인 아닙니까? 어떻게 다른 등장인물의 경험을 전해 받을 수 있습니까?' 하시겠죠? 하지만 저는 문학이나 극예술에서 그런 일이 가능하다고 생각합니다. 이따금 작가들이 그런 수법을 사용하거든요. 호메로스도 오비디우스도 그런 사례가 있습니다.

자, 다시 아드메토스에게로 돌아갑니다. 그는 극 마지막에 외칩니다, 자신이 너무나 행복하다고요. '백성들아, 잔치를 베풀어라' 하면서 남편이 아내를 데리고 궁 안으로 들어가는데요. 과연 이것이 해피 엔딩인지 아닌지 논란이 있어요. 여성인 학자들은 일반적으로 해피 엔딩이라고 보고요, 남성인 학자들은 아니다라고 보고 있습니다.

저는 주로 남성인 학자들의 해석에 끌리는데요. 여성인 학자들의 해석에 좀 점수를 주자면, 그런 해석은 생각해내기 쉽지가 않아요. 그러니까 그분들 해석에도 장점이 있다고 할 수 있습니다. 중간적인 해석도 있는데요. 이 작품에서 아드메토스도 괜찮은 사람으로 그려졌다는 것입니다. 자기반성 능력이 있는 사람이라고요. 사실 현실에서 잘못을 저지르고도 전혀 반성하지도 않고, 교훈을 얻지도 못하는 사람이 많으니

이 정도면 꽤 괜찮은 성품이라 할 수 있겠죠. 그 학자는 이 작품의 주제에 대해서도 약간 다른 제안을 합니다. 좋은 아내와 좋은 남편에게 불행이 닥치는 상황, 죽음의 불가피성을 보여주는 작품이라고요. 왠지 헤겔이, 안티고네와 크레온 모두 옳다고 본 것과 유사하단 느낌이네요.

브런치 디저트

에우리피데스는 펠로폰네소스 전쟁기에 활동했으니, 그의 작품에 좀 반전(反戰) 사상 같은 게 있지 않을까요.

예, 일단 에우리피데스에게 반전 사상이 나타난다는 건 맞습니다. 특히 전쟁 중반쯤부터 더 그렇게 됩니다. 다만, 오늘 우리가 본 〈알케스티스〉는 현재 남아 있는 에우리피데스 작품 중 가장 오래된 것이어서(기원전 438년), 아직 전쟁 전이고 그래서 전쟁에 반대하는 입장이 잘 드러나지 않습니다.

적국인 스파르타를 비난하기 위해 스파르타에 불행이 닥치는 사건을 많이 그렸는지 하는 것도 궁금해 하시는데요. 그건 꼭 그렇지도 않아요. 일단 스파르타를 배경으로 한 작품이 거의 없습니다. 여러분, 트로이아 전쟁의 원인이 된 헬레네가 스파르타 왕비였던 건 아시죠? 하지만 트로이아 전쟁 전후를 다룬 작품들은 아가멤논의 본향인 아르고스를 배경으로 하고 있습니다. 〈헬레네〉라는 작품에서도 이집트가 배경이고요. 물론 에우리피데스의 작품에는 ─겉보기로만 그렇다는 주장도 있지만─ 조금 민족적인 색채, 약간 국수주의적 색채가 보이기도 합니다. 아테나이를 높이는 작품이 꽤 여러 개 있거든요. 하지만 스파르타를 배경으로 한 신화를 이용해서 그 나라를 깎아내렸는지에 대해서는, 그건 아니라고 보는 게 안전하겠습니다.

헤라클레스를 주제로 여러 작품을 쓴 이유가 있을까요.

에우리피데스가 작품을 굉장히 많이 썼는데, 그중에 딱 19편 남아 있어요. 그래서 전체적으로 다른 작가에 비해서 헤라클레스 주제를 더 많이 썼는지, 그리고 스파르타 배경의 작품을 남보다 많이 썼는지 우리가 확실히 알지를 못합니다.

그저 우연에 의해 에우리피데스의 이런 작품이 남게 되었다, 정도로만 이야기할 수 있겠어요. 소포클레스의 작품 중에도 헤라클레스의 마지막 아내가 자결하는 이야기가 하나 있어요. 일곱 작품 중에 한 편이니, 단순하게 계산하면 7분의 1이잖아요? 그 비율을 에우리피데스에게 적용하면 19편 중 세 편 정도 헤라클레스 주제가 남아 있어야 하는데요. 〈헤라클레스〉, 〈알케스티스〉, 〈헤라클레스의 자녀들〉 모두 세 편이니 소포클레스와 거의 같은 비율이네요. 다른 작가보다 더 자주 그 주제를 택했다고 하기는 좀 어렵네요. 물론 우리가 전체 작품을 다 알고 있는 건 아닙니다만.

희극보다 비극을 더 많이 상연한 이유가 무엇인가요.

현재 희랍 희극은 10개밖에 안 남아 있어요. 구희극 말입니다. 비극은 33편이니 한 3배 정도 남은 셈이네요. 비극이라는 게, 우리가 인생에서 많은 고통을 당하는데 그 고통을 다소 약하게 만들어서 미리 접하게 하는, 말하자면 '약(弱)백신'이라고 할까요. 독소를 조금 없앤 백신 같은 걸로 볼 수도 있습니다. 그리고 비극에는 신들이 많이 등장하는데요, 이 신들은 어쩌면 무자비하게 관철되는 자연의 법칙을 그런 식으로 형상화한 거라고 해석할 수도 있습니다. 아리스토텔레스는 우리가 비극을 볼 때에 공포와 연민을 통해서 감정이 정화된다고 말했는데요. 그건 이론가로서 하는 말이고요. 비극 경연대회를 연 사람들이 무엇을 의도했는지는 사실 확실치 않습니다.

이런 추정은 있습니다. 디오뉘소스 축제에서 비극 경연대회를 연 이유가 뭐냐? 디오뉘소스가 수난을 많이 당한 신이에요. 그래서 처음엔 디오뉘소스 축제에서 수난극을 보여주었다, 하지만 계속 그 주제로만 나갈 수는 없으니까 영웅들이 수난당하는 작품을 넣게 되고요. 그러다 보니 점차 디오뉘소스적 색채가 줄어들어서, 다시 종교적 색채를 보강하기 위해 디오뉘소스 추종자들이 합창단으로 등장하는 사튀로스극을 집어넣었다, 한데 그마저도 약화되어 나타난 게 오늘 보신 〈알케스티스〉 같은 작품이다. 이런 해석입니다.

희랍인들이 왜 비극을 많이 만들었는지, 그리고 거기에 희극을 끼워놓은 이유는 뭔지, 이런 의문에 대해 많은 학자가 여러 제안을 하고는 있지만 사실은 뭐가 답인지 말하기 어려워요. 그래도 우리로 하여금 이런 논의를 하게 하는 것 자체가 효과 아닌가 싶습니다. 그저 '뭐가 맛있다, 내가 얼마를 벌었다' 이런 얘기 말고 조금 다른 차원에 속한 화제를 주는 것, 이런 게 희극과 비극의 효과가 아닌가 싶습니다.

희랍의 신들은 인간을 형상화한 것인가요.
사실 불교의 부처님도 인도의 귀족들을 이상화한 거라고 하는데요. 희랍에서도 마찬가지입니다. 아마도 인생이 너무나 고통스러우니까, 이런 삶, 이런 존재 말고 다른 존재들이 있을 것이라고 생각했겠죠. 그리고 인간도 더러는 그 세계로 갈 수 있을 것이라고 생각했나 모르겠어요.

또 하나 신 개념이 생겨난 이유로 꼽히는 게 있습니다. 신은 자연현상에 대한 설명이라는 겁니다. 오늘날에는 과학적으로 설명할 수 있는 현상들, 예를 들어 용오름 같은 거요. 바다에서 돌개바람이 불어서 물이 막 하늘로 딸려 올라가는 걸 보면 다들 용이라고 생각했겠죠. 옛날에 바닷가에 사셨던 저희 외할머니께서도 용을 본 적 있노라고 말씀하셨는데요. 옛사람들은 용오름을 진짜 용이라고 여겼을 거예요. 그래서 이 세계의 자연현상들을 설명하기 위해서 신을 생각해 내고, 그 신에게 모습을 부여하기 위해 인간 중에 가장 행복한 존재들을, 그 행복을 극한까지 끌어올려서 만들어 낸 게 아닌가 하는 것입니다.

사실 이런 문제들은 답은 없고요. 그냥 여러분이 '내 생각엔 이런 것 같다'라고 펼쳐 보이고요. 그게 명민한 사람들에게 지지를 받고, 거기서 새로운 통찰이 나오고 하면 그게 바로 답입니다. 어떤 분 말씀에 '여러분도 한번 생각해 보시기 바랍니다'라고 하면서 끝나는 강의가 제일 싫다더군요. 하지만 정직한 강의자라면 사실 그렇게 말하는 수밖에 없습니다.

신화 속 신들은 이 세계에서 일어날 수 있는 일들을 모두 보여줍니다. 신들도 연애하고 바람피우고 그런 얘기 많이 있잖아요. 그러니까 아마 옛사람들이 한편으로는 가장 행복한 사람들을 만들고 보고, 다른 한편 '사람이라면 당연히 이런 일도 겪지 않을까'라고 생각해서 여러 이야기를 만들어냈을 텐데요. 여러분 이런 생각 안 해보셨어요? 신들은 일단 겉모습이 인간 같이 생겼다. 그런데 신들은 음식을 먹지 않는다. 그러면 신들의 가슴 속에는 허파나 심장 같은 게 들어 있을까, 창자는 있을까, 음식을 먹지 않으면 소화기는 필요 없지 않나, 그러면 저 뱃속은 대체 뭘로 채워져 있을까, 살로 채워진 걸까? 이런 생각이요. 하하, 그냥 해 본 말입니다.

자, 다시 정리하죠. 옛날 사람들은 이렇게 생각한 것 같습니다. 놀라운 자연현상을 보면 이 세계를 다스리는 누군가가 있을 것이다, 그리고 그들은 귀족들이 가장 행복할 때의 모습일 것이다, 그들에게도 어떤 역할과 사건은 있을 것이다. 이런 여러 생각이 합쳐져서 신화가 형성되고, 그것을 비극 작가들이 여러 가지로 변형하고, 이 변형된 이야기가 다시 신화의 자격을 얻고, 그런 식으로요. 그 밑바닥에 깔린 생각과 전제를 학자들이 여러 가지로 분석하고 있는데, 우리가 그 분석들을 다 따라갈 수 있는 건 아니고요. 제가 말하는 게 다 옳은 것도 아니니까, 결국 많은 사람이 싫어하는 말로 끝내는 수밖에 없겠네요. '여러분도 한번 생각해 보시기 바랍니다.'

ΠΡΟΜΗΘΕΎΣ ΔΕΣΜΏΤΗΣ

ΑἸΣΧΎΛΟΣ

IX

결박된 프로메테우스
아이스퀼로스

작가 아이스퀼로스와 〈결박된 프로메테우스〉의 진위 문제
프로메테우스, 결박되다
오케아노스의 딸들의 등장과 연출의 문제
오케아노스와의 대화
오케아노스 딸들과의 대화
이오의 고난과 미래
프로메테우스와 오케아노스 딸들이 땅속으로 가라앉다

작가 아이스퀼로스와 <결박된 프로메테우스>의 진위 문제

기원전 5세기가 희랍 비극의 전성기였습니다. 도시국가 아테나이에서 1년에 두 번씩 디오뉘소스 축제를 하면서, 그 축제의 마지막 며칠을 비극과 희극 경연대회에 할애했어요. 그래서 비극의 경우에는 보통 3명의 작가가 각각 4편의 작품을 들고 나와서, 하루는 한 사람의 것을 4편 보고, 그다음 날 또 4편 보고 또 그다음 날 4편 보고 이런 식으로 진행했습니다. 그리고 축제 마지막 날(또는 연극 대회 첫날)은 희극 경연대회를 했는데요. 가장 번성할 때에는 5명의 작가가 한 명당 한 작품씩 발표했다고 합니다.

자, 이렇게 기원전 5세기가 희랍 비극의 전성기였고요. 그때 가장 훌륭하던 작가 세 분이 있어서 3대 비극 작가로 꼽힙니다. 현재 그 세 비극 작가의 작품들만 남아 있어요. 비극 작품을 발표할 기회가 매년 두

아이스퀼로스 | 이탈리아 나폴리국립박물관.

번씩 있고, 매 회 세 작가가 네 편씩 썼다면, 한 번 축제할 때마다 비극 작품만 12편, 1년에 24편, 100년 동안 이렇게 계속하면 2,400편 정도 작품이 나왔겠죠. 근데 비극 경연대회가 한 150년 정도 지속된 것 같으니, 상황에 따라 작품 수가 조금 달라진다 해도 한 3천 편 이상 만들어졌을 듯해요. 한데 지금 남아 있는 건 단 33편뿐이에요. 그래서 남은 게 전체의 1%도 안 되는 셈이니, 이걸 가지고 비극에 대해서 이런저런 얘기를 하는 것이 온당한지 좀 의구심도 있습니다.

오늘 보실 작품의 작가 소개합니다. 3대 비극 작가 중 제일 앞서 활동했던 아이스퀼로스입니다. 일단 아이스퀼로스의 조각상을 보실까요? 지금 위에 보는 분은 나폴리 국립박물관에 모셔져 있습니다.

이분은 기원전 480년에 있었던 살라미스 해전, 즉 페르시아가 200만

넘는 대군으로 쳐들어왔을 때 그것을 막아낸 해전에서 군인으로 싸웠다고 해요. 마라톤 전투에도 참여한 걸로 돼 있고요. 그래서 이분은 기원전 480년에 한 40살 정도 되지 않았을까 해서 대략 기원전 520년생으로 보고 있습니다.

조금 전에 현재까지 비극 33편이 온전하게 전해진다 했죠? 한데 그중 두 편은 '혹시 다른 사람이 써서 유명인의 이름을 붙여 놓은 게 아닐까?' 하는 의혹을 받고 있습니다. 오늘날 자주 문제 되는 표절과는 반대 방향의 속임수입니다. 표절은 이름만 자기 것을 붙이고 작품 안에 들어 있는 생각은 모두 남의 것이잖아요? 즉, 남의 생각에다가 자기 이름을 붙여 놓는 게 요즘의 표절인데요. 옛날 사람들은 반대로 작품에 표현된 생각은 자기 것인데 거기에 남의 이름을 붙여 놓는, 자기 작품에 유명한 사람의 이름을 붙여 발표하는 짓을 꽤 자주 자행했어요. 일종의 '역표절'이라고나 할까요? 현재 남아 있는 비극 작품 중에도 그런 의심을 받는 게 두 편 있는데요. 하나는 에우리피데스의 이름으로 전해지는 〈레소스〉라는 작품이고요, 또 하나가 오늘 다루는 〈결박된 프로메테우스〉입니다.

이 〈결박된 프로메테우스〉의 핵심적인 내용은, 프로메테우스가 인간을 도와주고서 제우스에게 벌을 받아 절벽에 묶이게 되었다는 거예요. 그게 전부입니다. '그걸로 극 진행이 되느냐?', 됩니다. 프로메테우스가 묶여 있는 곳에 몇 사람이 찾아오는 것으로 설정하면 되니까요. 그래서 이들이 프로메테우스에게 그가 여기 묶이게 된 이유는 무엇인지, 앞으로 일이 어떻게 될 것인지 묻고 얘기를 듣는 형식으로 되어 있어요.

자, 희랍 극장 구조를 설명합니다. 196쪽 그림을 다시 한 번 보시죠.

보시는 장면이 희랍 극장을 그려 놓은 건데요. 저 뒤로 무대 배경 건물이 육중하게 만들어진 것은 사실 로마 시대의 일이고, 희랍 비극 전성기에는 일종의 가건물이 쓰였습니다. 무대 뒤편에 임시적인 건물들을 지어놓고, 대개는 그것을 왕궁으로 보아달라고 요구했어요. 희랍극은 대개 왕가에서 일어나는 일을 보여주기 때문에, 거의 언제나 배경은 왕궁이고요. 그밖에는 더러 신전이 배경인 경우도 있는데, 시전이나 왕궁이나 비슷하게 생겼으니 그다지 큰 문제가 없습니다. 아테나이 아크로폴리스도 지금은 신전만 있는 종교 공간이지만, 원래는 왕궁이 자리 잡고 있던 정치 공간이었다고 해요.

한데 오늘 다루는 작품은 바위 절벽이 나오기 때문에 좀 문제네요. 희랍극이 펼쳐지던 옛날에는 회전 무대도 조명도 없고, 막도 없었습니다. 막이 있다면 잠깐 막을 내려놓고 그 뒤에서 배경을 얼른 바꿀 수 있잖아요. 로마 연극에는 막이 있었는데, 양쪽에다가 장대를 세워서 막을 밑에서부터 위로 끌어올려 닫는 거였어요. 하지만 희랍에는 그런 게 없었던 것 같습니다. 그러니까 조명도, 막도, 무대 배경 전환 같은 것도 없이 그냥 진행해야만 했어요. 그래서 대체로 주인공이 어디로 움직여 이동하기보다는, 주인공은 가만히 있고 다른 사람들이 거기로 오고가는 그런 구조로 되어 있습니다. 그런데 특히 오늘 보는 이 작품은 주인공이 결박되어 있기 때문에, 더더욱 그런 식으로 진행하게 되었습니다.

잠시 작품의 진위 문제를 보죠. 이 작품이 의심을 사는 이유 중 하나는 종교적 입장 때문입니다. 희랍 종교는 다신교죠? 그렇지만 신이 여럿일 때 다 섬길 것 없이 우두머리 신만 섬기면 되지 않을까, 이런 생각이 들잖아요? 그래서 다신교는 점차 일신교로 변해가는 경향이 있다고 주장하는 학자도 있어요. 희랍 종교도 점점 제우스 일신교로 변해가는데요. 그 과정에서 가장 크게 기여한 두 사람이 헤시오도스와 아이스퀼로스예요.

그래서 아이스퀼로스가 특히 제우스를 높이 섬기는 걸로 알려져 있는데, 지금 이 작품에서는 제우스가 굉장히 폭압적이어서 프로메테우스가 타협을 거부하고 땅속으로 가라앉는 걸로 끝이 납니다. 그러니, '가만있자, 제우스를 이렇게 욕하는 게 아이스퀼로스의 평소 종교적인 성향과 일치하는 건가?' 싶기도 한데요.

한데 그보다 결정적인 것은 문체입니다. 그리피스(Mark Griffith)라는 학자께서 이 작품의 문체를 통계적으로 분석해 보니, 운율이나 단어 형태 등이 아이스퀼로스의 다른 작품들과 현격한 차이가 있다는 겁니다. (예를 들면 같은 단어의 모음 장단이 다른 작품에서 그랬던 것과 다르게 계산되었다든지, 좀 더 후대에 많이 쓰게 된 어미 형태가 너무 자주 나타난다는 식이죠.) 그래서 이건 아이스퀼로스 작품이 아닌 것으로, '결정적으로 판명됐다'고까지 주장하는 학자도 있고요. 그런 학자는, 반대 입장의 학자라면 그리피스의 논문을 안 읽은 게 틀림없다고까지 몰아붙입니다. 하지만 남은 작품이 너무 적어서 그걸 근거로 문체 분석을 시도하는 건 무리라는 시각도 여전히 있습니다. 아이스퀼로스의 작품 제목이 알려진 게 90개 정도인데, 남은 것은 그 10분의 1이 하니까요. 그리고 이 작품에서 아이스퀼로스적 성격을 재확인하는 학자도 여럿 있고요. 그러니 여러분은 이 작품의 진위 여부는 아직 미해결이라고 알아두시면 되겠습니다. (하지만 컴퓨터를 이용한 통계 처리가 점점 더 쉬워지고 있어서, '가짜설'에 더 유리한 환경이 되어 가고 있습니다. 작가의 무의식적 어휘 선택과 문장 길이, 기능어 사용 습관 등까지 모두 헤아리는 시대입니다. 위작설을 주장하는 학자들은 이 작품이 아이스퀼로스의 두 아들 중 하나의 것이 아닐까 추측합니다.)

자, 다시 정리하면, 아이스퀼로스는 3대 비극 작가 중 제일 앞에 활동했던 분, 기원전 5세기 초에 살았던 분이고요, '오레스테이아 3부작'으로 유명한 그분입니다. 그분의 이름 하에 전해지는 작품이 7개 있는데, 그중에 〈결박된 프로메테우스〉는 위작이라고 의심을 사고 있다. 그 이유는 두 가지인데 하나는 이 작품이 제우스를 깎아내리고 있다는 점, 다른 하나는 문체가 다른 작품들과 크게 다르다는 점입니다.

한데 이 중, 평소 제우스를 높이던 태도와는 어울리지 않는다는 주장에 대해서는 설명할 길이 있습니다. 〈결박된 프로메테우스〉가 하나로 묶여서 발표되던 3부작의 일부이기 때문에 그렇다고 하는 거예요. 이 작품과 함께 상연된 후속작에서는 제우스가 달리 그려졌을 수 있다는 것입니다. 〈결박된 프로메테우스〉와 함께 묶였던 3부작의 나머지 두 작품은 〈해방된 프로메테우스〉, 그리고 〈불을 가져온 프로메테우스〉입니다. 그래서 그 세 작품 시리즈의 끝까지 다 보면, 결국 프로메테우스가 제우스와 화해하고 조화를 이루는 걸로 끝나리라는 예측도 가능합니다. 그러면 종교적 신념의 모순 문제는 해소가 되죠.

옛날에는 비극 작품을 3개씩 묶어서 발표했어요. 처음엔 그 세 작품의 내용이 서로 연결되게 만들다가, 나중에는 세 작품을 묶어서 발표하긴 하지만 세 작품의 주제가 연결되지 않고 제각각인 걸로 변합니다. 이 변화는 3대 작가 중 둘째 세대인 소포클레스 때 가서 생겨납니다.

그리고 이렇게 세 작품이 각기 독립적 주제를 다루는 단계에 가면, 한 작품 안에서 긴장을 조성하고 풀어야 하기 때문에 구성이 더 치밀해지는 경향을 보입니다.

제가 앞에서 네 작품씩 묶어서 발표했다고 말해 놓고 지금 세 작품이 묶였다고 하니 어리둥절하실 분도 있을 텐데요. 한꺼번에 발표된 네 작품 중 하나는 비극이 아니어서 그래요. 이 넷째 작품은 반인반수 사튀로스 합창단이 나오는 우스운 내용의 극이고, '사튀로스극(satyr drama)'이라고 부릅니다. 이것은 희극과는 다른 것입니다. 희극은 신화적 내용이 아니라 현실을 배경으로 삼는 작품이에요. 사튀로스가 나오지도 않고요, 게다가 플롯 연결이 잘 되지 않습니다. 그리고 성적인 농담과 정치적인 발언이 많이 들어갑니다.

반면에 사튀로스극은 희극과 비극의 중간에 있는 장르로 내용이 좀 우습긴 하지만, 대체로 비극의 어휘를 사용하여 점잖은 표현으로 되어 있습니다. 주제도 대체로 신화에서 취한 것이었던 듯하고요. (이렇게 불분명한 표현을 쓰는 걸 양해해 주세요. 사튀로스극의 사례가 딱 하나 남아 있어서 그렇습니다.) 4부작에서 이렇게 사튀로스극을 빼고 나머지 세 개는 내용이 쭉 연결되는 경우도 있고 다 제각각인 경우도 있는데, 우리가 오늘 보는 아이스퀼로스의 작품은 내용이 연결되어 있었어요. 한데 〈결박된 프로메테우스〉와 함께 발표된 나머지 두 작품은 제목이 전해지긴 하지만 내용이 아주 확실치는 않습니다.

가장 중요한 문제는 〈결박된 프로메테우스〉가 연속된 세 작품 중 첫 번째 것이냐, 아니면 두 번째 것이냐 하는 점이에요. 제목으로 봐서는 〈불을 가져온 프로메테우스〉가 1번일 것 같은데, 그러면 〈결박된 프로메테우스〉가 2번이어야 하거든요? 한데 작품을 실제로 읽어보면 〈결박된 프로메테우스〉가 2번이라고 하기엔 그동안의 경위 설명이 너무 상세합니다. 앞에 다른 작품이 있었다면 다시 이렇게까지 자세히 설명할 필요가 있을까 싶어요. 그래서 학자 중에는 〈불을 가져온 프로메테우스〉가 혹시 1번 아니고, 3번이지 않을까 하는 사람도 있습니다. 이런 식이에요. 프로메테우스가 첫째 편에 결박된다, 두 번째 편에 해방된다, 세 번째 편에 그 해방을 축하하는 어떤 축제가 생긴다. 그러니까 '불을 가져온'이란 말이 프로메테우스가 제우스에게서 불을 훔쳐서 인간에게 선물한 사건을 가리키는 게 아니라, 그 사건을 기념하는 축제와 연관된 수식어라는 말입니다. 〈결박된 프로메테우스〉가 1번이라면 〈불을 가져온 프로메테우스〉는 이렇게 3번이 되는 수밖에 없는데요. 확신을 갖고 주장하긴 어렵습니다.

자, 다시 정리합니다. 지금 읽는 작품과 관련해서 가장 큰 문제는, 이게 정말 아이스퀼로스 것이냐 아니냐 하는 것이고요. 그런 문제 제기의 이유로 꼽히는 게, 문체적 차이와 제우스의 성격 설정이 특이하다는 것입니다. 그리고 또 하나의 문제는 이 작품이 3부작으로 묶여서 발표된 세 개 중 첫 번째 거냐 아니면 두 번째 것이냐 하는 것입니다.

분량의 문제도 있습니다. 〈결박된 프로메테우스〉는 분량이 약간 적어요. 아리스토텔레스가 〈시학〉에서 이상적 작품 길이에 대해 언급한 게 있는데요. 우리가 그 구조를 한눈에 넣을 수 있는 한(限) 작품이 길수록 좋다 했고요, 서사시의 길이로 이상적인 것은 한 번에 상연되는 비극의 분량이면 되겠다 했습니다. 비극 경연을 참관하러 가면 비극 세 편과 사튀로스극까지 모두 네 편을 연이어 상연하는데, 아침부터 저녁까지 가서 도시락 먹으면서 잇달아 봅니다. 이렇게 사흘간 세 작가의 작품을 모두 본 다음에, 셋 중 누가 1등인지 투표를 해서 그 사람에게 상 주는 걸로 되어 있습니다.

한데 이렇게 한 작가가 한 번에 발표하는 분량이 대체로 6천 행 정도입니다. 그러니 한 작품 당 1,500행 정도가 일반적인 분량이에요. 아주 정확히 분량을 맞추지는 않고, 대충 1,500행을 조금 넘기도 하고, 그것에 못 미치기도 하고 그렇습니다. (사실은 1,400행 내외가 제일 많습니다.) 그런데 〈결박된 프로메테우스〉는 분량이 1,100행이 조금 안 되거든요. 이런 특징은 '내용상의 3부작'이기 때문에 나타난 듯합니다. 세 작품의 내용이 이어지는 것으로 유일하게 남은 게 '오레스테이아 3부작'인데, 이 묶음에서 첫 번째 작품은 매우 길고요. 두 번째, 세 번째 작품에서는 분량이 적어지는 특징이 보여요. 첫 번째 건 굉장히 길어서 1,700행에 이르고요, 나머지 두 개는 각각 1,100행 정도예요. 그래서, 기준 길이 1,500행짜리 세 개를 더하면 4,500행이 되어야 하는데, 이 세 작품을 다 더해도 그만큼이 안 됩니다.

그러니, 일단 '내용상의 3부작'들은 일반적으로 둘째 작품부터는 길이가 좀 짧아진다고 생각하시면 되겠습니다. 한데 이렇게 되면, '〈결박된 프로메테우스〉가 이렇게 짧은 걸 보니, 이건 첫 번째 작품은 아니고 3부작의 두 번째 작품인가 보군' 이렇게 생각할 수도 있는데요. 앞에 말했듯 직접 작품을 읽어보시면 그동안의 사연이 너무 자세히 나와서 둘째 것이라 보기엔 좀 어려움이 있습니다. 그러니 조금 전에 얘기했던 그 기준, 내용상의 3부작에서 둘째 작품부터는 길이가 짧다는 일반원칙을 여기에 적용해도 되는 것인지 문제가 생깁니다. '그러면 다른 내용상의 3부작과 비교해 보면 되지 않습니까?' 그게 안 됩니다. 내용상의 3부작은 현재 딱 하나밖에 남아 있지 않아요. 아이스퀼로스의 '오레스테이아 3부작'뿐입니다.

자, 다시 무대 연출의 문제로 돌아갑니다. 우선 늘 얘기하는 것을 어쩔 수 없이 반복해야겠네요. 희랍극은 일종의 뮤지컬 형식이어서, 대화 한 번, 합창 한 번, 대화 한 번, 합창 한 번 이렇게 번갈아 나오는데요. 그 합창단은 그냥 극 진행을 위한 장치가 아니라 등장인물로서 역할이 있고요. 노래만 하는 게 아니라 춤도 춥니다. 그러니 사실은 가무단이라고 해야 할 거예요.

여러분이 객석에 앉아서 보시면 무대와 객석 사이에 둥근 공간이 있는데 그걸 오르케스트라(orchestra)라고 부릅니다. 여기가 합창단의 공간이에요. 합창단은 무대 옆의 비스듬한 통로로 일단 들어오면서 노래를 한 번 부르고, 그다음엔 오르케스트라에 자리 잡고서 좌우로 움직이며 노래합니다. 왼쪽으로 움직이면서 노래하고, 오른쪽으로 움직이면서 노래하고, 이렇게 해서 노래가 대개 두 개씩 짝이 맞도록 되어 있습니다. 두 세트가 분량도 같고 운율도 같습니다.

프로메테우스, 결박되다

비극의 첫 장면은 대개 배우들이 나와서 서로 대화를 나누는 걸로 돼 있는데요. 오늘 우리가 보는 작품과 관련해서 사람들이 궁금하게 여기는 것 중 하나가 대체 무대 연출을 어떻게 했을까 하는 거예요. 이 작품의 배경이 다른 것과 너무 달라서죠. 다른 작품들은 대개 왕궁을 배경으로 삼는데, 이 작품은 바위 절벽이 배경이니까요.

결박된 프로메테우스 | 토마스 콜, 1847, 미국 샌프란시스코 미술관.

한데 비극 경연대회에서 이 작품만 보여주는 게 아니잖아요. 경연 첫날 이 작품을 상연했다면 내일은 다른 작가의 작품, 모레는 또 다른 작가 작품, 이렇게 상연할 수도 있고요. 물론 이 작품이 셋째 날에 상연되었다면 그 앞에 이용하던 배경을 다 허물고 진행하면 되는데요. 어쩌면 흔히 쓰이는 왕궁 배경 앞에 그림판 같은 걸 덧대어 이용하지 않았을까 싶기도 하고요.

작품 내용은, 프로메테우스가 절벽에 매달리는 걸로 시작합니다. 이걸 그림으로 그린 화가가 꽤 많은데, 토마스 콜(Thomas Cole; 1801~1848)이라는 분이 특히 이렇게 풍경을 중심으로 그려놨네요. 절벽 위에 프로메테우스가 매달려 있다가 아마도 독수리가 다가오는 소리를 들은 것 같습니다. 그래서 고개를 —우리가 볼 때— 오른쪽으로 돌리고 있는데요,

결박된 프로메테우스 | 디르크 반 바뷔렌, 1623, 네델란드 암스테르담 국립미술관.

대개는 이렇게 배경 중심으로 그리지 않고 인물을 클로즈업해서 그리는 경향이 있어요.

지금 위에 보시는 바뷔렌(Dirk van Baburen; 1594~1624)의 그림에서는 대장간 같은 데서 헤파이스토스가 프로메테우스를 결박하고 있고요. 저 왼쪽 위에 독수리가 다가오는 걸로 되어 있죠? 프로메테우스는 십자가형(刑)을 받는 것 같은 자세를 취하고 있는데요, 이게 순교자 자세입니다. 영화에서 예를 들어 레지스탕스가 나치 게슈타포에게 고문을 당한다든지 할 때 대개 이런 포즈로 많이 찍어요. 이 그림을 그린 분은 17세기 사람이니 영화 관행과는 무관하지만, 그래도 십자가형의 포즈를 의식적으로 이용한 듯합니다. 오른쪽 위에는 헤르메스가 그려져 있는데, 사실은 지금 이 장면은 배경도 그렇고 독수리가 벌써 나타나는 것

결박된 프로메테우스 | 존 플랙스먼, 1794, 영국 왕립미술원.

도 헤르메스가 나타나는 것도 다 나중에 있을 일을 한꺼번에 그린 것이라 생각하시면 되겠습니다.

첫 장면은 이렇게 시작됩니다. 관객이 보면 무대에는 4명이 나와 있어요. 위에 보시는 플랙스먼(John Flaxman; 1755~1826)의 삽화가 그걸 잘 보여줍니다. 그림 가운데에 프로메테우스가 붙들려 있고, 크라토스(Kratos)와 비아(Bia), 즉 '힘과 폭력'이 힘을 쓰고 있고요. 거기에 헤파이스토스가 망치질하는 것입니다.

도입부가 상당히 길어요. 합창이 나오기 전의 대화 장면을 저는 그냥 '도입부'라 부르는데, 전문적인 용어로 '프롤로고스'라고 합니다.

자, 힘과 폭력이 프로메테우스를 붙잡고 있는데요. 이 작품에서 여기 나온 폭력에겐 대사가 없고요. 프로메테우스는 나머지 둘이 떠날 때까지 입을 열지 않습니다. 그래서 첫 장면만 보면 혹시 프로메테우스는 대사 없는 인물인가 싶기도 해요. 비극엔 이따금 대사 없는 인물이 나와요. 앞에서 다룬 작품 중 〈알케스티스〉 마지막에 알케스티스로 나온 사람이 그 사례가 되겠네요. 지금 앞에 보시는 그림에는 다 그냥 얼굴 드러낸 걸로 그려져 있지만 옛날 연극은 모두 가면 쓰고 출연했습니다. 그러면 두 가지 좋은 점이 있어요. 하나는 남자가 여자 역할을 할 수 있다는 점입니다. 여성들의 바깥 활동이 자유롭지 않던 시대에는 남자들이 여자 연기를 했거든요. 그때 여자 가면을 쓰면 아주 쉽게 문제가 해결됩니다. 다른 좋은 점 하나는 종교적인 문제인데요. 지금 우리가 보는 비극은 디오뉘소스 축제 때 신에게 바치는 제의로 시작됐어요. 한데 속인(俗人)이 신적인 것과 바로 마주치면 안 되거든요. 그건 아주 위험한 일입니다. 악타이온이 아르테미스의 알몸을 보았다가 개들에게 찢겨 죽은 사건에 그런 의미가 있어요. 한데 가면으로 얼굴을 가리면 그 위험을 조금은 막을 수 있거든요.

그런데 가면을 쓰면 오늘날 가능한 게 불가능해지는 면도 있어요. 표정 연기가 안 됩니다. 사실 옛날에는 표정 연기 같은 건 없었습니다. 물론 동작으로 감정을 드러낼 수는 있었겠지만요. 표정 연기가 나오는 거는 카메라가 발달하고 클로즈업이 가능해진 다음이에요.

물론 르네상스 극에서는 가면을 사용하는 경우도 있고 아닌 경우도 있었다니, 그 시대쯤엔 실내 극장에서 가면 없이 연기하면 거리가 좀 멀더라도 '저 배우 표정이 대사와 잘 맞는구나' 이렇게 느끼긴 했겠죠. (카메라 이전에도 표정 연기가 있긴 했겠다는 뜻으로 말씀드리는 겁니다.) 어쨌든 고대 희랍에서는 제의로서 가면 쓰고 연극을 공연했고 그래서 남성이 여성 역할도 할 수 있었고요.

또 하나, 가면을 사용하는 데서 오는 이점은 배우 이용의 효율성입니다. 옛날에 1만 5천 명 정도 들어가는 큰 극장에서 대사가 저 뒤에까지 전달되게 발성할 사람이 많지 않았고요. 비극 대사에는 운율이 있는데, 그 운율을 구현할 사람도 흔치 않았어요. 앞에서 비극이 뮤지컬 형식이라고 했는데요, 사실은 대사만 보자면 오페라에 더 가깝습니다. 그래서 그냥 평범한 대화에도 운율이 들어 있어요. '단-장-단-장' 하는 '단장 3보격(iambic trimeter)'이라는 운율로 이야기를 나눕니다. 이런 걸 잘할 수 있는 사람이 아주 많진 않아요.

그래서 각 극에는 배우가 2명 또는 3명밖에 안 나옵니다. 배역은 여럿이지만 가면을 바꿔 쓰면서 적은 수의 배우가 그 역할을 모두 감당한 거예요. 그나마도 원래 배우가 1명뿐이었는데 아이스퀼로스가 1명 더 도입해서 배우가 2명이 되었다고 아리스토텔레스가 〈시학〉에 기록해놨어요.

'그런데 〈결박된 프로메테우스〉 초반에 배우가 3명이 나오네. 그러면 이건 아이스퀼로스 작품이 아닌 게 확실하군' 하실지 모르겠는데요. 아이스퀼로스의 대표작인 '오레스테이아 3부작'에도 배우 3명 나오는 장면이 있습니다. 3대 비극 작가의 활동 연대가 서로 겹치거든요. 소포클레스라는 후배 작가가 배우 한 명을 더 도입해서 배우 3명 쓰는 걸 보고서, 아이스퀼로스가 '우리 후배가 괜찮은 발명을 했는걸. 나도 한번 써 보지' 그래서 자기도 배우 세 명을 쓴 거예요. 그러니까 〈결박된 프로메테우스〉가 아이스퀼로스의 말기 작품이라면 배우 세 명 사용하는 건 불가능하지 않습니다.

한데 아이스퀼로스는 배우를 3명 쓰더라도, 특징이 있어요. 세 사람이 돌아가면서 한 마디씩 발언하는 장면은 거의 나오지 않아요. 대개는 두 사람이 얘기를 나누고, 그 곁에 사람이 있더라도 먼저 있던 사람이 떠나거나, 아니면 말을 마치고 입을 다문 다음에야 세 번째 배우가 입을 여는 경우가 많아요. 그러니까 배우 2명 쓰던 때의 버릇이 좀 남아 있는 셈입니다.

그래서 〈결박된 프로메테우스〉 첫 장면에 3명이 나오긴 하지만 먼저 두 사람이 얘기하는 동안 셋째 배우는 조용히 있다가, 둘이 퇴장하고 나서야 혼자 남은 사람이 독백을 시작합니다. 그러니까 여러분이 비극 작품 읽으실 때, 특히 작품 끝부분에 도달하면 한번 뒤를 돌아보세요. '가만있자, 이 배역을 맡은 사람은 저 앞에서는 어떤 역을 맡았었지?' 이렇게 맞춰보면 조금 재미있는 현상이 보여요. 때때로 구해 주는 사람과 구원을 받는 사람을 같은 배우가 연기하기도 하고요. 제일 놀라운 것은 '오레스테이아 3부작'의 두 번째 작품인데요. 전반부엔 아가멤논의 딸 엘렉트라가 등장해서 자기 어머니는 나쁜 여자라고, 죽여야 한다고 외치다가 극의 후반부에는 안 나옵니다. 그러면 그 엘렉트라 역할을 하던 배우는 뭐 하느냐? 후반부에 자기 어머니 가면을 쓰고 나와서 죽어요. 그래서 '죽여라!' 하는 사람과 죽는 사람 역을 같은 배우가 연기하고 있습니다.

제가 근래 그런 생각을 해 봤어요. 제가 옛날엔 굉장히 궁핍하게 살았는데요. 지금이라고 아주 엄청나게 잘 사는 건 아닙니다만 그래도 옛날보다는 좀 형편이 나으니까요. 현재의 내가 과거의 나에게 조금 재정 지원을 해 줄 수 있으면 얼마나 좋을까 하는 겁니다. 여러분도 혹시 그런 생각 하지 않으세요? 지금 가지고 있는 것을 조금만 덜어서 옛날로 옮겨줄 수 있다면 저 옛날에 그렇게까지 어렵게 살진 않았을 텐데, 이런 생각이요. 한데 제가 가만히 생각하니, 방법이 있을 듯도 해요. 현재의 내가 과거의 나에게 도움을 주거나 아니면 미래의 나에게서 도움을 받는 건 불가능하죠. 하지만 제가 지금 젊은 세대에게 조금 나눠 주고 그 젊은 세대가 나이 먹은 다음에 자기보다 젊은 세대에게 나눠 주고, 이렇게 이어가면 결과적으로 현재의 내가 과거의 나에게 조금 재정 지원을 해 주는 것과 비슷한 효과가 나오지 않을까 하는 것입니다.

제가 지금 비극에 사용된 가면에 대해 얘기하다 보니, 일종의 가면을 이용해서 세대 간에 도움을 줄 수 있지 않나 하는 생각이 얼핏 들어서요. '댁은 누구신데 저를 도와주시나요?' 그러면, '응, 나는 미래에서 온 너야. 내가 다른 얼굴을 하고 있어서 잘 알아보지 못하는구나. 허허, 가면의 효과가 괜찮군' 하고 대답하는 상황이죠. 그냥 저 혼자 해 본 생각입니다. 우리 공부나 계속해요.

다시 작품을 한번 돌아보시면요, 도입부가 전체의 10% 조금 넘게 되어 있는데 평소 다른 작품에서와는 달리 무대 배경이 어떤 바위산 같은 걸로 조성되어 있습니다. 공연 상황에 대해 이렇게 보는 학자도 있어요. 지금 아테나이에 가면 도시 한가운데에 아크로폴리스라고 하는 절벽이 우뚝 솟아 있고, 그 위에 파르테논 신전이 있는데요. 그 절벽 아래 남쪽에 디오뉘소스 극장이 조성되어 있습니다. 한데 비극 전성기에는 거기 석조 극장이 없었고요. 현재 남은 것은 그 전성기로부터 한 100년 정도 지난 다음에 조성된 돌 극장이에요. 그런데 만약 그 장소에서 이 작품을 상연했다면, 거기 지금처럼 깎아내기 전에 큰 바위 덩어리가 하나 있었으니, 그걸 이용하지 않았을까 하는 것입니다. 그 바위에 구멍도 하나 있어서 그 구멍을 통해 사람이 솟아 나오기도 하고, 바위로 올라서기도 하고 그러지 않았을까 추정하는 거죠.

그런데 이 설명은 너무 여러 가지 가정을 해야 해서 이걸 받아들여야 할지는 잘 모르겠어요. 잠시 후의 어떤 장면을, 작은 바위산과 거기 있었던 어떤 구멍과 연관 지어서 배우가 그 구멍에 들어갔기 때문에 안 보인 거다 이렇게 설명하는 식인데요. 이게 다수 학자의 지지를 얻어낼 수 있을지 약간 의구심이 있습니다.

자, 다시 앞의 이야기로 돌아갑니다. 강력한 존재 둘이 프로메테우스를 붙잡고 있습니다. 티탄과의 전쟁에서 제우스를 도와줬던 크라토스와 비아입니다. 이들은 저승 강물인 스튁스의 아들들이에요. 이 얘기는 헤시오도스의 〈신들의 계보〉에 나옵니다. 스튁스 강이 자기 자식들을 데리고서 제우스 편에 가담해서, 결국 제우스가 티탄들을 이길 수 있었다라는 얘깁니다. 아닌 게 아니라 이 작품에도 티탄과의 전쟁 이야기가 많이 나옵니다.

오늘 보는 작품의 특징 중 하나가 지명이 아주 많이 나온다는 점입니다. 그래서 첫 부분부터, 지금 여기는 어디어디다라고 지명이 자세히 나옵니다. 저 옛날에 시각 효과를 이용할 수는 없으니 언어적으로 표현한 거죠. 그리고 배우들이 등장하자마자 '나는 아무개다'라고 자신을 소개하거나 아니면 서로 이름을 부르거나 해서 등장인물이 누구인지 관객에게 가르쳐 주는 게 비극의 관행이에요. 이름표를 달고 나올 수는 없잖아요. 지금 같으면 자막을 넣을 수도 있지만 옛날엔 그럴 수도 없었고요. 그리고 사실 현재도 비슷한 방식을 사용하고 있습니다. 여러분, TV 드라마 같은 거 맨 처음에 보면 서로 이름 부르는 걸 보고서,

저 사람은 누구구나라고 알게 되죠? 그거하고 비슷합니다.

그리고 새로운 사람이 등장하면 '저기 아무개가 오네'라고 먼저 나와 있던 등장인물, 또는 합창단이 말하는 게 일반적인 관행이에요. 이 관행을 이용해서 모든 걸 뒤집어엎은 사람이 에우리피데스입니다. 어떤 인물이 등장해서는 한참 독백을 펼치는데 한동안 자기가 누군지 밝히질 않아요. 그래서 관객에게 조바심이 일게끔 하는 것입니다. 그런 다음 한참 지나서 자기 신분을 밝히는데, 그 신분이 아주 뜻밖인 사례가 〈엘렉트라〉에 나옵니다.

다시 〈결박된 프로메테우스〉로 돌아가죠. 엄청난 존재 둘이 프로메테우스를 붙잡고서, 헤파이스토스에게 '이쪽에 못을 박아, 저쪽에도 박아' 이런 식으로 지시하죠. 하지만 헤파이스토스는 별로 내키지가 않아요. 프로메테우스는 말하자면 친족이고 동료 신인 데다가, 별로 잘못한 것 같지도 않아서입니다. 그리고 이 작품에는 계속적으로 권력의 속성에 대한 언급이 나옵니다. 희랍극은 기본적으로 시민들이 다 모여서 하는 행사였는데 한편으로는 종교적인 의미가 있고요, 또 한편으로 시민을 교육하는 의미가 있었어요. 그래서 현대에는 영화나 연극에서 메시지를 찾아내려는 걸 경계하는 평론가가 많지만요, 옛날 극에서는 더러 그런 걸 찾아야 할지도 모르겠습니다. 어쨌든 이 작품에는 권력 처음 잡은 사람들에게 경고하는 의미가 보이는 듯합니다. 집권 초기엔 권력자들이 막 완력을 휘두르는 경향이 있는데, 그렇게 하면 안 된다라는 것 같아요.

당시 아테나이에는 상당히 극단적인 형태의 민주정이 자리 잡아가고 있어서, 국가대표도 제비뽑기로 선택했습니다. 말하자면 대통령직도 제비뽑기였습니다. 지금도 스위스 같은 데서는 이런 식으로 하는 것 같고요. 한국에서도 추첨제 민주주의 하자고 주장하는 사람들이 있어요. 추첨제를 유지하자면 다소 능력이 떨어지는 사람에게 권력이 돌아가도 이상한 짓을 못하게 해야 하기 때문에 필연적으로 고위직의 권한을 줄이게 됩니다. 그러면 권력자가 완력을 휘두르는 일도 적어지겠죠.

그리고 헤시오도스의 작품에서도, 앞부분에서는 신들끼리 서로 싸우고 제우스도 주로 완력에 의지하지만, 뒤로 갈수록 점점 신들이 온화해지는데요. 〈결박된 프로메테우스〉가 속한 3부작에도 그런 변화 과정이 반영된 듯합니다. 처음에는, 이제 막 권력을 잡은 사람들에 대한 비판 같은 게 좀 많이 나와 있습니다.

태초의 거대한 존재가 '여기 못 박아, 저기 못 박아' 하면서 지시를 하다가, '그러게 왜 인간에게 특권을 주어서 이런 고생을 해? 그냥 제우스의 명을 들어야지' 이러면서 프로메테우스를 탓하기도 하고요, 못 박는 작업을 마치고 산에서 내려갑니다. 잠시 후에 현대에 상연한 것도 한번 같이 좀 보시죠.

이들이 떠나고 주변에 아무도 남지 않자 프로메테우스가 그제야 발언을 시작합니다. 그는 자연물을 불러 탄식합니다. 대기와 바람과 강과 파도, 이런 것들을 부릅니다. 이런 것들이 보통 인간 세계로부터 격절된 주인공의 절망감을 표현하는 장치로 희랍 비극에서 꽤 자주 볼 수 있는 것입니다. 〈안티고네〉 같은 작품에서도 인간들에게서는 도무지 이해받지 못하는 여주인공이 자연물들을 부르는 걸 볼 수 있습니다.

한데 이 프로메테우스의 이름은 '미리 생각하는 자'란 뜻이잖아요. 신화적으로 그의 어머니는 대체로 테미스('법도')로 되어 있고요. 테미스는 가이아, 땅의 여신과 동일시되죠. 그분이 원래 신탁을 주기도 했었고 예언력이 있어요. 그래서 프로메테우스는 어머니에게 배워 많은 것을 알고 있는 걸로 설정되어 있습니다. 프로메테우스는 자기 미래를 예언합니다. 자기는 만 년 동안 여기서 고통을 당할 것이라고요. 하지만 이 프로메테우스가 어디까지 아는지 약간 불분명합니다. 그는 '이 고통의 종말은 어떻게 올 것인가?' 하고 스스로 의문을 제기하기도 해요. 그러니까 그는 미래에 대한 정확한 지식은 없고, 그냥 대체적인 그림만 가지고 있는 것 같기도 합니다.

그리고 그의 독백에 좋은 구절이 꽤 들어 있습니다. '우리는 운명이 주는 걸 견뎌야 한다'같이 좀 스토아적 인상을 주는 말도 나오고 그래요. 그는 자기가 벌을 받는 것이 신들의 특권을 인간에게 넘겨줬기 때문이라고 회고합니다. 그러면서 자기가 인간에게 제일 잘해준 게 불을 가져다주고 기술을 가르쳐 줬다는 건데요. 어떤 학자는 이 작품이 지식과 완력의 대결을 보여주며, 불이 바로 지식의 상징이라고 말하기도 합니다.

이렇게 자신의 업적을 돌아보는 과정에 인류의 문화사를 정리한 게 나옵니다. 우리가 문화 발전사를 얘기할 때 꼭 언급해야 하는 것 중 하나가 이 〈결박된 프로메테우스〉고요. 비극에서 또 하나 꼽자면, 〈안티고네〉에 '인간 찬양의 합창'이라고 하는 게 나오는데, 그 부분하고요. 그리고 루크레티우스의 〈사물의 본성에 관하여〉에 정리해 놓은 게 있고요. 플라톤의 〈프로타고라스〉라는 작품에 또 그런 게 있어요. 그래서 그 네 개 정도가 인류의 문화 발전에 대한 회고의 가장 유명한 고전적 인용처입니다.

제가 이상한 표현을 썼죠? '인용처'라고 했는데요. 어떤 주제에 대해 얘기하려면 반드시 언급해야만 하는 어떤 고전 문헌 자료를 그렇게 불러요. 라틴어로 '로쿠스 클라시쿠스(locus classicus)'라는 겁니다. '로쿠스'는 '로컬'이라는 말에도 들어 있는 어근인데요, 여기서는 '문헌상의 위치'라는 뜻입니다.

한데 〈결박된 프로메테우스〉에는 인류의 문화 발전사가 한 번에 다 정리되어서 나오지는 않고요. 앞과 뒤와 중간에 한 덩어리씩 좀 흩어져서 나옵니다. 프로메테우스가 인류에게 기여한 것을 여기저기서 조금씩 언급하는 거죠. 작품 맨 앞에 프로메테우스를 못 박은 존재들도, 프로메테우스가 신의 특권을 인간에게 줬다고 얘기했고요. 그들이 떠나자 프로메테우스가 스스로 자기가 인간에게 불을 가져다주고 기술도 가르쳐 줬다고 밝힙니다.

오케아노스의 딸들의 등장과 연출의 문제

이렇게 인류 발전사를 돌아보던 프로메테우스는 갑자기 이상한 소리가 나고 이상한 냄새가 나는 것을 감지합니다. 그 소리와 냄새가 무엇인지 몰라 두려움을 표현하는데요, 이 부분이 조금 재미있게 되어 있어요. 프로메테우스는 자기에게 독수리가 올 것을 이미 알고 있는데, 날개 소리가 들리니까 혹시 독수리가 아닐까 생각하는데요. 독수리가 아닙니다. 오케아노스의 딸들이 날개 달린 수레를 타고 오는 중이에요. 지금 이 작품은 지수화풍(地水火風)이라는 기본 요소를 굉장히 강조하고 있어요. 아마 우주의 역사 초기에 일어난 일을 다루고 있기 때문에 그렇다고 봐야겠죠.

지금 오케아노스의 딸들이 다가오는 중인데요. 옛날 사람들은 이 세계가 피자처럼 둥글고 평평하다고 생각했고요, 피자 테두리에 치즈 크

프로메테우스와 오케아노스의 딸들 | 존 플랙스먼, 1795, 영국 왕립미술원.

러스트에 해당하는 부분이 이 세계를 두루 도는 오케아노스라는 강이에요. 이 강의 신에게 딸들이 굉장히 많이 있는 것으로 되어 있습니다. 헤시오도스의 〈신들의 계보〉에 아마 3천 명이라고 나왔던 것 같아요. 위의 그림은 그 딸들이 나타나는 모습을 플랙스먼이 그려 놓은 건데요. 이렇게 날개를 달고 날아오는 걸로 그렸네요. 저 위에 프로메테우스가 결박되어 있고요. 이 그림에는 선녀처럼 그려놨는데 무대 연출할 때 이렇게 할 수는 없잖아요. 그래서 〈결박된 프로메테우스〉에서는 날개 달린 수레를 타고 오는 것으로 했습니다.

그럼, 실제 연극에서는 어떻게 연출했을까 싶기도 한데, 옛날 희랍에는 '엑퀴클레마(ekkyklema)'라는 작은 이동 무대가 있었어요. 이 장치는 이따금 실내 장면을 잠깐 노출하거나 시신을 보여주는 데 이용되었습니다. 희랍극의 특이한 현상 중 하나는 끔찍한 장면은 무대 위에서 직접 보여주지 않는다는 건데요. 살인이나 자살 같은 일은 무대 뒤에서 일어나고, 전령이 나와서 사실을 사람들에게 말로 묘사해 주는 걸로 되어 있고요. 시신을 보여 줄 때에는, 아마도 작은 판 같은 데다가 바퀴를 달아서 밧줄로 끌어낸 것 같아요. 그러니까 저 안에서 일어난 살인이나 자살의 결과를 작은 이동 무대에 얹어 밖으로 끌어내서 보여준 것입니다.

그런 장치가 이미 있었으니까 지금 이 장면에서도 상자에다 약간 조잡하게 날개 같은 것을 붙이고서 끌어내되, 한두 명은 그걸 타고서 등장하고 나머지는 걸어서 나오지 않았을까 그런 생각을 해봅니다. 제가 찾아보니 유튜브에 맥밀란 필름(Macmillan Film)이라는 데서 만든 〈Prometheus Bound(결박된 프로메테우스)〉라는 게 있던데, 여러분도 한번 찾아보세요.

오른쪽에 〈Prometheus Bound〉의 한 장면을 보시죠. 여자들이 줄을 타고서 날개를 손에 들고 흔들면서 오는 걸로 연출했네요. 아래쪽에는 로마 병정처럼 의상을 차려입고 얼굴에 철가면 같은 것을 쓴 프로메테우스가 결박되어 있고요.

사실은 아이스퀼로스가 무대 연출을 상당히 화려하게 했던 분으로 알려져 있어요. 그래서 '오레스테이아 3부작'의 세 번째 작품에서도 그랬다고 해요. 트로이아 전쟁 전체를 지휘했던 아가멤논은 집에 돌아오자마자 자기 부인에게 죽습니다. 그로부터 약 10년 뒤에 아들이 먼 땅

<Prometheus Bound> 장면 | 맥밀란 필름, https://www.macmillanfilms.com

에서 돌아와서 자기 아버지를 죽인 어머니를 죽여요. 그러고 나서 복수의 여신들에게 쫓겨서 여기저기 도망 다니다가 델포이로 가는데, 거기서 아폴론의 정화(淨化)를 기다리고 있는 중에 복수의 여신들이 거기까지 쫓아왔어요. 한데 그 장면의 무대 연출을 너무나 끔찍하게 해서, 그걸 보던 임신부가 놀라서 유산을 했답니다. 그냥 전해지는 얘기예요.

사실은 고대 희랍에서 여자가 극장에 연극 보러 갈 수 있었는지는 확실치가 않아요. 어떤 희극 작품을 보면, 여자도 극장에 갔다고 해야지 이 구절이 설명된다 싶은 대목도 있긴 한데요. 아주 확실치는 않습니다. 저로서도 여자들이 극장에 갈 수 있었다고 믿고 싶은데, 실제로 그랬는지는 모르겠어요.

어쨌든 <결박된 프로메테우스>에 시각적 효과가 많이 필요했기 때문에 무대 연출을 어떻게 했을지가 큰 관심사가 되는데요. '아이스퀼로스는 원래 이런 효과를 중시하던 사람이야'라고 말할 수는 있지만,

<Prometheus Bound>의 오케아노스 등장 장면 | 맥밀란 필름, https://www.macmillanfilms.com

과연 이 작품이 아이스퀼로스 건지 아닌지 확정되지 않아서 좀 문제가 있어요. 혹시 정말 아이스퀼로스 것이라면, 그가 다른 작품에서도 무대 연출을 시각적으로 화려하게 했던 적이 있으니, 여기서도 그러는 게 이상하진 않습니다.

그리고 '데우스 엑스 마키나'라는 장치를 아실 거예요. 에우리피데스가 자신의 비극 작품을 끝내는 방식으로 많이 이용한 것인데요. 기중기를 이용해서 신이 건물 위에 나타나는 것이죠. 어쩌면 그와 비슷한 발상이 더 옛날에도 있었을지 모르겠어요. 지금 여기 오케아노스의 딸들이 날개 달린 수레를 타고서 온 것도 그런 장치일 수 있고요. 잠시 후에 오케아노스 자신이 나타나는데, 그는 새를 타고 옵니다. 한데 이 새는 고삐도 없이 생각으로 조종한다고 되어 있어요. 어쩌면 머리에 모자 비슷한 것을 쓰고서 뇌파로 조종하는, 일종의 내비게이션 같은 게 아닐까 싶어요.

〈Prometheus Bound〉의 헤르메스 등장 장면 | 맥밀란 필름, https://www.macmillanfilms.com

현대의 연출을 잠깐 참고하자면요, 왼쪽에 보는 사진은 맥밀란 필름 〈Prometheus Bound〉의 다른 장면입니다. 오케아노스가 얼굴에 사자 같은 가면을 쓰고 있고요. 그 곁에 날개 달린 말이 있습니다. 다음 위 사진에는 헤르메스가 나와 있네요. 헤르메스는 자주 보는 존재이니 별로 이상하지 않지만, 비극에서 그가 나타나는 장면은 에우리피데스의 〈이온〉과 이 작품밖에는 없습니다.

그러니까 오케아노스의 딸들이 어떻게 등장했는지, 오케아노스 자신은 어떻게 왔는지, 그리고 잠시 후에는 제우스의 사랑을 받았다가 소로 변한 이오가 나오는데, 그녀의 모습은 어떻게 보여줄 것인지도 좀 문제가 돼요. 다음 쪽 사진에는 이오에게 좀 투명한 의상을 입혀서 성적 매력이 돋보이게 연출했는데, 모든 공연에서 다 이렇게 하는 건 아닙니다.

여기쯤 오면 여러분에게 약간 혼란이 생길 수도 있겠습니다. 지금 우

<Prometheus Bound>의 이오 등장 장면 | 맥밀란 필름, https://www.macmillanfilms.com

리가 희랍 비극을 보고 있는 중이니 비극이라면 끔찍한 사건이 일어나고 가슴에 울림도 좀 있고 그래야 하는 거 아니냐? 이런 생각이 들지도 모르겠습니다. 그리고 이 작품을 다 읽고 나면, '가만있자, 여기 끔찍한 게 뭐가 있지? 그리고 가슴을 울리지도 않네, 교훈은 도대체 뭐야?' 이런 생각이 들어요.

여러분, 희랍극에 대한 생각을 하나 바꾸셔야 하는데요. 비극은 슬픈 극이 아니고, 결말이 행복한 것도 많답니다. '비극'이란 말은 서양 개념 받아들여서, 아마 일본학자가 만든 어휘일 거예요. 이 단어는 영어로 '트레저디(tragedy)'인데요, 서양에서도 이 단어는 '끔찍한 일이 많이 일어나는 슬픈 극이라고들 대개 생각하고 있어요. 하지만 그 말의 어원은 희랍어로 '염소 노래(tragoidia)'예요. 왜 비극을 '염소 노래'라고 불렀는지에 대해 여러 설명이 있지만, 그냥 '디오뉘소스에게 염소 바치듯 제물로 바쳐진 노래'라고 생각하는 게 좋습니다. 그러니 원래 이 말은 '슬픈

극'이란 뜻이 아니었다고 알고 계시면 되겠습니다.

그래서 예를 들면 '오레스테이아 3부작'도 일종의 '행복한 결말'이에요. 물론 앞부분에는 끔찍한 일이 거듭 일어나지만 마지막엔 시민을 화합시키고 축제를 벌이며 끝나요. 그러니 〈결박된 프로메테우스〉도 일단 어떤 거대한 존재가 최고 통치자에게 저항하고, 그래서 땅속에 가라앉지만, 나중에는 뭔가 행복한 결말이 있고 거기에서 모든 참여자와 관객이 어떤 교훈을 얻을 거라고 기대할 만한 근거가 있습니다.

그리고 옛날 사람들에겐 볼거리가 많지 않았잖아요. 그래서 이런 연극에서 신기한 게 나오면 그걸 1년 내내, 혹은 몇 년씩 얘기합니다. 또 비극에 좋은 대사가 나오면 그걸 외워서 활용하기도 하고요. 이 대사들은 운율이 있기 때문에 외기도 좋아요.

그러니까 이 작품에는 몇 가지 특별한 연출이 필요한 대목이 있다는 걸 말씀드리고요. 다시 줄거리로 돌아가죠. 지금 티탄과의 전쟁이 막 끝난 참이에요. 프로메테우스가 여기 묶이면서 좀 억울해 하는 이유 중에 하나는요, 그 전쟁에서 자기가 공을 세웠는데 보답 받지 못한다는 점입니다. 자기가 제우스 편에 가담해서 승리를 얻게 해줬는데 어떻게 이럴 수 있냐고요.

다시 이야기를 이어갑니다. 맨 앞에 프로메테우스가 절벽에 결박된다. 결박하는 자들이 떠나가고 나니까 자기 신세를 탄식합니다. '앞으로 한동안 여기 있어야 할 것이다, 운명을 견디자' 이렇게 다짐합니다. 여기서 드러나는 영웅적 기질이 참 멋있긴 해요. 꿋꿋한 태도에 좀 멋진 데가 있습니다. 거기에 합창단이 등장합니다.

여기서 합창단의 일반적 입장 방식을 설명하죠. 무대와 객석 사이에 비스듬한 길이 있어서, 보통 합창단은 그리로 들어오면서 첫 노래를 불러요. 그래서 합창단이 등장하며 부르는 노래를, 그 진입로의 이름을 따서 '파로도스(parodos)'라고 했었는데요. '옆길'이라는 뜻이에요. 하지만 한국에서는 이 노래를 그냥 '등장가'라 하고 있습니다.

지금 우리가 보고 있는 〈결박된 프로메테우스〉 합창단의 첫 노래의 내용은 '우리는 오케아노스의 딸들이다. 날개 달린 마차로 여기에 왔다. 우리 아버지를 간신히 설득했다. 우리가 동굴 속에서 들었더니 망치 소리가 거기까지 들리더라' 하는 것입니다. 합창단의 신분이 이렇게 설정된 이유는 프로메테우스가 묶인 곳이 인간 거주지와는 격절된 변방이기 때문에, 오히려 세계를 두루 도는 오케아노스에는 조금 가까워서 그런지도 모르겠습니다.

합창단은 현재 세상이 돌아가는 사정을 전해 줍니다. 새로운 지도자가 무법한 통치를 자행하고 있다, 다른 신들은 프로메테우스가 받은 형벌에 모두 분개하고 있다고요. 그러자 프로메테우스가 노래로 답합니다. (배우가, 그것도 극 초반부터 노래를 하는 건 약간 특이한 방식입니다. '위작설'에 유리한 설정이죠. 아이스퀼로스의 다른 작품은 이렇지 않고, 오히려 에우리피데스가 자주 사용하는 방법입니다.) 언젠가 제우스가 자기를 필요로 할 날이 있을 거라고. 나중에 보면 이 발언 때문에 헤르메스가 찾아와서 '빨리 그 비밀을 밝혀라'라고 요구하죠. 하지만 프로메테우스는 그 비밀을 끝까지 쥐고 안 내놔요. 그러다가 결국 땅속으로 가라앉는 거죠.

여기서 프로메테우스가 암시적으로 미래를 예언합니다. 제우스를 몰락시킬 결혼이 기다리고 있다고요. 이건 아킬레우스의 어머니가 되는 테티스 얘기예요. 제우스와 포세이돈이 어떤 바다의 여신에게 눈독을 들여요. 테티스라는 여신입니다. 그러다가 제우스가 놀라운 사실을 알게 되죠. 테티스에게서는 아버지보다 뛰어난 자식이 태어난다고요. 제우스는 자기 아버지보다 뛰어나기 때문에 아버지를 몰아내고 자기가 신들의 왕이 됐어요. 자기보다 뛰어난 아들이 태어나면 자기는 쫓겨날 게 틀림없습니다. 포세이돈보다 뛰어난 아들도 약간 위험합니다. 그래서 테티스를 강제로 인간에게 시집보내는데요. 그때 신랑감으로 선택된 사람이 펠레우스고요, 그 결합에서 태어난 아들이 아킬레우스입니다. 지금 그 얘기를 바닥에 깔고 있는 참이에요.

프로메테우스의 예언 요지는 '언젠가 제우스는 나에게 굴복하게 될 것이다'라는 건데, 그냥 앙심과 복수심만 담긴 게 아니라 약간 밝은 면도 있습니다. '그는 마음도 온순해질 거고 양보도 배우게 될 거다.' 그러니까 제우스와 화해할 실마리를 조금 남기고 있는 거죠.

이렇게 합창단과 주인공이 노래로 대화를 나누다가, 합창단장과 프로메테우스 사이의 대화로 옮겨갑니다. 이 부분은 모두 —합창처럼 자유로운 운율의 노래가 아니라— 단조로운 운율로 되어 있어요. 프로메테우스는 자신이 어쩌다가 징벌을 받게 되었는지 자세히 설명합니다. '구세대와 신세대 신들 사이에 권력 투쟁이 일어났을 때, 그는 자기 어머니인 가이아-테미스에게서 힘과 폭력보다는 지혜가 이기리라는 예언을 듣고서, 티탄들에게 최선의 조언을 해주려 했다. 하지만 그들은 힘으로 쉽게 이기리라 믿고서 그를 무시했다. 그래서 그는 어머니를 모시고 올륌포스 신들에게로 합류했다. 그의 조언 덕분에 제우스가 승리를 거두고, 티탄들은 타르타로스에 묻혔다.'

그런데 우리가 지금 이 부분을 보고 있자면 '이렇게 구구절절 설명하는데, 이게 3부작의 두 번째 작품일 수 있을까?' 하는 의문이 들어요. '이미 앞 작품에서 얘기했던 걸 복습하는 건가?' 싶고요. 이 때문에 〈결박된 프로메테우스〉가 3부작의 첫 번째 작품일 거라고 믿는 사람이 많아요. 그럼, 〈불을 가져온 프로메테우스〉는 어떻게 되느냐? 그걸 3부작의 세 번째 작품으로 보자면 사실 내용 채워 넣기가 힘들어요. 그냥 '프로메테우스의 풀려남을 축하하는 축제가 생겼다'라는 걸로는 얘기가 좀 부족하잖아요? 그래서 학자들이 어떻게든 이야기를 그럴싸하게 짜서 분량을 늘려보려 고심하고 있습니다.

자, 다시 프로메테우스의 발언으로 돌아가죠. 전쟁이 끝난 후 제우스는 여러 신들에게 권력을 나눠주었지만, 인간들을 무시하고 오히려 그들을 없애고서 새로운 종족을 만들려 했다는 겁니다. 신들이 새로운 인간 종족을 만든다는 개념은 헤시오도스의 〈일들과 날들〉 내용과 연관이 있습니다. 처음엔 황금시대 사람들이 있다가 다 없어지고, 이어서 은 시대 사람들이 생겨나고, 은 시대 사람들이 마음에 들지 않아서 신들이 그들을 다 없애고 청동 시대 사람들이 태어나게 했다. 이런 식으로 인간의 여러 시대가 신들의 뜻에 따라 생겨나고 없어졌다는 거예요. 그와 비슷하게 이번에도 제우스가 인간을 다 없애려 해서, 신들 중 유일하게 프로메테우스가 그에 반대하고 인간을 구해냈다는 겁니다.

합창단장은 혹시 프로메테우스가 다른 더 심한 행동을 한 건 아닌지 묻습니다. 그러자 프로메테우스는, 자기가 인간에게 도움을 준 방식을 구체적으로 열거합니다. 한데 여러분이 읽다 보면 '가만있자, 이게 정말 도움이 되는 건가' 싶은 것도 들어 있어요. 프로메테우스가 불을 가져다주고 기술도 가르쳐 줬다는 건 조금 전에 들으셨는데요. 사실은 그것 말고 '운명을 내다보지 못하게 했다. 맹목적인 희망을 심어줬다' 하는 게 맨 먼저 언급됩니다.

물론 이런 무지가 오히려 도움이 되는 경우도 있긴 합니다. 근래에도 그런 영화가 개봉된 적이 있어요. 〈이웃집에 신이 산다〉(자코 반 도마엘, 2015)라는 영화인데요. 컴퓨터 장치가 잔뜩 갖춰진 방 안에 신이 앉아서 인간들에게 여러 운명을 부여하고 있습니다. 아내와 딸을 학대하고 인간을 괴롭히는 신입니다. 그런데 어느 날 10살 먹은 딸이 금지된 정보를 빼돌려서 온 세상에 퍼뜨려요. 그러자 모든 사람의 휴대전화가 울리더니 당신에게 남아 있는 시간은 얼마라고, 남은 수명이 표시됩니다. 여러분은 만일 내가 1년 안에 죽는 게 확실하다면 지금 하고 있는 일을 계속 하시겠어요? 영화 속에서도 많은 사람이 일 그만두고 다른 생활을 시작하고요. 어떤 사람은 '1초 뒤에 당신은 죽습니다'라는 메시지를 목욕 중에 받고서, '이게 대체 무슨 소리야?' 하다가 ─충전 중이던─ 휴대폰을 놓치면서 그게 목욕물 속으로 들어가서 감전되어 죽기도 해요. 한번 보세요. 꽤 재미있게 만든 영화입니다.

현대사회에서도 운명을 내다보지 못하는 게 차라리 나아요. 사실 내가 언제 죽는다는 걸 알면 우리는 불안해서 제대로 살아가지 못할 거예요. 최후의 시간이 순간순간 다가오니 말입니다. 어쨌든 이런 지식이 있다면 삶이 지금과는 많이 달라질 것입니다. 그리고 희망이라는 게 조금 맹목적인 데가 있어야 가능한 거잖아요. 그래서 이런 무지를 우리에게 선물했다는 건, 어찌 보면 모든 것을 알고 싶어 하는 인간의 욕망에 대한 반격인지도 모르겠습니다.

오케아노스와의 대화

이런 얘기를 나누다가, 프로메테우스가 합창단에게 이제 허공에서 내려와서 나의 고난에 대해서 더 자세히 들으라고 권해요. 이런 대사를 들으면, 첫 장면엔 합창단이 수레에 타고 있는 채로 이야기를 나눈 것 같아요. 이제 합창단이 수레에서 내리겠다 하는데, 혹시 무대 뒤로 돌아갔는지 모르겠네요. 이들이 위치를 바꾸느라 자리를 비운 사이에 그들의 아버지 오케아노스가 도착합니다. 그는 앞에 말한 것처럼 새를 타고 옵니다. 자기 말로 그렇게 설명하는 걸 보니, 시각적으로 아주 확실치는 않아서 관객에게 그 탈것이 무엇인지 설명해야 했던 모양이에요.

오른쪽 위에 보시는 건 플랙스먼이 그린 삽화예요. 저 오른쪽 위에 프로메테우스가 양팔로 위로 뻗은 채 묶여 있고 그 밑에 오케아노스의 딸들이 둘러앉아 슬퍼하고 있는데, 오케아노스가 노를 가지고 바다의 말을 타고 나타나는 걸로 그려놨네요. 이 바다의 말은 하체가 물고기 모양으로 그려졌지만, 그래도 날개 비슷한 것을 갖추고 있군요. 원문 내용과 그림이 완전히 일치하지는 않습니다. 그리고 아래의 그림은 옛날 도기에 그려진 오케아노스입니다. 머리엔 뿔이 있고, 하체는 물고기처럼 되어 있고요. 뱀인지 뱀장어인지를 손에 잡고 있네요. 그 오른쪽에는 오케아노스라고 희랍 글자로 써 있어요. 보기 드문 자료입니다.

오케아노스는 자기가 고삐 없는 새를 생각으로 몰아서 여기 왔다고, 나는 당신을 굉장히 존경한다, 그렇지만 제우스와는 싸우지 않는 게 좋겠다, 말을 온화하게 하라, 나도 당신을 구하려 애써 보겠다고 말합니다. 태도를 바꾸라고 계속 설득합니다. 그래서 '이거 혹시 프로메테우스의 내면에 있는 다른 선택지를 이렇게 외형화한 게 아닐까' 그런

프로메테우스를 찾아간 오케아노스 | 존 플랙스먼, 1795, 영국 왕립미술원.

오케아노스 | 5세기 초, 영국 대영박물관.

생각도 들어요.

지금 이 〈결박된 프로메테우스〉와 많이 비교되는 작품이 구약성서의 〈욥기〉입니다. 거기 욥(Job)이라고 하는 사람이 굉장히 부유하고 행복하게 잘 살다가 갑자기 여러 가지 재난을 당하자, 그의 친구들이 찾아와서는 '네가 신에게 죄를 지어서 그렇다'고 비판합니다. 그러자 욥이 아니라면서 반박하면 다시 다른 친구가 재반박하고, 또 아니라고 대응하면 또 다른 이가 반박하고 이렇게 해서 모두 네 사람의 논변이 나와요. 지금 여기도 오케아노스가 욥을 찾아온 친구 같은 역할을 하고 있어요.

잠깐 〈욥기〉에 대해 설명하자면요. 이 작품은 여러 시대의 문서가 겹친 것이어서 구성과 거기 표현된 생각이 일관되지는 않다는 게 학자들의 의견입니다. 그런데 맨 마지막에 하느님 자신이 나타나서 욥의 친구들을 야단쳐요. 그들의 판단이 틀렸다는 거예요. 하지만 신께서는 욥을 향해서도 꾸중하세요. 죄 없는 욥에게 불행을 보낸 자신의 행동이 정당했다고까지는 주장하지 않고요, 신과 인간 사이의 능력 차이를 강조합니다. '내가 세상의 기초를 놓을 때 너는 어디 있었느냐?' 하는 질문에 욥이 굴복하는 걸로 되어 있어요. 신과 인간의 지식과 위력의 격차에 의해서 그냥 '저는 당신에게 무조건 복종합니다'라고 선언하는, 상당히 종교적인 결말입니다. 운명의 신비에 대해 좀 더 이성적, 논리적으로 설득해 주기를 바라는 현대인들의 가슴에는 결말이 그리 많이 와닿지는 않아요. 어쩌면 삶의 신비는 이성적 이해의 범위를 넘어선다는 뜻일 수도 있고요.

다시 작품 내용으로 돌아가죠. 불행을 당한 욥에게 친구들이 찾아오는 것과 프로메테우스를 위로하는 방문객의 잇단 등장이 상당히 비슷하게 그려져 있음을 보셨고요. 지금 찾아온 오케아노스와 프로메테우스는 대조적인 인물형입니다. 그들의 대화는 어찌 보면 약간 유약한 사람과 폭군에게 끝까지 저항하는 독립적 인물의 대결이라 할 수 있겠죠. 말하자면 독재자에게 저항하는 사람과, 일단 살아남아야 한다는 현실주의자 사이의 대화로 읽으셔도 될 것 같아요. 우리 사회에서도 정치적 민주화를 위해 싸우던 시대에 학생운동하는 자식과 그를 말리려는 부모님 사이의 갈등이 꽤 있었잖아요. 그런 갈등을 상징적으로 그린 거라고 생각하고 읽으시면 좀 더 의미 있는 독서법이 되지 않을까 싶습니다.

한데, 이런 이야기를 나누다가, 프로메테우스가 경고합니다. 나하고 어울리는 걸 제우스가 알면 당신도 불이익을 당할 거라고요. 아틀라스와 튀폰의 사례를 듭니다. 그러자 갑자기 겁이 났는지, 오케아노스가 급히 돌아갑니다. (사실 여기 언급된 튀폰의 사례는 제우스에게 보내는 경고이기도 합니다. 튀폰 역시 그저 힘에 의지해서 권력을 추구하다가 패배하고 말았으니까요.)

오케아노스 딸들과의 대화

한편 이렇게 다른 배우가 등장해서 이야기를 나누는 사이에, 무대 뒤로 가서 날개 같은 걸 다 정리한 합창단이 다시 나옵니다. 그리고 노래하죠, 온 세상이 당신을 위해서 슬퍼한다고. 한데 이 노래에 고유명사가 굉장히 많이 나와요. 누구도 슬퍼하고 누구도 슬퍼하고, 이렇게 열거하면서 여러 지명을 대죠. 이 〈결박된 프로메테우스〉의 특징 중 하나는 지리적인 지식이 굉장히 많이 담겼다는 겁니다. 지명들이 아주 많이 나와요. 잠시 후엔 이오가 등장하는데, 그녀의 방랑을 그리는 장면에서도 마찬가지입니다.

합창단이 노래를 마치자, 프로메테우스는 앞서 얘기했던 내용을 보충해서 설명합니다. 자기가 인간에게 무엇을 가르쳐 주었는지 하는 것이죠. 그들에게 사고력과 지적 능력을 주었다. 하늘을 관찰하고 계절을 예측하는 법, 숫자와 문자도 만들어 주고, 종교적인 제의도 가르쳐 주고, 약초, 야금술 따위를 다 가르쳐 주었다는 겁니다. 그러니까 문화 영웅으로서의 프로메테우스가 여기 소개된 거죠. 그 내용이 한 100행 정도 계속되고요.

잠깐 오른쪽의 그림을 보시죠. 위는 프로메테우스가 인간을 만들고, 언어를 가르치고 도구를 준 걸로 그려 놓은 것이고요. 아래는 이렇게 프로메테우스가 불을 가져다주고, 아테네 여신은 올리브나무를 가져다주는 걸로 그려 놓은 것도 있습니다.

지금 합창단과 주인공이 이야기 나누는 장면을 보고 계시는데요. 이런 합창단이 비극에서 어떤 역할을 하는지 사람들이 잘 몰라서 조금 어려워하시는 듯해요. 합창단도 등장인물이에요. 노예 여성으로 설정된 경우가 많고요. 남성으로 설정된 합창단이라면 대개 도시의 원로들로 되어 있어요. 이 둘의 정서적 반응이 좀 다르게 되어 있습니다. 여성 합창단이 나오면 주인공의 고통에 공감하는 경우가 많고요. 남성 노인 합창단이 나오면 주인공의 행동과 주장에 반대하는 경우가 많아요. 그리고 합창단은 무대 위에서 일어나는 일에는 영향을 끼치지 않는 게 관행입니다. 이따금 '우리가 개입하자'는 제안이 나오기도 하지만, 어찌할지를 논의하다가 결국 개입하지 않는 쪽으로 결정이 되는 게 보통입니다. 이렇게 사태에 개입하지 못하게 하려고 일부러 여성 노예나

프로메테우스의 인간 창조 | 피에로 디 코시모, 1515, 독일 뮌헨 알테 피나코테크미술관.

인간 창조 | 베르텔레미·모제스, 1802, 프랑스 루브르박물관.

남성 노인이 합창단을 이루는 걸로 된 모양입니다. 그래야 물리적인 힘도 약해지니까요.

또 현대의 독자는 합창단의 노래 내용 때문에 어려워하는 경우도 많습니다. 그러니 처음에 읽을 땐 그냥, 여러 사람이 나와서 대충 이런 요지의 노래를 부르는구나 하고서 휙 지나가시는 게 좋습니다. 나중에 비극 장르에 익숙해지면 그때 다시 보세요. 합창은 그때 가서 좀 더 신경 써서 보시면 됩니다. 이런 합창단은 대개 범용한 일상적 지혜를 전달하는 걸로 되어 있어요. 평범한 사람들로 구성되어 있으니까요. 학자들은 옛날부터 '합창단은 이상적인 관객'이라고 해 왔는데, 정말 이상적 관객인지 요즘 회의론도 나오고 있습니다. 그냥 보통 사람들의 생각을 보여주는 걸로, 그래서 '아이고, 나라면 신들을 잘 섬기고 죄짓지 않고 살았으면 좋겠다' 하는 정도입니다.

지금 이 합창단도 프로메테우스의 고난을 동정하지만, 그를 조금 비판하기도 합니다. '당신은 인간을 너무 많이 생각해줬다'라고요. 이 오케아노스의 딸들도 좀 지위가 낮긴 하지만 그래도 신 또는 요정이기 때문에 완전히 인간은 아니에요. 이들은 인간에겐 그런 도움까지 줄 가치가 없다고 합니다. 하지만 당신이 언젠가는 풀려나고, 제우스 못지않게 강해질 거라고 희망을 피력합니다. 그러자 프로메테우스가 운명보다 강한 것은 없다면서, 자기가 알고 있는 비밀을 잘 지켜야 고통에서 벗어날 수 있다고 암시적으로 말합니다.

그러자 합창단은 또 하나의 노래를 부르는데요. 자신들은 제우스와 맞서지 않겠다고, 제물 바치기도 게을리하지 않겠다, 말과 생각으로 죄를 짓지 않겠다, 희망 속에 사는 건 좋은 일이다 하는 내용이고요. 또 프로메테우스가 인간에게 도움을 주었지만 그들의 도움은 받지 못하는 것을 지적합니다, 인간이 제우스의 질서를 벗어날 수는 없다고요. 그러면서 자신들의 누이 헤시오네가 프로메테우스와 결혼하던 시절의 행복을 그리워합니다. (트로이아 공주인 헤시오네와 이름이 같은 다른 존재입니다.) 이 결혼과 운명의 주제가 후반부 등장인물과 연결될 것입니다.

이오의 고난과 미래

한데 지금 요약한 이 부분에서 작품의 절반이 지나고 있습니다. '아니, 이렇게 느리게 진행해서 대체 작품을 어떻게 끝내려나, 이거 너무 지루한 거 아니냐?' 싶으실 텐데요, 이 대목에서 이오가 등장합니다. 여기에도 연출의 문제가 있습니다. 이오는 제우스의 사랑을 받았다가 소로 변해 온 세상을 떠돌아다녔다고 알고 계시죠? 그래서 소 모양으로 나올지 아니면 사람 모습에 뿔을 달고 나올지가 문제인데요. 아무래도 배우가 연기하자면 소보다는 사람 모습이 많은 쪽이 낫겠죠.

현대의 공연 장면을 보여주는 사진이 인터넷 상에 많이 있으니 찾아보세요. 특히 미국 미네소타에 있는 덜루스(Duluth) 대학에서 상연한 걸 여러 장면 찾아볼 수 있습니다. 그 공연에선 오케아노스의 딸들은 좀 평범하게 분장했고요, 이오도 머리 양쪽에 뿔이 나 있는 인간으로 분장하고 옷은 좀 평범하게 입혔습니다.

자, 이오 이야기 얼른 요약합니다. 대개 여러분이 아는 판본은 이렇습니다. 제우스가 이오라는 요정과 사랑을 나누고 있는데, 헤라가 갑자기 들이닥친다. 그러자 제우스가 얼른 이오를 소로 변하게 만든다. 의심을 품은 헤라가 그 소를 선물로 달라고 요구한다. 헤라는 그 소를 눈

이오와 함께 있는 제우스를 찾아낸 헤라 | 피터르 라스트만, 1618, 영국 국립미술관.

이 100개 있는 아르고스에게 맡겨 놓는다. 그게 가장 널리 알려진 판본이고, 여러분이 위에 보시는 그림도 그걸 그린 것이에요. 피터르 라스트만(Pieter Lastman; 1583~1633)의 이 그림을 보시면 왼쪽에 공작이 끄는 수레를 타고 헤라가 나타났고요, 오른쪽에는 제우스가 이미 이오를 소로 변신시켜놓고 땅을 짚고 있죠? 이 소가 땅에서 솟아났다고 주장하는 중입니다. 그들 사이에는 에로스가 그려졌는데, 제우스가 사랑을 나눴다는 의미고요. 소 뒤에 그려진 인물은 얼굴에 가면을 쓴 것처럼 되어 있는데, 전통적으로 가면은 '기만, 위선'을 상징합니다. 그 인물은 아마도 소로 변한 이오를 지키게 되는 아르고스를 그린 듯한데, 거기에 제우스의 속임수를 암시하는 듯한 장치를 넣은 것입니다.

한데 지금 이 작품에서는 얘기가 이런 식으로 되어 있지 않고요. 이오가 자꾸 이상한 꿈을 꿔요. 그 사정은 이오 자신의 증언으로 전해집니다. 작품 줄거리를 따라가면서 정리하자면 이렇습니다. 조금 전에 본 합창이 끝나고 나면, 이오가 등장해요. '아이고, 나를 쇠파리가 찔러대는구나, 갈대피리 소리가 들려요.'라고 노래하죠. 그녀는 뭔가 환각에 시달리고 있는 걸로 설정되어 있습니다. 그러면서도 '한데 댁은 누구세요?'라고, 정신이 없는 가운데서도 ―노래로― 물어봅니다. 그러자 프로메테우스가 이오에게 대답하는데, 이 대답은 단조로운 운율로 되어 있어요. 여성과 남성의 감정 차이를 드러낼 때 자주 사용되는 방법입니다. 프로메테우스는 상대가 이나코스의 딸이라는 것, 제우스의 사랑을 받았다가 헤라의 미움을 사서 방랑 중이라는 걸 꿰뚫어보고 있어요. 그러자 이오는 다시 상대의 신분을 묻고, 자신의 고통을 한탄하고, 앞으로 어떤 고난이 있는지, 거기서 풀려날 어떤 방책이 있는지 묻습니다.

프로메테우스는 자기를 소개하고, 자신이 제우스의 뜻에 의해 여기 묶였다는 것까지만 얘기합니다. 이오가 자신이 얼마나 오래 이 고생을 해야 하는지 묻자, 처음에는 알아봤자 염려만 커진다고 거절하다가 결국 그녀의 미래에 대해 들려주겠노라 합니다. 그러자 합창단이 끼어들어서 우선 이오에게서, 그녀에게 이전에 어떤 일이 일어났었는지 먼저 듣고 싶다고 청하죠. (그러니 이 합창단이 없었더라면, 우리는 이오의 사연은 듣지 못하고 지나쳤을 거예요. 이 합창단의 역할 중 하나는 전달되는 정보의 수준을 우리 일반 독자에 맞추는 것입니다.)

여기서 이오는 우리가 아는 판본과는 다른 이야기를 들려줍니다. 자기가 밤마다 이상한 꿈을 꿨다고, 환영(幻影)들이 나타나서 제우스의 사랑을 받아들이라고, 풀밭으로 나가라 그러더라고요. 그래서 아버지에게 얘기했더니 아버지가 신탁을 물어봤답니다. 그러자 딸을 멀리 쫓아내지 않으면 벼락으로 집을 불태우겠다는 신탁이 내렸어요. 그래서 그녀가 집 밖으로 쫓겨나자 자신의 모습과 마음이 일그러졌다고요. 자기는 소로 변하고, 쇠파리가 쫓아오고 아르고스가 자기를 감시했다고, 그러다가 갑자기 아르고스가 죽어서, 자기는 이 나라 저 나라로 돌아다니고 있다는 겁니다. 이 이야기에는 헤라의 직접 개입은 언급되지 않아요. 어쩌면 인간으로서는 알 수 없는 사건이기 때문일 수도 있죠. 그리고 제우스와 사랑을 나눴다는 얘기도 안 나오고요. 아르고스는 대개 헤르메스가 죽인 걸로 돼 있는데, 그 얘기도 안 나옵니다. 이것 역시 인간의 시야 바깥에서 일어난 사건이어서 그럴 수 있습니다.

이렇게 이오가 긴 이야기를 들려준 후에, 프로메테우스가 그녀의 미래의 행로를 예언합니다. 당신은 앞으로 어디 어디를 거쳐서 이집트까지 갈 거라고요. 이 부분에 지리 정보가 굉장히 많이 들어 있습니다. 한데 프로메테우스는 그 정보를 한 번에 전부 내놓지 않고 두 단계로 나눠서 밝혀요. 앞부분에서는 좀 사실적으로 유럽의 북동쪽 지역을, 그리고 뒷부분에서는 유럽과 이집트 사이의 영역을 좀 신화적으로 그려내는 것입니다.

한데, 이 긴 지리 정보 두 덩어리 사이에 이오와 프로메테우스가 '한 줄씩 말하기'로 질의응답을 주고받는 장면이 들어 있어요. 거기서 프로메테우스는 제우스가 언젠가 권력을 잃을 거라고, 어떤 결혼과 거기서 태어난 아들을 암시합니다. 그러면서 중간중간, 이오를 사랑한다는 그 구혼자가 정말로 악당이라는 논평을 곁들이고요. 그래서 프로메테우스의 고난과 이오의 고난이 평행하게 놓여 있어요. 그러니 이오는 이 작품에 구조적 균형을 부여하는 장치이기도 한 거죠.

그리고 이오를 등장시킨 이유가 또 있어요. 한편으로는 제우스가 얼마나 악한 존재인지를 다시 강조하면서, 다른 한편 그 제우스와 프로메테우스가 화해할 계기를 보여주자는 것입니다. 여기서 프로메테우스는 이오의 자손 중 하나에게 자기가 구원받을 거라고 예언하죠. 이오의 13세손이 자길 구해줄 거라고요. 이오가 그 이야기도 듣고 싶어 하자, 프로메테우스는 미래의 고난과 자손 이야기 중 하나만 들려주겠노라며 둘 중 하나를 선택하라 합니다. 그러자 다시 합창단이 끼어들어, 이오에게는 방랑의 남은 여정을 들려주고 자기들에게는 그 해방자에 대해 들려달라고 타협안을 제시하죠. 그래서 두 번째 지리 정보로 얘기가 이어진 거였어요. 하지만 그 여정의 끝에 가면 이오의 후손에 대한 언급이 나오기 때문에, 해방자에 대한 얘기도 이오에게 완전히 거절하진 않은 셈이죠.

자, 이어서 프로메테우스는 이오가 앞으로 갈 길을 길게 설명합니다. 앞에 짧게 언급한 두 번째 지리 정보입니다. 한데 그 뒤에는 또 다른 지리 정보가 들어 있습니다. 이오의 미래 도정을 예언한 다음에, '혹시 못 믿겠어? 그동안 당신이 여기 여기 지나왔지?' 하면서 지나온 길도 다 얘기해 주기 때문입니다. 그러니까 '미래의 지리 정보 앞부분-미래의 지리 정보 뒷부분-과거의 지리 정보' 순으로 나온 겁니다. 옛사람 중에 이런 정보를 즐겁게 들었던 이가 분명히 있었을 거예요.

이제 이오의 소원은 다 이뤄주었으므로 다음으로 오케아노스의 딸들의 요청대로 프로메테우스를 구해줄 인물, 이오의 후손에 대해 얘기합니다. 이 얘기를 이오도 옆에서 듣고 있으니, 둘 중 하나만 선택하라

이오와 이시스 | 이탈리아 폼페이 벽화.

던 말은 여기서 다소 철회된 모양새입니다.

　프로메테우스는, 이오가 이집트까지 가면 제우스가 그녀를 다시 제정신으로 만들어 줄 것이라 예언합니다. 아마 이때 소의 모습도 벗게 되리라는 것 같아요. 위의 그림을 보면 손에 코브라를 감은 이시스 여신이 이오를 맞이하고, 이오는 막 정신이 돌아오는 듯하군요. 그러고는 제우스가 손으로 그녀를 어루만져서 그녀가 잉태할 것이라고, 그래서 에파포스('건드리다')라는 아이를 낳을 것인데, 그가 나일강이 적시는 모든 땅의 수확을 차지할 것이라고, 그런 다음에 5대째에 그 집안 자손들이 희랍 땅으로 돌아가게 될 거라고 합니다.

　그 사연은 이러합니다. 에파포스 가문에서 자손들이 많이 태어날 텐데 한 집에는 50명의 딸, 다른 집에는 50명의 아들이 태어날 것이라

다나오스의 딸들이 아이귑토스의 아들들을 죽임 | 로비네 떼타르, 1498, 프랑스 국립도서관.

고요. 한데 50명의 아들 있는 집에서 강제로 단체 결혼을 요구해서요, 50명의 딸들이 희랍 땅으로 도망칠 것이고 50명의 아들이 쫓아갈 것이다. 그 딸들을 지켜 주겠노라던 왕이 전쟁에서 패하는 바람에 결국 강제 결혼이 이뤄지는데, 첫날밤에 여자들은 저마다 자기 남편을 죽일 것이며 그중에 한 여자만 자기에게 배당된 남편을 살려 줄 것이다라는 얘기죠.

위의 그림을 보세요. 남자들이 다 목에 피 흘리고 죽어 있잖아요. 이건 '다나오스의 딸들'이라고 하는 얘기인데요, 〈탄원하는 여인들〉이라는 아이스퀼로스 작품에 그 사정이 그려져 있어요. 그 작품은 아이스퀼로스 것 중 제일 덜 읽히고, 어쩌면 좀 재미가 덜한 듯싶은 것입니다. 이 그림에서 왼쪽 맨 앞에 그려진 여자 하나만 남자를 살려 줬는데요.

프로메테우스를 구원하는 헤라클레스 | 크리스티안 그리펜케를, 1878, 독일 올덴부르크 아우구스테움 천장화.

이 커플에게서 자식이 태어나고, 그 후대에 시간이 한참 지나서 헤라클레스가 태어나서는 프로메테우스를 구해 주게 될 거라는 얘기예요.

일단 헤라클레스가 프로메테우스를 구하러 온 장면을 하나 보실까요? 위에 있는 그림입니다. 그림 왼쪽에 독수리가 죽어 있고, 오른쪽 끝에 활을 든 헤라클레스가 다가오며 손을 들어 인사하고, 프로메테우스도 왼손을 그쪽으로 뻗으며 반갑게 맞이하고 있네요.

다시 돌이켜 원작에서 방금 살펴본 부분을 잘 보면요, 여기가 구조적으로 아주 멋지게 구성되어 있습니다. 앞에서 지리 정보 세 덩어리가 나오는 과정도 그렇습니다만, 이오의 운명이 소개되는 과정도 균형 있게 배치되어 있습니다. '이오가 자기 과거를 얘기한다-프로메테우스가 이오의 후손이 자기를 구하리라고 예언한다-프로메테우스가 이오의 미래를 예언한다'의 순서입니다. '이오의 과거'와 '이오의 미래' 사이에 '이오+프로메테우스가 중심 역할을 하며 대칭적 구조를 이루는 거죠. 이것을 지리 정보와 함께 보자면, '한 줄씩 말하기' 부분에서 이오와 프로메테우스의 미래가 얽히고 있는데 그 부분을 중심에 두고서, '이오의 과거 운명-이오의 미래 도정 1-(중심부)-이오의 미래 도정 2-이오의 과거 도정', 그리고 마지막에 '이오의 미래 운명' 부분이 덧붙은 것입니다. 사실 이런 분석은 그냥 줄거리 요약을 들어서는 알기 어렵고요, 아마 요약표를 만들어야 분명하게 보일 거예요. 제가 약간 무리해서 얘기해 봤습니다.

그러면 작가가 이런 장치를 넣은 이유는 무엇이냐? 지리 정보를 많이 넣은 것은 아마도 프로메테우스처럼 제우스도, 그리고 관객들도 폭넓은 시야를 가져야 한다는 뜻이 아닐까 싶어요. 그러면 주제들의 균형적 배치는? 누군가를 벌 줄 때도 공과를 잘 따져서 균형 있게 행동해야 한다는 의미 아닐까요? 물론 작가는 그냥 무의식적으로 이렇게 만들었겠지만 현대의 독자가 의미 부여를 하자면 이런 식이 되지 않을까 하는 것입니다. 물론 프로메테우스가 정보를 제공할 때 이렇게 조심스럽다는 의미로, 일종의 성격 묘사이기도 하고요.

프로메테우스와 오케아노스 딸들이 땅속으로 가라앉다

작품의 나머지 부분을 보죠. 프로메테우스가 자신의 해방자 얘기까지 언급했을 때, 갑자기 이오에게 발작이 찾아오고 그녀는 떠나갑니다. 그러자 합창단이 노래합니다. 결혼은 비슷한 사람끼리 하는 게 좋다는 일상적 지혜가 그 주제예요.

그런 다음에 거기 헤르메스가 나타나서는, '제우스가 나를 보냈다. 빨리 정보를 내놓아라' 하고 위협합니다. 제가 여러 현대 공연 사진을 찾아보니 이 헤르메스를 아주 멋지게, 또는 경박하게 분장시켜 놓았더라고요. 거의 언제나 날개 모자를 갖추고 있어서 얼른 알아볼 수 있습니다. 프로메테우스가 묶인 배경도 거대한 톱니바퀴처럼 만든 것도 있고요.

여러분, 오늘 소개한 맥밀란 필름 공연본은 유튜브에서 찾아보세요. 한 3~4분짜리 요약판도 있어요. 제가 들어보니 쉬운 영어여서 굉장히 잘 들립니다. 내용 알고서 보시면 사실 별거 아니에요. 천병희 선생님 번역을 읽고 나서 보시면 더 좋고요. 그냥 보셔도 여러분들이 잘 이해하실 수 있습니다.

다시 작품으로 돌아갑니다. 맨 마지막에 헤르메스가 나타나서는, 제우스가 나를 보냈는데 빨리 그 비밀을 밝혀라, 그렇지 않으면 큰 벌을 받을 거다라고 위협하지만 프로메테우스는 끝까지 버티다가 땅이 갈라지면서 그 속으로 가라앉고요. 오케아노스의 딸들도 자기들은 프로메테우스와 끝까지 함께하겠다면서 함께 땅속으로 가라앉는 걸로 작품이 끝납니다.

마지막으로 요약하자면, 〈결박된 프로메테우스〉는 전체적으로 절반으로 나뉘어 있다. 앞부분은 프로메테우스가 신과 인간에게 해 준 좋은 일들에 대한 언급이 많이 나오고, 뒷부분에는 이오 얘기가 중심이고 지리적인 정보가 많이 나온다.

프로메테우스는 자신의 미래까지도 약간 숨기면서 암시적으로 얘기하고요. 다만 끝까지 입을 열지 않은 것은 테티스와의 결혼이에요. 제우스는 워낙 여자에게 관심이 많으니까요, 내가 관심 갖는 여자 중에 누군지 이름을 대라고 위협하는데 프로메테우스가 아직까지는 누설하지 않는 걸로 되어 있습니다.

브런치 디저트

'프로메테우스와 독수리' 그림 중 특징 있는 그림 몇 가지 소개해 주세요.

벨기에 화가 야코프 요르단스(Jacob Jordaens; 1593~1678)의 그림입니다. 헤르메스가 나타나 있고요. 독수리도 벌써 날아와서 프로메테우스를 공격하는 걸로 그려놨는데, 우리가 읽은 데까지는 아직 독수리는 나오지 않죠? 두 가지 시간대를 함께 그린 것이라고 해도 되고요. 우리가 읽는 작품 끝나고 나서 프로메테우스가 독수리에게 시달림을 받고 있는 와중에 헤르메스가 다시 찾아왔다고 해도 되겠습니다.

한편 프랑스 화가 귀스타브 모로(Gustave Moreau; 1826~1898)는 조금도 굴복하지 않는 영웅의 기질을 보여주는 걸로, 독수리가 간을 파먹고 있는데도 눈빛이

◀ 프로메테우스와 독수리 | 야코프 요르단스, 1640, 독일 발라프-리하르츠 박물관.
▶ 프로메테우스(부분) | 귀스타브 모로, 1868, 프랑스 국립귀스타브모로박물관.

IX. 결박된 프로메테우스

폭풍(결박된 프로메테우스) | 존 플랙스먼, 1795, 영국 왕립미술원.

형형하고 머리 위에 불길이 화르르 타오르는 걸로 그려냈습니다.

그리고 우리가 방금 읽은 장면과 가장 유사한 그림이 있습니다. 헤르메스가 왼쪽 위에 멀어지고 있고요. 그림 오른쪽 위에는 벌써 독수리가 나타나는 것 같고요. 그리고 땅이 갈라지면서 프로메테우스와 합창단이 함께 가라앉으려는 듯도 합니다. 오늘 여러 점 보았던 그림의 작가 존 플랙스먼의 것입니다.

그 외에도 프랑스 화가 엘지 러셀(Elsie Russell, 1956~)의 그림이 있는데요. 여기서는 보여드릴 수 없으니 여러분이 인터넷에서라도 찾아보세요. 1999년작입니다. 사람 없는 변방에서 독수리에게 공격당하는 걸로 그려냈고, 밑에 불도 그려놨어요. 이 그림은 말하자면 '카메라'를 프로메테우스 뒤에 설치해서, 그의 관점에서 독수리가 다가오는 걸 보는 듯 그렸습니다. 피해자의 관점에서 공포감을 극대화하는 촬영기법 같은 거죠. 그리고 인간을 도와준 영웅의 두려운 표정을 일부러 보여주지 않는, '예의를 갖춘 카메라 앵글'이기도 합니다.

ΑΊΑΣ
ΣΟΦΟΚΛΉΣ

X

아이아스
소포클레스

작품 요지와 배경 지식
도입부-여신의 등장과 아이러니
인간은 그림자에
불과하다
합창단과 테크멧사 장면
아이아스의 유언과 거짓 회심
아이아스의 자결과 장례를 둘러싼 다툼

작품 요지와 배경 지식

소포클레스의 〈아이아스〉를 보시겠습니다. '소포클레스'라는 단어가 입에서 얼른 나오면 그분은 상당한 지식인입니다. 제가 옛날에 어머니를 모시고 어떤 심장 전문병원에 좀 오래 다녔는데요. 아, 제가 바로 〈아이아스〉를 번역하고 있을 때였군요. 대기실에서 〈아이아스〉 주석서를 읽다가 책을 든 채로 진료실에 따라 들어갔더니, 주치의 선생님께서 쓱 보시더니 '연극하는 사람이냐?'고 물으시더라고요. 제가 하는 일을 밝히기가 좀 쑥스러워서 그냥 아니라고만 답하고 말았는데, 돌이켜 생각하니 좀 칭찬을 해드릴 걸 그랬나 싶어요. 의사 선생님 중에도 사실 이런 걸 아는 분이 거의 없는데, 그분은 대단한 분이었습니다. 늦었지만 지금이라도 멀리서 칭찬을 보내 드립니다. 하하, 얘기가 좀 멀리 갔네요.

소포클레스의 〈아이아스〉는 제가 번역한 것도 있습니다. 민음사에서 나온 《오이디푸스 왕》이란 책에 함께 묶여 있습니다. 제가 왜 이 작품을 그때 번역했냐 하면요, 당시로서는 천병희 선생님께서 아직 이 작품 번역을 안 하셨기 때문입니다. 소포클레스의 작품이 지금 7개가 온전히 남아 있는데 〈아이아스〉와 〈트라키스 여인들〉, 그 두 개가 그 당시로서는 번역이 안 돼 있어서요. 그거 두 개만 달랑 묶어서 내기에는 좀 분량이 적기 때문에, 가장 유명한 〈오이디푸스 왕〉과 〈안티고네〉를 묶어서 네 작품을 같이 번역했습니다. 그러니 저의 진짜 목적은 〈아이아스〉와 〈트라키스 여인들〉이었는데, 출판사에서 원고를 한참 잡고 시간을 끄는 사이에 천병희 선생님의 전집이 나와버렸어요. 그래서 제가 번역한 게 큰 의미는 없게 되고 말았습니다. 그리고 《오이디푸스 왕》이라는 제목으로 냈기 때문에 거기 좀 묻히기도 했고요. 이 《오이디푸스 왕》은 제가 낸 책 중에 거의 유일하게 망하지 않은 책입니다. 저로서는 마지못해, 말하자면 구색을 맞추려고 함께 옮긴 것인데, 그게 제일 많이 팔려서 약간 당혹스럽습니다.

〈아이아스〉라는 작품은 트로이아 전쟁에서 아킬레우스 다음으로 잘 싸웠던 영웅 아이아스가, 아킬레우스가 죽은 다음에 그의 무장을 차지하려는 경쟁에서 실패하고 자기의 원수들에게 복수하려다가 그것도 실패하고 결국 자결한다는 내용이에요. 이 한 문장으로 전체가 요약됩니다. '아이아스가 아킬레우스의 무장을 차지하려다 실패하고 자결한다.' '그런데 왜 이렇게 길지?' 싶으실 수도 있겠네요. 전체가 1,400행이 넘어요. 이 간단한 내용으로 비극의 일반적인 길이를 다 채웠습니다.

이 〈아이아스〉는 일단 양분 구성으로 되어 있습니다. 이게 소포클레스의 초기 작품이에요. 지금 소포클레스의 작품이 7개가 남아 있는데 그중 세 편이 초기 작품으로 산정됩니다. 아까 얘기했던 〈트라키스 여인들〉하고, 〈안티고네〉도 거기 속하죠. 〈오이디푸스 왕〉과 〈엘렉트라〉는 중기 작품으로 알려져 있고요. 발표 연대가 알려진 작품은 두 개밖에 없어요. 〈필록테테스〉가 소포클레스 죽기 직전에 만들어 마지막으로 발표한 작품이고요. 〈콜로노스의 오이디푸스〉는 그가 남겨 놓고 죽은 것을 그의 손자가 공연해서 우승했습니다. 그래서 마지막 두 작품만 발표 연대가 알려져 있고, 나머지는 그저 상대적인 순서만 알려져 있습니다.

한데 오늘 보는 〈아이아스〉를 비롯한 초기 작품들의 특징은, 내용이 두 부분으로 나뉘어서 앞뒤가 조금 다르게 돼 있다는 거예요. 오늘 보실 작품에서 주인공 아이아스가 중간에 자살한다고 했죠? '아니, 주인공이 자살해버리면 그다음에 연극을 어떻게 진행하나?' 싶으실 겁니다. 그러면 전반부에 주인공 역을 맡았던 배우는 후반부에 뭘 하느냐? 주인공 동생의 가면을 쓰고 나와서, 형님의 시신을 어떻게 처리할 것인지 그 문제를 다룹니다. 그래서 이 문제를 다루느라 작품이 길어졌어요.

앞에서 다룬 작품 〈안티고네〉에서도 앞부분에서 안티고네 역을 맡았던 사람이 뒷부분엔 안티고네를 사랑하는 하이몬 역으로 나와서, 둘이 서로 사랑하지만 동시에 무대 위에 있는 일은 없었습니다. 그래서 어쩌면 영원히 만날 수 없는, 비극적인 연인의 모습을 그런 식으로 표현했다고 할 수도 있겠죠. 그러니까 물리적인 한계를 오히려 역으로 이용한 것이 〈안티고네〉의 가면 활용법이라 할 수 있겠네요.

아이아스가 아킬레우스의 무장을 놓고 경쟁하게 된 계기를 먼저 설명합니다. 뒤에 나오는 도기 그림은 상당히 많이 인용되는 그림입니다. 아킬레우스가 배를 깔고 엎드린 자세로 죽어 있어요. 그의 엉덩이에서

아킬레우스의 죽음 | 기원전 540년경.

허벅지 선을 따라서 희랍 글자로 '아킬레우스'라고 쓰여 있습니다. 발뒤꿈치에 화살 맞았고요. 등에도 화살 하나 맞았습니다. 그 왼쪽에서 아이아스가 시신을 지키고 있고요. 왼쪽 끝에는 아테네 여신이 아이아스를 응원하고 있고요. 오른쪽에서는 글라우코스가 아킬레우스의 시신을 끌어가려다 아이아스의 공격을 받는 모습, 그리고 파리스가 조금 전에 활을 겨누던 자세 그대로 그려져 있습니다. 하체는 오른쪽으로 향해 있지만 상체는 왼쪽을 마주하고 있어서, 우리로서는 취할 수 없는 자세를 보이고 있습니다. 우리가 억지로 이런 자세를 따라하면 요추 골절로 하반신이 마비될 것입니다. 오른쪽 위에 파리스 이름도 적혀 있는데요, 오른쪽부터 글자를 뒤집어 적은 것입니다. 초기에 희랍 글자는 오른쪽에서부터 쓰기도 하고 왼쪽부터 쓰기도 하고, 섞인 표기법이 있었어요. 이런 걸 '부스트로페돈(boustrophedon)'이라 해서 '소가 방향을 돌리는 식의 표기법'이란 뜻입니다. 소가 밭을 갈 때 오른쪽에서

아킬레우스의 시신을 구해내는 아이아스
| 기원전 560년경, 이탈리아 피렌체 고고학 박물관.

왼쪽으로 갔다가 왼쪽에서 오른쪽으로 갔다가 하는 것처럼, 왔다 갔다 하면서 쓰는 거예요. 그런데 지금 보이시는 이 그림은 원본이 행방이 묘연합니다. 혹시 전쟁 중에 파괴된 것인지, 아니면 어디 숨어 있다가 나중에 나올 것인지 모르겠습니다. 어쨌든 이런 식으로 트로이아 전쟁 마지막에 아킬레우스가 죽었고요.

다시 위에 보시는 그림은 피렌체 고고학박물관에 가시면 볼 수 있는 데요. 발견자의 이름을 따서 '프랑수아 도기'라고 하는 게 있습니다. 옛 날의 큰 '술 섞는 항아리(crater)' 표면에 여러 소재의 그림을 그려 놓고, 그중 다수의 인물 이름을 적어놨는데요. 이 그림은 어깨 부분에 붙은 손잡이에 그려진 그림이에요. 왼쪽에 '아킬레우스'라고 쓰여 있습니다. A자 보이죠? '아킬레우스'의 첫 글자인 알파입니다. 이것도 오른쪽부터 쓴 겁니다. 그리고 오른쪽에는 '아이아스'라고 쓰여 있는데 A자 하나만 보이네요. 사실은 이게 완전히 박살났던 걸 다시 붙인 그릇이에요. 한

100년 전에 박물관 경비원 하나가 이 항아리를 향해 의자를 집어던져서, 완전히 박살났던 것을 다시 붙여서 전시해 놓고요. 지금 가서 보면, 구석에다 그 의자도 같이 전시해 놨습니다. 거기 '운명의 의자'라고 설명이 붙어 있어요. 바로 그 '프랑수아 도기'에 그려진 그림입니다. 아킬레우스의 시신을 수습해서 돌아오는 아이아스의 모습입니다.

〈일리아스〉에도 보면, 아킬레우스는 자기 친구 파트로클로스가 전사하자 얼른 나가서 복수하고 싶어 하지만, 무장이 없어서 나가지 못하는 걸로 되어 있어요. '무슨 소리냐? 내가 알기에, 아킬레우스가 어렸을 때 그의 어머니가 아기 발목을 잡아서 저승 강에 담갔기 때문에 그의 발목 부분만 빼놓고 부상을 안 입는다 하던데?' 하지만 서사시 시인은 그런 이상한 얘기를 싫어해요. 그래서 아킬레우스도 무장이 없으면 전장에 못 나가고요. 나중에 신이 만들어준 무장을 입고 나갔다가 팔에 창이 스쳐서 피가 솟는 장면도 나옵니다.

〈일리아스〉에서 끝까지 부상당하지 않는 사람은 아이아스뿐인데요. 어떤 전설에 따르면 아이아스가 태어났을 때 아버지의 친구인 헤라클레스가 그 집을 방문했다가 자기가 걸치고 다니는 사자 가죽으로 아기를 감싸고 안아줘서, 사자 가죽의 기운이 아이 피부에 스며들어 칼과 창이 박히지 않는다고 합니다. 그래서 나중에 자결할 때도 여기저기 찔러도 칼이 안 들어가기에, 한참을 시도한 끝에 겨우 겨드랑이의 약점을 찾아내서 간신히 죽을 수 있었다고도 해요.

한편 〈일리아스〉에서 아킬레우스가 전장에 나가려고 할 때에, '체격이 나 정도 되는 사람은 아이아스밖에 없는데, 무장을 어디서 빌리겠는가' 하는 구절도 나와요. 그래서 지금 보시는 그림에는 체격 차이가 별

아킬레우스의 무장을 차지하려 다투는 아이아스와 오뒷세우스 | 기원전 500년 경, 이탈리아 나폴리 국립고고학박물관.

로 나지 않는 걸로 그려졌지만요, 어떤 그림에는 아킬레우스가 너무 거대해서, 보통 사람의 두 배 정도 되어 그 시신을 밑에 버티고 있는 사람의 몸을 완전히 U자형으로 감싸고 있는 모습으로 그려지기도 합니다.

한편 위 그림은 아킬레우스의 무장을 놓고서 아이아스와 오뒷세우스가 논쟁하는 장면입니다. 오늘 보시는 작품에서도 중간에 이와 비슷한 장면이 조금 나와요. 사실은 아킬레우스의 어머니가 아들을 장례 치르고 나서 '가장 뛰어난 사람이 무구를 가지라'고 말했답니다. 여러 경쟁자가 있었지만 결국은 오뒷세우스와 아이아스가 겨루게 되었지요. 즉 아이아스의 힘이 나은지 아니면 오뒷세우스의 꾀가 나은지 그 둘 중 하나를 고르는 게 최종적인 판정, 말하자면 결승전이 되어 둘이 지금 다투고 있습니다. 좀 더 체격이 큰 아이아스가 오른쪽 바닥에 서 있고요. 오뒷세우스는 체격은 좀 작고 말을 잘하니까 왼쪽의 연단 위에 서 있어요.

X. 아이아스

한데 희랍에서 도기 그림 그릴 때의 관행이 이기는 사람은 왼쪽에, 지는 사람은 오른쪽에 그리는 것입니다. 지금도 서양 그림을 볼 때 왼쪽에서 오른쪽으로 가면서 보는 게 일반적 관행이거든요. 이 그림도 그렇게 그려 놓은 거예요. 그러니까 이런 위치 설정 자체가 최종적으로 누구에게 상이 돌아갈지를 암시하는 것입니다.

최종 판정이 어떤 방식으로 내려졌는지는 세 가지 정도의 판본이 있습니다. 하나는 오늘 우리가 보는 작품에 나온 것입니다. 투표를 했는데, 특히 아가멤논과 메넬라오스가 오뒷세우스 쪽으로 표가 가도록 사람들을 유도했다는 겁니다. 그러니까 희랍 지휘관들끼리 투표했다는 게 한 가지고요. 그게 제일 합리적인 것 같습니다. 다른 판본으로, 트로이아 포로들에게 누가 가장 두려운지 물어봤다는 이야기도 있고요. 적진으로 정탐꾼을 보내서, 샘 가에서 트로이아 여인들이 누가 더 무섭다고 얘기하는지 엿듣게 했다는 판본도 있습니다.

어쨌든 우리가 보는 이 작품에서는 두 사람이 아킬레우스의 무장을 놓고 다퉜는데 결국 그것이 오뒷세우스에게 돌아가자, 아이아스가 분을 품고서 밤중에 달려 나갑니다. 그는 '나의 적들을 다 처치하겠다'고 외치는데요. 그 '적'이라는 게 그동안 맞싸웠던 트로이아 사람들이 아니라 자기의 정적(政敵)들이에요. 그래서 아가멤논과 메넬라오스, 그리고 오뒷세우스를 죽이려고 합니다. 한데 아테네 여신이 그의 정신을 나가게 만들어서, 그는 가축들을 도륙하고 그중 몇 마리 잡아다가 지금 고문하는 중입니다. 아이아스는 자기가 이미 아가멤논과 메넬라오스를 죽였다고 생각하고, 지금은 오뒷세우스를 고문한다고 믿고 있는 참이에요.

다시 그림 하나 보시죠. 지금 오른쪽에 있는 이 장면은 무구를 놓고

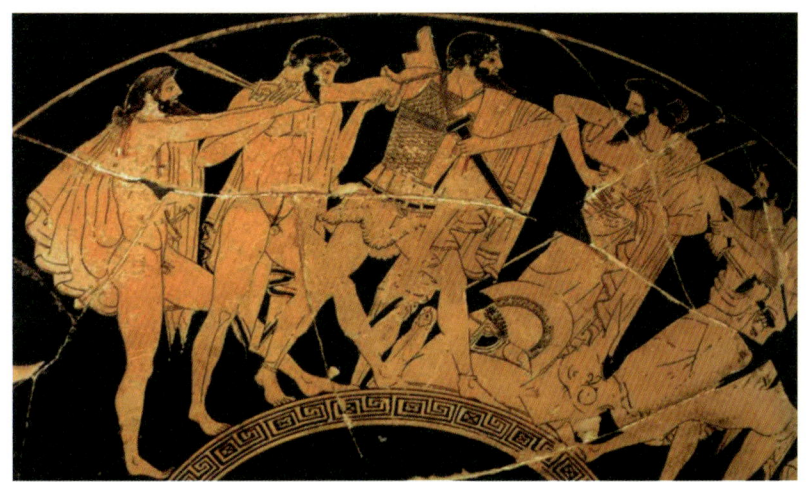

아이아스와 오뒷세우스의 다툼 | 기원전 480년경.

다투다가 결국 칼부림이 나는 걸로 그려져 있는데요. 이 다툼을 자세히 묘사한 것이 오비디우스의 〈변신이야기〉예요.

〈변신이야기〉는 전체가 15권으로 돼 있는데요. 대체로 세 부분으로 나뉘어 있어서 맨 앞부분은 신들의 사랑 이야기를 주로 들려주고요, 가운데에서는 인간들의 사랑 이야기를 많이 들려주고, 마지막 부분은 지중해 연안의 문화적 주도권이 희랍에서 로마로 넘어가는 이야기를 들려줍니다. 그런데 오비디우스는 이 셋째 부분에서 자기 시대 전에 만들어진 세 개의 위대한 작품, 〈일리아스〉와 〈오뒷세이아〉, 그리고 〈아이네이스〉를 요약하고 있어요. 그 내용을 아주 짧게 요약하면서, 자기가 다른 데서 수집한 이야기를 중간중간 집어넣었고요. 한편으로 인물들이 동쪽에서 서쪽으로 이동하면서 시간도 뒷시대로 흘러가는 것 같이 꾸몄지만, 사실은 조금 엉뚱한 얘기들을 거기다 많이 넣어 놨습니다. 사랑에 빠진 폴뤼페모스 이야기 같은 것들도 거기 들어 있고요.

그런데 오비디우스는 남이 했던 건 안 하는 사람이에요. 그래서 〈일리아스〉에 나오는 내용은 다 그냥 한두 줄로 지나가고요, 호메로스가 해 주지 않은 이야기를 길게 써놨어요. 아킬레우스가 퀴그노스라는 영웅과 싸우는 장면도 좀 웃기게 그려 넣고요. 아킬레우스의 좀 나이 많은 동료 네스토르가 축제 때에 어떤 이야기 들려주는 걸로 해서 켄타우로스와의 전쟁도 야단스럽게 그려 넣어 놨습니다.

한데 그 마지막 부분에서 굉장히 큰 분량을 차지하는 것이 아킬레우스의 무장을 놓고 아이아스와 오뒷세우스가 다투는 장면이에요. 아이아스가 먼저 그 무장을 자신이 차지해야 한다며 여러 가지 이유를 대고, 자기를 칭찬하고 상대방을 비난합니다. '너는 병역 기피자다' 등등의 공격이죠. 그걸 읽으면 '아이아스가 굉장히 말을 잘하네, 가만있자, 이걸 어떻게 논박할 건가, 이건 반박 못하겠는데' 싶은데요. 오뒷세우스는 그거 다 받아내고요, 오히려 상대방에게 역공을 가합니다.

그런데 〈변신이야기〉는 예수님 태어나던 무렵에 나온 작품이에요. 기원전 1세기 말에서 서기 1세기 초 사이에 나온 작품인데, 그것보다 한 450년쯤 전에 여기 〈아이아스〉라는 작품에 그 대단한 말다툼 장면의 모델이 나와 있습니다.

우리가 보는 〈아이아스〉에서는, 아이아스가 오뒷세우스를 비난하는 장면은 죽기 직전 발언밖에 없어서 좀 짧고요. 나중에 그의 시신을 어떻게 할 것인지 다루는 부분에서 아가멤논과 메넬라오스가 아이아스를 격렬히 비난하고, 아이아스의 동생인 테우크로스가 자기 형을 옹호하는 과정 중에는 나중에 오비디우스가 사용한 그런 논변들이 많이 나와요.

지금 제가 작품 내용을 설명하면서 너무 많은 고유명사를 동원하고 있어서, 고전 강의를 처음 듣는 분들은 어리둥절하실 거예요. 다른 강의 내용과 중복되지만 조금만 설명합니다. 트로이아 전쟁 때 희랍군 전체를 지휘했던 사람은 아가멤논입니다. 아가멤논은 자기 동생인 메넬라오스가 부인 헬레네를 빼앗기자 그녀를 되찾아주러 간 거예요. 그래서 아가멤논과 메넬라오스가 희랍군의 주요 지휘관이고요. 아킬레우스가 잘 싸우다 죽었고, 그의 동료인 아이아스와 오뒷세우스가 그 무장을 차지하려 경쟁하다가 오뒷세우스가 그것을 차지하자 아이아스가 자결하고요. 아이아스의 동생인 테우크로스가 마지막 부분에 중요한 역할을 합니다. 형의 시신에 정상적인 장례를 치러주기 위해서 형을 옹호하는 논변을 많이 펼쳐요. 그게 나중에 오비디우스라는 작가가 〈변신이야기〉에 아이아스와 오뒷세우스가 서로 논쟁 벌이는 장면을 그리는 데 시초가 되었다고 설명한 거예요.

아이고, 제가 조금 쉽게 정리해 준답시고 줄여봤는데, 여기에 또 고유명사가 7~8개 나오고 말았네요. 죄송합니다.

다시 앞의 431쪽에 보던 그림으로 돌아가죠. 우리가 보는 작품의 사건이 일어나기 전에 칼부림이 나는 걸로 그림이 그려져 있고요. 왼쪽 사람은 갑옷을 입고 있고 오른쪽에 있는 사람은 민간인 복장을 하고 있어서, 아마도 오른쪽이 오뒷세우스로 그려진 게 아닐까 싶습니다.

지금 뒤에 보시는 장면은, 전투가 소강상태에 들어가서 전사들끼리 장기 놀이를 하고 있는데, 아테네 여신이 달려와서 적들이 몰려온다고

무구 투표 | 기원전 480년경.

경고하는 장면으로 해석하는 사람도 있고요. 그게 아니라, 지금 둘 중에 누가 아킬레우스 무장을 차지할 것인지 투표하는 장면이다라는 해석도 있습니다. 우리로서는 지금 읽는 데 필요하니까 그냥 투표하는 장면으로 보죠.

　자, 여기까지 전체적인 내용을 그림과 함께 보셨는데요. 아이아스가 아킬레우스의 무구를 차지하려다 놓치고서 복수하려다가 실패하고 자결한다는 아주 단순한 줄거리입니다만, 실제로 작품을 읽어보면 지금까지 언급되지 않은 여자가 하나 나옵니다. 〈일리아스〉에서도 아킬레우스와 아가멤논 사이에 분쟁이 일어나는 건, 브리세이스와 크뤼세이스라는 여자 때문이지요? 많이 아시겠지만 다시 요약합니다. 트로이아 전쟁이 길어지자 희랍군이 주변 지역을 약탈해서 좋은 것을 나눠 갖

절망에 빠진 아이아스와 테크멧사 | 아스무스 야코프 카르스텐스, 1791, 독일 드레스덴국립미술관.

고, 이쁜 여자도 잡아다가 자기들끼리 나눠 차지했어요. (여자분들께 죄송합니다. 이야기가 그렇게 되어 있어서 저는 그냥 전달할 뿐입니다.)

그래서 〈일리아스〉에 보면 아가멤논에게는 크뤼세이스, 아킬레우스에게는 브리세이스가 배당되어 있는데요. 아가멤논에게 배당된 크뤼세이스의 아버지가 찾아와서 '내 딸을 돌려 달라'고 청하는 걸 아가멤논이 거절했다가 아폴론 신이 노하고요. 아킬레우스가 그걸 수습하려다가 아가멤논의 눈 밖에 나고 여자를 빼앗기는 걸로 돼 있잖아요. 그것처럼 오늘 보는 작품에도 아이아스에게 테크멧사라는 여자가 배당되어 있고, 그 여자는 아이를 하나 낳은 것으로 설정되어 있어요. '에우뤼사케스', '넓은 방패'라는 뜻의 이름을 가진 아들이 있어요.

위에 보시는 카르스텐스(Asmus Jacob Carstens, 1754~1798)의 그림에 두 사람

아이아스의 시신을 둘러싼 논쟁 | 기원전 580년경, 독일 바젤미술관.

이 그려져 있습니다. 지금 이 그림에서 아이아스 밑에 몽글몽글 그려진 건 양 같은 가축이 죽어 있는 장면이에요. 지금 아이아스는 자기가 무슨 일을 저질렀는지 깨닫고서 자결하려는 참이고요. 왼쪽에는 테크멧사가 땅을 가리키면서, 당신 부모님과 우리를 생각해서 제발 죽지 말아 달라고 애원하고 있습니다. 그러니까 아이아스가 결국 자결했다는 큰 줄거리만 알고 실제 작품을 안 읽으신 분들은 알지 못하는 내용이에요. 물론 직접 읽은 분도 시간이 지나면 '가만있자, 누가 더 나왔던 것 같은데…' 싶고 잘 기억은 나지 않겠습니다만.

이어지는 도기 그림 보시죠. 이것은 테우크로스가 자기 형을 옹호하기 위해서 펼치는 논변 속의 한 장면입니다. 그는 '너희를 지켜낸 것도 다 우리 형의 업적이다'라고 하면서, 특히 헥토르가 1 대 1로 싸우자고 도전했을 때 아이아스가 자진해서 나갔다고 주장합니다. 이 일화는 〈일리아스〉 7권에 나오는데요. 제6권에 헥토르가 트로이아 성 안에 들

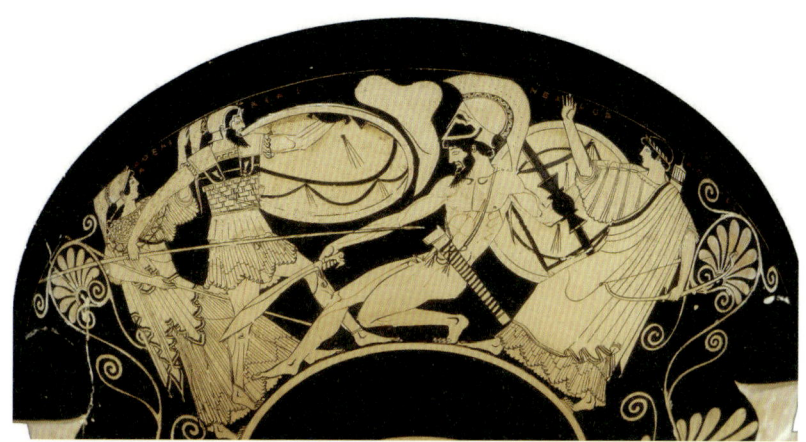

헥토르와 아이아스의 대결 | 기원전 490~480년, 프랑스 루브르박물관.

어갔다가 제7권에 전장으로 돌아와서는, '아무나 나와 대결해 보자'고 도전합니다. 그랬더니 희랍군 전사들이 다 두려움에 떠는데, 네스토르가 나와서 야단을 칩니다. 그러자 이번에는 너도나도 일어나서 9명이나 나서게 됩니다. 그래서 제비뽑기를 한 결과 아이아스가 싸우는 걸로 결정되죠.

위의 그림에서도 왼쪽에는 아이아스, 오른쪽에는 헥토르를 그려서 결국 이기는 사람은 왼쪽, 지는 사람은 오른쪽에 그려졌고요. 왼쪽에는 아테네 여신, 오른쪽에 아르테미스 여신이 각각 두 전사를 도와주는 걸로 되어 있습니다. 그리고 이들의 무기는 아이아스는 창을, 헥토르는 칼을 들고 있는 것으로 되어 있고요. 아이아스의 방패 앞에 그려진 것은 돌입니다. 사실 이 그림은 〈일리아스〉 내용과 완전히 일치하진 않습니다. 서로 던지기 창 한 번씩, 찌르기 창 한 번씩, 그리고 돌로 한 번씩, 도합 여섯 번 공격을 주고받아요. 다음으로 칼로 서로를 공격할

선물을 교환하는 아이아스와 헥토르 | 안드레아 알치아토, 네델란드 헤이그 왕립도서관.

차례였는데, 양쪽 진영에서 전령들이 나와서는 날도 저물었는데 이제 그만하자고 말립니다. 그래서 둘이 선물을 교환하고 헤어지는데요. 그때 헥토르는 상대에게 칼을 줬고요, 아이아스는 멋지게 무늬가 들어간 가죽띠를 선물로 줬다고 합니다.

한데 이들은 각각 이 선물 때문에 죽게 되었다고 합니다. 아이아스는 이 칼로 자결하게 되고요, 헥토르는 이 가죽띠로 아킬레우스의 전차에 묶여 끌려가다가 죽었다는 것입니다. 사실 〈일리아스〉에서는 헥토르가 완전히 죽은 다음에, 아킬레우스가 그의 발목을 꿰뚫어 전차에 묶어 끌고 가는 걸로 돼 있는데요. 지금 우리가 보는 작품에는 헥토르가 아직 살아 있을 때 가죽끈으로 전차에 묶여서는 난자당해 죽었다고 나와 있어요. (이 얘기는 아이아스의 시신을 발견한 테우크로

헥토르의 시신을 끌고 가는 아킬레우스 | 모자이크, 3세기, 바티칸박물관.

스의 탄식 속에 들어 있습니다.)

위에 보시는 작품은 바티칸에 가시면 볼 수 있는 모자이크입니다. 솜씨가 아주 좋지는 않죠? 조금 후대의 것입니다. 이렇게 헥토르가 끌려가는 장면은 오늘의 작품에 살짝 언급되고요.

그리고 여러분이 작품을 읽으실 때 궁금해 할 연출의 문제가 있습니다. 앞 장 〈결박된 프로메테우스〉에서 프로메테우스가 어떻게 묶여 있었는지, 오케아노스와 그의 딸들이 각각 날개 달린 존재를 타고 오는데 그건 어떻게 연출했을지, 소로 변한 이오는 어떤 모습으로 등장했을까 하는 것들이 궁금하고, 볼거리가 많은 작품이어서 여러 공연 모습을 많이 보여드렸는데요. 혹시 이 작품도 그런 게 없을까 싶어서 찾아봤더니, 별 게 없네요. 이 작품이 이야기가 단순해서, 그냥 평상복 입

자결을 준비하는 아이아스 | 기원전 530년경, 프랑스 볼로뉴쉬르메르 성 박물관.

고 나와서 피를 표현하기 위해 붉은 페인트 따위를 쓰는 정도면 상연할 수 있어요. 가난한 극단이 무대에 올리기에 좋은 연극입니다.

　무대도 대충 꾸며서 배우가 밖에서 잠깐 나왔다가 들어갔다가 하니, 막사를 반으로 잘라서 내부를 조금 보여주고 또 한쪽은 바깥으로 설정하면 될 듯합니다. 나중에 아이아스가 외딴 곳에 가서 자결하는데요, 그것도 한쪽 구석에 덤불 같은 걸 대충 마련해 놓고 거기를 외진 장소로 생각해 달라고 하면 될 것 같아요.

　위에 보시는 건 꽤 유명한 그림입니다. 아이아스가 땅에 칼을 거꾸로 꽂고 있는데요. 작품에서 이 부분에 특히 잘 드러나는 게 영웅적 기질이라고, 학자들은 그렇게 얘기합니다. 이런 건 사실 우리가 번역문을 읽을 때 포착하기가 약간 어려운데요. 오이디푸스 왕 같은 경우에

아이아스의 죽음 | 기원전 400~350년경, 영국 대영박물관.

도, '되도록 빨리' 같은 종류의 표현을 많이 사용한다든지 하는 영웅들의 언어적 패턴이 알려져 있습니다. '당장, 절대로, 결코, 언제나'같이 좀 극단적인 표현들을 많이 쓴다는 것입니다. 아이아스가 칼을 꽂는 장면에도 "보라, 여기에 칼이 꼿꼿이 섰도다" 하고 독백하는데요. '꼿꼿하다' 같은 어휘도 다 주인공의 영웅적 기질을 보여주는 것이라고 학자들은 해석합니다. 그림 왼쪽에 대추야자 같은 나무가 서 있죠? 이건 희랍 땅이 아니라는 뜻이고요. 지금 땅에 칼을 박아 세우고는 그 위에 쓰러지려는 비감한 순간이에요.

위 그림에는 아이아스가 조금 이상한 자세로 죽어 있는데요. 앞서 말씀드린 것처럼 칼이 들어갈 곳을 여기저기 찾다가 겨드랑이를 겨우 찾아내서 그곳을 찔렀기 때문에 이렇게 돼 있고요.

아이아스의 시신을 수습하는 테크멧사 | 기원전 490~470년경, 미국 폴 게티 미술관.

위의 그림을 볼까요? 다들 아이아스의 행방을 찾아 헤매다가 테크멧사가 제일 먼저 시신을 발견해서 천으로 덮는 장면입니다. 이 그림에서는 그냥 등을 찔려 누운 걸로 그렸네요.

그 다음 436쪽에 있는 그림을 다시 보죠. 여기에는 여러 사람이 시신 주변에 모여 있습니다. 사람마다 곁에 이름이 좀 야단스럽게 적혀 있어서, 현대의 만화에 익숙한 우리에게는 사람들이 발언하는 소리가 표현된 듯도 보입니다. 이 〈아이아스〉라고 하는 작품에 상당히 잘 어울립니다. 요새 웹툰이나 만화 같은 데서 막 말다툼하는 것 같은 그런 장면이에요. 그림 가운데에 아이아스의 시신이 엎드러져 있고 그 오른쪽 첫째 인물 곁에는 '네스토르', 또 그 오른쪽에는 '아가멤논'이라고 적혀 있네요. 더 오른쪽으로는 '테우크로스', 제일 오른쪽에 다시 '아이아스'

라고 적혀 있는데, 이 사람은 '작은 아이아스'라는 사람입니다. 시신 왼쪽에, 중앙부터 헤아릴 때 첫째 사람은 '포이닉스', 더 왼쪽의 두 사람은 상체가 없어졌는데, 왼쪽 둘째는 불분명하고, 왼쪽 셋째는 '디오메데스'로 적혀 있습니다.

작품에서는 테우크로스가 자기 형의 시신을 지키려고 애쓰고, 거기에 세 사람이 잇달아 찾아오는 걸로 되어 있어요. 먼저 메넬라오스가 와서 막 욕지거리를 퍼부으면서 '이 시신을 장례 치르면 안 된다'고 주장하고요. 잠시 후에 아가멤논이 와서 또 그런 비슷한 얘기를 하지만, 마지막에 오뒷세우스가 와서는 '그렇지만 아이아스가 우리에게 해준 게 많으니, 이 사람을 장례 치르자'고 타이릅니다. 그러면서 인간의 운명은 어찌 될지 모른다고 말하죠. 이 도기 그림은 그 논쟁 장면을 아주 잘 보여주는 듯한 인상을 주지만, 원래는 사람 이름 써 놓은 거였고요.

방금 말했듯 이 작품은 영웅적 기질을 아주 잘 보여주고 있어요. 아이아스가 죽으면서, '그래, 너희는 잘 살아라'라고 하지 않아요. 끝까지 적들을 저주하고 쓰러집니다. 이거는 베르길리우스가 〈아이네이스〉라는 작품에서 디도가 자결할 때에 거의 그대로 빌려 썼습니다. 카르타고 여왕 디도는 트로이아를 떠나서 이탈리아로 가던 아이네아스를 만나서 사랑을 나누다가, 신들의 명에 의해서 아이네아스가 떠나가자 자결하죠. 거기에 '아이네아스여, 우리가 운명 때문에 오래 함께하진 못했지만, 그래도 그동안 행복했어요. 당신은 잘 사세요' 이렇게 자결하지 않아요. 저주를 퍼붓고 '저 인간은 나중에 잘못되기를 기원하노라, 그리고 우리 두 민족이 영원한 원수가 되기를 원하노라' 하고서 죽어요. 그게 바로 여기 아이아스가 죽을 때에 보냈던 저주를 빌려 쓴 것입니다.

무섭습니다. 한번 읽어보세요.

자, 이 〈아이아스〉라는 작품에서 우리가 생각할 거리는 어떤 사람이 평생 다른 사람들에게 큰 이익을 끼치고 많은 좋은 일을 했지만 마지막에 인생을 불미스럽게 마쳤다, 그때 우리는 그를 어떻게 평가하고 대접할 것인가 하는 문제예요. 그런데 먼 과거의 일은 생각하지 않고 그저 가장 가까이에 있는 것만 보는 사람들은 '이 원수 같은 인간, 이런 놈은 개와 새들의 밥이 되게 해야 해, 제사도 장례도 못 받게 해야 해'라고 하는데요. 그와 유사한 입장에 선 사람이 아가멤논과 메넬라오스입니다. 한데 오뒷세우스는 그것보다 폭넓게 보고 있어요. 우리 인생엔 변화가 너무나도 심하니, 원수를 대할 때에도 나중에 혹시 친구가 될지 모른다는 여지를 남겨두자 하는 입장입니다. 그리고 희랍 사람들은 늘 서로 반대되는 걸 쌍으로 짝지어 대조하는 경향이 있기 때문에 그 반대되는 현상도 언급합니다. 친구를 대할 때에도 혹시 나중에 사이가 나빠질지 모르니까 그것의 여지를 두고서 친구를 대하자는 것입니다.

이렇게 반대 것도 딸려 있긴 합니다만, 핵심은 앞엣것이에요. 원수를 향해서라도 절대로 하면 안 되는 짓이 있다는, 〈안티고네〉에도 표현된 그 생각입니다. 이런 게 희랍적 사고방식입니다.

여러분, 아리스토텔레스의 '중용' 개념 배우셨을 거예요. 〈니코마코스 윤리학〉에 나오죠? 인간이 행복해지기 위해서는 덕이 있어야 하는데, 덕이란 양극단의 중간이다. 예를 들어, 용기는 비겁과 만용의 중간이다. 한데 이 중간이란 게 양극단의 딱 한가운데에 있지 않고, 한쪽으로 약간 치우쳐 있어서, 용기는 비겁보다는 만용에 조금 더 가깝다고 했지요? 그래서 만용하는 사람들이 자기가 용기 있다고 주장하기가 조금 쉽다고요. 그리고 돈을 잘 쓰는 덕목인 관대함, 돈에 대한 관용은 낭비와 인색함의 중간에 있지만, 인색함보다는 낭비 쪽에 조금 가깝기 때문에 사람들이 관대한 사람을 향해 '당신, 낭비하는 거야'라고 비난하기도 쉽고, 또 낭비꾼들이 스스로 변호하기를 '사실 나는 돈 잘 쓰는 덕이 있는 거야'라고 주장하기도 쉽다고 나와 있어요.

이와 같이 희랍 사람들은 양극단을 피해서 전체를 보는 시각을 가졌기 때문에 아이아스의 생애를 돌아볼 때도, 물론 그 사람이 마지막엔 삶을 안 좋게 끝마쳤다는 건 인정할 수밖에 없지만서도 과연 그렇게까지 나쁜 사람이라고 해야 할지, 그의 시신을 가혹하게 대해도 되는지 이런 문제를 제기한 것입니다.

도입부-여신의 등장과 아이러니

이 작품은 맨 앞에 아테네 여신이 나온다는 게 좀 특이한 점이에요. 에우리피데스의 작품은 그렇게 설정된 경우가 많아요. 맨 앞의 프롤로고스에 신이 등장하는 경우도 많고요. 특히 작품 마지막에 '데우스 엑스 마키나' 장면에서 신이 기계장치를 타고 건물 위에 나타나서는 '멈추어라' 하면서, '이제 곧 이러저러한 일이 있게 될 것이다, 그리고 너는 어디로 가고, 너는 어디로 가라' 하면서 상황을 싹 정리해 줍니다. 에우리피데스는 우리에게 감동을 끌어내려는 사람이 아니라 우리를 놀라게 하는 작가여서 그런 겁니다. 한데 지금 그 에우리피데스가 아니라 소포클레스의 작품 초반에 여신이 나오니 조금 놀랍습니다.

그리고 에우리피데스의 그런 기술에 어떤 아이러니가 숨어 있다고 말하는 학자도 있는데요. 우리가 오늘 보는 소포클레스의 작품에도 그런 면이 좀 있습니다. 우리가 에우리피데스의 작품 마지막을 보면, '뭐야, 앞뒤가 안 맞잖아!' 하는 느낌이 들 때가 있어요. 이제까지 어떤 방향을 향해 죽 이야기가 진행되어 왔는데, 마지막에 신이 나타나서는 그걸 그냥 싹 뒤집어엎는 것입니다. 그래서 '이 작품에 일관성이 있는 건가?' 싶기도 한데요. 그런 장치를 통해 작가가 어떤 아이러니를 보여주려 한 거라고 해석하는 분이 있어요.

옛날 작가들은 일단 대중을 설득해야 계속 공연 기회를 얻을 수 있었습니다. 그래서 한편 대중의 기호에 맞추긴 하지만, 또 한편 후대의 주의 깊은 독자들을 위한 여지를 좀 남겨두고 싶어요. 당대의 관객에게는 잘 보이지 않더라도 눈썰미 있는 사람들의 눈에는 포착될 만한 어떤 핵심을 좀 넣고 싶은데, 그런 것들을 직접 드러내지 못하니까 약간 아이러니로 넣어두었다는 겁니다.

'아이러니'의 가장 대표적인 뜻은 '반어법'입니다. 즉, 남을 비웃을 의도로 빈정거리면서 반대로 말하는 것, 그게 아이러니예요. 근데 한국에서는 그것보다는 '상황의 아이러니'라는 의미로 더 많이 사용합니다. 보통 한국에서는 우리가 기대하는 것과는 어울리지 않는 사태가 펼쳐질 때, 얼핏 보면 그런 일이 일어나리라는 예상이 전혀 생기지 않는데 기대 밖의 사건이 발생했을 때 '아이러니하다'고 하죠. 예를 들어, 소방서에 불이 났다, 그러면 '아이러니한 상황이다'라고 얘기하는데요. 이건 대체로 서양 사전에는 '역설'의 예로 올라 있어요. '패러독스'라는 것입니다. '얼른 보기엔 모순인 것 같지만 자세히 따져보면 모순이 아닌 것' 이게 '패러독스'의 기본적인 규정이에요. 그런데 사전을 보면 '아이러니'의 뜻도 1부터 10까지 쭉 있고요, '패러독스'도 1부터 10까지 있는데 한

10번쯤 가면 둘이 서로 비슷해요.

그래서 한국에서는 '상황의 아이러니'를 많이 얘기하고, '패러독스'와 크게 구별되지 않는 뜻으로 많이 쓰는데요. 에우리피데스의 아이러니는 그거 말고, '어떤 사람이 진실을 직설적으로 전하면 곤란해질 상황이어서 일단 겉보기로는 대중이 원하는 것을 말하는 듯하지만, 잘 보면 어떤 진실이 숨어 있는 것'이란 뜻입니다. 이런 것도 넓은 의미의 아이러니라고 할 수 있습니다. 그래서 에우리피데스의 작품의 끝에 가서, 앞뒤가 맞지 않는 대목이 보이면 '넓은 의미의 아이러니를 구사하는구나'라고 생각하세요. 작가가 어떤 편견이나 사회적 통념에 찬성하지는 않더라도 어떤 인물을 등장시켜서 그걸 말하게 한다든지, 아니면 행동으로 보여준다든지 하면서 은근히 후대 독자의 비판을 유도하는 것 이런 것도 아이러니의 개념에 넣자는 것입니다.

자, 에우리피데스의 아이러니한 면모는 나중에 그의 작품을 다루면서 더 자세히 얘기하기로 하고요. 다시 〈아이아스〉로 돌아와서요. 이 작품에서 가장 눈에 띄는 것은 영웅적 기질이지만서도 그거 말고 또 하나 주목할 만한 쟁점이 신분 문제입니다. 작품 후반부의 중심인물인 테우크로스가 서자(庶子)예요. 후반부에 아이아스의 시신을 어찌할 것인지 논란이 나오는 대목에서 그게 강조됩니다. '메시지를 공격하기 어려우면 메신저를 공격하라'는 일종의 격언이 있죠? 어떤 사람이 하는 말 자체엔 트집 잡을 게 없는 경우, 그 말을 하는 사람은 이전에 이런저런 짓을 저질렀던 자다라고 인신공격을 하는 것입니다.

이 작품에서도 아가멤논과 메넬라오스가 테우크로스에게, '너는 노예의 자식이다'라고 공격을 퍼부어요. 사실 테우크로스는 아이아스의 배다른 동생입니다. 그들의 아버지 텔라몬이 헤라클레스의 절친한 친구여서, 옛날 1차 트로이아 전쟁 때 함께 트로이아를 공격해서 함락했어요.

짧게 그 사정을 설명하겠습니다. 헤라클레스가 아마존 여왕의 허리띠를 가지러 세상의 동쪽으로 가다가 트로이아 앞으로 지나가는데, 아름다운 공주가 바다 괴물의 먹이로 놓여 있습니다. 포세이돈이 트로이아 성을 지어줬는데, 라오메돈 왕이 말하자면 건축비를 지불하지 않아서 포세이돈이 지금 바다 괴물을 보낸 참이에요. 그래서 그걸 달래기 위해서 공주를 제물로 바친 거고요. 사정을 알게 된 헤라클레스가 '공주를 구해 주면, 나에게 대가를 주겠냐?' 했더니 그러겠다 합니다. 그래서 괴물과 싸워 공주를 구해냈는데, 이번에는 또 공주 구해 준 값을 내지 않아요. 트로이아의 라오메돈 왕이 말하자면 상습 체불범입니다.

그래서 나중에 헤라클레스가 트로이아로 쳐들어갔어요. 체불 임금을 받으러 간 셈입니다. 결국 도시를 함락하고, 헤시오네 공주, 옛날에 괴물의 먹이가 될 뻔한 여자를 데려다가 자기의 절친한 친구인 텔라몬에게 아내로 주었습니다. 그래서 이 헤시오네가 텔라몬의 두 번째 아내가 돼서 낳은 아들이 테우크로스고요. '테우크로스'라는 이름은 트로이아 조상 이름하고 같아요. 여러분이 〈아이네이스〉를 읽자면 '테우케르 백성'이란 말이 자주 나옵니다. '테우크로스의 후손들'이라는 뜻이에요. 그래서 〈일리아스〉만 읽으신 분들은 '아니, 테우크로스는 희랍군인데, 왜 이렇게 부르지?' 하고 어리둥절하실 수 있습니다. 그러니 테우크로스는 사실 중간적인 존재예요. 그는 말하자면 자기 외갓집을 공격하러 와 있는 참입니다.

그래서 지금 〈아이아스〉에서 그가 자기 형을 옹호하는데 사람들이 '너는 혈통이 문제다'라 공격하죠. 이런 게 평소에는 문제 되지 않다가 갈등 상황이 되면 그런 걸 비난하는 경우가 꽤 있습니다.

그리고 여기 여성의 지위 문제도 테크멧사를 통해서 많이 드러납니다. 모든 뛰어난 작가들은 시대적 한계를 넘어서는 면모가 있습니다. '아니, 그 시절에 벌써 이런 생각을 했나' 싶게 여성의 지위라든지, 아테나이 민주정의 약점이라든지를 은근히 드러내고 있어요. 사실은 민주정에 좀 불안한 데가 있어요. 이 민주정은 오로지 남자들만의, 오로지 자유인만의, 오로지 아테나이 출신만의 것이었습니다. 그래서 외국 출신이 배제되고요, 여성을 억압하고, 자유인과 대비되는 노예 신분에 대한 억압이 있었어요. 그런 문제점들을 아이러니한 방식으로 보여주는 게 에우리피데스의 방식인데, 이번 시즌에 읽는 에우리피데스 작품엔 그런 면모는 좀 덜 두드러지는 것 같네요. 에우리피데스의 작품 중에, 현대 독자가 읽기에 가장 이상하다 싶은 것들이 대체로 당시 상황을 아이러니로 많이 보여줍니다. 어쨌든 이 〈아이아스〉에도 그와 유사하게 여성의 처지가, 특히 테크멧사 장면에서 은근히 드러납니다.

인간은 그림자에 불과하다

자, 다시 〈아이아스〉 작품 내용을 앞에서부터 조금 자세히 보죠. 맨 앞 도입부에 아테네 여신이 나오는데, 이 여신이 굉장히 잔인합니다. 우선 첫 장면에 오뒷세우스가 뭔가 살피면서 흔적을 따라갑니다. 거기에 아테네 여신이 나타나서는 말을 걸죠. 자기가 그를 늘 주시하고 있노라고, 그가 아주 용의주도하게 행동하고 있다고. 그러고는 자기가 관찰한 오뒷세우스의 행동을 묘사합니다. 그는 아이아스가 무슨 짓을 했는지 알아내고자 발자국을 추적하더라고요.

그러면서 자신이 취했던 조치도 알려줍니다. 아이아스의 눈을 빗나가게 만들어서, 그가 오뒷세우스와 아가멤논 형제를 죽이려고 하는 걸 딴 데로 유인해서 짐승을 죽이게 했다는 거죠. 그러자 오뒷세우스가 대답하길, '그대는 내게 보이지 않지만 소리는 들린다'고 합니다. 아마도 공연 때 아테네 여신이 나타났을 텐데, 등장인물 오뒷세우스는 그걸 못 보는 것처럼 그렇게 돼 있습니다. (실제 공연 때 아테네 여신이 관객의 눈앞에 모습을 보여주었는지, 실제로 나타났다면 위치는 건물 위인지 다른 곳인지 학자들 사이에 논의가 있습니다.)

그러다가 아테네가, 네 원수의 처참한 꼴을 보여주겠노라고, 아이아스를 밖으로 불러내겠다고 제안합니다. 오뒷세우스는 여신을 말리려 합니다. 제발 그러지 말라고요. 하지만 여신은, 괜찮다고 너를 해치지 않을 거라고, 저 사람 눈엔 네가 보이지 않을 거라고 안심시키고는, '아이아스여, 나오라' 하고 불러요. 그러자 정말 아이아스가 막사 밖으로 나와요. 그래서 첫 장면에 벌써 세 명의 배우 장면이 전개됩니다.

아테네 여신은, 복수가 잘 진행되는지 묻습니다. 그러자 아이아스는 신이 나서 자신이 이것도 하고 저것도 했노라고 떠벌이고는, 아테네에게 자기를 도와 달라 청하고는 다시 안으로 들어갑니다. 그러자 아테네는 다시 오뒷세우스에게로 향합니다. 잘 보라고, 인간은 저런 것이라고 말합니다. 바로 이 대목에 아주 중요한 구절 나오는데, 오뒷세우스는 이걸 나중까지 기억한 것 같아요. 즉, '인간은 그냥 환영이거나 실체 없는 그림자에 지나지 않는다'는 말입니다.

아이스퀼로스와 거의 동갑인 시인 핀다로스의 유명한 시구(詩句)가 있습니다. '인간은 그림자의 꿈'이라고요. 인간은 그냥 꿈도 아니고 그냥 그림자도 아니고, 그림자가 꾸는 꿈이라는 거죠. 그러면 인간의 가치는 어디서 나오냐? 그래도 우리 인생에 신의 어떤 광채가 번쩍 빛나는 순간이 있습니다. 그런 것이 나중에 제임스 조이스 같은 사람들이 에피파니(epiphany)라는 개념으로 사용한 거예요. 우리 인생에서 뭔가 번쩍하는 순간, 아마 종교적 수도자들도 그런 경험을 하는 것 같아요. 일반인이 생각하기에 수도원에 있는 분들은 늘 신을 찬양하며 종교적 환희 속에 살지 않을까 싶을 텐데, 사실은 그렇지 않답니다. '신의 어린 양', 〈아뉴스 데이〉(안느 퐁텐, 2017)라는 영화에서 나온 대사 같아요. 출가해서 수도 생활을 하는 사람들도 평생 의혹에 시달리면서, 언젠가 한 번 자기에게 번뜩 빛났던 신적 환희의 순간이 혹시나 다시 찾아올까 기다리고 실망하기를 거듭한다고요. 우리 인생도 의혹과 불행이 대부분이지만 어쩌면 한순간 찾아오는 신적인 기쁨과 환희 때문에 그 힘으로 살아가는 것인지도 모르겠습니다.

방금 요약한 장면이 133행까지의 도입부인데요. 그 마지막 부분에 '인간은 그림자일 뿐'이란 말이 나와 있고요. 또 신이 주는 교훈도 있습니다. 우리가 희랍 비극에서 교훈을 얻자면, 전체적인 줄거리에서 그 가르침이 나올 수도 있지만 그보다는 여기저기 좋은 구절들을 찾아보는 방법도 있습니다. 더러는 등장인물의 입에서 나오기도 하고, 합창단의 노래에서 나오기도 하고요. 예를 들면, 주제넘은 말은 하지 말고 교만하지 말아라, 인간은 하루 사이에 넘어질 수도 있고 일어날 수도 있다 등등입니다.

이 작품에서도 강조되지만, 희랍 비극의 중요한 주제 중 하나가 '오늘 하루만'이라는 기한입니다. 작품 후반부를 미리 조금 얘기하자면, 후반부의 중심인물은 테우크로스인데요. 그는 전리품을 쫓아서 멀리 나가 있다가, 자기 형에 대한 예언을 예언자에게서 듣고는 먼저 발 빠른 전령을 보내요. 예언자 칼카스가 말하기를, 오늘 하루만 넘어가면 괜찮다고 했다는 겁니다. 한데 그 '하루'를 사람들이 잘 참지 못합니다. 우리 삶이라는 게 어쩌면 순간순간 우리에게 찾아오는 어떤 위안 때문에 살기도 하고, 어쩌면 한순간에 어떤 감정을 잘 조절하지 못해서 망하기도 하고, 그런 것 같아요.

합창단과 테크멧사 장면

다시 작품 앞부분으로 돌아갑니다. '인간은 하루 만에 넘어질 수도 있고 일어날 수도 있다', 그런 말이 방금 나왔고요. 이어서 합창단이 등장합니다. 이 합창단은 아이아스의 부하들로 설정되어 있는데요. 이들은 그동안 굉장한 자긍심을 가지고서 지도자 곁에서 함께 싸웠는데 지금 이상한 소문이 들린다고 걱정합니다. 자기들 지도자가 큰 잘못을 저질러서 자신들도 함께 돌 맞아 죽을 것 같다고, 어떻게 빠져나갈 길이 없는지를 고심하고 있습니다.

잠깐 운율에 대해 설명하죠. 일반적으로 합창단이 처음 등장할 때는 '단-단-장, 단-단-장' 하는 아나파이스토스(anapaestos)라고 하는 운율에 맞춰 노래합니다. 제가 처음 학교에 들어갔을 때는, '따따따 따따따, 주먹손으로…' 하는 노래가 있었는데요, 그거하고 비슷한 운율입니다. '단-단-장, 단-단-장' 하는 것인데, 번역으로는 살리기 힘든 효과입니다.

이들의 노래에도 어떤 진실이 담겨 있는데요. '덩치가 크면 돌 맞기 쉽다'는 거죠. 그러니까 아이아스도 굉장히 큰 인물이기 때문에 공격당하기가 쉽다라는 건데요. 우리가 이 작품을 읽으면 아이아스라는 사람이 마지막에 이상하게 죽었지만 아주 큰 인물이란 느낌을 받게 됩니다. 이런 점에서 셰익스피어의 〈맥베스〉와 좀 비슷한 데가 있습니다. 맥베스라는 인물이 왕이 될 거라는 세 마녀의 예언을 듣고서 갑자기 권력에 욕심이 생겨서는, 덩컨 왕을 죽이고서 자기가 왕이 됐지만 결국 불안감에 시달리다가 몰락하는 걸로 되어 있잖아요. 한데 이 맥베스라는 인간이 권력이 탐나서 살인을 저지른 인간인데, 작품을 읽다 보면 큰 인물이란 느낌이 들어요. 도덕적인 평가와 무관하게, 우리 같은 작은 사람들로서는 도저히 감당이 안 되는 굉장히 큰 인물이라는 느낌인데요. 여기 아이아스도 다소간 그렇습니다. 영웅시대 사람들이어서 그런지 모르겠네요.

계속 합창단의 노래를 보면요, '아이고, 우리 지도자가 너무 크고, 가진 게 많아서, 사람들이 시기하는 거다', 이런 주장도 표현되고요. 그리고 관객들은 작품 맨 앞에 아테네 여신이 이 사건에 관여했다는 걸 직접 확인했지만, 등장인물들은 그걸 모르기 때문에 '혹시 아르테미스에게 제물을 바치지 않아서 그런 게 아닐까'라고 잘못된 추측을 하기도 합니다.

이런 것을 '극적 아이러니', 또는 '비극적 아이러니'라고 합니다. 특히 〈오이디푸스 왕〉 같은 작품에서 자주 쓰인 기법인데요. 등장인물보다 관객이 아는 게 많아서, 그 정보의 격차에 의해서 생겨나는 어떤 효과입니다. 관객은 등장인물이 헛소리를 하면, '저 사람, 어떻게 감당하려고 저런 말을 하지, 이미 일이 이러저러하게 벌어졌는데 저 사람은 그걸 모르고 있네' 이러면서 보잖아요.

〈오뒷세이아〉에도 비슷한 대목이 있습니다. 신들끼리 모여서 '인간들은 자신들의 잘못으로 불행을 초래하고는 신의 탓을 한다'고 불평하는데, 곧 이어서 인간들 사이에서는 '신이 이런 불행을 보냈다'고 얘기하는 장면이 나와요. 이 두 장면을 나란히 보면, 한쪽에는 진실이, 다른 쪽에는 사람들의 편견이나 환각 같은 게 나와 있어서 대조가 뚜렷합니다. 마치 영화에서, 벽을 사이에 두고 양쪽을 동시에 보여주는 컷을 사용한 것 같아요. 미장센을 잘 짜면 양쪽을 대조해서 보여줄 수 있는데요, 비극에도 그런 효과가 이따금 쓰입니다. 방금 본 장면에도 아주 강렬하게는 아니지만 그런 효과를 느낄 장면이 잠깐 나왔습니다.

한편 이 작품의 특징 중 하나가 애탄가가 많이 나온다는 거예요. '애탄(哀歎)'이라면 '슬픈 탄식'이란 뜻이잖아요. 희랍어로 '콤모스(kommos)'라고 하는 건데, 원래 '가슴을 두드리면서 부르는 노래'라는 뜻이에요. 희랍어로 '콥토(kopto)'가 '때린다'는 뜻이거든요. 문장부호 중에 콤마(komma)가 있죠? 그 단어에도 이 어근이 들어 있습니다. 콤마는 '콕 찍은 것'이고요, '가슴을 탁 때리는 것'은 콤모스예요.

그래서 원래는 '가슴을 두드리며 부르는 노래'라는 슬픈 내용을 가리키는 의미였는데, 비극에서는 내용보다는 형식을 가리키는 말이 되었습니다. 즉, 합창단과 배우가 노래를 교환하며 대화하는 부분을 콤모스라고 일컫게 된 것입니다. 이런 콤모스가 가장 두드러지는 사례는 아이스퀼로스의 '오레스테이아 3부작'의 두 번째 작품에 있습니다. 오레스테스가 먼 땅에서 돌아와서, 아버지의 무덤가에서 저승의 세력을 불러올려 그 힘을 빌려 복수하려고 할 때에 부르는 노래죠. 그 장면의 애탄가가 아주 으스스합니다.

지금 보시는 〈아이아스〉에는 애탄가가 세 번이나 나와요. 맨 앞에 합창단과 테크멧사, 그러니까 아이아스의 부인이 같이 노래하는 장면, 그리고 중간에 아이아스와 부인이 합창단과 함께 노래하는 장면에도 나오고요. 후반부에 아이아스의 시신을 막 발견했을 때 다시 합창단과 테크멧사가 함께 노래하는 또 다른 애탄가가 나옵니다. 이 작품에서 거대한 인물이 죽어가기 때문에 그걸 슬퍼하느라고, 이렇게 여러 번 합창단과 배우가 노래를 교환하며 아픔을 표현하는 것입니다.

다시 줄거리로 돌아갑니다. 첫 삽화 초반에 테크멧사가 나와서 애탄가를 교환하며 그동안 아이아스의 상태가 어떠했는지 부하들에게 전해 줍니다. 이 부분에서 인간의 가슴속에 폭풍이 일어나는 장면도 자세히 묘사하고 있습니다. 이어서 그녀는 자신이 실내에서 본 것을 사람들에게 다시 구체적으로 전달하는데, 그 내용은 이러합니다. 아이아스가 온몸에 피를 묻힌 채로 숫양 두 마리 끌고 들어오더니, 하나는 머리 잘라버리고 다른 하나는 기둥에다 묶어 놓고 때리고 거기에 악담을 퍼붓고 있다고요. 그리고 자기가 만류하자, 그는 여자는 입을 다물고 있는 게 좋다고 말했다는 거예요.

침묵이 여성의 덕으로 꼽히는 것은 투퀴디데스의 〈펠로폰네소스 전쟁사〉에 나옵니다. 전쟁 첫째 해가 지나고 겨울이 되자 전몰장병 장례식을 치르는데 페리클레스가 추모 연설을 하죠. 거기에, 여자들은 좋은 일로건 나쁜 일로건 남의 입길에 오르내리지 않는 게 최고라고 말했어요. 옛날 사람들이 가지고 있던 여성에 대한 편견을 드러내는 걸로 아주 유명한 구절이에요. 지금 우리가 보는 〈아이아스〉는 펠로폰네소스 전쟁이 발발한 것보다 한 10년쯤 전에 발표된 것인데요. 여기에도 비슷하게 여자는 입을 다물라는 발언이 나오네요. (이건 저의 주장이 아니라, 그냥 옛사람들의 생각을 전달한 것이니 저를 비난하진 마시고요.)

다시 테크멧사의 증언으로 돌아갑니다. 아이아스가, 마치 밖에서 부르는 걸 들은 듯 뛰어나가서는 바깥에서 누군가와 얘기를 나누다가 들어오더니 그다음에 제정신이 들었다고요. 사실 이 장면은 조금 전에 우리가 본 겁니다. 밖에서 일어나는 건 우리가 객관적으로 봤고요. 내부자의 시선으로, 이 사람이 밖에 나갔다 와서 어떠했는지를 테크멧사가 지금 증언하는 참이에요.

아이아스는 갑자기 정신을 차리고는, 그동안 무슨 일이 있었냐고 묻더랍니다. 그래서 테크멧사가 상세히 얘기했더니, 아이아스는 비통하게 눈물을 흘렸답니다. 그는 이전에는 늘 남자는 타인 앞에서 절대로 울어선 안 된다고 얘기했었는데, 그렇게 울었다고요. 사실 〈일리아스〉에 보면 아킬레우스나 아가멤논이나 펑펑 우는 장면이 자주 나옵니다. 그래서 독자로서는 '아니, 사나이들이 이렇게 막 울어도 되나?' 싶으실 텐데, 그런 현상에 대한 설명이 있습니다. 옛날 귀족들은 아무 거리낄 게 없기 때문에 감정을 마음껏 발산했다는 것입니다. 분노도 한껏 분출하고, 울고 싶으면 막 울기도 하고요. 말 그대로 '안하무인(眼下無人)'입니다. 다른 사람은 곁에 없는 거나 마찬가지예요.

하지만 〈일리아스〉에 그려진 건 영웅시대 인물들이고요, 비극 시대에는 그것과는 약간 달라졌네요. 보통 영웅들의 문화는 '수치의 문화'

라고 알려져 있어요. 그래서 남들 앞에서 체면을 세우는 게 중요하다고 합니다. 하지만 체면 개념도 우리와는 달라서 주로 자존심을 상하지 않는 데 국한되어 있고요. 감정 표출 면에서는 폭발적 표현이 자주 보입니다. 이것을 두고, 영웅들이 현실보다 크게 그려졌기 때문이라고 말하는 사람도 있긴 있어요.

어쨌든 아이아스가 여기에서는 비통하게 울었다 합니다. 그 말을 들은 합창단은 테크멧사에게 아이아스를 좀 더 설득해 보라고, 사람은 친구의 말은 잘 듣는 법이라고 합니다. 한데 이때 안에서 갑자기 아이아스가 테크멧사를 불러요.

아이아스의 유언과 거짓 회심

그러고 나서 합창단이 테크멧사, 그리고 아이아스와 함께 노래(애탄가)하는 장면이 이어집니다. 아이아스는 특히 오뒷세우스가 비웃을 것을 걱정하는데요. 사실 관객은 이미 첫 장면에서 오뒷세우스는 그런 사람이 아니라는 걸 봤어요. 하지만 아이아스는 그걸 모르고 있습니다. 이런 것도 비극적 아이러니 중 하나예요.

아이아스는 제우스를 부르고, 암흑의 세력을 부르고, 자연물을 부르고, 그러면서 인상적인 모순 어법도 사용합니다. "암흑이 가장 찬란하다" 하는 것이죠. 사실은 〈아이아스〉가 읽기에 조금 어려운 점이 있습니다. 일단 우리가 맨 처음에 어떤 진실을 봤어요. 아테네 여신과 오뒷세우스의 장면이 그것이고요, 또 합창단이 등장하고 테크멧사가 나와서 안에서 무슨 일이 있었는지 얘기하는 것도 들었습니다.

이제 아이아스가 테크멧사를 불러서는, 무구 판정 과정을 회고하고 현재 자신의 처지를 토로합니다. (시각적 연출의 문제가 있는데, 아마 배경 건물을 칸막이해서, 내부가 좀 보이도록 하지 않았을까 싶네요.) 아이아스 말로는 아가멤논과 메넬라오스 때문에 자기가 상(賞)을 놓쳤다고, 현재로서는 자기가 아버지에게 돌아갈 수가 없다고 합니다. 이 아이아스는 자기 아버지를 판단의 기준으로 삼고 있어요. 나중에 보면 테우크로스도 그렇습니다. 어쨌든 아이아스 말이, 우리 아버지는 옛날에 트로이아를 함락했는데 자기가 이런 꼴로는 돌아갈 수 없다고, 그냥 자결하는 수밖에 없다고 합니다. 이런 상태에서 계속 살아가는 건 수치스러운 일이라고요.

그러자 테크멧사가, 앞에 보신 435쪽 그림에서처럼 탄원합니다. 그녀는 자신도 불행에 처했지만 목숨을 부지해왔다고, 자기처럼 행동하라고 권합니다. '나를 보라, 나도 굉장히 부유하고 권력 있는 부모에게서 태어났지만 지금 노예가 돼서 여기 있지 않냐, 인생에는 부침이 있게 마련이다'라고 얘기하고요. '나와 아이를 생각하고, 당신 부모님을 생각하라! 내가 당신에게 호의를 보였으니 당신도 호의를 보여야 하지 않느냐'고 설득합니다.

그러자 아이아스는 아들을 불러오라 합니다. 아이가 오자, 아내에게 해야 할 대답을 아이를 위한 당부에 담아 넣습니다. 우선 아이를 축복하고, '나중에 내가 죽고 나면 이 아이를 나의 부모님에게 데려가서, 부모님을 봉양하게 하라'는 것입니다. 사실 이것은 아이와 부모님에 대해서 테크멧사가 얘기한 것에 대한 대답이에요. 직접 답하지 않고 상당히 무뚝뚝하게 간접적인 방식으로 답을 하고 있는데, 이 당시 남자들이 여자를 보는 관점이 어떠했는지 여기서도 드러내고 있습니다.

훌륭한 작가 소포클레스는 아마도 여기에 슬그머니 비판을 넣은 것 같아요. 에우리피데스가 그런 상황들을 자세히 그림으로써 아이러니하게 자기 시대를 비판한 것과 유사하죠. 투퀴디데스도 마찬가지입니다. 그가 〈펠로폰네소스 전쟁사〉 초반에 공들여 정리한 플라타이아이 사건도 그런 비판입니다. 아테나이가 플라타이아이를 당연히 보호해야 했는데 그러지 않았다는 것이죠. 플라타이아이 이야기는 〈펠로폰네소스 전쟁사〉에 네 조각으로 나뉘어 듬성듬성 나오는데요. 지난 90년 동안 아테나이와 동맹국 관계였고, 마라톤 전투에서도 유일하게 아테나이를 도와줬던 그 도시를 '도와주겠다' 하고는 안 도와줘서 결국 그 도시 시민이 다 죽었습니다. 이들이 처형되는 장면 뒤에 투퀴디데스가 한 줄 써 놨어요. "이와 같이 플라타이아이는 아테나이에게 나라를 맡긴 지 90 몇 년 만에 멸망하고 말았다"라고요. 많은 학자들이 이 담담한 한 줄의 문장에서 비판을 읽어내고 있습니다. 투퀴디데스는 거기다 여러 말 쓰지 않았어요. 그냥 '아테나이의 동맹국이었던 플라타이아이가 이렇게 멸망하고 말았다'라고만 적었습니다. 지금 이 장면도 거의 그런 효과를 노린 것 아닌가 싶습니다. 그저 보여주는 것만으로 은근한 비판을 담는 방식입니다.

다시 아이아스의 당부로 돌아갑니다. 아이아스가 자기 아들을 향해서 유언을 남깁니다. '너는 다른 점에서는 나를 닮아라, 하지만 나보다 행복해야 한다'라고요. 이 구절은 베르길리우스가 그대로 자기 작품에 인용했습니다. 〈아이네이스〉 12권에서 아이네이아스가 마지막 대결에 나설 때, 이 단독 대결에서 자신이 죽을 수도 있으니까 자기 아들에게 유언을 남겨요. '수고는 나에게서 배우고, 행운은 다른 사람에게 배우라'고요. 아주 짧은 한 문장입니다. '전체를 위해서 수고해라, 그렇지만 너는 나처럼 불행하게 되지 말고 나보다는 행복하게 살아라'라는 겁니다. 〈아이네이스〉라는 작품은 역사상 처음으로, 자기를 희생하고 전체를 위해서 봉사하는 이상적 지도자 상을 보여주는데요. 사실 그런 사람은 개인적 행복을 누리기 어려워요.

한데 여기 아이아스가 '다른 덕은 나에게 배우고, 행복은 다른 사람에게 배워서, 아버지보다는 더 행복해야 한다'고 얘기했습니다. 그리고 '가서 너희 어머니를 기쁘게 해드려라'라고 덧붙이는데, 이게 조금 전 테크멧사가 '나를 생각하세요'라고 한 것에 대한 답이에요. 좀 더 정확히 전하자면, '아이야, 너는 가서 우리 부모님도 봉양하고, 너희 어머니에게도 잘해라, 그리고 다른 덕은 나에게 배우고 행운은 나보다 더 가져라'라고 얘기한 것입니다.

그러면서 자신은 신들을 생각할 필요가 없다고, 나의 본성을 고치려고 하지 말라고 합니다. 그러자 합창단이 '우리 고향 살라미스가 그립구나, 전에는 우리의 자랑이던 아이아스가 근심거리가 됐구나, 그의 어머니가 슬퍼하시겠구나, 그의 아버지도 슬퍼하시겠구나' 하는 내용의 짧은 노래를 부릅니다.

한데 다음 순간 아이아스가 갑자기 바깥으로 나와서 선언합니다. 학자들 사이에 큰 논의거리가 되는 구절이에요. '세상 모든 것이 변하니, 나도 생각이 바뀌었다'고요. '조금 전 나의 아내가 하는 말을 듣고서 생각이 달라졌다' 하면서, '앞으로는 신들과도 친하게 지내고, 아가멤논 형제를 존경하면서 살겠다'고 밝힌 것입니다. 바로 여기에 앞에서 좋은 구절로 꼽았던 문장이 나오는데요. '원수를 대할 때도, 나중에 다시 친구가 될 수 있을 정도까지만 적대하라'는 것입니다. 그러면서, '나는 이 칼은 땅에다 파묻어버리겠다, 내가 갈 데로 갈 것이다'라고 합니다. 마지막으로, '나는 이제 구원받았노라' 하고서 퇴장합니다. 그래서 합창단이 '드디어 우리는 살았구나!' 하고 기뻐하는데, 아이아스가 자결하는 장면이 그다음에 이어집니다.

학자들 사이에서는, 과연 이 구절로 아이아스가 다른 사람들을 속이려고 한 걸까 하는 문제가 뜨거운 논쟁거리입니다. 아이아스는 아주 담백하고 직선적인 사람인데, 이 사람이 남들을 속인다는 게 가능한 것인가 하는 문제입니다. 한데 요즘은 아이아스의 발언이 아이러니였다고 해석하는 학자가 많아요. 특히 자기가 아가멤논 형제를 높이 떠받들고 살겠다고 한 건 거의 빈정거리는 어투 아닌가 하는 것입니다. 표현을 잘 보면, 그냥 그들과 화해하고 잘 지내겠다는 게 아니라 높이 모시는 것으로 되어 있어요.

한데 아이아스는 아가멤논의 부하가 아니에요. 그냥 좀 작은 나라의 왕입니다. 그러니 그가 아가멤논을 섬길 필요까지는 없어요. 한데 그런 식으로 자기를 낮춰 말한 것이 학자들이 짚는 대목이에요. 물론 이건 학자들끼리 하는 얘기이니, 일반 독자가 크게 문제 삼을 건 없습니다.

이제 여기서 작품 절반이 지나는데요. 아이아스가 퇴장하고 합창단이 기뻐하는데, 여기서 반전이 생깁니다. 아리스토텔레스가 〈시학〉에서 말하길 비극이 단순하게 될 수도 있고 복잡하게 될 수도 있지만, 복잡한 작품이 더 좋다고 했습니다. 그리고 복잡한 구성이 되기 위해서는 알아보기 장면과 급격한 반전이 있어야 한다고 했어요. 한데 이 작품도 바로 다음 장면에 말하자면 '밑으로 확 고꾸라질' 거예요. 제가 이런 속된 표현을 사용하는 건요, '급격한 반전'이 희랍어로 '페리페테이아(peripeteia)'인데 원뜻이 '뒤집어져 떨어지다'란 뜻이어서 그런 겁니다.

아이아스의 자결과 장례를 둘러싼 다툼

그다음에 사자가 달려와서는, 테우크로스가 자신에게 빨리 가 보라고 해서 온 것이라 말합니다. 예언자 칼카스가 '오늘 하루만 이 사람을 붙잡아 놓으라'고 했다고요. 그러면서 '저 옛날 트로이아를 향해서 집을 떠날 때부터 아이아스는, 자기는 신들의 도움이 필요 없다 했던 사람'이라고 논평했답니다.

그 말을 들은 합창단이 테크멧사를 부르고, 테크멧사가 빨리 이 사람을 찾자고 나서는데요. 그 사이에 장면이 바뀌어서 아이아스가 혼자서 칼을 땅에 묻고는 자기 원수들에게 저주하고 쓰러지는 장면이 이어집니다. 아마도 이 장면은 한편에선 사람들이 주변을 둘러보고 있고, 다른 편 구석에 주인공이 나와서 죽는 걸로 그렇게 연출했을 거예요. 아마도 동시에 두 장면 보여줬을 겁니다.

그러고는 합창이 이어집니다. 이 합창은 대개 '두 번째 등장가'라고 불러요. 아이아스를 찾으러 나섰던 사람들이 다시 등장하며, '아이고, 이쪽에도 없고, 저쪽에도 없네' 하고 노래합니다. 한데 테크멧사가 아이아스의 시신을 제일 먼저 발견하고 슬퍼하며, 자기 외투로 그를 감쌉니다.

그러고 있는데 거기에 테우크로스가 드디어 돌아왔어요. 그는 먼저 자기 자신을 위해서 한탄합니다. 아버지가 굉장히 엄한 분이어서 그동안도 서자라고 자기를 별로 안 좋아했었는데, 이제 형 없이 혼자 돌아가면 자기는 쫓겨날 거라고요. 아닌 게 아니라 이 사람이 쫓겨나서, 우리가 다음에 읽을 작품에 나와요. 에우리피데스의 〈헬레네〉 말인데요. 지금 읽는 작품과 다음 읽을 작품의 이야기가 서로 연결되어 있어요.

테우크로스의 발언 속에는, 자기 아버지가 전에도 성격이 안 좋았는데 나이 먹으면서 더 괴팍해졌다는 얘기도 나옵니다. 작품에서 교훈을 찾자면, 우리는 이러지 말아야 한다는 게 되겠네요.

거기에, 아까 말씀드린 대로 메넬라오스가 찾아와서는 매우 야비한 발언을 쏟아냅니다. '내가 네 놈 살았을 때는 지배하지 못했지만, 이제 죽은 다음에 지배하겠다' 이러면서요. 메넬라오스가 하는 말을 보면, '사람들이 좀 무서운 줄을 알아야 순종한다, 법을 지켜야 한다, 군대를 통솔하려면 이렇게 해야 한다, 불법을 허용하면 안 된다' 등등. 〈안티고네〉에 나오는 크레온처럼 실정법주의자, 군국주의자, 안보지상주의자로 그려져 있습니다.

그러자 테우크로스가 반격합니다, 아이아스야말로 우리를 지켜준 사람이라고요. 특히 배가 불타려 할 때 그걸 막아준 사람이 아이아스라고요. 뒤에 보시는 그림에, 제일 왼쪽에서 활로 겨누는 사람이 테우크로스입니다. 지금 이 장면은 〈일리아스〉에서 아킬레우스의 제일 친한 친구, 파트로클로스가 출전하기 직전이에요. 그때 트로이아 군의 대공세 앞에 희랍군의 함대가 모두 불타버릴 위기에 처했는데, 영웅들 대다수가 부상당해 싸우지 못하고 거의 유일하게 아이아스가 분투해서 불을 막아낸 것으로 되어 있습니다.

테우크로스는 '당신들이 속여서 투표 조작한 거 아니냐'는 의문도 제기합니다. 특히 '죽은 사람에게 못되게 굴면 나중에 후회하게 될 거다' 하는 발언도 하고요. 그러자 메넬라오스는 대답이 궁한지 떠나버립

트로이아로부터 배를 방어하는 아이아스 | 존 플랙스먼, 1805, 영국 왕립미술원.

니다.

그 사이를 이용해서 테우크로스가 아이아스의 아들을 재촉합니다. '저놈들이 돌아오기 전에 빨리 장례 치르자'고요. 그래서 막 장례를 치르려 하는데, 이번에는 아가멤논이 들이닥칩니다. 장례를 방해하고 막욕을 퍼부어요. '너는 노예야, 포로 여인의 아들이야' 하면서 테우크로스를 비난합니다. 이 사람도 법과 정당성 등을 강조합니다. 그 와중에 사용하면 안 되는 표현을 동원합니다. '너는 그림자인 존재를 위해서 그렇게 싸우고 있느냐'고요. 한데 그 '그림자'라는 말은 이미 오뒷세우스가 '인간은 한낱 그림자에 지나지 않는다'라고 했습니다. 그래서 독자/관객으로서는, 아가멤논이 '야, 이 인간은 그림자에 불과해'라고 얘기할 때 '저 사람, 저 말이 무슨 뜻인지 모르고 쓰고 있군' 하는 느낌이 들어요. 아가멤논은 '야, 너는 노예이니 자유인을 데려와'라고 빈정거리는데요. 그 말을 듣자 테우크로스는 '그동안 잘해주었지만 사람들이 이렇게 감사를 금방 잊는구나' 하고 개탄하고는, 그동안 자기 형이 희랍군에게 기여한 것들을 나열합니다.

그러고는 상대방이 했던 공격을 흉내 내어, 그대로 상대에게 적용합니다. '그렇게 말하는 너는 혈통이 좋냐' 하는 것인데요, 약간 추잡한 면이 없지 않습니다. 그래서 서로 상대방의 약점과 잘못을 지적하고 있어요. 이렇게 '네거티브 공세'가 이어지던 중에 오뒷세우스가 등장합니다. 그의 첫마디는 '나는 친구로서 왔다'입니다. 그러면서 특히 쓰러진 사람을 짓밟고 미워하면 안 된다고, 아이아스는 아킬레우스 다음으로 탁월한 전사였고 공이 매우 큰 사람이라고 아가멤논을 달랩니다.

아가멤논이 처음엔 조금 맞서보려 하지만 결국 굴복합니다. '내가 설득된 건 아니지만, 그래도 당신이 나의 친구이니 당신 말을 따르겠다'는 것이죠. 그러고는 퇴장합니다. 테우크로스가 오뒷세우스에게 고마움을 표현하자, 오뒷세우스는 자신도 장례에 참여하고 싶긴 한데 고인이 어떻게 생각할지 모르겠다고 약간의 주저를 보입니다. 매우 현명하고 절도 있는 태도예요. 그러자, 테우크로스는 '그냥 따라오기만 하시라'고 합니다. 그래서 아이아스의 장례 행렬이 나가는 걸로 작품이 끝납니다.

지금 이 작품에서 오뒷세우스는 좋은 정치가의 모범을 보이고 있어요. 근데 소포클레스가 직접 발표한 마지막 작품, 〈필록테테스〉에서는 오뒷세우스가 굉장히 교활한 정치가같이 나옵니다. 그래서 학자들 사이에, 정치가에 대한 소포클레스의 생각이 왜 이렇게 달라졌을까 하는 의문이 생겨났어요. 대충 합의된 답은 '현실 정치가의 모습이 반영된 것이다'입니다. 소포클레스의 경력 초기에 〈아이아스〉를 발표할 때는 페리클레스 같은 뛰어난 정치가가 있었지만, 말기에 〈필록테테스〉를 발표할 때에는 클레온 같은 —크레온이 아닙니다— 선동 정치가가 나라를 말아먹는 꼴을 봐서 정치가에 대한 인상이 나빠졌다고요. 그래서 후기 작품에는 나쁜 오뒷세우스를 등장시켰다는 것입니다.

생각해 보니, 소포클레스의 양분 구성 얘기를 못했군요. 소포클레스가 초기 작품에서 양분 구성을 쓴 이유는 무엇이냐? 소포클레스 이전, 예를 들어 아이스퀼로스라면 3개의 작품 내용을 죽 이어서, 천천히 긴장을 조성하고 천천히 풀었어요. 한데 소포클레스의 중기 작품부터는 한 작품 안에서 긴장을 조성하고 풀어요. 그 중간 단계가 소포클레스 초기 작품이 보여주는 양분 구성이라는 것입니다. 한 작품 안에 마치 두 개의 작품이 들어 있는 것처럼 꾸몄다는 거예요. 꽤 그럴싸한 설명입니다.

브런치 디저트

프롤로고스에서 아테네 여신이 아이아스의 광기 어린 모습을 오뒷세우스에게 보여줄 때 약간 비열하게 느껴지기도 하는데, 작가가 이 여신을 이렇게 그린 이유는 무엇일까요?

이 작품에서 아테네는 한편으로 아이아스의 광기를 일으키는 존재이고, 다른 한편 오뒷세우스에게 그 광기를 보도록 안내하는 역할을 하고 있습니다. 우선 '광기를 일으키는 아테네'에 대해 얘기하자면요, 옛날 사람들은 인간의 행동을 결정하는 게 인간 자신만이 아니라 신도 거기에 함께 개입한다고 믿었습니다. 현대의 우리도 '이러면 안 되는데…' 하면서도 스스로 자기를 이기지 못하는 경우가 있는데, 아마 옛사람도 그런 상황을 의식했던 것 같습니다. 하지만 이 작품의 아테네가 아이아스의 내면의 충동이라고 하기는 어렵고요. 그보다는 인간이 명예욕과 질투에 빠지면 어떻게 눈이 멀고, 어떤 행동을 해서 어떤 결과에 도달하는지 드러내 주는 존재라고 봐야 할 듯합니다. 이 아테네는 무자비하게 관철되는 자연의 법칙을 형상화한 것이라고 해야겠네요. 사실 희랍의 신들은 바로 인격화된 자연법칙이라고 하는 학자도 있습니다.

한편 '오뒷세우스를 안내하는 아테네'는 오뒷세우스 내면의 지성이라고 해도 될 것입니다. 타인이 지나친 욕망 때문에 광기로 빠져들고 결국 파멸하는 것을 관찰하면서 스스로 자신을 다잡는 반성 능력이라고 할까요?

하지만 이것은 현대의 우리가 의미를 분석해 본 것이고요. 옛사람들은 무엇이건 놀라운 일은 다 신적인 것이라 했으니 어떤 사람이 격정 때문에 광기에 빠져드는 것이나, 그것을 보고 자기를 반성하는 것이나 모두 신의 개입이라고 보았을 수 있죠. 흔히 말하길 소포클레스는 신의 존재를 믿긴 했지만, 신의 뜻이 무엇인지 인간이 알기는 힘들다는 입장을 취했다고 합니다. 인간을 좋은 길로도 나쁜 길로도 안내하면서 도무지 예측할 수 없는 삶의 반전을 이뤄내는 것이 신들이고, 〈아이아스〉에 나온 아테네도 그런 면이 있다 할 수 있겠네요.

소포클레스 초기 작품과 후기 작품의 오뒷세우스가 서로 다르다고 했는데, 다른 등장인물도 그런지요?

소포클레스 작품 중 트로이아 전장에서 벌어지는 사건을 그린 것은 〈아이아스〉 하나뿐이어서 이 작품의 등장인물이 다른 작품에 나온 예는 거의 없고요. 〈아이아스〉에 그려진 메넬라오스가 〈일리아스〉에 그려진 것과는 많이 다르다는 점은 지적할 수 있겠네요. 〈일리아스〉 시인은 귀족 영웅 전사들을 아주 멋있게 그리기 때문에, 〈일리아스〉에는 메넬라오스도 상당히 성격 좋은 사람으로 그려져 있습니다. 자기 때문에 여러 사람이 전쟁터에서 고생하는 걸 미안하게 생각하고, 특히 파트로클로스의 시신을 지키기 위해 노심초사하는 장면이 상당히 길게 묘사됩니다. 다만 자기 형 아가멤논이 너무 과격하고 무리한 결정을 내릴 때도 별로 이의를 제기하지 않는 것을 보면 다소 유약한 인물로 설정된 듯도 합니다. 그렇지만 운동경기에서 '반칙'으로 자기 상을 빼앗아 갔던 젊은이(안틸로코스)가 사과하자 흔쾌히 그 사과를 받아들이는 걸 보면, 〈아이아스〉에서만큼 속 좁고 감정적인 인물은 아니란 게 확실합니다.

ἙΛΈΝΗ
ΕΥΡΙΠΊΔΗΣ

XI

헬레네
에우리피데스

발표 연대와 작품 배경
설명적 프롤로고스-진짜 헬레네의 상황 설명
테우크로스와의 만남
합창단의 첫 노래
메넬라오스가 찾아오다
테오노에를 설득하고 계략으로써 도주하다

발표 연대와 작품 배경

앞 장에서 보신 〈아이아스〉와 약간의 내용적 연결이 있는 작품, 〈헬레네〉를 같이 보시겠습니다. 에우리피데스 작품인데요. 제가 이 작품이 기원전 412년에 발표된 거라고 특별히 강조를 하고 있습니다.

여러분, 희랍 역사에서 중요한 연대는 두 개밖에 없다고 말하는 학자도 있어요. 기원전 490년의 마라톤 전투, 그리고 그로부터 10년 뒤인 기원전 480년의 살라미스 해전이라고요. 하지만 조금 더 내려가서 펠로폰네소스 전쟁, 기원전 431년에 일어나서 기원전 404년에 끝난 27년 간의 전쟁도 중요합니다. 그 전쟁의 초반 10년이 지난 뒤에 일단 평화조약이 맺어집니다. 가장 강경한 전쟁론자 두 명이, 한쪽은 스파르타 쪽에, 한 사람은 아테나이 쪽에 있었는데 이 둘이 같은 전투에서 죽어버렸습니다. 기원전 423년 암피폴리스 전투에서 스파르타 쪽의 브라시

다스와 아테나이 장군 클레온이 전사했던 거죠. 그러자 양쪽 다 조금 맥이 풀렸던지, 평화조약을 맺어요.

하지만 평화가 몇 년 지속되고, 그 사이에 약간 물자와 인력이 쌓이자 아테나이가 엉뚱한 생각을 했어요. 알키비아데스라는 미남 정치가가 대중의 인기를 등에 업고 나서서는, 저 시칠리아를 먼저 공격해서 제압한 다음 동서 방향에서 스파르타를 압박하자고 제안합니다. 그래서, 대중의 엄청난 찬성을 받아 군대를 이끌고 출발하는데요. 도중에 '당신, 좀 의심스러운 데가 있으니 재판을 받으러 돌아와라' 하는 명령을 받습니다. 그러자 그는 스파르타로 도망쳐버렸습니다. 그게 기원전 415년 일이에요. 그 후로 시칠리아 원정대는 여러 안 좋은 일을 겪다가 기원전 413년에 결국 궤멸하고 맙니다. 엄청난 물자와 대단한 인재들을 다 보내놨다가 한 세대가 거의 사라져버린 것처럼 되었습니다.

그리고 나서 그다음 해에 발표된 작품이 바로 〈헬레네〉입니다. 굉장히 암울한 시기였으니, 이 정도 재난이면 올해는 한번 축제를 쉬어야 하는 거 아니냐, 아니면 적어도 비극 경연대회는 취소해야 하는 거 아니냐 이런 여론이 생겼을 수도 있는데 그래도 꿋꿋하게 진행했어요.

이 〈헬레네〉라는 작품은 읽기가 어렵습니다. 두 가지 이유가 있는데요. 하나는 분량이 많다는 점이에요. 다른 작품보다 훨씬 깁니다. 대개의 비극 작품은 1,400행 내지 1,500행 사이에 끝나는데, 이 작품은 1,700행 가까이 됩니다. 그러니까 다른 작품보다 한 200행 내지 250행 정도, 즉 10% 내지 15% 정도 분량이 많아요.

그리고 또 하나 어려운 점은 이 작품의 내용이 일반적인 비극의 통념에 잘 들어맞지 않는다는 것입니다. 여러분이 직접 읽으면 '가만있

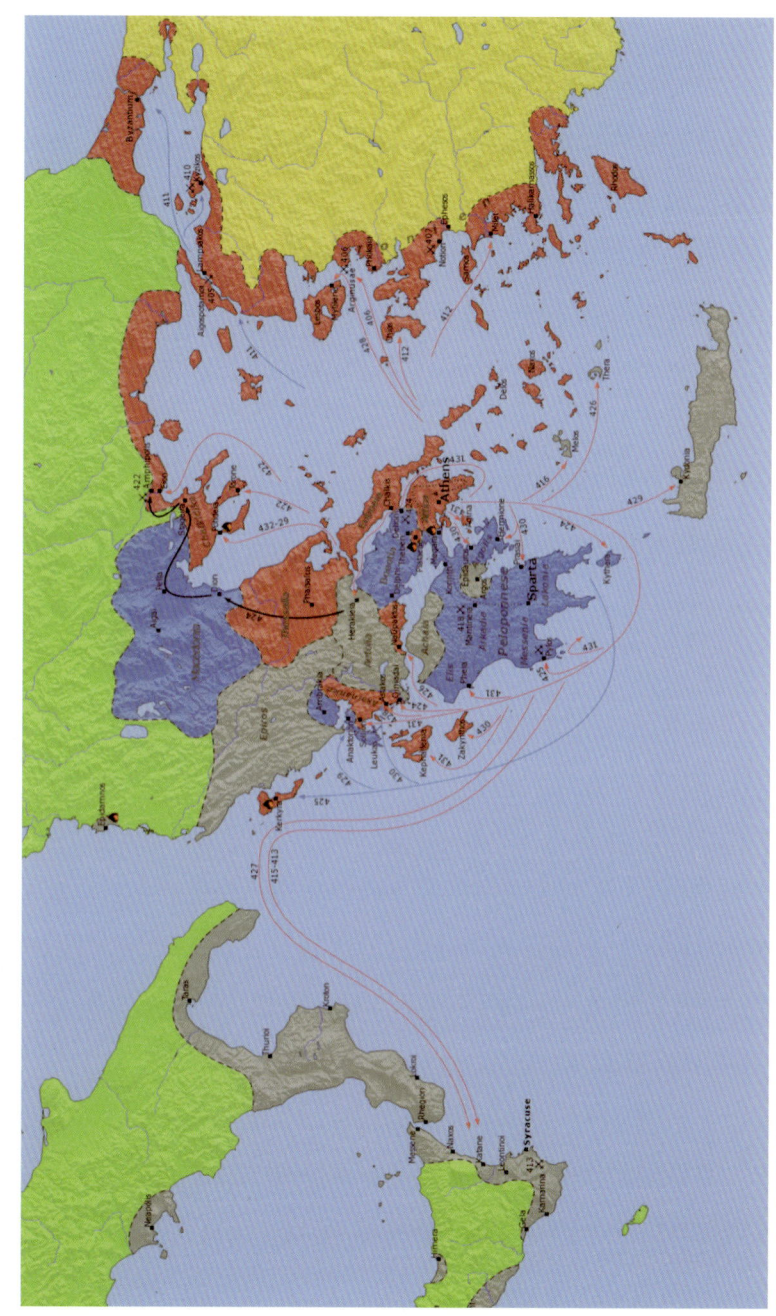

펠로폰네소스 전쟁 흐름도

자, 이게 비극 맞나?' 싶은 그런 느낌이 들어요. 비극이라면 아리스토텔레스가 얘기한 것처럼, 뭔가 끔찍한 사건이 일어나서 우리가 그걸 볼 때 공포와 연민을 느끼고 해야 하는데요. 이 작품을 보면 '뭐야, 끔찍한 사건은 하나도 안 일어나고 공포도 없네, 연민도 별로 생겨나지 않고…' 이런 생각이 들어요.

그리고 대체 이 작품의 교훈은 뭔가, 하는 생각도 들죠. 사실 제가 교훈은 생각하지 말자고 했지만 그래도 뭔가 얻는 게 있어야 하는데, 이 작품을 보면 왠지 본전 생각 같은 게 납니다.

앞쪽에 보시는 자료는 펠로폰네소스 전쟁의 전체 흐름을 보여주는 지도입니다. 빨간색으로 칠해진 부분은 해양 국가인 아테나이의 영역이고요, 파란색은 대륙 국가인 스파르타의 영역입니다. 회색은 말하자면 중립을 지키던 나라들이고요. 빨간 선은 아테나이가 여러 군사 작전을 떠난 행로고, 파란 선은 스파르타와 코린토스가 주도해서 대륙 세력이 작전을 떠난 겁니다. 그중 특히 시칠리아로 뻗어나간 선을 보세요. 아테나이가 처음엔 기원전 427년에 한 번 갔었고요. 기원전 415년에서 413년 사이에 다시 대함대를 파견해서, 쉬라쿠사이라는 도시를 공격하려다가 잘 안 돼서 포기하고 철수하던 도중, 기원전 413년에 궤멸했습니다. 니키아스와 데모스테네스라는 두 장군은 항복해서 붙잡혀 있다가 참수되고요. 한데 우리가 아테나이 군의 행적을 읽으면 참 답답합니다. 먼 옛날 우리와 상관없는 두 도시국가가 싸우는 얘기니 현대의 우리는 그냥 중립적인 시각에서 보고 있으면 되겠지만, 우리가 워낙 아테나이에서 만들어진 작품을 많이 읽다 보니 자꾸 아테나이 편이 되어서 '아니, 이렇게밖에 못하나?' 하는 마음이 들어요. 〈펠로폰네소스 전쟁사〉는 전체가 8권으로 돼 있는데, 그중에 제6권과 7권이 시칠리아 원정 사건을 다루고 있어요.

자, 어쨌든 그 사건으로 아테나이가 궤멸적인 타격을 입고 나서 그 다음 해에 발표된 작품이 〈헬레네〉입니다. 작품 내용은 간단합니다. 트로이아 전쟁이 배경이에요. 전쟁 과정을 요약하면 이렇습니다. 아름다운 헬레네가 납치되었다. 그래서 그녀를 되찾기 위해 10만 대군이 모였다. 앞에 보시는 지도 중앙에 희랍 본토가 있고요, 그 동쪽에 길쭉한 섬이 있어요. 얼핏 보기엔 육지와 거의 연결된 것처럼 보이죠? 에우보이아라는 섬이에요. 육지와 이 섬 사이 아주 좁은 해협에 아울리스라는 지역이 있어요. 그곳에 희랍군이 모여서 트로이아로 떠났습니다. 옛날에는 항해술이 발달하지 않아서 육지를 따라서 항해해서 동쪽, 소아시아 북서부의 트로이아를 공격했습니다.

전쟁이 시작된 지 10년 만에 트로이아가 함락되어서, 거기서 헬레네를 데리고 돌아오다가 풍랑을 만나 뿔뿔이 흩어진 채로 각자 자기의 고향으로 돌아가고요. 메넬라오스는 무려 7년이나 방랑하다가 이집트에 당도했습니다. 파로스 섬이라는 데로 왔어요. 파로스 섬은 이집트의 나일강 삼각주 북쪽에 있는 섬으로, 뒤쪽 그림에서 위쪽에 보이는 게 알렉산드리아입니다. 이 그림은 북쪽에서 남쪽을 향해서 내려다본 모습입니다. 그림 위쪽에 알렉산드리아 도시가 잘 조성이 돼 있고요. 그 앞에 육지와 연결된 작은 섬이 하나 더 있고, 다시 그 왼쪽에 더 작은 섬이 하나 딸려 있는데, 연기가 나고 있죠? 이게 그 유명한 파로스 등대예요. 고대의 7대 불가사의 중 하나로, 엄청난 높이로 솟아 있어서 멀리서도 잘 보였다고 합니다. 등대만 따로 상상해서 그린 그림이 여기

파로스 섬 | www.worldhistory.org

파로스 등대 | 17세기.

아래에 있습니다.

그런데 이 파로스 섬은 〈오뒷세이아〉에도 나와요. 〈오뒷세이아〉에서는 이 섬이 이집트 본토로부터 상당히 떨어져 있어서, 바람을 잘 받으면 배가 하루에 갈 수 있는 거리라고 되어 있어요. 한데 메넬라오스가 거기까지 왔다가 무풍에 잡혀서 집에 못 갈 뻔했다는 이야기가 있습니다. 이 이야기는 〈오뒷세이아〉에서, 오뒷세우스의 아들이 메넬라오스에게 듣는 얘기예요. 전쟁 끝나고 10년이 다 되도록 오뒷세우스가 집에 돌아오지 않으니까, 그의 아들이 아테네 여신의 지시에 따라 아버지의 행방을 찾아 떠나는데요. 제일 먼저 자기 고향에서 비교적 가까운 지역으로 가서 네스토르라고 하는 늙은 영웅을 만납니다. 그에게서는 희랍군이 돌아오는 길에 겪은 사실적인 사건을 듣고요. 그런 다음 조금 더 깊숙한 내륙으로 이동해서, 스파르타에 가서 메넬라오스를 만나죠. 메넬라오스가 가장 최근에 돌아온 사람이니까 그에게 가서 아버지의 행방을 알아보라고 네스토르가 추천해서입니다. 한데 메넬라오스는 사실적이라기보다 좀 신비로운 이야기를 들려줘요. 자기가 파로스 섬까지 왔다가 바람이 안 불어서, 바다 신을 붙잡아 그에게서 비밀을 간신히 알아냈다고요. 그 내용은, 이집트 본토로 돌아가서 신들께 제사를 드리고 다시 출발하라는 것이었어요.

우리가 지금 보는 〈헬레네〉라는 작품은 여러 다른 작품들을 조금씩 섞어 놓은 것 같은 그런 분위기입니다. 전체의 요지를 먼저 말씀드립니다. 트로이아 전쟁 때 메넬라오스가 트로이아를 드디어 함락하고 자기 아내를 데리고 오던 중 풍랑을 만났어요. 그래서 7년 동안이나 이리저리 떠돌아다니다가 이집트 땅, 파로스 섬에 도착했습니다. 한데 그곳에 또 하나의 헬레네가 있어요. 그 헬레네가 말하기를, 자기가 진짜 헬레네고 당신들이 데려간, 그 트로이아에 갔다는 헬레네는 구름으로 만든 가짜 헬레네라고요. 원문을 보면 '아이테르(aither)'로 만들었다고 나와 있으니, '구름'보다는 '공기'가 나을지도 모르겠네요. 이 세계를 구성하는 네 가지 요소, 지수화풍(地水火風)에 더해서 저 위쪽에 있는 '맑고 밝은 공기'를 아이테르라고 하는데 대개는 '창공'이라고 번역해요. 그 맑은 공기로 가짜 헬레네를 만들었다는 겁니다.

메넬라오스는 말도 안 되는 소리라고 반박하는데, 그 사이에 트로이아에서 데리고 온 헬레네가 자기는 구름으로 만든 가짜라고 말하면서 하늘로 날아가버려요. 그래서 이집트에 있었던 진짜 헬레네와 메넬라오스가 서로 알아봐요. 이집트의 젊은 왕이 헬레네와 강제 결혼하려 하는데, 헬레네와 메넬라오스는 계략을 써서 도망친다는 내용이에요.

설명적 프롤로고스-진짜 헬레네의 상황 설명

헬레네가 머무는 장소는 파로스 등대처럼 되어 있지는 않고요. 무대 배경이 상당히 간단하게 설정되어 있습니다. 앞에서 본 아이스퀼로스의 〈결박된 프로메테우스〉는 대단한 시각 효과를 사용했을 거라고, 현대 공연 스틸컷도 몇 개 보여드렸고요. 소포클레스 〈아이아스〉는 그냥 어떤 사람이 자결한다는 내용밖에 없어서, 무대 배경이 별로 필요하지 않았습니다.

한데 오늘 보는 〈헬레네〉도 무대 배경이 단출합니다. 극이 시작되면, 무대 뒤편에 왕궁 같은 건물이 하나 있고 그 앞에 무덤이 있어요. 헬레네가 그 무덤가에 있습니다. 그녀가 자기 사정을 설명하는 걸로 시작합니다.

자, 여기서 다시 에우리피데스의 특성을 설명합니다. 아이스퀼로스와 소포클레스가 먼저 활동하고 나서, 에우리피데스는 말하자면 3대 작가 중 세 번째입니다. 그전에 이미 100년 정도 비극의 역사가 있었어요. 그런데 옛날 비극은 거의가 신화를 소재로 삼았습니다. 한데 앞의 선배 작가들이 신화 중 좋은 건 다 써먹었습니다. 뒤에 활동하는 작가는 좀 불리합니다. 그래서 에우리피데스는 두 가지 방법을 썼습니다. 하나는 신화를 변형하는 겁니다. 그런데 변형해 놓으면 사람들이 따라가지 못하니까, 작품 맨 앞에 전체 내용을 설명하는 장치를 집어넣었어요. 이것을 '설명적 프롤로고스'라고 합니다.

먼저 '프롤로고스' 개념을 다시 설명합니다. 비극에서는 대화 한 번, 합창 한 번, 대화 한 번, 합창 한 번, 이렇게 번갈아 나오는데요. 첫 번째 합창이 나오기 전에 진행되는 대화를 '도입부', 희랍어로 '프롤로고스'라고 합니다. 한데 에우리피데스의 작품에서는 그 프롤로고스가 굉장히 설명적으로 되어 있습니다. 한 사람이 나와서, 그동안에 있었던 이야기를 요약하고, 또 앞으로 일어날 일은 어떠하다고 요약해서 들려주기까지 해요. 요즘식으로 표현하면 '스포일러'를 막 뿌리고 있습니다. 이 '설명적 프롤로고스'를 여러분이 직접 읽어보면 별 특징 없는 듯도 느껴지실 텐데요, 다시 보세요. 고유명사가 아주 **빽빽하게** 나온다는 게 설명적 도입부의 한 가지 특징이에요. 그동안 있었던 일을 압축해서 전하기 때문에 인명과 지명이 굉장히 많이 나옵니다.

이렇게 설명적 프롤로고스로 일단 상황 설명을 한 다음, 이야기가 전개되다가 맨 마지막에 가서는, 이야기를 원래 방향으로, 그러니까 사람들이 알고 있는 결과로 되돌려 놓아야 해요. 그러기 위해 에우리피데스가 사용한 것이 '데우스 엑스 마키나'입니다. 신이 기중기 같은 기계장치를 타고서 지붕 꼭대기 같은 데 나타나서, 대개는 '멈추어라' 하고 명한 후 얘기를 시작해요. '너는 어디로 가고, 너는 어디로 가고, 앞으로 무슨 무슨 축제가 있게 될 것이다.' 이게 가장 일반적인 패턴입니다. 그래서 에우리피데스의 작품은 끝맺음이 상당히 인위적이에요. 그냥 아무 생각 없이 보다가, 맨 마지막에 가서 데우스 엑스 마키나가 나오면 '아차, 이거 에우리피데스 작품이었지' 이런 느낌이 들죠.

사실은 거기까지 갈 것도 없이, 중간쯤 보고 있으면 '아, 역시 에우리피데스로군' 하면서, 더러 피식거리며 보게 돼 있어요. 현대에도 예를 들어 홍상수 감독의 영화를 보면 중간에, 그가 늘 쓰는 장치들이 나오잖아요. 어떤 때는 '아, 또 시작이네' 이런 느낌이 들기도 하고요. 제가 다른 데서도 얘기했습니다만, 코헨 형제의 〈인사이드 르윈〉(2014)이라는 영화를 아무 생각 없이 보다가 갑자기 어두운 뒷골목에 모자를 깊게 눌러쓴 어떤 사람이 나타나서는 뭔가 위협하는 장면을 보고서, '아차, 이거 코엔 형제의 영화였지'라고 깨달았던 적도 있습니다.

그와 비슷하게, 작품 시작할 때는 설명적 프롤로고스, 마지막에는 데우스 엑스 마키나가 나오는 게 '이건 나의 작품이다'라는 에우리피데스의 인장(印章)이에요. '데우스 엑스 마키나'는 '기계장치를 통해 나타난 신' 그런 뜻이에요. 기중기를 타고 나타났단 말입니다. 이 작품에서도 그걸 보시게 될 겁니다.

자, 〈헬레네〉의 맨 앞에 나오는 프롤로고스는 헬레네의 독백으로 되어 있어요. 극이 시작되면, 관객 앞에 왕궁이 있고요. 그 앞에 조그마한 무덤이 있고, 무덤가에 헬레네가 앉아 있습니다. 그녀가 말합니다. 자기는 지금 이집트의 파로스 섬에 있다, 이 땅은 전에 프로테우스가 다스렸었다, 그 프로테우스는 프사마테와 결혼했다고요.

이 프사마테는 아킬레우스의 할아버지인 아이아코스와 함께 살면서 아이를 하나 낳아준 걸로 되어 있어요. 어떤 분은, '아니, 아킬레우스의 할아버지까지 알아야 하나' 싶으실 텐데요, 아이아코스는 꽤 중요한 인물입니다. 우리가 저승에 가면 아시아에서 온 사람들은 라다만튀스가 판결하고 유럽에서 온 사람들은 아이아코스가 판결하고 둘이 잘 모르겠다 싶으면 미노스에게 물어보는 걸로, 플라톤의 〈고르기아스〉라는 작품에 나와 있어요. 혹시 여러분이 유럽 살다가 세상을 떠나시면 아이아코스와 마주치게 됩니다. 그래서 옛날 작품에서는 이따금 아킬레우스를 가리켜 '아이아코스의 손자'라고 지칭하기도 해요.

그런데 아킬레우스의 아버지는 펠레우스잖아요? 펠레우스와 텔라몬, 텔라몬은 우리가 앞에서 봤던 아이아스의 아버지예요. 그래서 아킬레우스와 아이아스가 사실은 사촌지간인데, 〈일리아스〉는 그런 친척 관계 같은 거 별로 강조하지 않아요. 오로지 영웅 대 영웅으로, 친구처럼 지내는 걸로 설정해놨습니다. 어쩌면 인척관계를 슬그머니 무시했는지도 모르겠어요.

한편 〈일리아스〉에는 그 얘기가 안 나오지만, 아킬레우스의 아버지 펠레우스와, 아이아스의 아버지 텔라몬이 형제고요. 이들에게 배다른 형제가 있었다는 판본도 있어요. 그의 이름은 포코스고요, 지금 언급된 프사마테의 자식인데요. 펠레우스와 텔라몬이 그 포코스를 죽인 걸로 알려져 있어요. 그래서 그 둘이 고향을 떠나서 딴 데로 도피했는

<헬레네> 포스터 | 영국 런던 킹스칼리지, 2011.

트로이아의 헬레네 | 이블린 드 모건, 1898.

데, 프사마테가 앙심을 품고서 펠레우스를 괴롭히려 바다에서 엄청난 늑대를 보냈다는 이야기가 오비디우스의 〈변신이야기〉에 나옵니다. 널리 알려지진 않은 이야기입니다. 프사마테는 '모래 요정'이란 뜻입니다.

어쨌든 지금 헬레네가 나와서, '나는, 나는 헬레네, 여기는 이집트의 파로스 섬이라네' 하면서, 이 섬의 왕은 옛날에 프로테우스였다고 소개합니다. '프로테우스? 어디서 듣던 이름인데?' 싶기도 하죠.

왼쪽 위에 보시는 것은, 2011년에 런던의 킹스칼리지에서 —영어 자막을 곁들여서— 희랍어로 〈헬레네〉를 공연했는데, 그 포스터입니다. 저 멀리 파로스 등대를 그려놨고요. 앞쪽에 헬레네의 모습이 그려져 있는데요. 이 여자의 미모 때문에 천 척의 배가 떴다는 게 일종의 속담입니다. 영어로 '헬레네의 페이스가 천 척의 배를 띄웠다는 게 되는데요. 더러 그거 페이스북 얘기하는 거 아니냐고 농담하는 사람도 있어요. 하지만 그림으로는 여자를 아무리 예쁘게 그려도, '에? 저 얼굴이?' 하는 반응이 나오기 때문에, 아예 포기하고 그냥 신비롭게 그리는 쪽을 택하는 화가도 있습니다. 왼쪽 아래에 보시는 이블린 드 모건(Evelyn de Morgan; 1855~1919)의 그림도 그렇습니다.

지금 프로테우스에 대해 설명해야 하는데요. 자, 뒤에 프로테우스라고 그려 놓은 도기 그림이 있네요. 하체엔 물고기 꼬리 같은 게 양쪽으로 뻗어 있고, 허리춤에 개가 여러 마리 튀어나와 있습니다. 사실 이건 일반적으로 스퀼라를 그리는 방식인데요. 가슴 표현을 보니까 그냥 남자로 그린 것 같아요. 그리고 칼 든 전사 둘이 그를 포위하고 있는데, 이건 〈오뒷세이아〉 내용을 그대로 본뜬 것 같습니다. 메넬라오스가 바닷가에 혼자 있는데 바다 여신이 나타나서는, 자기 아버지인 '이집트의

프로테우스

바다 노인, 프로테우스가 여기서 물개들 사이에서 자는 습관이 있으니까, 물개 가죽을 쓰고 숨어 있다가 달려들어서 잡으라고 합니다. 그러면 그가 여러 모습으로 바뀔 텐데 끝까지 붙잡고 있으면 당신이 알고 싶은 걸 가르쳐 줄 거라고 조언합니다. 그래서 메넬라오스가 그대로 해요.

위의 그림에 그려진 것이 바다 신을 잡는 장면인 것 같아요. 하지만 〈오뒷세이아〉에는 그 바다 신이 어떻게 생겼는지 자세히 나오지 않아요. 아마 인간 비슷하게 생긴 듯합니다. 그리고 메넬라오스와 그의 동료들이 칼을 휘두르거나 그런 건 아닌데, 달리 그릴 방법이 없어서 이렇게 그린 것 같습니다.

한데 지금 보는 〈헬레네〉에서는 프로테우스가 신적인 혈통을 가진 인간 비슷한 존재로 그려져 있습니다. 프로테우스가 여기서 왕 노릇을 하고, 원래 아이아코스의 부인이었다가 헤어진 프사마테와 결혼해요. 그래서 아들 하나 딸 하나를 낳아요. 딸의 이름은 테오노에 또는 에이도고요, 아들은 테오클뤼메노스입니다. 이 두 이름에는 모두 '신'이라는 말이 들어 있어요. '테오노에'는 '신의 뜻을 안다'는 뜻이고요, '테오클뤼메노스'는 '신적으로 유명하다'는 뜻인데요. 아들은 못됐고 딸은 착하고 현명한 것으로 돼 있어요.

이것도 약간 〈오뒷세이아〉 영향 같기도 합니다. 〈오뒷세이아〉에서 남자들은 좀 어리바리하고 여자들이 굉장히 명민하고 기민한 것으로 되어 있어요. 그래서 〈오뒷세이아〉는 여성 시인이 썼다라는 주장까지 있습니다. 이건 아주 유명한 학자의 주장입니다. 버틀러(S. Butler)라고, 그분의 〈일리아스〉와 〈오뒷세이아〉 번역이 지금 인터넷에 공개되어 있어요. 돌아가신 지가 100년이 넘어서 저작권이 없어졌기 때문입니다.

그리고 〈헬레네〉 속 여성 인물의 이름도 〈오뒷세이아〉에 맞춘 것 같아요. 메넬라오스가 마주치는 프로테우스의 딸 이름은 에이도테아, '지식 있는 여신'이란 뜻인데요. 그걸 둘로 나눠서 한 조각은 '에이도'라는 이름에 넣고, 다른 조각은 '테오노에'에 넣었네요.

제가 이 작품을 읽으면 왠지 다른 작품이 자꾸 생각난다고 했죠? 일부러 그렇게 만든 것 같아요. 일단 〈오뒷세이아〉를 떠오르게 하고요, 신분을 알아보지 못해서 생기는 엉뚱한 오해 같은 것도 많이 나와서 —후대의 작품이긴 하지만— 셰익스피어의 어떤 희극들을 생각나게 합니다. 〈십이야〉 같은 작품을 보면, 어떤 인물이 다른 사람으로 변장하기도 하고, 서로 상대의 신분을 오해하기도 하고 이런 게 나오죠. 그와 비슷한 현상입니다.

지금 설명적 프롤로고스를 보고 있는 참이에요. 비극에서 제일 먼저 등장하는 사람은 스스로 자기를 소개한다, 그랬죠? 그래서 '나는 헬레네라네'라고 자기소개를 했고요. 이어서 '여기는 파로스 섬이라네' 해서 장소를 소개하고요. '여기를 전에는 프로테우스가 다스렸다네' 해서 역사를 소개했습니다. 신화적으로 프로테우스는 좀 기이한 신적 존재이지만 여기서는 별로 이상한 존재로 그려지지 않고 그냥 현명하고 신중한 왕으로 되어 있어요. 그가 전에는 아이아코스의 부인이었던 프사마테를 자기 부인으로 맞아서 애를 둘 낳았다고 합니다. 한데 딸인 테오노에는 특히 자기 외할아버지 네레우스의 재능을 물려받은 걸로 되어 있습니다.

네레우스도 바다의 신인데요. 방금 보신 그림에서 프로테우스가 여러 모습의 복합체로 그려져 있었죠? 영어로 '프로티언(protean)'이라고 하면 '여러 모습으로 변화하는'이란 뜻이에요. 그래서 어린이들 가지고 노는 슬라임처럼 정해진 형태가 없는 것을 '프로티언'하다고 합니다. 액체 상태였다가도 갑자기 충격을 받으면 고체 상태나, 좀 물컹물컹한 덩어리로 변하기도 하는 물질들이 있죠? 그와 비슷한 겁니다.

이렇게 여러 모습으로 변화할 수 있는 게 바다 신들의 일반적인 특징이에요. 나중에 아킬레우스의 어머니가 되는 테티스가, 펠레우스가 구혼하러 왔을 때 인간과 결혼하기 싫어서 여러 모습으로 바뀌다가 마지막에 굴복했다는 이야기가 있는데요. 물이, 담기는 그릇의 모양대로 모양이 바뀌잖아요. 로마 사람들은 특히 유리그릇이 있어서 그 사실을 잘 알았을 텐데, 희랍에도 헬레니즘 시대 유리 제품이 남아 있는 것으로 보아 예전부터 유리를 사용했을 가능성이 있습니다. 어쨌든 물의 신들이 모습을 잘 바꾸는데, 그렇게 잘 바뀌는 존재로 일단 테티스가 알려져 있고요. 여기 나온 프로테우스하고 또 하나가 '바다의 노인'이라고만 알려진 존재가 있는데, 이 말은 테티스의 아버지인 네레우스를 가리키는 것일 수도 있고 그냥 프로테우스를 가리키는 것일 수도 있습니다.

방금 본 헬레네의 독백에 네레우스가 언급되었죠? 네레우스에겐 50명의 딸이 있는데, 아킬레우스의 어머니 테티스와 너불어 프사마테도 거기 들어갑니다. 그래서 프사마테의 딸인 테오노에도 네레우스의 혈통을 이어받아서 예언력을 지니게 되었다라고 얘기한 거예요.

이어서 헬레네는 자기 아버지가 튄다레오스라고 밝힙니다. 제가 늘 '좀 튀는 이름'이라고 농담합니다. 다 이름을 외기 위한 방편이니 양해해 주세요. 튄다레오스는 헬레네의 어머니인 레다의 남편이에요. 널리 알려진 판본에 따르면 제우스가 백조로 변해서 레다와 결합했고, 그 후 레다가 알을 둘 낳았는데 한쪽에서는 남자 쌍둥이 다른 쪽에서는 여자 쌍둥이가 나왔다고 하죠.

뒤에 있는 그림은 〈레다와 백조〉라는 제목의 다빈치 작품으로 알려져 있습니다만, 그 그림의 원본은 사라졌고요. 그 원본을 모방한 작품입니다. 이와 거의 같은 포즈로 그려진 게 몇 점 있는데, 이건 로마의 보르게제미술관에 있는 것으로 '일 소도마'라는 사람의 것으로 알려져 있습니다. ('일 소도마(Il Sodoma)'는 '동성애자'라는 뜻인데요, 바사리(G. Vasari)에 따르면 이 화가가 늘 소년들에 둘러싸여 있어서 그런 별명이 붙었다네요.)

여인의 얼굴이 모나리자의 미소와 비슷한 데가 있죠? 뒤쪽 배경도

레다와 백조 | 일 소도마, 이탈리아 보르게제미술관.

〈모나리자〉와 좀 비슷하고요. 왼쪽의 아이 둘은 거의 성화처럼 그렸죠? 아기 예수와 아기 세례자 요한처럼 그렸습니다. 그 뒤로 아직 깨지 않은 알이 하나 있는데, 아직도 여자애 둘이 나와야 해서 그래요. 하나는 헬레네, 다른 하나는 클뤼타임네스트라, 즉 아가멤논의 아내가 될 여자아이죠.

오른쪽 앞에는 새가 한 마리 있는데요. 멧비둘기 같이 보이기도 하지만, 뻐꾸기일 수도 있습니다. 지금 제우스가 남의 아내를 차지해서, 그 집에 제 자식을 위탁하고 있으니, 그의 행태를 뻐꾸기로 표현했을 가능성이 있습니다. 아니면, 뻐꾸기는 헤라의 상징동물이니, 헤라가 찾아와서 감시하는 걸로 볼 수도 있겠어요. 뻐꾸기로 하는 게, 여러 뜻이 들어가니 더 낫겠군요.

참 멋진 그림입니다. 백조의 날개와 여인의 허리선이 굉장히 잘 맞았고요. 우리가 볼 때 왼쪽 다리는 쭉 뻗고, 오른쪽 다리는 무릎을 살짝 굽혀서 콘트라포스토(contrapposto) 자세를 취하고 있습니다.

지금 헬레네는 이 그림에 그려진 상황을 설명하는 거예요. 자기 아버지는 튄다레오스인데, 제우스가 백조의 모습으로 레다와 결합했다는 이야기도 있다고요. 그러니 이 헬레네는 자신을 인간의 딸로 여기고, 그녀가 제우스의 딸이라는 설은 좀 불신하는 듯합니다.

이어서 세 여신이 파리스에게 판정을 받았다는 얘기를 전합니다. 세 여신이 나타나서 우리 중에 누가 제일 예쁘냐, 제일 예쁜 여신에게 황금사과를 주어라 그랬더니, 파리스가 아프로디테에게 그걸 줬어요. 아프로디테가 세상에서 가장 아름다운 여자를 주기로 약속했기 때문이죠. 하지만 판정 결과에 분개한 헤라가 개입해서, 파리스에게는 바람으로 만든 모상을 주었다는 것입니다. 그 여인은 구름으로 만들었다, 바람으로 만들었다, 아이테르로 만들었다 등 여러 가지 얘기가 있습니다. 그러니 파리스가 그동안 어떤 환영(幻影)을 데리고 살았다, 즉 허깨비와 함께 살았다라는 얘기예요.

이와 유사한 그림 하나 더 보시죠. 다음 쪽의 그림은 세스토(Cesare da Sesto; 1477~1523)라는 화가의 작품입니다. 이것 역시 지금은 없어진 다빈치의 그림을 본떠서 그린 거라고 합니다. 여기는 이미 알이 두 개 다 깨어서, 남자애 둘 여자애 둘을 그려놨는데요. 남자애는 정면을 보여주고 여자애들은 등을 보여주고 있네요. 이 그림은 여성의 다리 선이라든지

레다와 백조 | 체사레 다 세스토, 영국 솔즈베리 윌튼하우스.

이런 것이, 앞에 본 일 소도마의 작품에는 미치지 못하는 듯해요. 앞의 것이 솜씨가 훨씬 좋습니다. 그리고 비슷한 것으로, 피렌체 우피치미술관에 다빈치의 제자인 멜치(F. Melzi)가 그린 것도 있습니다.

오른쪽에 보시는 도기 그림에는 다른 판본이 그려졌습니다. 레다가 알을 낳은 게 아니라 네메시스가 낳은 알을 그저 발견했을 뿐이라는 이야기도 있거든요. 이 그림이 그 판본을 보여주는 것입니다. 레다는 지금 제우스 제단 위에 알이 있는 걸 보고 놀라는 동작을 하고 있고요. 이 그림의 좋은 점은 왼쪽에 튄다레오스가 그려져 있다는 점입니다.

네메시스의 알을 발견하는 레다, 튄다레오스, 디오스쿠로이 | 기원전 425년경.

옛날 영웅들에겐 대개 아버지가 둘씩 있어요. 신(神) 아버지와 인간 아버지. 그래서 테세우스에게도 아이게우스라는 인간 아버지가 있고, 포세이돈이라는 신 아버지가 있습니다. 그것처럼 헬레네도 일종의 여성 영웅이기 때문에 신 아버지는 제우스, 인간 아버지는 튄다레오스인 것이죠.

이 도기 그림의 또 하나 좋은 점은 디오스쿠로이, 헬레네의 오라비 둘이 성인처럼 잘 그려졌다는 거예요. 오늘 보는 〈헬레네〉의 맨 마지막에 디오스쿠로이가 나옵니다. 데우스 엑스 마키나 장면에 나와요.

다시 헬레네의 독백으로 돌아가죠. 파리스가 아프로디테에게 황금사과를 주고 헬레네를 데려가게 되었는데, 헤라가 구름으로 만든 가짜를 주어서 보냈다. 그리고 진짜 헬레네인 자기는, 꽃 꺾고 있는 것을 데려다가 여기에 갖다 놨다는 것입니다. 이 장면은 페르세포네의 납치하고 상당한 관련이 있고요. 아닌 게 아니라 뒤에, 페르세포네를 잃어버린 데메테르의 노여움 같은 게 합창단의 노래에 나와요. 이렇게 여러 가지 이미지를 이 독백에 중첩해놨습니다.

거기다가 제우스가 한 가지 계획을 더 세웠다고 하는데, 트로이아 전쟁의 원인에 대한 다른 설명입니다. 이 전쟁이 왜 일어났는지에 대해서 지금은 없어진 〈퀴프리아〉라는 짧은 서사시에 보면, 땅 위에 인구가 너무 많아서 대지의 여신이 '나 무거워서 못 견디겠다' 하기에 제우스가 인구를 줄이기 위해서 전쟁을 일으켰다는 설명이 나와 있었답니다.

사실은 이게 일반적으로 전쟁은 왜 일어나는지에 대한 설명 중 하나입니다. 인구 압력이 커지면 전쟁이 난다는 거죠. 이런 식으로 설명한 분이 《문화의 수수께끼》라는 책의 저자, 마빈 해리스(Marvin Harris)예요. 아주 중요한 개념들이 정말 재미있게 설명되어 있으니까 꼭 보세요. 제가 수업마다 늘 추천하는 책입니다. 한국에서 수십만 부 팔렸답니다. 너무 많이 팔려서 제가 더 강조할 필요는 없는데요. 그 《문화의 수수께끼》에 화전(火田)하는 사람들이, 땅이 점점 척박해지면 처음 농사 시작할 때 심었던 룸빔(rumbim)이라는 나무를 뽑고서, 이웃 부족과 전쟁을 한 번 치르고는 다른 지역으로 옮겨가는 걸로 되어 있습니다. 그러니까 인구 압력에 의한 전쟁이죠. 사회 전체에 대한 큰 압박이 옆 나라와의 전쟁으로 나타나기도 합니다. 더러 통치자들이 대중의 불만을 딴 데로 돌리기 위해서 전쟁을 일으키기도 하잖아요.

자, 그래서 한편으로 제우스가 대지의 짐을 덜어주고, 또 한편 아킬레우스에게 명예를 주기 위해서 전쟁을 일으켰다고 합니다. 옛날에 여성이 어떤 경기의 상품으로 나오는 경우가 있었는데요. 여성의 상품화라고 기분 나쁘다 하실지 모르겠지만, 이게 왕권이 남자를 통해서가 아니라 여자를 통해서 전달되는 방식 중 하나예요. 그냥 '우리 딸을 데려가라' 하는 게 아니라 나라의 절반을 주고 자기의 후계자로 삼아서 나중에 그 땅의 지배자가 되도록 하는 겁니다. 사실은 메넬라오스도 원래 스파르타가 아니라 아르고스 출신인데, 헬레네와 결혼해서 스파르타 왕이 된 거예요. 그러니까 자기 처갓집에 와서 왕 노릇하고 있는 참입니다.

지금 진짜 헬레네가 나와서 가짜 헬레네에 대해 '폭로 기자회견'을 하는 참이에요, 설명적 프롤로고스로요. 좀 길어지고 있지만 조금만 더 보면요, 헤르메스가 자기를 구름으로 감싸서 이곳 이집트에 데려다 놨다고, 자기가 남편을 위해 정절을 지킬 수 있게 해 준 거라고 합니다. 한데 메넬라오스가 그 사실을 모르고 트로이아에 쳐들어가서, 많은 사람이 죽었고 사람들이 자기를 저주하고 있다고요. 자기도 죽고 싶지만 헤르메스가 나중에 행복하게 될 거라고 얘기해서 이렇게 버티고 있다고, 지금 자기 앞에 있는 무덤은 프로테우스의 무덤이라고 설명합니다. 이렇게 맨 마지막에 가서야, 프로테우스가 죽었다는 사실을 밝힙니다.

프로테우스가 죽고 나니까 그의 젊은 아들이 헬레네와 강제 결혼을 시도하기에, 그걸 피하기 위해서 여기 와 있다는 겁니다. 그런데 지금 감시자는 어디로 가버렸고요, '아니, 저렇게 자리를 벗어나도 되나' 싶게, 자유롭게 이동하고 있어요. 자기 자신을 지키기 위해 발버둥치는 여인의 모습이라기보다는 소풍 다니는 것처럼 아주 가벼운 마음으로 무덤 앞에 있다가, '나, 왕궁에 들어가서 미래에 대해서 좀 알아봐야지' 하면서 건물로 들어갔다 나오기도 하고요. 아주 자유로운 느낌이에요. 그래서 독자로서는, '이게 지금 주인공이 전하는 상황과 일치하는 건가?' 하는 의문이 들어요. 전체적으로 굉장히 가볍게, 희극적으로 만들어 놨습니다.

이런 특징은 아마 기원전 413년에 대재난을 당하고 그다음 해에 상연된 것이어서, 도시에 굉장히 우울한 상태가 계속되고 있으니 시민들의 마음을 조금 가볍게 해주기 위해서 그런 것 아닌가 싶어요. 에우리피데스의 후기 작품들, 그리고 아리스토파네스의 희극들에도 후기로 가면 탈출극 성격이 강해지고요, 탈출의 노래 같은 것이 굉장히 많이 나와요. 아테나이 사정이 점차 어려워지니까, 딴 데로 훨훨 날아가버렸으면 하는 류의 합창이 많이 나오는, 그런 작품들이 여러 개 등장합니다. 지금 여기도 그래요.

어쨌든 지금 여기 도입부가 상당히 긴데요. 전체의 10분의 1이 좀 넘는데, 두 부분으로 나뉘어서 전반부에는 헬레네가 상황을 설명하고요. 그리고 이어서 거기에 테우크로스가 나타납니다. 우리 지난번에 봤던 인물이죠.

그 부분을 보기 전에, 앞부분을 정리하기 위해 오른쪽 그림을 보실까요? 오른쪽에 보시면 헬레네가 파리스에게 손목 잡힌 채 떠나가고 있는데요, 손만 보면 납치 같지만, 한편 오른쪽에서는 에로스와 아프로디테가 막 부추기고 있어요. 그러니 이 부분을 보면 가출인 것 같습니다.

파리스에 의해 납치당하는 헬레네 | 기원전 490~480년경.

다음 뒤쪽의 그림을 보세요. 위에 있는 그림 먼저 보겠습니다. 왼쪽에 파리스가 멋진 동방의 왕자로 그려져 있습니다. 옷도 잘 입고요. 한데 에로스가 열심히 헬레네를 끌어다 갖다 붙이고 있죠? 그리고 아프로디테도 그녀를 열심히 설득하고 있습니다. 아프로디테는 하체를 구름 속에 가리고 있는 걸로 그려놨네요.

그 다음 아래 그림에도 헬레네는 파리스가 이끄는 대로, 저항하지 않고 그냥 따라가는 걸로 그려놨고요. 오른쪽 앞에 에로스가 우리를 보면서 '잠깐, 여기서 설명하자면…' 하는 듯이 '카메라를 주시'하고 있습니다.

헬레네를 파리스에게 데려가는 아프로디테와 에로스 | 벤자민 웨스트, 1776, 스미스소니언미술관.

헬레네의 납치 | 귀도 레니, 1631, 프랑스 루브르박물관.

테우크로스와의 만남

자, 이제 프롤로고스의 후반부 봅니다. 여기에 뜻밖에도 테우크로스가 등장합니다. 이 테우크로스는 지난번에 본 〈아이아스〉 후반부에서, 자기 형님의 시신을 지키려고 애쓰는 사람으로 나와 있었는데요. 그 작품에서 벌써, 자기가 고향에 가면 아버지에게 쫓겨날 거라 예견했었죠? 한데 고향에 갔다가 정말로 쫓겨났어요. 그래서 델포이를 찾아가서 신에게 어찌할지를 물었더니, 동방으로 가서 새로운 도시를 세우라고 합니다. 그래서 그가 세운 도시가 뒤에 보시는 지도에 나와 있습니다. 지중해 동쪽에 있는 퀴프로스 섬이고요. 약간 일각고래 같이 생겼죠? 이 섬 동쪽에 살라미스가 나와 있네요.

여러분이 인터넷에서, '살라미스 해전이 중요하다니, 어디 현장을 한번 가볼까?' 하고서 찾아보면, 아름다운 극장 유적과 아름다운 해변, 신전 유적 같은 게 나와요. '아, 볼 게 많구나' 하고 찾아가면, 엉뚱한 데예요. 인터넷에 사진이 많이 나와 있는 곳은, 여기 동쪽의 살라미스입니다. 퀴프로스 섬이 현재 북쪽과 남쪽으로 나뉘어 있어요. 북쪽은 터키계, 남쪽은 그리스계 국가입니다. 여기 중간에 비무장지대도 있어요. 한창 리조트도 개발하고, 그러다가 갑자기 분단선이 생겨버려서 개발하던 곳을 다 버리고 사람들이 떠났고요. 체르노빌과 더불어서 인류가 사라지면 이 세계가 어떻게 변할지 관찰할 수 있는 데가 되어버렸습니다. 그렇지만 요새는 남과 북의 관계가 좀 나아져서, 한쪽에서 차를 빌려서 반대쪽에 가서 반납해도 된다고 해요.

다음의 지도에 집들이 그려진 데가 옛날부터 있었던 중요한 도시들이고요. 파포스·키티온·아마토스·살라미스·솔로이, 이런 데들이 헤

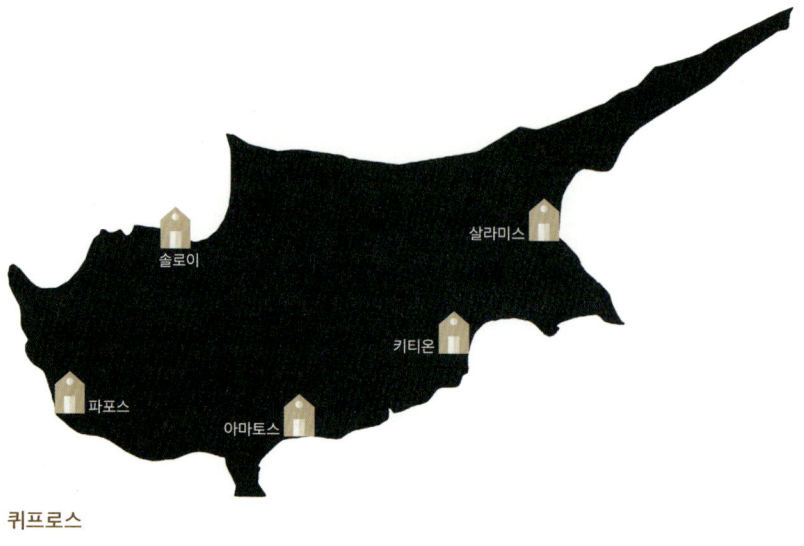

퀴프로스

로도토스의 〈역사〉에도 많이 언급됩니다. 퀴프로스가 굉장히 오래된 땅이에요. 구리라는 말이 여기서 나왔습니다. 구리는 원소기호로 Cu로 쓰죠? 그게 '퀴프로스'에서 나온 단어예요. Cy라고 써 놓은 거예요. 그리고 아마 세상에서 가장 오래된 고양이 준(準) 화석도 여기서 발견됐어요. 그래서 이집트가 아니라 퀴프로스가 고양이의 원산지라는 주장도 있습니다.

헤로도토스의 〈역사〉에는 페르시아가 희랍으로 쳐들어오기 전에 먼저 퀴프로스 지역에 있는 희랍 도시들을 다 제압하는 과정이 나와 있는데요. 거기 언급된 살라미스는, 서쪽 희랍 본토 가까이에 있는 살라미스의 후손 도시입니다. 지금 테우크로스가 그 동쪽 도시를 세우러 가는 참입니다.

다시 작품 내용으로 돌아갑니다. 테우크로스가 이집트에 들러서는, 성채(城寨)가 아주 아름답네, 여기 주인은 누군가, 하다가 헬레네를 발견합니다. '당신, 헬레네와 똑같이 생겼네, 내가 헬레네는 이미 집에 가 있다는 걸 알지만 않았더라면 당신을 쳐 죽였을 텐데' 하고 말하죠. 그 다음에 약간 이야기를 나누다가, '얼굴은 그 악독한 여자와 똑같지만, 마음씨는 참 곱네, 얼굴만 보고 판단할 일이 아니야' 하고는 떠나갑니다.

이거 어쩌면 〈페이스 오프〉(오우삼, 1997)라는 영화에 나왔던 주제와 같은 것인지도 모르겠어요. 우리가 상대의 겉만 보고서 속을 알 수 있는지 하는 문제도 여기서 생각할 수 있습니다. 어쨌든 신분을 잘못 알아봐서 생기는 코미디 같은 상황이 이 작품 내에서 세 번 네 번 일어납니다.

테우크로스는 그동안 있었던 일을 늘어놓습니다. 자기는 아버지에게 쫓겨났다, 트로이아는 망한 지 벌써 7년 됐다, (전설에 그렇게 되어 있지만 사실은 좀 이상합니다. 풍랑을 만나서 메넬라오스가 많이 떠돌아다녔다 해도 그렇지, 7년이나 방랑했다는 건 좀 믿을 수 없잖아요?) 내가 전쟁 막판에 메넬라오스가 헬레네의 머리끄덩이를 잡아끌고 가는 걸 봤다 등등.

이와 관련된 이야기 소개합니다. 널리 알려진 판본은 이렇죠. 트로이아가 함락될 때 메넬라오스가 '이 가출녀 내가 너를 죽인다' 하면서 칼 들고 쫓아가는데, 헬레네가 제우스의 제단으로 도망치면서 일부러 옷이 스르르 벗어지도록 했다고요. 그랬더니 메넬라오스가 눈부신 알몸을 보고 놀라서 칼을 떨어뜨렸다는 겁니다. 다음 쪽 위에 보시는 장면이 그것이에요.

에우리피데스의 다른 작품 〈트로이아 여인들〉에 보면, 헤카베가 절

헬레네의 알몸을 보고 칼을 떨구는 메넬라오스

헬레네와 메넬라오스
| 그리스 아테네 파르테논 신전.

대로 저 여자와 다시 살지 말라고 당부하는데요. 메넬라오스는 결국 다시 그녀에게 반해서 도로 그녀와 살게 됩니다. 헬레네는 아름다움 그 자체예요. 그 앞에 가면 사람이 몸에 힘이 빠지면서 확 주저앉아요. 〈오뒷세이아〉에도 비슷한 사례가 나옵니다. 오뒷세우스의 아들 텔레마코스가 아버지의 행방을 찾아 나섰다가 스파르타에 가서 헬레네와 메넬라오스를 만나고 와요. 그가 집에 돌아오자, 어머니가 '너 무슨 일을 겪었니?' 하고 물어요. 그가 대답하는 첫마디가 '헬레네를 보았습니다'였어요. 이 부분에 이르면 많은 사람이 피식피식 웃습니다. 이제 막 여성의 아름다움에 눈을 뜨는 청년이, 세상을 떠들썩하게 했던 그 미인을 만나보고 와서 그 인상이 머릿속에 강렬하게 남아 있어서 이렇게 대답했다고요.

방금 보신 그림으로 돌아가자면요, 이게 아주 유명한 미술의 주제예요. 가운데에 보시는 그림에는 헬레네가 오른쪽 끝에 서 있는 신상에 손을 대고 있죠? 그녀를 쫓던 메넬라오스는 칼을 떨어뜨리고 있고요.

아래의 조각 작품은 아크로폴리스의 파르테논 신전 중간면 장식인데요. 왼쪽 끝에 에로스가 메넬라오스를 밀치는 장면이 그려진 것입니다. 다른 부분은 다 깨졌는데 에로스는 비교적 멀쩡하죠? 기독교 시대에 에로스를 천사로 해석해서 그것만 깨뜨리지 않고 남긴 거라 합니다. 그 오른쪽에는 왼쪽 방향을 보고 서 있는 여신이 있는데, 메넬라오스를 막아선 아프로디테로 봐야 하고요. 더 오른쪽에는 여인이 제일 오른쪽의 신상으로 향해 팔을 뻗고 있습니다. 이 상황은 다음 쪽 위 도기 그림에 그려져 있는데요. 오른쪽 끝의 메넬라오스를 에로스가 막고 있으며 그 왼쪽에는 헬레네가 다급한 동작으로 도망치고 있네요.

메넬라오스와 헬레네 | 기원전 450~440년경, 프랑스 루브르박물관.

메넬라오스, 아프로디테, 헬레네 | 기원전 350~300년경, 이탈리아 빌라 줄리아 미술관.

제일 왼쪽의 여신은 헤라로 볼 수 있을까요? 어쩌면 헤라가 이 여자를 죽이라고 부추기는 것일 수도 있습니다. 헤라로서는 헬레네도 좀 미울 수도 있으니까요. 하지만 비슷한 여러 그림을 볼 때, 아무래도 이 여신은 아프로디테로 봐야 할 거예요.

남편이 칼 들고 달려오자, "저예요" 하듯이 얼굴을 보여주는 그림도 있고요. 왼쪽 아래 그림을 보면 오른쪽에 헬레네가 도망치다가 옷이 벗겨져 몸이 드러나 있는데, 일부러 보여주는 걸 거예요. 희랍 도기 그림에서 여성은 몸을 가리고 남자는 몸을 드러내는 게 일반적인 관행이거든요. 그리고 중간에 그려진 존재는 아프로디테겠죠. '이 사람아, 그러면 되나' 하면서 메넬라오스를 막아섰고요. 제일 왼쪽의 메넬라오스는 칼을 놓치는 걸로 그려놨습니다.

지금 이 작품에서 테우크로스가 말하듯, 남편이 헬레네를 머리끄덩이 잡아서 끌고 간 게 아니라, (물론 남들 앞에서는 그러는 척했을 수도 있지만요) 헬레네 앞에서 칼을 떨어뜨렸다라는 게 아주 유명한 이야기입니다. 앞의 500쪽에 맨 위에 본 그림이 제일 멋지죠? 그림 솜씨도 좋고 상당히 점잖게 그리면서도 핵심을 잘 전달했어요.

테우크로스는 자기가 트로이아 전쟁 끝날 때 헬레네가 원래 남편에게 끌려가는 걸 봤다고 말하고는, 그 둘이 고향으로 가는 길에 실종되어 죽었다는 소문도 있다고 전합니다. 한편 그는 뜻밖의 새로운 소식도 전합니다. 헬레네의 어머니가 목매달아 죽었다는 것입니다. 이건 다른 데 잘 나오지 않는 얘기예요. 백조 모습의 제우스와 결합해서 알을 낳았다는 그 레다는 어떻게 됐을까요? 여기 옛날 비극 작가들은 그녀가 목매달아 죽은 걸로 전하고 있습니다.

테우크로스는 다른 비통한 소식도 전합니다. 헬레네의 오라비인 디오스쿠로이도 죽었다는 것입니다. 하지만 거기에 조금 모호한 말을 덧붙입니다. '그렇지만 안 죽었다고 할 수도 있다'는 것입니다. 전설에 따르면 그 사정은 이렇습니다. 이 디오스쿠로이는, 스파르타 서쪽에 있는 멧세니아의 쌍둥이 이다스와 륑케우스하고 맞싸우게 되었습니다. 한데 륑케우스가 천리안이어서, 상대편 쌍둥이가 공격해 오는 것을 미리 보고서 기습해서 디오스쿠로이 중 하나인 카스토르를 먼저 죽입니다. 그러자 제우스의 아들인 폴뤼데우케스가 멧세니아 쌍둥이를 둘 다 죽입니다. 그러고는 자기 형제가 죽은 것에 비관해서 자기도 죽고 싶어 하죠. 하지만 폴뤼데우케스는 제우스의 아들이어서 원래 죽지 않는 존재예요. 그래서 제우스가 아들을 위해 쌍둥이 둘 다 하루는 저승에, 하루는 이승에 있게 만들어줬다고 합니다.

그래서 지금 테우크로스가 그 얘기를 하는 것입니다. 디오스쿠로이가 죽었다는 얘기도 있고 아니라는 얘기도 있고, 신들 사이에 둘이 별이 돼서 살고 있다는 얘기도 있다고요. 한데 에우리피데스의 작품에 나오는 인물들은 신화를 잘 믿지 않아요. 그래서 '사람들은 그렇게 말하지만, 그게 사실인지는 알 수 없죠' 하는 식입니다.

어쨌든 테우크로스는 그런 고향 소식을 전해 줍니다. 그러니까 이 사람의 역할은, 헬레네에게 고향 소식을 전해 주고, 관객에게 트로이아 전쟁 뒤에 무슨 일이 있었는지를 보충해 주는 것입니다. 그리고 집에 돌아간 사람들의 운명이 어떠했는지도 전해 주는데요. 특히 저 나우플리오스라고 하는 사람이 큰 피해를 입혔다는 사실을 전해 줍니다.

나우플리오스 설명합니다. 그는 트로이아 전쟁에 참여했던 팔라메

나우플리오스의 복수 | 로소 피오렌티노, 16세기, 프랑스 퐁텐블로 궁.

데스의 아버지예요. 오뒷세우스가 트로이아 전쟁에 가기 싫어서 미친 척하다가 이 팔라메데스 때문에 들통이 났어요. 사람들이 오뒷세우스를 데리러 왔을 때, 오뒷세우스는 미친 척하느라 소와 말(또는 노새)을 함께 묶어 쟁기질을 하면서 밭에 소금을 뿌리고 있었다고요. 한데 팔라메데스가 이 쟁기 끄는 짐승들 앞에 오뒷세우스의 아들을 눕히자, 오뒷세우스가 슬그머니 피해 갔답니다. 그래서 그가 미치지 않았다는 게 들통이 났고, 오뒷세우스는 전쟁터로 끌려갈 수밖에 없었죠.

이 일 때문에 오뒷세우스가 앙심을 품었고, 나중에 증거를 조작해서 팔라메데스가 적과 내통했다고 처형시켜요. 한데 희랍군이 트로이아에서 돌아오자 팔라메데스의 아버지 나우플리오스가 바위가 많은 바닷가에 불을 피워서, 마치 그곳에 마을이 있는 것처럼 유인해서 전부

암초에 부딪혀 죽게 했다는 겁니다. 위에 보시는 그림에는 나우플리오스 자신도 직접 가서 이 사람들을 쳐 죽이는 걸로 그렇게 그려놨네요.

지금 아르고스에 가면 나우플리온이라고 하는 항구가 있습니다. 그리고 그 옆에 요새가 하나 있는데, 그걸 팔라메데스 요새라고 불러요. 그러니까 현재까지도 신화상의 두 사람 이름을 지명으로 사용하고 있어요. 그 얘기가 여기 살짝 나온 겁니다.

그러면서 테우크로스는 자기가 이곳에 온 이유를 밝히죠. 아폴론께서 자기한테 살라미스로 가라 했는데, 어떻게 하면 순풍을 얻을 수 있을지 묻기 위해 테오노에를 찾아왔다는 거예요. 이 부분에서도 〈오뒷세이아〉 내용을 약간 차용한 것 같습니다. 〈오뒷세이아〉에서 메넬라오스가 순풍을 얻고자 바다 신에게 자문하는 장면 말이죠.

하지만 헬레네는 그에게 경고합니다. 이곳 왕이 어찌나 무서운지, 희랍 사람은 만나는 대로 다 죽이니 빨리 도망치라는 거죠. (민담에 자주 나오는 모티프입니다. 숲속 오두막에 도착한 사람에게 노파가 경고하는 장면이죠.) 그러자 겁을 먹은 테우크로스가 그대로 떠나는데요. 고맙다면서 '당신의 외모는 헬레네와 비슷하지만 마음씨는 완전히 반대네요. 헬레네 죽어버렸으면 좋겠네, 하지만 당신은 행복하게 사세요.' 하고서 퇴장합니다.

그러니, 얼마나 기가 막혀요? 진짜 헬레네는 자기인데, 자기더러 잘 살라고 축복하면서, 헬레네는 죽으라고 저주하다니요. 여러분, 〈돈키호테〉 2부에 보시면, 가짜 돈키호테의 책이 나돈다는 얘기를 듣고서, 진짜 돈키호테가 그걸 막기 위해 분투하는 내용이 나와요. 이렇게 이야기 안과 밖이 섞이기 시작하는 사례가 벌써 에우리피데스 작품에 있어요. 이것은 아리스토텔레스의 시학에 따라서, 우리가 극이 시작되면 완전히 몰입해서 다른 세계 속으로 빠져들었다가 극이 끝나는 순간에 정신이 들면서 현실로 돌아오는 그런 게 아닙니다. 에우리피데스의 작품은 자꾸 작품 바깥에 있는 다른 작품과 다른 작가를 생각나게 하고요. '아차, 이게 에우리피데스가 만든 거였지' 하면서 작가를 생각하게 하고, '이 작가가 이런 장난을 쳤네' 하면서 피식피식 웃게 만드는 그런 작품을 만들었어요.

그러니까 여러분이 '에우리피데스 작품에서는 소포클레스 것처럼 감동이 오질 않네' 하시면, 그 잘못은 독자에게 있습니다. 이건 애초에 감동을 주려고 쓴 작품이 아니에요. 딴 작품과 비교하고, 웃고 놀라라고 쓴 작품입니다. 방금 본 장면에서도 조금 우습게, 테우크로스가 '겉모습은 똑같지만, 당신은 완전히 다른 사람이네, 헬레네는 죽어버려라' 하면서, 동시에 '당신은 행복하게 사세요' 하고 가버렸어요.

합창단의 첫 노래

이제 합창단이 등장합니다. 그들은, '세이렌들이 와서 함께 비탄해 줬으면!' 하고 노래하는데, 헬레네와 합창단이 노래를 교환하는 형식으로 되어 있습니다. 에우리피데스의 작품에 오면 합창이 약해집니다. 이것도 그런 면모를 보여주는 거예요. 비극은 원래 합창극으로 시작했다고 합니다. 한데 합창이 점차 약해지면서, 점차 배우의 독창도 많이 나오고, 배우가 합창단과 노래를 교환하는 것도 많이 나오게 됩니다. 합창의 분량도 줄어들고요. 합창단이 전체 주제와 상관없는 노래를 해서, 이제는 등장인물이 아니라 장면과 장면을 나눠주는 막과 유사한 역할로 점점 변해가고 있어요.

자, 합창단이 자기들은 빨래하다가 달려왔노라고 얘기해요. 이 작품에서도 합창단이 노예 여성들로 설정되어 있습니다. 이들은, 저 옛날에 제우스가 백조로 변해서 레다와 결합했었다는 등의 신화를 노래하고요. 헬레네와 함께 서로 신세 한탄을 나누면서, 생각이 저 옛날로 돌아가고 있습니다. 그리고 헬레네가 다시 한 번 여기에서, 자기가 꽃을 꺾고 있는데 헤라가 헤르메스를 보내어 자기를 이리로 데려왔다고 노래합니다.

전하는 이야기에 따르면, 페르세포네도 꽃을 꺾다가 하데스에게 붙잡혀 간 걸로 되어 있는데요. 왜 처녀들은 늘 꽃을 꺾다가 잡혀갈까요? 학자들은, 처녀를 차지하는 걸 옛날부터 꽃을 꺾는 것에 비유했기 때문이라고 설명합니다.

이렇게 이야기를 나누다가 다시 노래하고, 그다음에는 또 이야기를 나눠요. 그리고 중간중간, '책임은 내게도 있지, 아, 내가 너무 예뻐서…' 하는 얘기도 나옵니다. '내 불행의 책임은 나의 미모에도 있다'고요.

노래 중간에 아테나이에 대한 찬양도 나옵니다. 그 사정을 조금 설명하죠. 아테나이의 민주정과 비극은 성쇠를 같이했어요. 민주주의가 성할 때 비극도 번성하고, 민주주의가 약해지니까 비극도 약해졌는데요. 아테나이의 민주정에 세 가지 약점이 있다고 말씀드렸어요. 그것은 오로지 아테나이의 시민만의, 오로지 자유인만의, 오로지 남성들만의 민주정이었습니다. 한데 비극이 민주정과 동행하다 보니, 대체로 아테나이식 민주정을 지지하는 내용이 희랍 비극에 나오게 되었습니다.

하지만 다른 독법을 제안하는 학자도 있습니다. 작가가 겉으로는 현상을 지지하고 당대의 대다수 남성 관객의 입맛에 맞추고 있지만, 작품을 가만히 보면 작가가 후대의 독자들을 위해 혹은 관객 가운데 눈 밝은 어떤 사람을 위해 여러 아이러니를 숨겨놨다는 것입니다. '아이러니'라면 대체로 '반어법'이거나 '빈정거림'이란 뜻인데요. 지금 이런 독법에서의 '아이러니'란 그냥, 좀 폭넓게 '겉보기와는 다른 것'이라고 생각하시면 되겠습니다.

에우리피데스의 작품은, 이 세상의 여러 현실을 우리에게 그대로 그려 보여주긴 합니다. 그래서 얼핏 보면 그 현상에 찬성하는 것 같지만, 조금 자세히 보면 꼭 그렇지는 않다는 느낌을 받을 수 있어요. 그래서 에우리피데스의 작품은 액면으로 그대로 받아들이면 안 된다고 경고하는 학자들이 있는 것입니다.

자, 다시 〈헬레네〉로 돌아가죠. 첫 합창에도 한편으로는 아테나이 중심성이 나타납니다. '야만인들은 한 사람 제외하고는 전부 노예다'라는 개념도 그중 하나입니다. 이것은 페르시아가 200만 이상의 대군으로 희랍 땅에 쳐들어왔을 때, 희랍이 그걸 어떻게 막아냈는지에 대한 설명 중 하나입니다. 우선 페르시아 사람들이 이 세계를 이루는 지수화풍(地水火風) 4요소(要素)를 무시해서, 땅과 물이 그들을 거부하고 보복했다는 설명이 있고요. 또 하나, 동방 사람들은 왕 빼놓고는 전부 노예여서 마지못해 싸웠지만, 희랍인들은 전부 자유인이어서 자신의 자유를 지키기 위해서 싸웠기 때문에 이긴 거다라는 설명도 있어요. 이 명제는 헤겔이 좋아할 듯한 것인데, 헤겔보다 2천 년 이상 전에 벌써 나와 있습니다.

자, 그 두 가지 설명에 대해서는 우리 나중에 같이, 작품을 하나 보기로 하죠. 현재 우리에게 남아 있는 비극 작품 중 제일 오래된 게 기원전 472년 것이에요. 그러니까 기원전 480년의 살라미스 해전이 지나고, 겨우 8년 뒤에 나온 〈페르시아인들〉이라는 작품이에요. 잠깐 제목 얘길 하자면요, '페르시아인들'이 희랍어로 '페르사이(Persai)'예요. 그래서 제가 〈페르시아인들〉이라고 원고에 적어서 넘겨주면, 이따금 어떤 유식한 편집자께서 '이거 페르사이인데, 왜 이렇게 써놨어?' 하면서 '페르사이인들'로 고치는 경우가 있습니다. 그냥 '페르사이'라고 부르거나, 아니면 '페르시아인들'이라고 부르거나 해야 해요. 이럴 땐 '유식함'이 문제입니다.

다시 아테나이 찬양과 아이러니 문제로 돌아가죠. 지금 아테나이에서 아테나이 시민만의 민주정이 펼쳐지고 있는데요. 현재도 많은 나라가 시민권을 상당히 아끼고요, 한국도 시민권을 잘 안 주는 나라 중 하나예요. 미국에서도 불법이민자를 엄하게 추방하잖아요. 혹시 외국인들이 자기 땅에 마음대로 와서 살까 봐, 막으려 애를 쓰는 거죠. 아테나이도 그랬어요. 그래서 이방인의 문제도 에우리피데스가 평생 주목했던 주제예요. 그가 거듭 제기한 몇 가지 주제가 있습니다. 전쟁, 여성, 이방인 문제 같은 것들이죠.

특히 에우리피데스는 여성을 비난하는 내용을 작품에 많이 넣었다고, 아리스토파네스의 희극(〈테스모포리아 축제의 여인들〉)에도 나와요. 여자들끼리 모여서 축제할 때에 에우리피데스에게 보복하기 위해 서로 의논하고, 거기에 에우리피데스가 보낸 첩자가 끼어들어서 계략을 써서 막아 보려는 장면도 나옵니다. 하지만 여성 혐오 같은 건 겉보기로만 그렇고, 사실 조금만 주의를 기울이면 '이 사람은 거의 페미니스트 아닌가' 하는 느낌이 들기도 합니다. 위대한 작가들은 자기 시대의 한계를 뛰어넘는 경향이 있는 듯해요. 소포클레스도 〈안티고네〉에서 그랬던 것 같고요. 플라톤도 그때 벌써 '여성도 통치자가 될 수 있다'는 생각을 〈국가〉에 한참 강조해 놓았습니다.

그것처럼 이방인 문제도 얼핏 보기와 좀 다르게 되어 있는데요. 여기 일단 야만인을 얕보는 듯한 표현이 들어 있긴 합니다. '바르바로이'라는 표현이에요. 이 말은 '바르바르하는 외국어를 쓰는 사람'이라는 뜻이에요. 하지만 이런 표현을 쓴다고 해서 이걸 그냥 액면 그대로 봐서는 안 됩니다.

자, 이 표현은 일단 지나가고요. 헬레네가 한탄합니다. 자기 남편이 여기 오면 둘만이 아는 신표(信標)로 서로 알아볼 텐데, 하는 것이죠. 이 구절도 〈오뒷세이아〉에서 가져온 것입니다. 페넬로페와 오뒷세우스가 서로 알아보기 직전에 페넬로페가 하는 말이에요. 그러니 지금 헬레네는 일종의 페넬로페로 그려지는 참이죠. 희랍 전통에서 헬레네와 페넬로페는 완전히 극과 극인, 정반대 성향을 대표하는 것으로 되어 있어요. 한쪽에는 모든 남자를 죽게 하는 헬레네와 제 남편을 죽인 클뤼타임네스트라가 있고요, 다른 쪽에는 오로지 남편만 기다리는 페넬로페가 있습니다. 이 둘이 여성의 양극단을 보여주는 것인데, 지금 이 작품에서는 헬레네를 거의 페넬로페로 바꾸고 있어요.

그러니까 이 작품은 페르세포네 납치 사건과 신분을 잘못 알아보는 데서 나온 우스운 사건, 그리고 페넬로페 이야기 등 여러 요소를 뒤섞고 있는데요. 〈오뒷세이아〉가 큰 영향을 끼쳤습니다.

계속 내용을 더 보면요. 헬레네가 이렇게 자신의 미모를 한탄하자,

곰으로 변한 칼리스토에게 활을 겨누는 아르카스 | 헨드리크 골치우스, 1590, 영국 대영박물관.

합창단이 조금 전에 찾아왔던 이방인의 말을 믿지 말고 테오노에에게 가서 남편의 생사를 물어보는 게 어떨까 하고 제안합니다. 테오노에는 다 알고 있을 거라고, 여자들끼리 서로 도와야 하지 않겠냐고요. 그래서 헬레네가 궁전 안으로 들어갑니다. 가면서, 혹시 내 남편이 죽었다면 자살하겠노라고, 목을 매달거나 칼로 목을 찌르겠다고 선언합니다.

그러는 와중에 잠깐 칼리스토 이야기도 나옵니다. '아, 제우스의 사랑을 받았다가 곰으로 변한 칼리스토도 나보다는 낫네' 하는 얘기예요. 칼리스토라는 요정은, 제우스의 사랑을 받았다가 임신한 채로 아르테미스에게 쫓겨나서 곰으로 변했는데요. 그의 아들이 사냥꾼으로 자라나서 어머니 곰과 마주쳐 쏘아 죽이려는 순간, 제우스가 아들도 곰으로 만들어서 하늘로 불러올려요. 그래서 어머니는 큰곰자리, 아들은 작은곰자리가 되었다고 하는 이야기입니다.

'신화 같은 건 다 쓸데없는 얘기야. 알아서 뭐 해?' 이러는 분도 있을지 모르겠는데요. 일단 비극 작품을 읽으려면 신화를 아셔야 됩니다. 비극의 요소요소에 자잘한 신화가 숨어 있기 때문입니다. 한편 단테의 〈신곡〉 연옥편에도 이 칼리스토 얘기 나옵니다. 〈신곡〉을 제대로 읽으려면 신화를 아셔야 합니다.

메넬라오스가 찾아오다

자, 이제 헬레네가 잠깐 무대를 비워 놓고, 테오노에에게 자기 남편의 생사를 물어보기 위해서 들어갑니다. 그러자 거기에 메넬라오스가 등장해요. 이 장면은 대개 저승 방문 이야기에 나오는 것과 비슷하게 돼 있습니다. 메넬라오스의 첫마디부터가 좀 우습습니다. '여기는 부잣집이네. 아이고, 내가 여기 오기 전에, 내가 태어나기 전에 우리 조상 펠롭스가 그냥 신들에게 먹혀버렸으면 얼마나 좋았을까' 하고 탄식합니다. 펠롭스는, 그의 아버지 탄탈로스가 그를 잡아서 신들에게 식사거리로 대접했다는 사람입니다. 한데 신들이 다 눈치채고서 그 요리를 먹지 않고, 아이의 사지를 모아 붙여서 다시 살아났다고요. 뒤의 그림에 보시면, 저 뒤에 머리에서 열이 나고 있는 여신이 있죠. 곡물의 여신 데메테르인데요. 그녀는 자기 딸 페르세포네가 어디로 사라져서 정신이 나간 참이어서, 그만 아이의 어깨 부분을 먹어버렸다고 합니다. 그래서 신들이 펠롭스의 어깨는 상아로 채워주었다고 합니다. 그래서 자주 '상아 어깨를 가진 펠롭스'라고 부르죠. 한데 그 '펠롭스가 그때 죽어버렸더라면 얼마나 좋았을까' 하고 탄식하며 메넬라오스가 들어오는

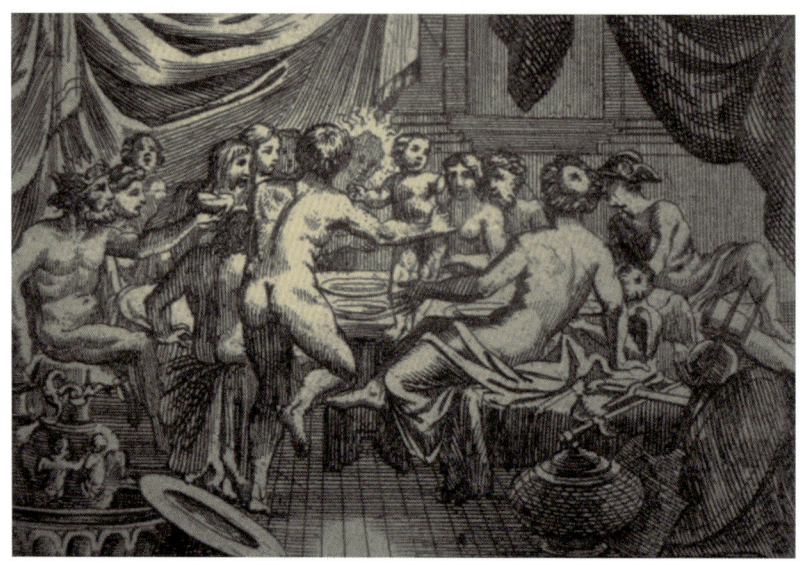

토막 났다가 복원된 펠롭스 | 요한 울리히 크라우스, 1690.

참이에요. 여기에도 살그머니 페르세포네와 데메테르 이야기가 바닥에 깔려 있네요.

메넬라오스는 과거를 회상합니다. '내가 트로이아로 젊은이들을 이끌고 갔었지. 개들은 다 자발적으로 나를 따라갔어' 하면서, 허풍도 좀 포함된, 사실 아닌 얘기도 늘어놓아요. '내가 전쟁터에 갔다가 돌아오는데, 하필 고향 앞에만 다가가면 바람이 반대 방향으로 불어서 계속 다른 데로 돌아다녔네. 그나마 지금은 배도 다 부서져서 용골만 남았고, 간신히 아내를 거기 얹어서 여기로 왔네' 하면서, '아이고, 창피해라, 이 옷 꼬라지가 뭐냐' 하고 한탄하죠. 이 사람은 평생을 떠받들어져 살았던 이라서, 현재 자기의 옷차림새를 굉장히 부끄러워하는 걸로 되어 있어요.

제가 공연 장면을 몇 개 찾아봤더니, 2012년에 LA에 있는 게티(Getty) 빌라에서 했던 공연이 있더라고요. 잠깐 게티 빌라에 대해 설명합니다. 이탈리아 중부의 폼페이 옆에 헤르쿨라네움이라는 부유한 도시가 있었어요. 베수비우스 화산 폭발(서기 79년) 때 폼페이와 함께 묻혀버린 도시인데요. 거기서 파퓌로스를 많이 소장한 빌라가 발굴되어, 현재 이름이 '파퓌로스 빌라'라고 불립니다. 그걸 그대로 재현한 것이 미국의 게티 빌라입니다. 게티라고 하는 엄청난 부자가 세운 것입니다. (빌라와는 따로 게티 박물관도 있고요.) 이 게티는 정말 지독한 사람으로 알려져 있습니다. 한번은 손자가 납치되어서, 납치범들이 손자의 귀를 잘라 보냈는데도, 요구를 그냥 다 들어주지 않고 협상해서 몸값을 깎았다 합니다. 하지만 나중에 재산을 사회에 많이 환원했습니다.

매년 이 빌라에서 야외 공연을 하는데, 희랍극을 상연하는 경우가 가장 많고요. 우리가 다룬 여러 작품이 그동안의 상연 목록에 올라 있습니다. 2012년 〈헬레네〉는 약간 대본을 고쳐서 상연했고요, 무대 배경을 아주 단순하게 만들었더라고요. 이집트 사람으로 설정된 테오노에와 테오클뤼메노스는 동양 배우가 연기했고, 테우크로스는 휠체어를 탄 상이용사로 분장하고 있습니다. 사실은 이런 자료를 안 보고서 그냥 상상하는 게 더 나을 수도 있는데요. 현대인들은 시각적인 걸 중시하니, 한번 찾아보시라고 말씀드리는 것입니다.

잊기 전에 여기서 말씀드리자면, 우리가 읽는 〈헬레네〉의 특이한 점 한 가지는, 원래 신화에 나오지 않던 인물을 작가가 만들어 넣고, 그들에게 상당한 분량의 대사를 부여했다는 점입니다. 이런 흐름이 강화되면, 나중에 아가톤에게서 그럴 것처럼 완전히 만들어진 인물만으로 비극 작품을 꾸리게 될 것입니다. (희극은 원래부터 그런 식으로 짜여 있었습니다.)

다시 줄거리로 돌아갑니다. 메넬라오스가 찾아와서는, 문을 두드리며 '문지기 있소? 나 좀 들여보내 주시오, 나 밥 좀 먹어야 되겠네' 그러자 한 노파가 나와서는 그를 구박합니다. 희랍인들은 여기 못 들어온다고요. 앞에 나온 테우크로스 장면과도 유사한데요, 동화에 자주 나오는 요소입니다. 어떤 아이가 숲속의 오두막에 갔더니 어떤 할머니가 나와서는, 여기 있으면 안 된다고 빨리 가라고 재촉해요. 그런데 벌써 밖에 누가 오니까 '빨리 여기 숨으라'고 하죠? 그 후에 괴물이 들어와서는, '큼큼, 어디서 사람 냄새가 나는 걸' 하는 식으로 진행하는 얘기를 많이 들으셨을 거예요. 지금 그와 비슷하게 이야기가 진행되고 있습니다.

이 작품에서는 이집트가 약간 저승같이 그려졌어요. 이것 역시 〈오뒷세이아〉의 영향인 듯합니다. 〈오뒷세이아〉에도 이집트는 좀 신비로운 땅으로 그려졌는데요. 굉장히 풍요로우면서도, 찾아가기 아주 힘든 데로 설정되어 있습니다. 지금 이 장면에서도 마치 저승 입구에 닿은 것처럼 그려졌고, 문지기 노파는 저승의 문지기처럼 돼 있고요. 아리스토파네스의 〈개구리〉에도 디오뉘소스가 저승 문지기를 만나는 장면이 있으니까 한번 찾아보시기 바랍니다.

자, 다시 줄거리로 돌아갑니다. 노파가 말하길, "우리 집주인은 프로테우스고 이 나라는 아이귑토스(이집트)다. '한데 프로테우스는 이미 죽었고 여기가 그의 무덤이야. 그의 아들은 현재 출타 중이고, 희랍인을 미워하니 어서 꺼져. 헬레네가 여기 있어서, 희랍인들이 그 헬레네를 뺏어갈까 봐 그렇게 경계하는 거야'"라고요. 메넬라오스는 그 말을

〈HELEN〉 낭독회 포스터 | 미국 하버드대학교.

듣고서 놀랍니다. '내 아내는 지금 동굴에 숨겨 두고 왔는데, 누가 그 사이에 빼돌렸나?' 하고 엉뚱한 추리를 합니다.

지금 위에 보시는 건 하버드대학교의 〈헬레네〉 온라인 낭독회 포스터입니다. 두 여자가 서로를 손가락으로 가리키고 있는데, 오른쪽은 약간 고장 난 모니터에 비친 모습처럼 윤곽이 번지고 있네요. 아마도 왼쪽은 진짜 헬레네고, 오른쪽은 가짜 헬레네였다가 사라지는 것을 표현한 것 같아요.

다시 문지기 장면으로 돌아가죠. 메넬라오스가 와서 문을 두드리면서 밥 좀 주세요, 하는데 노파가 구박하고요. 노파가 '여기 헬레네가 있다' 하니까, 메넬라오스는 '혹시 헬레네를 빼돌렸나?' 하다가 스스로 부정합니다. '아니야, 이곳에 제우스라는 사람도 살고 있고, 그 사람의 딸 헬레네도 있을지 몰라. 세상에는 같은 이름 가진 사람이 많잖아' 하면서 자신을 설득합니다. 그러고는 계획을 세웁니다. 숨어서 집주인을 기다렸다가, 상대가 사나운 것 같으면 도망치고, 사람이 좀 온화한 것 같으면 도움을 청하겠다는 것입니다.

한데 그때 헬레네가 궁에서 나와요. 혼자서 기뻐하고 있습니다. 자신이 좋은 말을 들었노라고, 메넬라오스는 살아 있다 한다고, 빨리 무덤가로 돌아가겠노라고. 그러고는 허공을 향해 기원합니다. '여보, 얼른 오세요.' 그러자 무덤 뒤에서 메넬라오스가 나타납니다.

이 장면은 아이스퀼로스의 '오레스테이아 3부작' 가운데 두 번째 작품, 〈제주를 바치는 여인들〉을 흉내 낸 것입니다. 엘렉트라가 오라비의 것으로 추정되는 발자국에 자기 발을 맞춰보며 아버지의 무덤 뒤까지 걸어갔을 때, 거기서 오레스테스가 나오는 장면입니다. 무덤 뒤에 있다가 어떤 사람이 나온다 하면, 죽은 사람이 살아난 것이라고 보시면 돼요. 영화에서도 누가 무덤가에서 어떤 인물을 만난다면 그 사람도 저승에서 돌아온 것으로 생각하면 좋습니다.

헬레네는 메넬라오스를 보더니, '꼭 내 남편같이 생겼는데, 옷을 보니 아니네' 하고 말해요. 이렇게 서로 오해가 계속되는 걸로 그려놨습니다. 그러면서 '헤카테 여신이시여, 저에게 좀 좋은 환영을 보내주세요.' 지금 이 사람은 가짜일 거라고요. 그러다가 '아이고, 정말 내 남편이구나' 하면서 '내가 진짜 헬레네예요'라고 주장하지만, 상대는 믿지 않아요. 자기 아내는 저기 동굴에 있다고, 나를 붙잡지 말라고요.

그러는 사이에 사자가 달려와요. '당신이 데리고 온 그 여자가, 사실은 자기는 구름으로 만든 가짜라고 말하고는 하늘로 올라가버렸다'고

전합니다. 그러다가 헬레네를 보고는 깜짝 놀라면서 '앗, 여기 있었네, 아이고, 제가 잘못 전했군요' 하고 사죄합니다. 그러니 우습게도, 진짜 헬레네를 보면서도 진짜가 아니라고 생각하는 남자가 벌써 세 번째예요. 헬레네 역시 자기 남편을 보고도 처음엔 못 알아보는 걸로 되어 있습니다. 그러다가 결국 남편도 설득이 되어요. 헬레네가 했던 말과 사자가 가져온 소식이 일치하니까요. 그래서 마침내 둘이 포옹하는데, 여기가 작품의 중간쯤입니다.

테오노에를 설득하고 계략으로써 도주하다

그러고 나서 헬레네가 다시 한 번 자신이 겪은 일과, 테우크로스에게서 들은 고향 소식을 들려주죠. 그런 다음, 바닷가에서 무슨 일이 있었냐고 사자에게 묻는 데서부터 후반부가 시작되는데요. 메넬라오스와 바닷가에서 온 사자가 서로 얘기를 나누고요. 그 와중에, 예언이라는 건 참 쓸데없다는 말도 나옵니다.

그동안 메넬라오스가 겪은 일도 여기 소개되는데요. 나우플리오스 때문에 우리 일행이 많이 죽었다, 7년 동안 떠돌아다녔다 등입니다. 그러자 헬레네가 '아이고, 내 남편이 이 꼴이 되다니!' 하면서 한탄해요. 그래서 독자로서는, '헬레네가 참 안 됐다'라고 생각하다가도, 저 여자도 그냥 부유층의 생활에 익숙해 있어서 좀 경박하구나 하는 생각이 듭니다.

그런 다음 현재의 상황을 전합니다. 나는 지금 이곳 왕이 강제 결혼하려 해서 여기 무덤에 숨어 있는 참이라고요. 그러자 메넬라오스가 헬레네의 정절을 의심합니다. 숨김없이 사실대로 자백하라고 얼러댑니다. 좀 우습죠? 그동안 남편 노릇도 제대로 못한 인간이 이렇게 물을 자격이 있는지 하는 의문이 생기는 순간입니다. 그러고는 차후의 계획을 밝힙니다. 혹시 자기가 아내를 빼앗길 수밖에 없게 된다면, 아내를 죽이고 자기도 죽겠다는 것입니다. 계획치고는 좀 야비해 보입니다.

다행히 헬레네는 남편보다는 좀 더 현실적 지혜가 있는 편입니다. 도망치자고 제안합니다. 한데 걱정이 있습니다. 테오노에가 모든 걸 알고 있으니까 도망칠 수 없을 거라고, 그리고 내가 잡히면 강제 결혼할 수밖에 없다고요. 그러자 메넬라오스는 다시 집착이 과도한, 어리석은 모습을 보입니다. 그렇게 되면 내가 당신 죽일 거야라고 선언하죠.

한데 이때 테오노에가 대기를 유황으로 정화시키면서 궁 밖으로 나와요. (이것도 〈오뒷세이아〉 마지막 부분에 오뒷세우스가 했던 행동을 본뜬 것입니다.) 그러면서 '최종적인 결정은 나에게 달렸다'고 선언하죠. 신적 지혜를 지닌 여성이니 뭔가 좋은 제안을 하겠지 하고 기대하는 참인데, '아무래도 내 안전이 우선이니 당신이 죽어 줘야겠다' 합니다. 이 작품은 거듭해서 관객/독자의 예상을 뒤엎고 있습니다.

그러자 헬레네가 테오노에에게 매달려서 탄원합니다. 당신 아버지의 성품을 본받아라 하면서, 주로 아버지를 강조하고 제우스의 정의도 강조합니다. 그래서 결국 테오노에가 위험을 무릅쓰고서 도와주겠노라고 마음을 바꿔요.

이어서 이제 어떻게 할지를 의논하는데, 남편은 다시 어리석은 여러 가지 제안을 합니다. 그러자 헬레네가 계략을 내놓습니다. 당신이 죽었다는 소식이 온 걸로 하자고요. 한데 옛날 사람들은 그런 걸 굉장히 싫어해요. 이런 말 자체가, 자기가 진짜로 죽으리라는 일종의 전조이기 때문이죠. 하지만 어떤 사람이 죽었다고 했다가 살아나는 게 희랍 비극에 아주 자주 등장하는 패턴이고요. 상징적으로는, 예전 사람이 죽고 새로운 사람이 되는 것이죠. 누더기를 벗어던지고, 목욕하고 새 옷 입고, 새 이름을 얻고 하는 것들이 삶의 한 단계를 넘어가는 순간에 자주 보이는 현상입니다.

결국 두 사람은 헬레네의 계략대로 실행하기로 합의합니다. 합창단의 노래가 지나가고 나서, 테오클뤼메노스가 들어옵니다. '어떤 희랍인이 왔다는 소식을 들었는데, 도대체 누구냐?' 그러자 헬레네가 슬픔을 가장합니다. '아이고, 내 남편 죽었다는 소식이 왔어요, 남편을 잘 장례 치르게 해주세요.' 그러자 왕은 짐짓 기쁨을 감추고서, 그럼 장례 치른 후 자기와 결혼해야 한다고 주장합니다.

헬레네는, 온갖 제물을 준비해서 바다 멀리 나가서 남편을 위한 장례를 치르고 돌아오겠다고 말합니다. 그러자 왕은, 그건 위험하니 당신은 여기 있으라고, 다른 사람을 보내자고 제안해요. 헬레네는, 그럴 수 없다며 자기가 경건한 아내가 되게 해 달라고 왕을 달랩니다. 또한 그녀는 왕에게, 메넬라오스가 자기 남편 죽은 소식을 전해 주었다고 소개해서, 목욕도 시키고 새 옷도 차려 입히게 합니다. (메넬라오스는 삶의 새 단계로 진입하여, 헬레네와 다시 결혼할 준비를 갖춘 셈입니다.) 메넬라오스는 장례를 도울 하인들에 대한 지휘권까지 얻어서 헬레네와 함께 떠나죠.

잠시 후 하인 하나가 누더기를 걸친 채 달려와서 소식을 전합니다. 그가 전한 사건 전개는 이렇습니다. 바닷가에 갔을 때, 메넬라오스가 한 무리의 뱃사람에게 도움을 청해서 함께 배에 태웠으며, 먼 바다로 나갔을 때, 그들이 일제히 달려들어 이집트인들을 공격했다고요. 메넬라오스도 힘을 내어 싸우고 심지어 헬레네까지 힘을 더해서, 결국 자기들이 패했고 헬레네 일행은 도망쳐버렸다는 것입니다. 이 소식을 들은 테오클뤼메노스가 분노합니다. 자기 누이도 처벌하고, 헬레네 일행도 추격해서 응징하겠노라고 선언하죠.

합창단이 그를 막아서는 참에, '멈추어라!' 하면서 하늘에서 디오스쿠로이가 나타납니다. 늘 나오는 것처럼, 앞으로 이러저러한 일이 있게 될 것이다라고 예언하고요. 테오클뤼메노스에게는 헬레네 일행을 그냥 보내주라고 명합니다. 그래서 〈타우리케의 이피게네이아〉와 비슷하게 끝이 납니다.

그래서 합창단이, 자기들도 이렇게 배를 타고 고향으로 돌아갈 수 있으면 얼마나 좋을까 하고 노래하고요. 맨 마지막에 '신들은 이따금 놀라운 일을 행하시는데, 이번 경우에도 그러했도다' 하면서 극이 끝나요. 이렇게 끝나는 작품이 꽤 여럿입니다. 그러니 마지막에 이런 구절이 나오면, 우리는 '아, 이 작품은 에우리피데스 것이구나'라고 다시 생각하게 됩니다.

지금까지 기원전 413년의 엄청난 재앙 뒤에 상연된 작품, 상당히 가벼운 듯 만들어놨지만, 전쟁에 대한 반대를 전해 주고, 전쟁이 사실은 허상을 놓고 싸우는 것임을 은근히 주장하는 작품을 보셨어요. 한편으로 즐겁게 보시면서, 또 한편으로 에우리피데스가 이렇게 가볍게 가볍게 가면서 우리에게 어떤 메시지를 주려고 했는지 생각해야 합니다. 이건 국가에서 비용을 대서, 시민들이 모두 모여서 보는 행사였어요. 그러니 뭔가 메시지가 없을 수는 없습니다. 표층적인 거 말고 심층적인 것까지 같이 보면서 감상하셔야 하는 좋은 작품이었습니다.

브런치 디저트

이 작품에서는 헬레네가 매우 현명하고 정숙한 여자로 그려졌는데, 다른 작품에서도 그런가요?

에우리피데스의 다른 작품에서는 헬레네가 천하의 악녀로 욕을 먹고 있습니다. 하지만 그것은 다른 등장인물의 발언이지, 에우리피데스의 생각은 아니라는 주장도 근래에 제기되고 있습니다. 에우리피데스는 평생 일반인의 편견과 싸운 사람인데 유독 헬레네에 대한 평가만 일반 대중과 같았을 리 없다는 것이죠. 헬레네가 자기는 트로이아 전쟁에 대해 책임이 없다면서 좀 어처구니없어 보이는 논변을 펼치는 장면도 〈트로이아 여인들〉 같은 작품에 나오는데요. 그런 논변도 모두 일종의 아이러니로 삽입된 것이라는 해석입니다. 사실 전쟁이 일어난 건 남자들의 복수심과 공명심 때문이고 헬레네는 그저 핑계로 이용되었을 뿐이라는 것입니다. 다른 작품들에서는 헬레네가 납치되었다기보다는 대체로 바람나서 집을 나간 것으로 설정되어 있는데요. 헬레네를 옹호하는 학자는 그녀가 메넬라오스와는 애정 없는 정략결혼을 했을 뿐이고, 파리스와는 진정한 사랑을 나눈 것으로 보고 있습니다. 아닌 게 아니라 헬레네는, 아프로디테가 자기를 이끌어갔노라고 변명하고 있는데요. 이 '아프로디테'는 한편으로 신화 속의 여신이지만, 다른 한편 헬레네 가슴 속의 감정이기도 한 것이죠.

〈헬레네〉에서는 다른 여성들도 영리하고 실행력이 있는 반면, 남자들은 좀 어리석고 무기력하게 그려졌네요. 혹시 작가의 여성관을 반영한 것인가요?

앞에 얘기한 것처럼 에우리피데스는 보통 여성혐오자로 알려져 있지만 제가 보기에 이 작가는 거의 페미니스트입니다. 이 말이 좀 심하다면, 적어도 그는 남자들이 여성들에게서 뭔가 배워야 한다고 생각한 것 같습니다. 그는 특히 남자들의 결정에 의해 아테나이가 전쟁에 말려드는 것과, 온갖 무리하고 잔인한 정책을 밀고 나가는 걸 자기 눈으로 보았고요, 그런 현실에 절망한 듯합니다. 그래서 특히 이 작품에서 남성의 대척점에 여성을 놓고 남자들을 은근히 비판한 듯합니다. 〈헬레네〉에 쓰인 어휘를 잘 보면 트로이아와 이집트, 남성과 여성, 거짓과 진실, 환각과 진리, 죽음과 삶이 대비되고 있다는 분석도 있습니다.

앞서도 말했지만 〈헬레네〉의 여성 등장인물들은 〈오뒷세이아〉의 여성들을 모델로 삼은 것 아닌가 싶습니다. 〈오뒷세이아〉에서도 남성보다 여성들은 더 기민하고 영리한 것으로 되어 있거든요. 남자들은 그 반대인데요. 사실 처음에 잠깐 등장했다가 곧 퇴장하는 테우크로스의 역할 중 하나도 그것입니다. 바로 남성들의 허세와 환각, 소심함과 무능을 보여주는 것이죠.

ΒΆΚΧΑΙ
ΕΥΡΙΠΊΔΗΣ

XII

박코스의 여신도들
에우리피데스

작품 연대, 구조, 해석 방향
디오뉘소스의 독백
마이나데스 합창단의 노래
테이레시아스와 카드모스
펜테우스가 두 노인을 비난하다
합창단의 노래
디오뉘소스가 붙잡혀 오다
합창단의 노래
전령의 보고-작품 전체의 요약본
펜테우스가 여자 옷을 입다
펜테우스가 산으로 떠나다
펜테우스의 죽음
'심리 치료' 장면과 데우스 엑스 마키나

작품 연대, 구조, 해석 방향

에우리피데스의 〈박코스의 여신도들〉을 같이 보시겠습니다. 박코스는 디오뉘소스의 다른 이름입니다. 디오뉘소스는 이름이 여럿이죠. 박코스도 그 별칭 중 하나입니다.

〈박코스의 여신도들〉이 만들어진 시기는 아마도 기원전 407년인 것 같습니다. 에우리피데스가 기원전 408년에 아테나이에서 마지막으로 〈오레스테스〉가 포함된 3부작을 발표하고는 마케도니아로 가버렸어요. 그때 펠로폰네소스 전쟁이 막바지에 다다라 있었는데, 아테나이가 크게 불리한 상황이었습니다. 한편 북쪽 마케도니아는 아르켈라오스의 통치 하에 점차 부강해지는 참이었죠. 말하자면 알렉산드로스 대왕의 시대를 향해 상승하는 중이었습니다. 에우리피데스는 그때 마케도니아로 가서는 한 2년 정도 있다가 거기서 죽었어요. 그래서 그곳 마케도니아에서 지금 이 〈박코스의 여신도들〉을 써서, 그가 세상 떠난 다음 해인 기원전 405년에 〈아울리스의 이피게네이아〉와 함께 경연대회에 출품해서 우승했습니다. 아마도 그의 친척, 아들이나 조카가 연출을 맡았던 것 같습니다.

여러분이 이 작품을 읽으시면 아마 '그래, 비극은 이런 거지!'라고 생각하시게 될 거예요. 희극적 요소도 거의 없고, 결말도 매우 불행합니다. 이 작품의 중심적 내용은 테바이의 젊은 왕인 펜테우스가 자기의 사촌인 디오뉘소스가 신을 자처하고 많은 사람이 그를 추종하고 있다는 사실에 분개해서, 여자 옷을 입고 가서 염탐하다가 잡혀서는 자기 어머니와 이모들에게 찢겨 죽는다는 것입니다. 제가 에우리피데스의 작품은 소포클레스나 아이스퀼로스와 많이 다르다는 것을 강조하는데요. 이 작품은 그것들과 그다지 다르지 않아서 오히려 에우리피데스의 전반적인 특징은 좀 덜 두드러지는 편입니다.

전체를 한눈에 넣기 위해, 먼저 큰 구조를 설명할게요. 이 작품은 마치 큰 산봉우리를 올라갔다 내려오는 것처럼 생겼다고 생각하면 좋습니다. 작품 내용도 펜테우스가 산에 올라갔다가 죽어서 돌아오는 것이니, 내용과 구조가 일치하는 셈입니다. 중심에 큰 봉우리가 있고요. 그 전에 작은 봉우리 두 개, 뒤에도 작은 봉우리 두 개가 있어서 대칭적으로 만들어져 있으며, 중심의 큰 봉우리도 정상 부분 이전에 작은 언덕 하나, 이후에 작은 언덕 하나가 있다고 생각하면 됩니다. 그러니까 일단 전체적으로 다섯 덩어리, 중앙부는 다시 셋으로 나뉜다고 보시면 됩니다. 도식화하면 이렇게 됩니다.

① 테이레시아스와 카드모스 vs 펜테우스
② 디오뉘소스 vs 펜테우스
③ 중심부 '왕궁 기적 장면' 첫째 전령의 보고 펜테우스 여자 옷을 입다
④ 두 번째 전령의 보고(펜테우스의 죽음)
⑤ '심리치료 장면'과 데우스 엑스 마키나

  학자들이 이 작품을 해석하는 가장 기본적인 시각은 이렇습니다. 즉 이 작품은, 종교가 가진 무서운 힘에 대해, 남성적 질서를 강조하는 정치 지도자가 지나치게 이성적인 억제를 가하려다가 실패하는 과정을 보여준다는 것입니다. 그러니까 이성과 비이성의 대결, 어쩌면 제도와 제도에 묶이지 않는 어떤 원시적인 힘의 대결을 그린 것이라고 보는 시각이 제일 많아요. 에우리피데스가 희랍 전통 종교와 신화에 굉장히 비판적인 태도를 취하고 있지만서도, 종교 현상이 무엇인지는 아주 잘 인식하고 있었기 때문입니다.

  한편 또 다른 문제도 있습니다. 이 작품에서 이성과 제도를 대표하는 게 젊은 남성 왕이고요, 그 반대쪽에 있는 사람들이 여성들로 되어 있어서 남성과 여성의 문제도 있어요. 특히 에우리피데스는 평생 여성이라는 문제를 집요하게 다룬 사람이에요. 여러 차례 얘기했지만 아테나이 민주정이라는 것이 오로지 남자들만의, 오로지 자유인만의, 오로지 아테나이 출신만의 것으로 제한되었습니다. 그리고 비극 작가들의 작품에도 대체로 그 세 부류를 응원하고 편견을 부추기는 듯한 분위기가 느껴집니다. 하지만 그게 꼭 당대의 주류 사고방식을 지지해서 그런 것이냐는 논의의 여지가 있습니다. 그저 당시 사람들의 생각을 보여준 것

뿐이지, 작가가 그 생각에 찬성하는 건 아니라는 해석도 많이 있어요.

어쨌든 얼른 보기에 종교가 지닌 무서운 힘과 그것을 억압하려는 제도적인 힘의 충돌이 가장 눈에 띄지만서도, 또 한편 남성과 여성의 대립도 있고요. 그밖에도 노년과 젊음의 대립 같은 것도 여기서 찾아내는 사람들이 많이 있습니다. (물론 젊음과 남성성의 한계를 보여주는 데 집중하고 있기 때문에, 그에 대비되는 노년과 여성만의 특성이 무엇인지는 또렷이 부각되지 않습니다.)

디오뉘소스의 독백

앞에서 제가 '이 작품은 산을 올라갔다 내려오는 구조'라고 했는데, 맨 앞부분은 제외하고 한 말입니다. 그림이 너무 복잡해질까 봐 프롤로고스를 제외하고 얘기한 거예요. 이 작품은 첫 장면 프롤로고스에 디오뉘소스가 직접 등장합니다. 에우리피데스의 특징 중 하나로 꼽은 게 '설명적 프롤로고스'였죠? 자기 앞의 선배 작가들이 좋은 신화를 다 사용해서 곤란하니까, 신화 내용을 바꾸려고 이랬다라고 얘기했는데요. 그거 말고 설명적 프롤로고스의 다른 용도가 있습니다. 신화의 이야기가 길게 이어지는데 그중 어떤 부분에서 자기가 이야기를 시작하는지 밝히는 수단이기도 한 거죠.

자, 첫 장면에 디오뉘소스가 등장해서는 우선, 자기가 제우스와 세멜레의 아들이며, 번갯불과 함께 태어나서 지금은 인간 모습으로 이곳에 왔노라고 선언합니다. 디오뉘소스의 탄생과 관련된 그림 하나 보시죠. 모로의 작품입니다. 보통 전해지는 이야기로, 카드모스의 딸이자 테바이 공주인 세멜레가 제우스의 아기를 갖게 되자, 헤라가 세멜레에

세멜레의 죽음 | 귀스타브 모로, 1894~1895, 프랑스 모로박물관.

게 나타나서 '너를 찾아오는 남자가 제우스 맞느냐, 어쩌면 거짓말일지도 모르니 헤라에게 청혼할 때의 모습을 보여달라 해라'라고 꼬드겼답니다. 그래서 여자가 제우스에게 그걸 요구했더니, 제우스는 이미 여자의 청을 모두 들어주기로 약속한 상태여서 어쩔 수 없이 벼락을 들고 나타났다고요. 그래서 여자가 타 죽고 말았다는 내용이에요.

위에 있는 모로 그림을 보시면 제우스는 눈의 초점이 맞지 않아서 약간 정신이 나간 것 같기도 하죠? 그의 머리에서 빛이 막 뿜어나가고 있고요. 저 뒤에는 헤라가 능청맞은 표정으로 그려져 있습니다. 왼쪽 아래엔 세멜레가 후회하는 듯한 자세로 죽어가고 있고, 그녀의 허리춤에는 피가 보이고요. 그 앞에는 에로스가 눈을 가리고 떠나가고 있습니다. 모로의 그림들은 일반적으로 규모가 매우 큽니다.

XII. 박코스의 여신도들

세멜레의 죽음 | 페테르 파울 루벤스, 1640년, 벨기에 왕립미술관.

자, 여기 루벤스의 그림에서도 임신한 여자가, 제우스가 벼락 들고 나타나니까 죽어가고 있고요. 그밖에도 여러 화가가 이 주제로 그림을 많이 남겼는데요. 이런 사건은 한편으로는, 전혀 준비되지 않은 사람이 갑자기 신성한 것과 마주칠 때 어떤 일이 일어나는지 보여주는 거예요. 악타이온에 대한 언급도 오늘 보는 작품에 세 번 정도 나오는데요. 그 역시 준비되지 않은 사람이 신적인 것과 마주친 사례입니다. 아르테미스 일행이 목욕하는 것을 본 악타이온이 사슴으로 변해서 자기 사냥개들에게 찢겨 죽었다는 내용이죠? 이 얘기들은 다 오비디우스가 〈변신이야기〉에 자세히 그려놨어요. 악타이온도 준비가 되지 않은 상태에서 너무 거룩한 것과 마주쳐서, 혹은 우리 같은 보통 사람으로서는 도저히 감당할 수 없는 어떤 진실과 마주쳐서 죽은 것이라고요.

그런 사정을 조금 변형한 것이 스파이 영화나 범죄 영화에도 나오죠? 어떤 사람이 사실은 스파이도 아닌데 어떤 국가의 기밀을 알게 됐다든지, 범죄자들의 범행 현장을 목격했다든지 해서 쫓기는 경우입니다. 이런 영화 소재들은 대개 조금 속되게 변형된 경우지만, 결국 신화와 같은 패턴의 이야기 진행입니다.

디오뉘소스 탄생 신화를 마무리하자면요. 제우스는 세멜레의 뱃속에서 얼른 아기를 꺼내서 자기 허벅지에 심었다 합니다. 그래서 디오뉘소스는 제우스의 허벅지에서 태어났다고 합니다. 옆의 도기 그림을 보시면, 왼쪽의 제우스 허벅지에서 아기가 막 솟아나오고 있고요, 오른쪽에는 헤르메스가 그 아기를 양육자들에게 데려가기 위해 기다리고 있습니다.

다시 작품 줄거리로 돌아가죠. 이제 디오뉘소스는 무대 배경을

제우스의 허벅지에서 솟아나는 디오뉘소스
| 기원전 460년경, 미국 보스턴미술관.

XII. 박코스의 여신도들　533

설명합니다. '나는 드디어 우리 어머니의 집 앞에 왔다. 저기 벼락에 타 죽은 어머니의 무덤과 옛 집터가 보인다. 카드모스가 이곳을 성역화했다고요. 희랍 사람들은 벼락 떨어진 데를 신성시했어요. 그래서 거기 울타리를 쳐 놓고 성역으로 섬기기도 했습니다. 제우스가 벼락을 들고 있는 조각상도 많이 있죠? 벼락이 땅에 떨어지면, 땅속에 있는 모래 성분 같은 게 벼락 모양대로 녹았다가 다시 굳어져서, 결국 나중에 땅속에서 유리질로 된 나무뿌리 같은 게 나오는 경우가 있어요. 섬전암(閃電巖, fulgurite)이라는 건데요. 아마도 그런 것 때문에 옛날 사람들이 제우스의 벼락을 창으로 생각한 것 같아요. 벼락 떨어지고 얼마 있다 가서 땅을 파 봤더니 창 같은 게 꽂혀 있어요. 그러면 사람들은 '아, 제우스가 이걸 던져서 불이 떨어졌구나'라고 생각하는 거죠. 어쨌든 희랍에서도 그런 자리를 신성시하고요. 우리도 벼락 맞은 대추나무로 인장을 만들면 행운이 온다고 하죠? 비슷한 발상입니다.

어쨌든 여기 세멜레가 죽은 곳도 그렇게 성역이 되어 있습니다. 이어서 디오뉘소스는 자기가 어디 어디를 거쳐서 여기 왔는지를 밝힙니다. 아시아를 다 돌아다니면서, 자기를 신으로 섬기게끔 비의를 확립하고 여기로 돌아왔다는 거죠. 그리고 희랍 땅에서는 테바이가 제일 먼저 자기를 받아들이게 했노라고 선언합니다. 그래서 모두가 새끼 사슴 가죽과 튀르소스를 갖추고 있다는 거예요.

지금 오른쪽 그림은 동방을 다 제압한 디오뉘소스가 자기를 따르는 무리와 함께 희랍으로 돌아오다가, 낙소스 섬에서 테세우스가 버리고 간 아리아드네와 마주쳐서 그녀를 자기 아내로 삼는 장면이에요. 왼쪽 끝에 테세우스의 떠나가는 배가 보이고요. 오른쪽에는 디오뉘소스가

아리아드네와 마주치는 디오뉘소스 | 베첼리오 티치아노, 1523, 영국 런던 국립미술관.

자기와 함께 가자고, 수레에서 뛰어내리면서 먼 곳을 손가락으로 가리키고 있네요. 아니면 자기가 인도 쪽에서 오는 길이라고 얘기하는 참인지도 모르죠. 저 왼쪽 위 하늘에는 아리아드네의 왕관이 변해 왕관자리가 생겨나고 있습니다. 여기 있는 사람들을 보시면 표범이 끄는 수레를 타고, 몸에 뱀을 두르고, 심벌즈나 탬버린 같은 악기를 열정적으로 연주하고요. 짐승을 찢어서 들고 있고, 그림 중앙 앞쪽에 아기 사튀로스도 하나 서 있습니다. 그림 오른쪽 제일 뒤쪽에 술에 취해서 막 흔들거리고 있는 뚱뚱한 사람도 있죠? 옛날 아기 디오뉘소스를 길러 줬던 세일레노스라는 노인이에요. 이 그림에는 튀르소스 지팡이가 잘 나와 있진 않네요. 그림 오른쪽 끝에 짐승을 찢어서 다리 한쪽을 들고 있는 모습도 있고요. 이게 디오뉘소스 숭배자들이 전형적인 모습을 보여주는 겁니다.

오른쪽 위 그림은 조금 점잖게 그렸는데, 동방을 다 제압하고 호랑이가 끄는 수레를 타고 돌아오고 있는 디오뉘소스가 있고요. 그는 튀르소스 지팡이와 포도를 들고 있습니다. 그 위쪽에는 천사 같은 존재가 아리아드네 위에다 왕관을 씌우고 있습니다. 앞에 설명한 왕관자리의 유래를 암시적으로 보여주고요.

오른쪽 아래 그림에는, 디오뉘소스가 머리에 담쟁이 관을 쓰고 지팡이에 가면을 매단 채로 표범을 타고 행진하네요. 그는 연극의 신이기도 하기 때문에 이렇게 가면과 연관되어 있습니다. 그 곁에는 쌍피리 부는 사람, 탬버린 비슷한 악기를 연주하는 사람도 있고요. 왼쪽 끝에 그려진 사람은 사튀로스거나, 아니면 사튀로스 분장을 하고 있어서 꼬리가 달린 걸로 그려놨네요.

그 다음 쪽의 그림이 디오뉘소스의 전형적 모습을 종합해서 보여줍니다. 머리에 담쟁이 관을 쓰고, 한 손에는 포도나무 줄기를 들고, 다른 손에는 칸타로스라고 하는 술잔을 들고요. 옆에 있는 건 튀르소스라고 하는 솔방울 장식이 있는 지팡이예요. 이 '튀르소스'라는 단어는 알아두시면 좋습니다. 디오뉘소스 숭배에 관련해서 자주 나오는 어휘입니다. 그 숭배자들은 대개 표범 가죽이나 사슴 가죽을 두른 것으로 그려집니다. 사람들이 디오뉘소스 비슷한 복장을 하고 다니면서 자기들 신을 찬양하는 것입니다.

설명적 도입부에는 늘 고유명사가 많이 나온다고 했죠? 이 도입부에

디오뉘소스의 개선 | 안니발레 카라치, 1597, 이탈리아 로마 파르네세미술관.

디오뉘소스의 개선

포도주와 황홀경의 신 | 기원전 490년경, 독일 뮌헨 국립고대미술박물관.

서 디오뉘소스는 자기가 어디 어디를 거쳐서 이곳에 왔노라고 회고합니다. 그러면 관객들은 눈을 감고서, '아, 나 거기도 가 봤지, 그곳에 대한 얘기를 들었어' 하면서 지리 지식을 정리했을 거예요. 자, 디오뉘소스의 독백이 계속됩니다. 자기가 여기까지 왔는데 이모들이 자기를 신으로 받아들이지 않았다고 불평합니다. 카드모스에게는 아들 하나와 딸이 여럿 있습니다. 그 딸 중 하나인 세멜레는 죽었고요. 나머지 딸들이 여기 등장합니다. 3명의 딸이 남았는데, 그중 하나는 죽은 악타이온의 어머니예요. 이 집안은 불행을 많이 당하는데, 카드모스의 자식들이 직접 당하는 게 아니라 주로 외손자들에게 재난이 닥칩니다. 가장 대표적인 게 악타이온과, 지금 이 작품에 나오는 펜테우스예요. (계보상으로는 아들이 하나 있어서, 그를 통해 오이디푸스까지 연결되는 걸로 알려져 있는데, 이 작품에서는 남자 자손은 펜테우스가 마지막인 것처럼 되어 있습니다. 그가 죽으면 이 집안의 혈통은 끊기는 셈이죠.)

카드모스가 용을 죽이고서 아테네 여신의 지시에 따라 용 이빨을 땅에 뿌렸더니, 거기서 전사들이 솟아나고, 그들 사이에 돌을 던졌더니 자기들끼리 싸워요. 서로 죽여서 5명만 남았을 때, 카드모스가 그들의 싸움을 말리고, 그들을 데리고서 테바이를 건설했다. 그중 하나가 펜테우스의 아버지 에키온입니다.

자, 다시 도입부로 돌아갑니다. 디오뉘소스는, 이모들이 자기를 신으로 받아들이지 않고 인간의 자식이라고 생각한다고, 세멜레가 거짓말하다가 제우스의 벼락에 죽은 거라고 말했다고 전합니다.

사실은 〈일리아스〉에도 그 비슷한 얘기가 많이 나오는데요. 전통사회에서는 여자들을 굉장히 엄하게 단속했어요. 그랬는데도 어떻게 아기가 생깁니다. 그러면 대개는 아레스가, 아니면 헤르메스가 찾아와서 여자와 잠자리를 같이해서 여자가 임신한 거다라고 설명해요. 그래서 여자가, 아버지를 모르는 아기를 갖게 되면 그 아이는 신의 자식으로 통하게 됩니다. 〈일리아스〉에는, 여자가 친정에다 아기를 낳아 놓고 딴데 시집가면, 외할아버지가 아이를 잘 키워서는 자기 막내딸하고 결혼시키는 사례가 많이 나옵니다. 그런 사람이 전장에 나와서 죽는 장면이 많이 소개돼요. '아니, 자기 이모와 결혼한단 말이야?' 생각하실 텐데요. 이게 옛날에는 권장되던 결혼 방식 중 하나입니다. 서로 촌수가 삼촌 관계인 사람들, 삼촌과 어린 여자 조카가 결혼하거나, 아니면 이

모가 어린 자기 남자 조카하고 결혼하거나 하는 경우가 많이 있어요. 집안의 재산이 흩어지지 않게 하는 방편이었습니다.

어쨌든 여기 세멜레의 경우도 그의 자매들이 그런 식으로 생각했다는 거예요. '쟤가 어쩌다 인간 남자와 결합해서 애가 생겼는데, 그걸 제우스의 자식이라고 우기다가 벼락 맞아 죽었군' 했다는 겁니다. 그래서 디오뉘소스가 보복하기 위해서, 자기 이모들도 미쳐서 산으로 뛰쳐나가게 했고 다른 여자들도 다 뛰어나가게 만들었다고요. 그러면서 '하지만 이게 축복이라는 걸 알아라'라고 덧붙이죠.

이렇게 한편으로는 자신의 행적을 전하고, 이모들에 대해 얘기하고요, 이어서 펜테우스에 대해 언급합니다. 지금 이 도시는 펜테우스가 다스리고 있어요. 그는 디오뉘소스의 사촌입니다. 펜테우스는 디오뉘소스를 향해서 전쟁을 선포하고, 그를 신으로 받아들이지 않고 있습니다. 그래서 디오뉘소스는, 여기서 자신이 진짜 신이라는 걸 보여주고 다른 데로 가겠다고 선언해요.

마이나데스 합창단의 노래

오늘 보는 작품의 제목이 '박카이(Bacchai)', 즉 〈박코스의 여신도들〉이라고 되어 있는데요. 박코스의 숭배자들을 부르는 이름이 많이 있어요. '바칸테스'라고 하는 말도 쓰고요. 또 '마이나데스'라는 칭호도 사용합니다. 작품을 직접 읽어 보시면 '마이나데스'라는 말이 꽤 자주 나올 거예요.

디오뉘소스는 자기가 마이나데스들을 데리고서 이 도시와 교전을 하겠노라고 말합니다. 그 목적을 위해 지금 인간 모습을 하고 있는 거라고요. 그러면서 합창단을 부릅니다. '너희들, 코로스는 나오거라. 너희는 뤼디아에서부터 나를 따라왔지.' 그러자 여자들이 입장합니다. 이렇게 해서 무대 밑의 오르케스트라로 합창단이 등장하면서 노래를 불러요. 자기들은 브로미오스를 위해서 많은 노고를 행했다고요. '브로미오스'는 디오뉘소스의 별칭 중 하나인데, 이 이름도 많이 나오니까 알아두시면 좋습니다.

합창단은 잘 알려지지 않은 신화를 노래합니다. 원래 합창단의 노래에는 신화가 자주 언급되죠. 지금 여기서는 '디오뉘소스가 황소 뿔을 달고서 태어났다'는 내용을 노래하네요. 그의 어머니가 벼락을 맞아서 아기가 좀 일찍 나온 것처럼 그렇게 전합니다. 가장 널리 알려진 판본은, 제우스가 얼른 어머니 뱃속에서 아기를 꺼내어 자기 허벅지에 심은 것으로 돼 있는데, 이 합창단의 노래에는, 어머니가 죽으면서 아이를 조산했는데 제우스가 그 아기를 받아서 자기 허벅지에다 심고 황금 죔쇠로 조였다고 되어 있습니다. 현대에도 수술할 때 더러 스태플러를 이용해서 꿰매죠? 한 땀 한 땀 바늘로 꿰매지 않고요. 그것처럼 여기도 저 옛날에 벌써 그런 장치를 사용한 것처럼 되어 있네요.

그들은, 제우스가 황금 뿔을 가진 아기를 낳아서 머리에 뱀 관을 씌워 주고, 마이나데스도 허리에 뱀을 묶었다고 노래합니다. 여기서는 디오뉘소스를 문명과 대비되는, 자연적인 힘에 가깝게 그리고 있습니다. 황소 뿔을 가진 신이 뱀 관을 두른 모습으로요. 이거 사실은 제우스의 다른 모습이기도 합니다. '디오뉘소스'라는 이름은 '뉘사 산의 제우스'라고 풀기도 합니다. '디오스(Dios)'가 '제우스'의 소유격이거든요. 그래서 '디오-'와 '뉘사'를 합쳐서, 디오뉘소스는 '뉘사 산의 제우스'입니다. 제우스의 재현이죠. 한편 이것과는 좀 다른 이야기도 있어요. 티탄들이 아기를 잡아먹고 심장 하나만 남겨놨는데, 제우스가 그 심장을 삼켜서 다시 아이를 낳았다는 얘기죠.

어쨌든 이 작품 속의 디오뉘소스는 자연의 힘에 가깝게 그려졌습니다. 이어서 합창단은, 제우스가 어렸을 때 길러졌던 동굴도 부르고 해서, 디오뉘소스가 제우스와 정말 가까운 사이임을 강조하고요, 디오뉘소스가 가는 곳엔 젖과 꿀이 흐른다고 노래합니다. 이건 환각일 수도 있지만, 지금 자연과 문명이 대비되는 참이어서 그래요. 인간의 노력 없이도 자연이 스스로 좋은 것을 준다는 생각이죠. 고대 희랍에서는 양극단을 대비하는 표현법을 많이 사용했는데요, 그런 대비 중 하나가 '자연과 문화'입니다. 《일리아스에서 자연과 문화(Nature and Culture in the Iliad)》라는 제목으로 책을 쓰신 분도 있어요. 〈일리아스〉 내용을, 헥토르를 중심으로 다시 정리하면서 자연적인 것과 문화적인 것을 대비하는 내용입니다.

이런 대비가 오늘의 작품과도 좀 맞는 것 같죠? 여성들로 대표되는 디오뉘소스 숭배자들은 자연을 상징하고, 펜테우스로 대표되는 남성들의 세계관은 문화로 나타납니다. 한쪽에는 자연 다른 한쪽에는 문화, 여성과 남성, 그리고 어떤 원시적 충동과 제도적 억압, 이런 식으로요. 에우리피데스가 평생 주목했던 주제 중 하나가 자유라는 개념이에요. 특히 옛날에 여성들이 억압을 많이 받았는데, 지금 이 작품에서 그동안 남성 중심 사회에서 억눌렸던 힘이 폭발하는 것을 보여주고 있습니다.

테이레시아스와 카드모스

자, 여기까지, 합창단이 들어와서 디오뉘소스의 유래에 대해서 자연적인 힘을 강조하면서 노래하고, 그를 섬길 때 어떠한 일들이 일어나는지 노래했고요. 그다음은 테레시아스 장면입니다. 앞에 제가 전체 구도를 설명하면서 맨 앞의 작은 봉우리라고 말했던 부분의 시작입니다.

테이레시아스에 대해서는, 그림을 보죠. 뒤쪽에 보시는 그림은 대체로 〈안티고네〉에 나오는 내용을 그린 것 같습니다. 테이레시아스는 눈먼 예언자이기 때문에 어린아이의 손에 이끌려 오고 있어요. 그는 〈안티고네〉에서, '내가 예언자이긴 하지만 어린아이의 안내를 받아야 한다'면서 입장합니다. 이 그림이 〈안티고네〉 내용을 그린 것이라면, 그림 오른쪽에 서 있는 사람은 크레온이에요. 그는 죽은 사람을 저승에 보내지 않고, 산 사람을 죽은 자의 영역에 가두었다가 신들에게 벌 받은 인물로 그려졌습니다. 하지만 이 그림이 〈안티고네〉 아닌 〈오이디푸스 왕〉 내용을 그린 것일 수도 있습니다. 오이디푸스는 라이오스 왕을 죽인 자가 누구인지 알아내기 위해 테이레시아스를 불러오죠. 거기서도 눈먼 예언자가 어린아이 손에 이끌려 들어옵니다. 그러니 지금 이 장면은 현자라 하더라도 때때로 어린 사람의 안내를 받아야 한다는 교훈을 담고 있는 셈입니다.

하지만 〈박코스의 여신도들〉에서는 테이레시아스도 멋지지 않아요. 에우리피데스의 작품에서는 오비디우스의 작품에서 잘 그런 것처럼 영웅들이 상당히 찌질하게 그려지고 있습니다. 그래서 여기 나오는 테이레시아스도, 소포클레스의 〈오이디푸스 왕〉이나 〈안티고네〉에서 보여주는 것처럼 근엄하고 신적 진리를 밝히는 진지한 모습이 아니라, 다소

테이레시아스 | 기원전 330년경.

경망스럽고 조금 기회주의적인 모습을 보여줘요. 그리고 놀랍게도 이 테이레시아스는 소년의 손에 이끌려 오지 않고, 그냥 혼자서 등장하는 것처럼 되어 있습니다.

〈박코스의 여신도들〉은 현대에 꽤 자주 상연되는 작품입니다. 여러 가지 공연 방식이 있어요. 그냥 아주 단순한 무대에 무용복처럼 몸에 붙는 의상으로 춤추는 경우도 있고요. 발레 비슷하게 공연하는 경우도 있습니다. 백인들만 출연한 경우도 있지만, 점차 신이나 예언자 역에는 여성 배우가 기용되거나 유색인이 나오는 경우가 많아지고 있어요. 특히 테이레시아스는 남자였다가 여자였다가 다시 남자가 된 존재여서, 여자가 그 배역을 맡는 경우가 꽤 많이 있습니다. 심지어 디오뉘소스와 펜테우스, 그러니까 주연 둘을 모두 여배우를 기용한 사례도 있더

용을 죽이는 카드모스 | 기원전 540년경, 프랑스 루브르박물관.

라고요. 사실 꽤 그럴싸한 선택입니다. 우선 디오뉘소스는 좀 여성적인 데가 있는 신이고요. 지금 이 작품에서 펜테우스도 결국 여자 옷을 입게 되기 때문에 처음부터 여성 배우가 연기해도 괜찮을 것 같아요.

테이레시아스가 밖에서 부르자 카드모스가 나오는데요, 그 역시 옛날에 용을 죽이고 도시를 세우던 멋진 모습이 아닙니다. 위의 그림 보시죠. 용과 싸우는 카드모스가 그려져 있습니다. 그의 이야기를 다시 요약합니다. 그는 에우로페의 오라비예요. 자기 누이가 소로 변한 제우스의 등을 타고 떠나간 뒤에, 그의 아버지가 '너희들, 누이를 찾지 못하면 집에 들어오지 말아라'라고 해서, 온 세상을 뒤지다가 결국 델포이 신탁에 따라서 이곳에 테바이를 세웠답니다. 그가 우선 신에게 제물을 바치려 했는데, 물 길러 간 사람들이 돌아오지 않아요. 그래서 자기가 직접 가서 보니, 거대한 용이 샘을 지키면서 다가오는 사람들을 다 죽이고 있더라고요. 그래서 앞의 그림에 보듯 용을 죽이고서, 앞에 말씀드린 것처럼 그 이빨을 땅에 뿌려서 거기서 솟아난 사람들과 함께 테바이를 세웠다고 합니다. 이 이야기도 아마, 동방에서 온 남성 중심 세력이 그동안 이 땅에 있었던 여성 중심, 여신 중심의 어떤 문화를 제압하고 새로운 문화를 도입했다는 뜻일 거예요. 용은 대지모신을 상징하는 경우가 많거든요.

어쨌든 방금 들은 이야기 속에 굉장히 비장하고 결연하게 나왔던 카드모스도 이 작품에는 아주 우습게 등장합니다. '우리 손주가 신이라는데, 설사 진짜 신이 아니더라도 우리가 밀어줘야지, 그래야 우리 집안과 우리 도시에 도움이 되는 거야' 하면서 말입니다.

지금 이 장면도 어떤 신적 사건이나 진리를 대할 때, 사람들이 어떤 태도를 취하는지 보여주는 겁니다. 〈알케스티스〉라는 작품이 죽음을 대하는 여러 가지 방식을 보여주는 것처럼 말이죠. 한데 지금 등장한 두 노인은 상당히 속된 태도를 보여주고 있어요. 잠시 후에 보시겠습니다만, 테이레시아스는 디오뉘소스가 능력 있는 신이니 섬겨야 한다고 주장하고요, 카드모스는 자기 외손자니까 무조건 응원해줘야 한다는 입장이죠.

이 두 노인은 '이렇게 걸어야 하는 건가, 우리가 힘은 없지만 산에 가보세, 옷을 어떻게 입어야 되는 거지? 여자들처럼 발을 이렇게 떼어 놓아야 하나?' 하면서 몸동작을 연습합니다. 앞으로 매번 새로운 이야기 덩어리마다 디오뉘소스 숭배자들의 차림새와 몸동작에 대한 자세한 묘사가 나올 텐데요. 작품을 직접 읽을 때는 이런 장면이 독자의 주의를 좀 분산시키는 면이 있습니다. '그냥 사건을 진행시키지, 왜 이런 자잘한 묘사들을 넣어 지체하게 만드나?' 하는 생각이 들 수도 있는데요. 일단 제의(祭儀)는 원래 꼼꼼히 규칙을 지켜야 효과가 있기 때문이라고 생각하시고요. 다른 한편 이런 세심함도 신의 위력 앞에 완전히 무효가 된다는 점도 생각하셔야 합니다.

한데 여기서 카드모스는 테이레시아스더러 자기를 안내하라고 합니다. 이런 발언도 슬그머니 세태를 비판하는 것으로 볼 수 있겠죠. 얼핏 보면 예언자가 안내하니 괜찮은 것 같지만, 사실 그는 맹인이에요. 그래서 다시 생각하면, '이거 지금 제대로 하는 걸까?' 하는 의구심을 줍니다.

이들은 지위가 꽤 높고 나이도 많기 때문에 사실 마차를 타고 가도 무방하지만, 그래도 신을 제대로 섬기기 위해서 걸어가기로 합니다. 카드모스가 자기는 신을 업신여기지 않겠다고 말하자 테이레시아스는 자기는 전통을 지키겠다고 화답합니다. 여기서도 약간 의혹이 생깁니다. 지금 이 숭배가 처음 도입되는 것인데, 자꾸 '우리는 전통을 따라야 해, 우리는 관습을 좇아 행동하는 게 옳아'라고 반복하기 때문입니다. 혹시 디오뉘소스 숭배가 아니라 그냥 일반적으로 신을 잘 섬긴다는 관습과 전통을 얘기하는 건지, 약간 의문스럽게 되어 있습니다.

에우리피데스의 작품에서는 보통 독자가 동일시할 인물을 찾기가 어렵고요. 이런 특징 때문에 몰입하기 어렵고, 감동을 느끼기도 어렵습니다. 작중 인물과 동일시가 되어야 그 사람이 당한 일도 안타깝고 그러는데, 그의 작품을 보면 이 사람에게도 마음이 안 가고, 저 사람에게도 안 가고 그럽니다. 지금 이 작품에 대해서도, 일단 중심인물인 펜테우스가 잘한 거다, 아니다 디오뉘소스가 옳다 하는 논란이 심지어 학자들 사이에도 꽤 있었어요.

하지만 점차, 지나친 광기도 지나친 억압도 피하라는 뜻으로, 즉 충동을 인정하면서도 절제해야 한다는 의도가 아닐까 하는 쪽으로 의견이 좁혀지고 있습니다. 에우리피데스는 종교를 대하는 두 극단적 태도를 보여주고 그 충돌에서 큰 비극이 생겨나는 걸 보여줬는데 종교적인 힘이나 내면의 충동, 자유에 대한 욕구, 이런 것들을 한편으로는 어느 정도 풀어 주면서도, 한편으로 그것에 어떤 한계를 부여해야 좋은 결과가 나온다는 것 아니겠냐 대체로 이런 쪽으로 논의가 움직이고 있는 거죠.

그러면 '현명한' 두 노인은 그런 모습을 보여주느냐? 그렇지 않은 것 같습니다. 종교를 대하는 태도가 너무 피상적이죠. 사실 작품 내에서는 중용을 보여주는 인물이 없는 듯합니다. 그러면 이들의 역할은 무엇일까요? 일단 종교를 대하는 여러 태도 중 한두 가지를 보여주고요, 다른 역할로 희극적 색깔을 생각할 수 있습니다. 에우리피데스의 다른 작품들에는 좀 코믹한 면이 있는데, 이 작품에는 그런 측면이 많이 부족하거든요. 이 두 노인이 그걸 약간 보충해주는 것 아닌가 싶습니다.

펜테우스가 두 노인을 비난하다

이제 두 노인이 교외로 떠나려는 참인데 펜테우스가 등장합니다. 한데 그는 자꾸 '에키온의 아들'이라고 지칭되고 있어요. 이런 표현을 자꾸 쓰는 것은, 그가 땅에서 솟아난 존재이고 용 이빨에서 태어난 존재이니 어쩌면 저 옛날 땅에서 태어나서 신들에게 도전했던 거인들을 상기시키는 것인지도 모르겠어요. 우리가 〈아이네이스〉 같은 작품을 읽을 때에

베누스, 쿠피도, 박코스, 케레스 | 페테르 파울 루벤스, 1612~1623, 독일 알터 마이스터 미술관.

도, 그냥 '아이네아스'라고 부르지 않고 '앙키세스의 아들'이라고 부르면 조금 주목하셔야 합니다. 그건 '이 사람은 피에타스(pietas)를 갖춘 사람'이라는 뜻이에요. 그처럼 아버지의 이름이 나오면, 그 아버지에게 붙어 있던 함축이 아들에게 옮겨지게 되어 있어요. 그래서 '에키온의 아들'이라고 자꾸 강조하는 게, 왠지 불길한 느낌이 있습니다. 물론 다소 양면적입니다. 용은 신적인 존재에 의해서 제거되기도 하지만, 뱀이 껍질을 벗고 젊음을 되찾는 것 때문에 부활의 이미지도 갖고 있어서입니다.

다시 원래 이야기로 돌아갑니다. 펜테우스는 무대 한쪽에 있는 노인들을 보지 못했는지, 혼잣말을 합니다. 자기가 멀리 나가 있는 사이에

XII. 박코스의 여신도들 549

일어난 재앙에 대해서 듣고 돌아오는 참이라고, 여자들이 지금 새로운 신을 섬기러 산에 갔다고 들었노라고요. 그러면서 분개합니다, '내가 들자니, 여자들이 박코스를 섬긴다 하고는, 사실은 아프로디테를 섬기고 있다'고요.

사실은 이 둘이 많이 연결되어 있고요, 거기에 곡식의 신까지 덧붙여서, 옛날부터 먹는 것과 마시는 것이 충분해야지 사랑도 있다고 했기 때문에 그 세 가지가 늘 함께 묶여 있어요. 앞쪽에 있는 그림이 그런 상황을 보여주는 것입니다. 왼쪽부터 곡식의 신 데메테르(케레스), 포도주의 신 디오뉘소스(박코스), 그리고 아프로디테(베누스)와 에로스(쿠피도)가 그려져 있고요. 디오뉘소스가 아프로디테에게 술을 권하면서 에로스에게는 포도송이를 건네주고 있네요.

어쨌든 이 펜테우스는 자기가 새로운 신을 섬기는 자들을 잡아서 다 가뒀다고, 나머지도 다 잡아가지고 무쇠 그물로 묶겠다고 합니다. 여기 '그물'이란 말이 나왔죠? 펜테우스가 사용하는 어휘에도 〈안티고네〉에 나오는 '인간 찬양의 합창'에 나오는 것과 비슷하게 문명적 요소가 많이 담겨 있습니다. 우선 야금술(冶金術)이요. 금속 다루는 게 문명과 큰 상관이 있죠. 여자들이 갖춘 장식이나 그들이 사용하는 무기는 아주 자연적인 것입니다. 반면에 남성 정치 지도자가 쓰는 용어들은 도회적이고 문명적입니다.

이어서 펜테우스는 이 불온한 움직임의 주도자에 대한 풍문을 되새깁니다. 자기가 듣자니 한 이방인이 나타났다 하더라고, 그는 마술사라고요. 한데 펜테우스가 그 이방인에 대해 설명하는 표현들을 보면 벌써 상당히 매혹된 것 같은 느낌이 들어요. 디오뉘소스는 조금 여성적

〈THEATRE & THOUGHT: EURIPIDES' THE BACCHAE + CONTEMPORARY ADAPTATION〉 포스터

인 데가 있어서, 예쁘장하게 그리는 게 일반적인 관행인데요. 여기 이 포스터에는 뿔이 나 있는 걸로 그려놨죠. 그래도 곱상하게 그려졌죠? 그래서 여성 배우가 주연을 맡아도 괜찮을 것 같습니다.

펜테우스의 표현을 따르자면, 그는 여자인지 남자인지 잘 모르게 '향기로운 고수머리에, 머리카락은 금발이고 눈에서는 포도주 빛 매력이 넘쳐난다'고 해요. 어쨌든 그는 '내가 그놈을 잡으면, 목과 몸을 분리해 놓겠다'고 하는데 사실은 나중에 자기가 그렇게 되죠. 여기서부터 조금씩 조금씩 매혹되면서 펜테우스도 거의 디오뉘소스처럼 변해갑니다. 그래서 사실상 디오뉘소스의 분신(分身)이 되어서 죽기 때문에 그의 죽음엔 신의 자기희생 같은 느낌도 조금 있어요. 어쩌면 예수의 죽음과 연결시킬 수도 있겠습니다.

펜테우스는 이어서, 그 이방인은 디오뉘소스가 제우스의 허벅지에서 나왔다고 설파한다더라고 분개합니다. 이런 소리 하는 놈은 교수형에 처해야 한다는 것이죠. 벌써 허벅지 얘기가 세 번째 나오고 있습니다. 디오뉘소스가 한 번, 합창단이 한 번, 여기 펜테우스도 한 번.

다시 상황을 정리하면, 한쪽에 테이레시아스와 카드모스가 등장해서는 '우리 산으로 가보세' 하다가, '저기 에키온의 아들이 오는군' 했습니다. 그러고는 펜테우스가 무대 한쪽에 나와서는, 사람들을 향해 연설하는 것처럼 발언하고 있어요. 이렇게 처음에는 무대를 둘로 나눠서 쓰는 듯하다가, 이어서 펜테우스가 두 노인을 발견하고서 야단쳐요. 가장 존경받는 원로들이 그런 꼴을 보인다고요. 그러고는 테이레시아스에게 비난을 집중합니다. 그가 카드모스까지 설득한 게 틀림없다고, 예언자란 것들은, 신을 더 많이 끌어들일수록 자기에게 보수가 많이 생기니까 저러는 거라고.

이것도 이 작품이 소개하는, 종교를 대하는 여러 시각 중 하나입니다. 정치 지도자의 입장에서 본 것이죠. 이런 시각은 이미 소포클레스의 〈오이디푸스 왕〉에서나 〈안티고네〉에서 나왔고요. 특히 〈안티고네〉에서 예언자들을 이런 식으로 깔아뭉개는 게 크레온의 발언 중에 있었습니다, 예언자들은 돈만 원한다고요. 오이디푸스 왕도, 테이레시아스가 권력이 탐나서 크레온 쪽에 붙어서 자기를 음해하는 거라고 주장했었죠?

지금 나온 것도 그 비슷한 주장인데, 약간 웃기게 과장해 놨어요. 더 많은 신을 도입하면, 제사도 더 자주 지내고, 더 많은 새를 관찰하고, 돈이 더 많이 생길 것 같아서 저러는 거라고요. 그러고는 '당신이 나이만 조금 젊었더라면 내가 잡아넣었을 텐데'라고 위협합니다. 그러자 테이레시아스가 '당신 말에는 슬기가 없군'이라고 응수합니다. 소포클레스의 〈오이디푸스 왕〉에 나온 구절과 흡사합니다. 〈오이디푸스 왕〉은 아마도 아테나이 대역병이 지나간 후에 나온 작품 같아요. 기원전 431년에 펠로폰네소스 전쟁이 일어나고요. 그다음 해에 대역병이 돌고, 페리클레스는 그다음 해에 죽어요. 아마 그때쯤에 만들어진 작품이 〈오이디푸스 왕〉 같은데, 지금 이 작품은 그로부터 한 20년 정도 지나서 나온 작품이지만, 사람들이 모두 〈오이디푸스 왕〉의 내용을 잘 기억하고 있었을 겁니다.

테이레시아스는 펜테우스를 향해 '당신 말에는 슬기가 없다, 당신은 대담하기만 하고 지혜가 없다' 하면서 반격하는데요. 그의 발언은 한편으로 경박하다 싶으면서도, 이 노인의 말씀 중에 또 촌철살인(寸鐵殺人)의 좋은 말도 있어요. 그러니까 이 사람의 말도 저 사람의 말도 완전히 옳지는 않고요. 그냥 꽤 좋은 말과 이건 너무 심하네 싶은 말들이 섞여 있습니다. 펜테우스의 비난을 반박하는 데서 테이레시아스가 새로운 종교를 보는 시각이 드러납니다. 일단 새로운 신은 앞으로 권세가 얼마나 커질지 모르니 업신여기면 안 된다고 전제합니다. 다소간 세속적인 견해입니다.

그러면서 저 디오뉘소스가 얼마나 인간에게 큰 복을 줬는지 한참 설명해요. 인간의 삶에서 먹고 마시는 게 제일 중요한데, 디오뉘소스는 포도주를 주었다고요. 그리고 포도주를 마시면 고통도 잊게 되고 잠도 잘 온다고요. 한편 여기 또 한 번 디오뉘소스의 탄생 설화가 소개되는데, 약간 엉뚱합니다. 제우스가 아기 디오뉘소스를 구해냈을 때, 헤라가 그를 하늘에서 내던지려고 하니까 구름으로 만든 가짜 아기를 주고서 진짜는 빼돌렸다는 거예요. 관객들은 이 말을 들으면서, '아니, 저건 헬레네 얘기 아니야?' 이렇게 피식피식 웃으면서, '테이레시아스 노인께서 나이가 드셔서 총기가 흐려졌나, 얘기를 서로 혼동하시나 봐' 했을 거예요. 그런 느낌이 들게끔 그려놨어요. 여러분, 고전 작품에 나오는 말이라고 그냥 다 진지하게 들으시면 안 됩니다. 당시 관객/독자가 어떻게 느꼈을지를 생각하면서 읽으시기 바랍니다.

테이레시아스는 자기만의 신화 판본을 제시할 뿐 아니라, 다른 판본들을 공격합니다. 제우스가 아기를 빼돌려서 헤라의 질투로부터 구해냈는데, 그게 와전돼서 허벅지에 심었다는 얘기가 나왔다는 것이죠. 벌써 '허벅지에 심었다'가 세 번 나왔는데, 지금 여기서 테이레시아스가 그걸 부인하고 있어요. 아마도 이런 사태는, 옛날 지식인들 사이에, 신화를 어떻게 대할 것인지를 두고 여러 논의가 있었기 때문일 거예요. 신화를 보는 시각 중 하나가 여기 소개된 거죠. 에우리피데스의 작품에는 전통적인 신화를 비판하고 대안적 설명을 제시하는 경우가 꽤 많이 있습니다. 그렇다고 해서 그런 신화의 바탕에 있는 어떤 신적인 힘이나 종교 현상이 없어지지 않는다는 걸 에우리피데스는 잘 알고 있었죠. 여기 나온 이것도, 테이레시아스의 입을 빌려서 당시에 존재하던 한 가지 입장을 보여주고, 새로운 종교와 신적인 힘을 대하는 태도를 보여준 것입니다.

테이레시아스의 디오뉘소스 옹호 발언이 계속됩니다. 그밖에도 디오뉘소스가 예언을 주기도 하고, 군대에 공포심을 주기도 한다고, 당신의 생각이 병들었으니 그걸 지혜로 생각하진 말라고요. 그러면서 펜테우스가 지닌 가치관의 어떤 핵심을 지적합니다. 권력이 만사를 지배한다고 과신하지 말라는 것이죠. 잠시 후에 우리는 그의 권력 만능주의를 보게 될 것입니다.

여기까지는 주로 테이레시아스가 발언했는데, 마지막에 카드모스도 가담합니다. 그는 이미 앞에서도 밝혔던 대로, 우리 가문의 명예를 생각해서 디오뉘소스 숭배를 응원하고 장려해야 하지 않겠냐고 합니다. 그러면서 약간 불길한 발언도 덧붙입니다. 악타이온같이 찢겨 죽는 일은 없어야 하지 않냐는 것이죠. 하지만 결국은 이렇게 될 것입니다. (디오뉘소스 탄생 설화처럼 악타이온의 죽음 이야기도 거듭 되풀이됩니다. 앞엣것은 펜테우스가 부정하는 진실이고, 뒤엣것은 펜테우스의 죽음에 대한 예고입니다.)

이 세 사람의 논쟁 장면은 왕의 폭력적 조치로 매듭지어집니다. 펜테우스가 자기 부하들에게 테이레시아스의 새 관찰장을 뒤엎으라고 지시하고요. 이어서 그 여자 같다는 이방인을 잡아서 사슬로 묶어 오라고, 그를 돌로 쳐 죽이겠다 하면서 군대를 파견합니다. 그리고 본인은 궁 안으로 퇴장합니다. 이 작품에서 펜테우스는 언제든 폭력을 사용할 준비가 되어 있고, 그것을 시행하는 데 거리낌 없는 폭력적 군주로 그려져 있습니다.

그러자 테이레시아스는 '펜테우스가 아무래도 제정신이 아닌 것 같다'라고 논평합니다. (이 작품에서는 광기와 지혜가 대비되고 있습니다.) 그러면서 '저 사람의 이름이 자기 가문에 고통을 준다는 뜻 아니냐'라 말하고는, 젊은 왕의 위협을 무시하고 산을 향해 떠나갑니다. '펜테우스(Pentheus)'라는 이름은 '펜토스(penthos)'에서 나온 말인데, 이것은 '파토스(pathos)'와 같은 어근을 가지고 있습니다. 원래 '고통'이라는 뜻인데요. 아마도 '적에게 고통을 주는 훌륭한 전사'가 되라는 의도로 그 이름을 지었겠지만서도, 결국 그는 스스로에게 고통을 가져오고 가족에게 고통을 주는 그런 사람이 되고 말죠.

자, 이제 첫 번째 삽화가 다 지나갔습니다. 여기 세 인물이 나와서 각각 새로운 종교를 대하는 태도를 보여주고, 나이 든 세대와 젊은 세대 사이의 대립도 조금 드러내고 있어요. 그리고 작품 앞부분에서는 매 이야기 덩어리마다 디오뉘소스 숭배자들의 꾸밈새 묘사가 나오고 마지막엔 폭력적인 조치로 끝나는데, 방금 보신 장면이 그 첫 사례였습니다.

합창단의 노래

이제 합창단이 노래를 시작합니다. 그들은 우선 경건의 가치를 높이고 펜테우스의 교만함을 비판하고, 이어서 디오뉘소스를 찬양합니다. 평범한 사람들의 격언도 반복하죠. '함부로 말하지 말자. 우리는 저 멀리까지 봐야 한다, 하지만 인생이 짧은데 너무 멀리 보다 보면 아무것도 이루지 못한다' 등의 평범한 진리입니다. 합창단은 대체로 일반인의 생각을 표현하는 경우가 많아요.

그리고 지금 이 작품이, 길고 긴 펠로폰네소스 전쟁이 한 25년 정도 지난 다음에 발표된 것이어서, 여기에 멀리멀리 떠나고 싶다는 소망이 많이 표현돼요. 에우리피데스의 후기 작품들이 그렇습니다. 그래서 이 노래에도, '아프로디테의 성역이 있는 퀴프로스로 가고 싶다. 거기 파포스 도시에 가고 싶다' 하죠. 그렇지만 또 맨 마지막엔, 디오뉘소스는 평화를 사랑한다고, 우리는 많은 사람이 따르는 걸 따라가겠노라고 합니다. 그런데 이 사람들이 가지고 있는 디오뉘소스에 대한 개념도 맨 마지막에 또 달라집니다. 평화의 신, 온화한 신이라고 했지만, 엄청나게 무시무시한 힘을 발휘하니까요.

이 작품은 합창의 분량이 많고, 합창 내용이 작품 이야기 흐름과 잘 맞아들고 있습니다. 에우리피데스가 자주 사용하는 배우의 독창 장면은 넣지 않았고, 배우와 합창단이 노래대화를 나누는 장면도 아주 짧게만 넣었습니다. 그러니까 매우 전통적인 방식으로 만든 비극입니다. 에우리피데스는 생애 마지막에, 그동안 자신이 이런 것을 할 줄 몰라서 안 했던 게 아님을 거의 과시하고 있습니다.

디오뉘소스가 붙잡혀 오다

합창단이 이렇게 노래하고 있는데 거기 디오뉘소스가 붙잡혀 오고, 펜테우스와 대화를 나누게 됩니다. 이 장면은 앞에 얘기한 '중심 봉우리' 앞의 두 '작은 봉우리' 중 두 번째 것에 해당합니다. 어떤 현대 공연 자료를 보면 군복 입은 왕이 총을 들이대고 있는데, 왕은 약간 무솔리니 같이 꾸민 경우도 있습니다. 젊은 왕이 보이는 독재자의 모습을 그런 식으로 반영한 모양이에요. 그 공연에서는 아마도 흑인 남자 배우가 디오뉘소스 역할을 했던 모양이에요.

일단 디오뉘소스가 잡혀 오는 장면부터 보죠. 펜테우스의 시종이 어떤 사람 하나를 잡아옵니다. 그는 자기가 디오뉘소스 숭배자일 뿐이라고 주장했다고 하는데, 뒤에까지 보면 이 사람이 바로 디오뉘소스예요. 시종은 자기가 사냥감을 잡아왔다고, 그는 굉장히 유순해서 자진해서 잡혔다고, 그를 묶는 자신이 부끄러웠다고 말합니다. 여기서 '사냥감'이란 단어가 꽤 중요합니다. 이 작품의 앞부분에서는 펜테우스가 사냥꾼 역할을 하고 있지만, 뒷부분에서는 사냥감 신세가 되고 맙니다. 제가 이 작품 전체를 일종의 산으로 보자고 제안하는 것도, 이러한 상승과 하강의 리듬 때문입니다.

한편 시종은 그 사이에 일어난 다른 사건도 곁들여 보고합니다. 펜테우스가 이전에 잡아두었던 여자들이 다 도망쳤다는 것입니다. 그 여자들을 가둬놨었는데, 갑자기 포박이 풀리면서 들판으로 뛰어나갔다고, 족쇄도 풀리고 문빗장도 저절로 열렸다고요. 그러면서, 이 사람이 이런 기적을 가지고 이곳 테바이에 왔노라고, 거의 신앙고백에 해당하는 발언까지 덧붙입니다. 나중에 펜테우스가 그럴 것처럼 이 시종도 벌써 디오뉘소스에게 매혹된 것 같습니다.

한데 이런 장면 어디선가 보셨죠? 신약성서 〈사도행전〉에, 사도 바울이 감옥에 잡혀 있는데 지진이 일어나고 빗장이 다 열려서, 죄수들이 도망친 줄 알고 간수가 자살하려 하자 '우리 안 도망갔다'고 안심시키는 장면이 나오죠. 지금 여기 나온 것이 그 장면의 원본일 가능성도 있습니다. '아니, 그게 무슨 불경스러운 소리야?' 하실지 모르겠는데요. 한국에서는 성경이 하늘에서 뚝 떨어졌다고 해야 다들 좋아하지만, 사실 서양에서는 그런 연구가 꽤 많이 되어 있습니다. 신약성서가 생겨날 무렵에 로마가 유대 지방까지 지배하고 있었고요, 서양의 고전이 그 지역에도 알려져 있었습니다. 사도 바울도 희랍 철학을 많이 공부한 사람입니다. 그래서 여러 고전들을 접하고 있었기 때문에, 필요하면 얼마든지 가져다가 쓸 수 있었습니다. 그렇다고 해서 신약성서가 전해 주는 어떤 진리가 사라지거나 흔들리진 않아요.

어쨌든 여기도 감옥이 저절로 열리면서 사람들이 도망가는 얘기가 있네요. 펜테우스는 꽤 대범합니다. 일단 이방인을 풀어 주라 합니다. '놓아줘라. 내가 언제든지 잡을 수 있다. 그는 나의 그물 안에 있다.' 앞에도 한 번 나왔지만, 여기서도 '그물'이라는 단어에 주목하셔야 합니다. 그물을 지닌 사냥꾼은 이제 나중에 그물에 걸린 짐승이 될 것입니다.

그러고는 디오뉘소스를 관찰합니다. '밉지 않네, 너 여자들 유혹하러 왔지? 아이고, 머리도 길고 피부도 하얗네' 하면서 몸 전체를 돌아가면서 살펴보는 걸로 돼 있네요. (한데 현대에 흑인이나 아시아 사람을 주연 배우로 쓰면 여기 대사도 좀 바꿔야 되겠죠.)

이제 펜테우스는 이방인을 심문하기 시작합니다. 아주 긴 '한 줄씩 말하기' 장면입니다. (에우리피데스는 아이스퀼로스나 소포클레스에 비해 '한 줄씩 말하기'를 많이 이용하는 것으로 알려져 있습니다.) 펜테우스도 오이디푸스 못지않게 명민한 수사관으로 설정되어 있습니다. 먼저 가문을 묻습니다. 하지만 이방인은, 자기 신분을 밝히지 않고 자신이 뤼디아 출신이라고만 말합니다. 어쩌다가 이런 비의(秘儀)를 희랍 땅에 도입하게 되었냐고 묻자, 제우스의 아들 디오뉘소스가 자기를 입문시켰다고 답합니다. 제우스가 뤼디아에서도 새로운 신을 낳았냐는 식으로 빈정거리자, 이방인은 이곳 테바이에서 세멜레와 결혼한 신이라고 항변합니다. 그러자 펜테우스는 혹시 꿈속에 입문한 것 아니냐고 조롱조로 질문합니다. 그러고는 제물을 바치면 어떤 이익이 생기는지를 묻습니다. 이것은 정치가들이 종교를 보는 시각입니다.

이 심문의 다음 부분은 그대로 중세나 근대의 종교재판 장면에 옮겨 사용해도 좋을 정도입니다. '너의 신은 어떻게 생겼느냐?' 그에 대한 답은 '그분이 원하는 대로'입니다. 모세를 향해 '나는 나다'라고 답한 유대교의 신과도 비슷합니다. 그리고 이 구절은 사실상 자기가 신이라는 암시죠. 그러면서, 당신은 여자들이 밤중에 무슨 나쁜 짓을 저지를 거라고 생각하지만, 사실은 사람들이 밤보다는 낮에 수치스러운 일을 더 많이 한다고 하죠. 이 작품엔 이렇게 허를 찌르는 멋진 말도 한번씩 나옵니다. 그러자 펜테우스는, 내가 네 머리털도 잘라버리고 튀르소스도 압수하고 감옥에 가두겠노라고 위협합니다.

그러자 그 잡혀 온 사람이, 그 튀르소스는 디오뉘소스 자신의 것이라고 합니다. 다시 한 번 '내가 바로 디오뉘소스다'라고 말한 셈인데, 상대는 알아듣지 못합니다. 펜테우스가 그를 감옥에 가두겠다고 하자, 디오뉘소스는 원하면 아무 때나 자기를 풀어줄 수 있을 거라고, 지금 바로 곁에 있다고 해요. 또 다시 자신이 바로 디오뉘소스임을 밝힌 것인데, 펜테우스는 말하자면 눈이 먼 상태여서 그걸 알아채지 못하죠. 이제 더는 심문해 보아도 나올 게 없다고 생각했는지, 부하들을 시켜서 이방인을 붙잡게 합니다. 그러자 이방인은, 무지는 지혜를 이길 수 없다고 선언합니다. 펜테우스는 여기서 자기가 더 강하다고 주장하죠. 지혜와 무력의 대결입니다. 〈결박된 프로메테우스〉에서와 같은 대립구도가 되었습니다.

이제 이방인은 마치 〈오이디푸스 왕〉에 나온 테이레시아스처럼 말합니다, 당신은 자기가 누구인지 모르고 있다고. 그러자 왕은 '나는 아가우에와 에키온의 아들 펜테우스다'라고 답하는데요, 매우 피상적인 자기 이해입니다. 그러자 디오뉘소스가 '아, 재앙을 당할 이름이네'라고 받아칩니다. 이 작품에서 펜테우스의 이름 뜻에 대한 언급이 여러 번 나오네요. 어쩌면 이 작품도 〈오이디푸스 왕〉처럼 인간의 자기 이해에 대한 작품이라 할 수 있겠습니다. 〈오이디푸스 왕〉에서도 이름 뜻이 문제 되었죠? 얼른 생각하기엔 '부은 발'이란 뜻이지만, '발로 재어 아는 사람'이란 뜻이 더 중요하다고요.

펜테우스는 '이자를 마구간에 가둬라. 여자들은 다 팔아버리거나, 아니면 여자 일을 시켜라' 하고는 다시 가버립니다. 이렇게 이 '두 번째 작은 봉우리'도 폭력적인 조치로 매듭지어집니다. 그리고 중간에 디오뉘소스의 머리카락과 튀르소스 얘기가 나와서, 이 부분에도 신도들의 꾸밈새가 언급되었습니다. 이방인을 마구간에 가둔다는 것도 의미심장합니다. 가축을 길들이는 것이 문명의 상징이라는 사실은 〈안티고네〉의 인간 찬양의 합창에도 나왔고요. 짐승을 잡아들이는 사냥꾼으로서의 펜테우스의 모습도 여기 담기고요. 디오뉘소스가 황소 뿔을 갖춘 신이라는 사실과도 잘 어울립니다. 아주 여러 겹의 의미가 담긴 좋은 장치입니다.

합창단의 노래

그러자 합창단이 또 노래를 시작합니다. 제우스가 아기 디오뉘소스를 자기 허벅지에 심은 사건을 노래하면서, 그때는 이 땅이 디오뉘소스를 받아주었으면서 지금은 그러지 않는 것을 비난합니다. 용의 후손 펜테우스가 지금 광란하고 있다, 그는 괴물이자 거인으로 신과 싸우고 있다고 논평하고 디오뉘소스의 도움을 청합니다. '허벅지 사건'이 다시 언급되었고요, '에키온의 아들'이란 호칭이 지닌 불길한 함축도 다시 강조되었습니다.

앞에도 지적했듯, 〈박코스의 여신도들〉의 특이한 점 한 가지는, 합창이 마치 소포클레스 작품에서 그런 것처럼 전체 이야기 흐름에 잘 맞아들어간다는 점입니다. 사실 그게 당연한 일인데, 에우리피데스는 대개 그렇게 하질 않았었죠. 한데 이 마지막 작품에서 비극 전성기의 관행으로 돌아가고 있습니다. 합창의 분량도 아주 많아지고요. 이 작품이 종교를 대하는 태도도 말하자면 '복고주의'여서, 어떤 학자는 이 작품이 '임종 침상에서의 회심'이라고 말하기도 합니다.

한편 여러분이 이 작품을 읽으시면 좀 도움 되는 게, 니체의 작품을 읽을 때입니다. 니체 글에 에우리피데스의 특히 후기 작품이 굉장히 많이 인용돼요. 제가 옛날에 국내에 번역되어 있는 니체 책들을 좀 검토해 본 적이 있는데요, 희랍 비극 인용한 것은 대부분 잘못 옮겼더라고요. 고전 공부를 안 해서 그런 겁니다. 소포클레스의 〈콜로노스의 오이디푸스〉에서 오이디푸스가 신들에게 돌아가는 장면도 인용한 글이 있는데 그것도 틀렸고요, 지금 나오는 장면도 잘못 옮겼었습니다. 합창단의 노래에, 제우스가 디오뉘소스를 자기 허벅지에 심으면서 '남자의 자궁으로 오라' 하고 외쳤다는 건데요, 허벅지를 '남자의 자궁'이라고 부르는 맥락도 잘못 옮겨지거나, 독자를 돕겠다고 붙여 놓은 주석이 사람들을 엉뚱한 데로 이끌어가고 있습니다.

그리고 이렇게 디오뉘소스가 제우스의 허벅지에서 나왔다는 건, 어쩌면 그가 제우스의 분신이라는 뜻일 거예요. (제가 보기엔 예수께서 '동정녀에게서 나셨다'는 것과 비슷한 의미인 듯합니다.) 디오뉘소스는 그런 존재인데, 용의 이빨에서 나온 에키온의 아들이 그에게 맞서고 있다고, 마지막엔 '디오뉘소스여, 어서 오소서'라고 노래합니다. 그러자 우선 디오뉘소스의 목소리가 집 안에서 울려 나오고, 이어서 신 자신이 직접 나와요. 비극에 더러 쓰이는, 누군가의 기원에 곧장 이어지는 호응 장면입니다.

전령의 보고-작품 전체의 요약본

이제 우리는 작품의 중심부에 도달했습니다. 제가 '작은 언덕을 앞뒤에 거느린 중심 봉우리'라고 했던 부분입니다. '작은 언덕'에 해당하는 내용은 디오뉘소스와 펜테우스의 대화입니다.

합창단의 기원에 호응하듯, 집 안에서 디오뉘소스가 여신도들을 부릅니다. 이어서 짧은 노래대화가 펼쳐집니다. 합창단이 신의 부름에 대답하자, 디오뉘소스는 지진의 신을 부릅니다. 그러자 합창단은 집이 흔들리는 걸 느낍니다. 이어서 디오뉘소스가 불을 부릅니다. 그러자 합창단은 집이 불타는 것을 봅니다. 이게 실제로 일어나는 일인지, 아니면 합창단의 환각인지는 확실치 않습니다. 아무래도 후자인 듯합니다. 드디어 디오뉘소스 자신이 밖으로 나옵니다. 그리고 저 왕이 안에서 어떤 일을 했는지 전합니다. 그는 우리가 〈아이아스〉에서 본 것처럼, 황소를 묶으면서 디오뉘소스를 묶는다고 착각하고 있다는 겁니다. 그리고 자기가 환영을 만들어 주었더니 그걸 막 칼로 찌르고 있다고요. 안에서 지금도 펜테우스가 광란하고 있고, 그러다가 결국엔 녹초가 되어 칼을 집어던졌답니다.

잠시 후에 펜테우스가 쫓아 나와요. 이것은 역시 〈아이아스〉를 본떠서 만든 장면 같습니다. 아테네 여신이 아이아스를 밖으로 불러내는 장면 말이죠. 펜테우스는 이방인이 달아났다고 탄식하다가, 디오뉘소스를 발견하고는 놀라서 달려듭니다. 한데 이 대목에서 왕의 기세를 제지하는 디오뉘소스의 명령이 의미심장합니다. '멈추시오!' 이것은 보통 데우스 엑스 마키나 장면에서 신이 던지는 첫째 명령입니다.

펜테우스는 상대가 대체 어떻게 풀려났는지를 묻습니다. 이방인은, 자기가 이미 예고한 대로 디오뉘소스가 풀어 주었노라고 답하죠. 그러자 왕은 부하들을 시켜 성문을 잠그게 하겠다고 부르댑니다. 디오뉘소스가 신들은 성문도 뛰어넘는다고 반박하는 순간, 거기에 전령이 달려옵니다. 그 전령을 먼저 발견하는 것은 디오뉘소스입니다. 그는, 저기 산에서 소식을 가져오는 사람이 있다고, 그의 말을 들어보라고 권합니다. 한데, 전령이 아직 당도하기도 전인데, 이 이방인은 그가 산에서 왔다는 건 어떻게 알았을까요? 물론 이 모든 일을 디오뉘소스 자신이 계획하고 실행한 것이기 때문이죠. 그리고 그가 펜테우스에게 '들어보라' 할 때 쓰인 단어가 좀 특이합니다. 희랍어로 '마테(mathe)'라는 것인데, 직역하면 '배우라!'입니다. 즉, 이제 곧 진실이 드러날 터이니 눈을 크게 뜨고 그걸 포착하라는 말이죠. 물론 펜테우스는 이 기회를 놓치게 됩니다만.

이제 '중심 봉우리' 부분이 시작됩니다. (그 앞의 '작은 언덕'도 펜테우스가 폭력을 사용하려 시도하는 걸로 매듭지어졌습니다. 성문을 잠그게 하겠다고 위협했으니까요.)

전령은 자기가 키타이론 산에서 왔다고, 그러면서 '당신이 너무 화를 잘 내서 말씀드리기가 좀 꺼려진다'고 하죠. 여기서도 펜테우스의 젊은 혈기, 또는 영웅적 기질이 살짝 드러납니다.

왕이 얘기해 보라고 하니까 전령은 상당히 긴 보고를 드립니다. 산에서 있었던 일은 다음과 같습니다. 여자들이 질서정연하게 밤을 지내고, 아침이 되자 다들 일어나서 몸단장을 하고, 산양과 늑대 새끼에게 젖을 먹이고, 하는데 기적이 일어납니다. 지팡이로 바위를 두드렸더니 거기서 샘물이 솟고, 땅을 파자 포도주가 솟고 우유가 나오고, 튀르소스에서는 꿀이 떨어졌다고요. 그러는 참에 목자들이 아가우에를 잡아 왕에게 넘기면 칭찬을 받겠다고 생각해서 달려들지만, 여자들이 반격하고, 주변의 짐승들을 모조리 맨손으로 찢어버렸으며, 남자들도 다 쫓아 보냈다는 것입니다. 그 다음에 전령은 다시 기적적인 현상을 보고하죠. 여자들이 이웃 도시로 날듯이 들이닥쳐서 아이들을 빼앗아 몸에 얹고 달리는데, 그녀들의 머리에서 막 불이 일어나고, 몸에 얹은 물건 등이 떨어지지도 않았다고요. 남자들이 무기로 공격했지만, 그것들은 힘을 잃고, 오히려 여자들의 튀르소스에 남자들이 다쳤다고요. 그런 소동이 끝난 다음 여자들은 샘가로 가서 몸을 씻고, 뱀들이 그녀들의 얼굴에 묻은 피를 핥고 있다는 것입니다. (여자들의 피가 아니라, 아마 짐승과 남자들의 피겠죠.) 그러면서 전령은 마지막에 디오뉘소스를 찬양하고 포도주를 찬양합니다.

이 보고의 요지는, 디오뉘소스 숭배자들에게 비윤리적인 행동은 없었다, 신의 기적이 그들과 함께했다, 그들을 향한 공격은 모조리 무효가 되었다는 것입니다. 이 부분에도 여신도들의 꾸밈과 남자들의 폭력이란 요소가 들어 있습니다. 어떤 학자는 이 부분이 작품 전체를 요약하는 축소 모형이라고 보기도 합니다. 폭력적으로 여성들을 제압하려던 시도는 실패했습니다. 이제 펜테우스 자신의 공격도 실패하게 될 것입니다. 하지만 펜테우스는 이 놀라운 보고에서 아무것도 배우지 못합니다. 이 부분은 작품의 중심입니다. 희랍 비극에서는 중요한 장면이 한가운데에 나오는 경향이 있는데, 이 작품도 그런 관행을 따랐습니다.

펜테우스가 여자 옷을 입다

이제 '중심 봉우리에 딸린 또 하나의 작은 언덕'이 시작됩니다. 펜테우스는, '내가 망신당했네, 이젠 군대가 가자, 그동안은 목자들이 저 여자들 잡으려다 실패한 거다, 여자에게 당하는 건 참을 수 없다'라고 외칩니다. 〈안티고네〉에서도 '우리가 지더라도 남자에게 져야지, 여자에게 지면 안 된다'라는 대사가 나왔었는데요. 아마 아테나이 남자들도 자기들이 여성을 억압하고 있다는 걸 조금은 의식하고 있었던 것 같기도 해요. 아테나이 민주정이 노예, 이방인과 더불어 여성을 배제한 편협하고 배타적인 것이었는데, 그에 대한 어떤 무의식적 부담감, 죄책감 같은 게 있었던 듯도 합니다. 그렇다고 해서 에우리피데스 같은 사람을 그냥 페미니스트라고 해도 조금 이상하고, 흔히 알려진 것처럼 여성 혐오자라 하는 것도 너무 피상적인 판단입니다. 확실히 뛰어난 작가들은 당대의 제도적 한계를 넘어서는 것 같아요. 그래서 여기도 여성들의 억눌린 처지를 에우리피데스가 깊이 인식하고 있었다는 게 엿보입니다.

그리고 무엇이건 너무 누르면 결국 튀어나오게 마련이죠. 어떤 분들이 '억압된 것의 귀환'이라고 어려운 말을 써서 표현한 현상 말입니다. 여기 그려진 여성들의 종교적 열광 상태도 그런 억압의 반작용으로 발생한 대폭발이라 볼 수 있겠죠. 어쨌든 펜테우스가 산으로 군대를 보내겠노라 선언했는데, 디오뉘소스는 우선 여자들을 비폭력적으로 데려올 방도가 있다면서 왕을 설득하려 합니다. 하지만 왕은 그것을 계략으로 여겨 거부하고, 무구를 가져오라고 외치죠. 그러자 이방인은 갑자기 다른 제안을 합니다. 우선 질문을 던집니다. 여자들의 숨겨진 모습을 보고 싶지 않냐고요. 이제부터 이 매력적인 존재는 상대를 살살 꼬드기며 펜테우스의 가슴 저 밑바닥에 숨어 있던 어떤 욕망을 조금씩 이끌어냅니다.

지금 이 작품을 읽는 방법 중 하나가 심리학, 또는 정신분석학을 원용하는 겁니다. 학자들은 특히 맨 마지막에 아가우에가 제정신으로 돌아오는 장면에 현대 심리학에서도 쓰이는 기법이 적용되었다고 말합니다. 미리 결말까지 얘기하자면, 아가우에는 자기 아들 펜테우스의 목을 뜯어 죽여요. 그러고는 아들 머리를 들고 돌아와서는 계속 자기가 사자를 죽였노라고 자랑하는데 카드모스가 그녀를 제정신으로 돌려놓죠. '일단 하늘을 봐라', 그런 다음에 '밑에 땅을 봐라', 그런 다음 '네가 가지고 있는 게 뭔지 봐라' 하면서, 차근차근 환각에서부터 밖으로 끌어내는 과정이 있어요. 그런 것도 오늘날 최면술을 이용한 치료 기법과 유사해서 학자들이 주목하고 있습니다.

다시 조금 전 장면으로 돌아가죠. 지금 예쁘장한 여자 같은 젊은이가 하나 나타나서, 자기의 반대자인 펜테우스를 조금씩 조금씩 자기 쪽으로 끌어들이는 과정도 심리학적으로 분석할 수 있겠습니다. 펜테우스는 이방인의 질문에, 자기도 그걸 보고 싶다고 답합니다. 펜테우스가 너무 쉽게 넘어온다 싶을 수도 있지만요, 원문에 보면 이 대목에 번역하기 좀 어려운 외마디 감탄사가 하나 끼어 있습니다. 펜테우스가 시종들에게 무구를 가져오라고 외치고는, 이방인에게 입을 다물라고 명령한 직후에 이 감탄사가 나옵니다. 디오뉘소스가 펜테우스의 표정을 들여다보다가 뭔가 알아챈 것처럼 외치는 소리입니다. 원문 그대로 옮기자면 그냥 '아!'인데요, 천병희 선생님은 '이럴 수가!'라고 옮기셨네요. (작품을 소리 내서 읽는 분도 이 대목에서 약간 시간을 지체했다가 '아!' 하고 읽는 게 좋을 듯합니다.) '오, 그러고 보니 당신 속에 이런 욕망이 있군!' 하는 말일 텐데요, 약간 빈정거리는 투일 수도 있고, 짐짓 놀라는 척하는 것일 수도 있고요. (응? 엥? 아니! 어럽쇼! 헉! 와우!) 어쨌든 이 외침은 마법의 순간을 표시하는 일종의 푯대입니다. 이후로 디오뉘소스는 펜테우스의 말을 고분고분 따르게 될 것입니다. 저는 여기가 작품의 절정이라고 생각합니다. 펜테우스의 행운 곡선도 여기부터 꺾이기 시작합니다.

펜테우스는 자신의 관음증을 인정하기 두려운 듯 이따금 저항도 하지만, 결국 숨은 욕망을 드러내 보입니다. 여자들이 성적인 즐거움을 누리는 걸 너무나도 보고 싶다고요. 그러자 디오뉘소스는, 일단 남자처럼 보이면 저들이 쳐 죽일 테니 여자처럼 입으라고, 가발도 씌우고 겉옷도 입히고, 장비를 갖춰야 한다고 하죠. 펜테우스가 부끄러워 못하겠노라 하자, 괜찮다고 숨어서 가자고, 한적한 길로 남들 없는 데로 가자고 합니다. 그래서 왕이 치장하러 집 안으로 들어가자, 디오뉘소스는 관객을 향해 '드디어 투망에 걸렸다, 저 사람은 이제 죽음을 대가로 치를 것이다'라고 말합니다. 이제 사냥꾼이 사냥감으로 변하기 시작했습니다. '그물'이 다른 사람 손으로 넘어갔습니다.

앞에서 디오뉘소스는 황소 머리에 뱀도 두른 모습으로 그려졌죠? 디오뉘소스에게 여러 모습이 있고요, 그는 여러 차례 모습이 변화한 신으로 알려져 있어요. 지금 펜테우스도 디오뉘소스 같은 모습으로 변화할 것입니다. 디오뉘소스는 자기가 펜테우스에게 여자 옷을 직접 입히겠노라고, 그것은 이 아이가 자기 어머니 손에 죽어 저승으로 떠날 때 입을 수의가 될 것이라고 선언합니다. 그리고, 이제 곧 저 사람은, 디오뉘소스가 가장 무서우면서 가장 온유한 신임을 알게 될 거라고 덧붙이고는, 궁 안으로 들어가죠. 부드러운 모습은 이제까지 충분히 보여주었으니, 앞으로는 주로 무서운 모습을 보이게 될 것입니다.

이어 합창단이 노래합니다. 언제쯤에나 자기들이 밤새 춤출 수 있을지 한탄하면서, 그런 자유를 사냥꾼에게서 벗어난 새끼 사슴에 비유합니다. 그리고, 늘 그랬듯이 평범한 진리들을 되짚습니다. 지혜는 무엇일까, 명예란 무엇일까, 원수에게 승리하는 것이다. 신들은 불경건을 응징한다. 우리는 전통을 넘어서면 안 된다. 자연을 따르는 것이 좋다. 우리는 날마다 하루하루 행복하게 살아야 한다, 등등.

펜테우스가 산으로 떠나다

합창 다음에 짧은 삽화가 나오는데요. 이렇게 짧은 삽화는 유례가 없는 듯하네요. 그래서 저로서는 이 부분도 방금 본, 펜테우스가 유혹에 넘어가는 장면과 묶어서 '중심 봉우리 다음에 놓인 작은 언덕'의 일부로 보고 싶습니다.

먼저 디오뉘소스가 궁 밖으로 나와서, 아직 안에 있는 펜테우스를 부릅니다. 여기 쓰인 표현도 의미심장합니다. '보면 안 될 것을 보고자 하는 자여, 서두르지 않아도 될 일을 서두르는 자여!' 아마도 뒤 구절은 펜테우스가 죽음을 향해 서둘러 가는 것을 암시하는 말이겠죠. 지금 이 구절은 조금 전에 디오뉘소스가 펜테우스의 숨겨진 욕망을 끌어낸 과정을 한 줄로 요약한 것 같습니다.

이제 펜테우스가 집 밖으로 나옵니다. 드디어 정신이 나갔어요. 그는 디오뉘소스의 신적 지혜와 대비되는 광기를 품은 존재였는데, 이제 그 광기가 외면화되고 있습니다. 그는 묻습니다. 도시가 둘로 보이네, 당신도 둘로 보이는데, 당신 아까부터 뿔이 있었나? 이런 식으로 말하죠. 사물이 둘로 보이는 것은 복시(複視)라고 하는 현상인데 뱀에 물리거나 보툴리눔 중독 같은 경우에 나타나죠. 눈에 초점이 안 맞아서 사물이 둘로 보이는 것입니다. 하지만 여기서는 이 이중 시각이, 이 세계의 이중적 진리를 보여주는 장치라 해야 할 것입니다. 이제 펜테우스도 세계가 겉보기와 다르다는 것을 조금씩 인식하게 된 셈입니다. 펜테우스는 신의 참모습도 조금씩 보기 시작합니다. '당신, 뿔난 황소로 보이네.' 하지만 그의 관심은 외양에 훨씬 더 많이 쏠려 있습니다. 그는 자기가 어머니나 이모같이 보이는지 묻습니다. 그러자 디오뉘소스는 정말 어머니같이 보인다면서, '머리카락 좀 정리해 줄게, 옷도 잘 정리해 줄게' 하면서 치장을 도와주죠. 앞에 말했듯 제의적인 꼼꼼함, 죽음 앞에 일상의 허무함을 보여주는 장면입니다.

그러자 펜테우스가, 튀르소스는 오른쪽에 들어야 하는지 왼쪽에 들어야 하는지, 발은 어느 쪽을 먼저 들어야 하는지 묻고요. 굉장히 힘이 나는 것 같다고, 산도 어깨에 얹을 수 있는 것 같다 하면서, 같이 정탐하러 가자고 재촉합니다. 그는 앞에서 꾸짖었던 자기 할아버지처럼 되었습니다. 그는 여자들이 사랑으로 즐기는 걸 볼 수 있으리라고 기대하고, 디오뉘소스는 그게 가능하다며 펜테우스의 가슴 밑바닥에 있는 욕망을 막 들쑤십니다. 물론 계속 '먼저 잡히지만 않는다면~' 같은, 조건문을 붙여 결과를 암시하면서 말이죠.

그러니까 사실은 이 펜테우스도 도시의 엄격한 규율 같은 걸 강조하고 있었지만서도, 저 마음 밑바닥에는 어떤 욕구가 억눌려 있어요. 디오뉘소스는 그를 데리고 나가면서 '당신은 도시를 위해서 짐을 지고 있다'고 말합니다. 오이디푸스의 경우처럼 희생양이 될 가능성을 암시하는 거죠. 그리고 그를 다른 사람이 데리고 올 거라고, 그는 어머니가 품에 안겨서 돌아올 것이라고, 이중적 의미를 담아 빈정거립니다. 하지만 펜테우스는 그 말을 액면 그대로 받아들여요. (여기서 그의 유아적 퇴행 욕구도 드러납니다.) 펜테우스가 이해하는 것과 관객이 이해하는 의미가 좀 다릅니다. 이 부분에서 펜테우스의 관심은 전적으로 자신의 외양에 국한되어 있습니다. 반면에 디오뉘소스의 말은 모두 어떤 숨겨진 진실을 담고 있습니다.

이렇게 두 사람이 떠나고 나자, 합창단이 광기의 여신 뤼사의 개들을 재촉하는 노래를 합니다. 마이나데스를 부추기라고요. 펜테우스의 어머니로 하여금 제일 먼저 아들을 발견하고, 여자들을 시켜 그를 공격하게 하라고. 사실 이건 비극에 꽤 자주 사용되는 장치입니다. 누군가 싸우러 나갔을 때, 그 결과를 기다리면서 전투 장면을 상상하는 것인데, 대개는 이어서 도착하는 전령에 의해 그 상세한 장면이 묘사되기 전의 대충의 스케치라고 할 수 있겠습니다. 그리고 이 합창단이 강조해서 그려내는 대목은 디오뉘소스의 여신도들이 사냥개로 변화하고, 펜테우스가 사냥감으로 변화하는 순간입니다. 그는 이제 악타이온과 같은 운명에 처할 것입니다. 합창단은 정의가, 대지에서 태어난 에키온의 자식을 죽이길 기원합니다. 그들은 디오뉘소스가 여러 가지 모습으로, 황소로, 뱀으로, 불 뿜는 사자로 나타나기를 외칩니다. (한데 여기서 펜테우스도 고르곤 같은 괴물로, 암사자의 새끼로 그려지기 때문에 디오뉘소스의 이미지와 겹치는 부분이 큽니다. 그는 신과 비슷한 모습이 되어 죽는 것이죠. 그러니 여기에도 '신의 자기희생' 개념이 살짝 포함되어 있다고 할 수 있겠습니다.)

펜테우스의 죽음

합창단이 이러한 노래를 하고 있는데 두 번째 전령이 달려옵니다. 제가 앞에서 '중심 봉우리 다음에 오는 작은 봉우리'라고 했던 것 둘 중 첫째 것입니다.

전령은, 행복했던 집들도 끝까지 행복하긴 힘들다는 말로 시작합니다. 그러고는 산에서 일어난 사건을 길게 그려 보입니다. ―독자들은 이미 디오뉘소스임을 알고 있는― 그 젊은이가 펜테우스를 산으로 데려가더니, 키 큰 전나무를 휘어서는 거기에 펜테우스를 얹어서 높은 데서 보라고 쓱 올렸다는 것입니다. 그러자 여자들이 높은 곳에 있는 그를 알아보고 달려가서 나무를 공격하다, 결국 그것의 뿌리를 뽑았고, 펜테우스가 떨어지자 그를 짐승이라고 찢어 죽였다는 게 핵심입니다.

좀 더 자세히 보자면, 그를 나무에 올려놓은 이방인은 어디론가 사라지고, 하늘에서 '축제를 웃음거리로 만든 저놈에게 복수하라'고 음성이 들려왔다고요. 여자들은 모두 어리둥절하고 주위가 온통 고요해졌는데, 또 한 번 복수하라는 명령이 들려서 여자들이 달려들었다고요. 이들은 처음에 물건을 던져 펜테우스를 맞히려 했지만, 잘 안 되니까 지레를 쓰고, 그러다가 나중에 모두가 함께 달려들어 나무를 뽑았다 합니다. 땅으로 떨어진 펜테우스는 여자의 장식을 벗어 던지면서 자기가 '에키온의 아들 펜테우스'라고 다급하게 외치지만 이미 눈이 뒤집힌 어머니에게는 통하지 않습니다. (지금 펜테우스가 자기를 소개하는 구절은 앞에 이방인 앞에서 늘어놓았던 자기규정이었습니다. 매우 피상적인 자기 파악, 자기규정이라고 했던 것이죠.) 결국 그의 어머니부터 달려들고 이모들도 합세해서, 한쪽에서 팔 잡아당기고 목 잡아당기고 결국 젊은 왕은 사지가 찢겨 죽었다 합니다.

이러한 소식을 전하고 나서 이 사자는 맨 마지막에 충고를 덧붙입니다. 인간이 절제하고 신들을 경외하는 게 가장 아름답고 가장 지혜로운 것이라고요. 그러자 합창단이 다시 노래합니다. 용의 자손 펜테우스가 죽었다고, 여자 옷을 입고 황소의 안내를 받아서 갔다가 죽었다고요.

펜테우스가 여자 옷을 입고, 은밀한 욕망을 차츰 드러내다가, 나무가 뽑히면서 추락하여 파멸하는 장면은 프로이트 심리학 공부하신 분에게 아주 좋은 해석 자료가 될 것입니다. 특히 디오뉘소스가 나무를 휘어서는 그 위에 펜테우스를 얹어 천천히 줄기를 놓아서 나무를 꼿꼿이 세우는 장면은 성적인 상징으로 해석될 여지가 있습니다. 프로이트 심리학자라면, 이 곧게 선 나무를 성적 흥분 상태라고 해석할 것입니다. 그러면 나무가 뽑히는 장면은 일종의 거세로 읽을 수 있습니다.

한편 이 나무의 일어섬과 쓰러짐은 일종의 행운 곡선이라고 읽을 수도 있습니다. 그 위에 펜테우스를 실은 채로 나무가 곧게 섰다는 것은 펜테우스의 행운이 절정에 다다랐다는 뜻이고요, 그것이 쓰러지는 것은 그가 급전직하로 파멸했다는 것을 의미하게 되죠. 이 '행운'을 프로이트적 욕망 충족으로 보자면, 그의 복장 도착(倒錯), 관음증, 유아적 욕구 등이 억눌려 있다가 마침내 성취되려는 순간 갑자기 꺾이고 만 게 되겠네요. 제가 이 작품의 전체 구조를 봉우리가 여럿 있는 산줄기에 비유한 이유가 이것입니다. 전체적으로 펜테우스의 권력의 추세는 이미 그가 이방인의 꼬임에 넘어가는 순간 절정을 넘어 하강하기 시작했습니다. 하지만 펜테우스의 내적 행복 상태는 나무가 꼿꼿이 서는 순간이 절정이라 보아야 할 것이고, 그 직후에 여자들에게 발각되고 공격받아 나무가 뽑히는 순간이 '급격한 반전(peripeteia, 거꾸로 떨어짐)'이라고 해야 할 것입니다. 이미 가장 큰 봉우리는 지나왔지만, 이것 역시 작은 봉우리라고 할 수 있겠죠. 그리고 그 순간 펜테우스가 어머니와 이모를 부르며 자기 신분을 밝히는 장면은 일종의 '알아보기' 장면에 해당한다 하겠습니다. 하지만 어머니와 이모는 펜테우스를 알아보지 못했으니, 이 '알아보기'는 실패한 알아보기입니다. 한편 펜테우스를 찢어 죽이는 순간은 어머니와 이모의 내적 행복감이 최고조에 도달한 순간입니다. 남성 중심 사회에서 억압되었던 여성적 에너지가 한껏 폭발하는 장면이죠. 하지만 그 상승의 기세는 다음 장면에서 꺾이게 될 것입니다.

'심리 치료' 장면과 데우스 엑스 마키나

이렇게 전령의 보고가 끝나자, 펜테우스의 어머니 아가우에가 아들의 머리를 들고 자랑스럽게 등장합니다. 이제 마지막 '작은 봉우리' 장면입니다. 아가우에는 자신이 새끼 사자을 잡았노라고 자랑합니다. 하지만 다음 순간 자기가 들고 있는 게 어린 황소라고 합니다. 아직 착란상태가 지속되고 있습니다. 그리고 디오뉘소스가 황소로 그려진 것처럼 펜테우스도 황소로 표상되고 있습니다.

이 사건은 대개 도기 그림 등에 펜테우스가 온몸이 찢긴 것만 많이 그려졌지, 죽기 직전 장면은 별로 없는데요. 다음 쪽 위에 있는 것은 그가 막 죽으려는 순간을 그린 도기 그림입니다. 아래 다른 그림 보시죠.

펜테우스의 죽음 | 기원전 405, 프랑스 루브르박물관.

펜테우스의 죽음 | 폼페이 벽화.

이것도 펜테우스가 막 죽으려는 장면인데, 폼페이에서 나온 벽화입니다. '베티(Vettii)의 집'이라고 하는 건물의 식당에서 발견된 그림이에요.

앞의 325쪽 그림 보고 오시죠. 이 도기 그림이 가장 솜씨와 구성이 좋습니다. 여기서는 어머니와 이모들이 펜테우스의 자체를 뜯어, 한 조각씩 들고 있습니다. 오른쪽 끝에는 사튀로스 하나가 만류하듯 달려오는 걸로 그렇게 그렸네요. 사튀로스는 대개 뭔가 놀라운 일이 있으면 깜짝 놀라는 역할로 자주 등장하는데, 사튀로스가 디오뉘소스의 추종자들 중 중요 멤버이니 이 장면에 등장하는 게 꽤 적절합니다.

아가우에는 자기가 잡은 사자 새끼의 머리를, 아들을 시켜 지붕 위에다가 못 박게 하겠노라고 계획을 밝힙니다. 그 뒤에는 카드모스가 펜테우스의 시신을 수습해가지고 들어옵니다. 관객/독자로서는 여자들이 외손자를 공격하는 동안 이분은 대체 뭘 하고 있었는지 궁금할 수 있는데요. 그 궁금증을 해소해 주기라도 하듯 그는 자신의 동선을 밝힙니다. 자기가 테이레시아스와 함께 축제에 참여했다가 집으로 돌아왔었지만, 재난의 소식을 듣고 다시 산에 갔었노라고요. 악타이온을 낳은 아우토노에는 아직도 광기에 빠진 채 산에 있다고요. 여기서 카드모스가 악타이온에 대해 언급하는 건, 신들이 얼마나 잔인한지를 강조하기 위해서일 것입니다. 악타이온도 아르테미스 때문에 찢겨 죽었으니까요.

아가우에는 아버지 앞에 다시 자기 업적을 자랑하고, 자신이 잡은 사냥감을 높이 매달고 잔치를 베풀자고 제안합니다. 그러자 카드모스는 신들의 가혹함을 비난하면서, 앞에 말씀드린 것처럼 딸을 단계적으로 광기에서 벗어나게 합니다. 우선 하늘을 보라고, 그리고 밑을 보라고, 그러고는 손에 들고 있는 건 뭔지 알아보라고, 그렇게 몇 단계를 거쳐 제정신을 차리게 합니다. 하늘로부터 현실로 돌아오는 이 과정은 아가우에의 주관적 행복감이 점차 하강하는 과정이라고 해석할 수 있겠습니다. 그리고 자기가 들고 있는 것이 무엇인지 깨닫는 장면은 '알아보기'이고, '급격한 반전(거꾸로 떨어짐)'의 순간입니다. 아가우에의 행운 곡선이 높이 솟았다가 꺾여 곤두박질친 것이죠. 그래서 제가 이 마지막 장면도 하나의 '봉우리'로 놓자고 제안한 것입니다. 아가우에는 드디어, 남자들의 영역인 사냥터에서 누구보다 뛰어난 사냥 실력을 발휘했습니다. 자기가 사냥한 짐승을 들고 의기양양 행진하고 온 도시에 자랑했습니다. 그러나 제정신이 드는 순간 모든 허상이 사라지고, 그녀의 최고의 행운은 극한의 불행으로 '급전'하고 말았습니다. (원문에서, 그녀가 여성의 북과 베틀을 떠나 공을 세웠다고 자랑하는 구절, 스스로 행복하다고 여러 번 강조하는 구절, 마지막에 자신의 운이 변화한 것을 탄식하는 구절 들을 찾을 수 있습니다.)

한데 그때 디오뉘소스가 나타나죠. 에우리피데스의 비극 마지막에 늘 나오는 데우스 엑스 마키나입니다. (이 부분은 몇 구절이 사라져서 다른 자료를 통해 채워 넣는 게 일반적 편집 관행입니다.) 디오뉘소스의 예언과 명령은 이러합니다. 테바이 사람들은 앞으로 이방인에게 쫓겨 여러 도시를 전전하게 될 것이다, 아가우에와 그녀의 자매들은 추방되어야 한다, 카드모스는 용으로 변할 것이다, 그렇지만 나중에는 행복하게 살 것이다. 그러면서 그들이 일찍부터 지혜를 가졌더라면 행복하게 살았으리라는 개탄도 덧붙입니다. 이 작품에서는 인간의 합리성과 신적 지혜의 대비, 그리고 종교적 광기와 반종교적 '광기'의 대비가 거듭 되풀이되고 있습니다. (펜테우스를 향해 '미쳤다'는 평가가 여러 번 반복되었죠.)

카드모스가 잘못을 인정하지만, 디오뉘소스는 그가 너무 늦게 깨달았다고 비판합니다. 카드모스는 그래도 벌이 너무 가혹하다고, 신의 노여움이 인간 같아서는 안 된다고 약간의 항변을 해 보지만 디오뉘소스는 이 일은 제우스가 일찍부터 정한 것이라고 냉정하게 답하죠. 아마 여기서 카드모스가 신에게 하는 말, '신은 인간같이 감정적이어서는 안 된다'는 것은 작가가 전통 종교에 던지는 비판이라고 보아야 할 것입니다.

이어서 아가우에와 카드모스가 작별하는 장면, 마지막으로 늘 나오는 에우리피데스 식 끝맺음 말이 있습니다. '신들은 많은 것을 뜻밖에 이루신다, 이번 일도 그렇게 된 것이다' 하는 문장입니다. '이 작품은 에우리피데스 것이다' 하는 말이나 다름없죠.

펜테우스의 죽음에 대해서는 신화적 해석의 여지도 있습니다. 신화와 민담에서 왕이 찢겨 죽는 건 드물지 않은 사건입니다. 왕이 늙으면 땅도 늙기 때문에, 왕을 토막 내어 여러 곳에 나눠 묻으면 땅이 생산력을 되찾는다는 게 일반적인 도식인데요. 이 작품에는 젊은 왕이 찢겨 죽어서 약간 틀을 벗어났네요. 어쩌면 여기서 에우리피데스는 펜테우스로써 희랍 땅을 상징했을 수 있습니다. 펠로폰네소스 전쟁에 의해 갈가리 찢긴 희랍 땅과 희랍인의 도덕 상태를 보여준 거라고요. 그러면 그는 평화라는 신적 진리를 거부하다가, 신이 보낸 듯한 대중의 광기에 스스로 파멸한 것이 됩니다. 하지만 그저 절망만 있는 건 아닌 듯도 합니다. 이 광기의 치유책도 역시 인간들끼리 서로 도와 이성을 되찾는 것이어야 한다고, 아가우에의 회복 장면을 통해 보여준 게 아닌가 하는 것입니다. 이런 여러 해석의 가능성이 있으니, 여러분도 자신만의 해석을 찾아보시기 바랍니다.

마지막으로 연출에 대해 조금만 보죠. 이 작품은 마지막에 사람의 머리를 들고 나와야 해서 연출상의 문제가 있는데요. 고대에는 아마 대충 둥근 물건에 양털 따위를 붙여서 사람 머리인 척했을 거고요. 현대에도 비슷한 방법을 쓸 수 있는데요, 좀 신기한 연출도 있습니다. 배경을 까맣게 하고 펜테우스도 검은 옷을 입은 채, 목에다가 빨간색 넥타이를 묶어서, 여인의 팔에 의지해서 걸어오면 잘린 목에서 피를 흘리는 것처럼 보여요. 아마 관객들도 다 알면서 그냥 눈감아줬겠죠. 이런 식으로 연출을 재미나게 한 것이 꽤 여럿 있습니다. 물론 내용은 끔찍하지만요.

이 작품은 맨 마지막에 디오뉘소스가, 다른 작품에서 다른 신들이 보여준 것처럼 아주 무자비하게 그려졌지만 그가 보내는 경고는 기억할 만합니다. '지혜로움이 가장 행복한 것이다. 너무 늦게 깨달았다.' '너무 늦은 깨달음'이라는 개념은 희랍 비극에서 자주 나타나는 테마입니다. 한편 카드모스의 항변도 주목할 만하죠. 신들이 노여울 때 인간 같으면 되겠냐고 했는데, 아마 그 당시 사람들이 신에 대해서 가지는 어떤 의혹, 아니면 적어도 섭섭함이라 해야 할 거예요. 신의 분노가 정당하다 해도, 인간처럼 그런 식으로 보복하면 되겠냐는 겁니다. 그리고 아가우에가 맨 마지막에, 자기는 디오뉘소스 숭배 같은 건 보고 싶지 않다고 토로하는데요. 이 작품은 독자들이 흔히 원하는 것처럼 화합으로 끝나질 않습니다.

전체적으로 평가하자면, 〈박코스의 여신도들〉은 한편으로 종교 현상의 무서움 그리고 신들의 무자비함을 보여주면서 또 인간이 내면에 지닌 원초적 욕망도 완전히 무시하면 안 된다는 경고, 하지만 동시에 절제가 필요하다는 생각 등을 함께 전달하는 작품입니다. 평생 희랍 신화와 종교를 비웃어왔던 에우리피데스가 생의 거의 마지막에 종교 현상이 어떤 것인지, 신들이 얼마나 무자비하고 무서울 수 있는지, 또 신에게 어떤 다면성이 있는지, 그런 걸 보여주는 작품을 남겨놨습니다. 그 안에는 소포클레스와 에우리피데스 자신의 여러 작품에 대한 인용이 들어 있습니다. 어쩌면 에우리피데스는 이게 자신의 마지막 작품이 될 것이고, 자기가 죽음으로써 희랍 비극의 영광도 저물게 되리라는 걸 예감했는지 모르겠습니다. 상승과 하강의 반복적 리듬으로 구조를 튼튼하게 짜면서 '알아보기'와 '급격한 반전'을 능숙하게 구사한, 그리고 수많은 —암시적— 인용으로 희랍 비극사를 총괄하는 걸작이라 하겠습니다.

브런치 디저트

악타이온의 죽음과 펜테우스의 죽음에 대해 보충해서 설명해주세요.

〈결박된 프로메테우스〉에서는 한편에는 프로메테우스, 다른 편에 이오, 이 두 가지 이야기가 병치되어 있었죠? 이번 작품에서는, 아르테미스 일행의 알몸을 보았다가 사슴으로 변해서 사냥개들에게 죽은 악타이온이 펜테우스와 서로 대비되었습니다. 악타이온은 너무 많은 것을 알게 되었기 때문에 죽은 거고요, 펜테우스는 너무 많은 것을 무시해서 그렇게 되었다고 해야겠네요. 맨 마지막에는 펜테우스도 결국 어떤 진실을 보았지만 시기도 너무 늦었고, 또 뭔가 잘못된 방식으로 그걸 보았습니다. 반대자까지도 끌어들이는 매력이 디오뉘소스에게, 혹은 종교에 있는 모양입니다.

아가우에가 아들 펜테우스를 죽이는 장면은 너무 잔인합니다. 어떻게 받아들여야 할까요?

우리가 작품을 읽을 때, 가슴이 울리고 어떤 숭고한 느낌이 들기도 하고 그래야 하는데, 이 작품은 신들의 무자비함과 이 세계의 무정함, 운명의 어떤 가혹함 같은 걸 보여주며 끝나서 기분이 아주 유쾌하진 않습니다. 특히 어머니가 부지 중에 자식을 죽인다는 건 여성이 당할 수 있는 가장 큰 불행일 텐데요. 그런 사건을 신이 고의적으로 일으킨다는 게 매우 씁쓸합니다. 에우리피데스가 쓴 많은 작품 중에 지금 제대로 전해지지 않는 것을, 여기저기 인용된 조각들을 모아 연구한 학자도 있는데요. 그 작품들에 특히 에우리피데스가 여성의 억압에 대해 얼마나 관심이 많았는지가 잘 나타납니다. 그 억압의 일시적인 폭발은 쓰라린 결말로 매듭지어졌습니다. 여성과 남성으로 대표되는 자연과 문명의 대결, 원초적인 힘과 지나친 억제의 대결, 아마도 우리는 그 중간 어디선가 답을 찾아야 할 것입니다.

| 원작을 직접 읽으실 분들께 추천하는 우리글 번역서 |

도서명	역자	출판사
일리아스	천병희	도서출판 숲
	이준석	아카넷
오뒷세이아	천병희	도서출판 숲
	이준석	아카넷
	김기영	민음사
아이네이스	천병희	도서출판 숲
	김남우	열린책들
소포클레스 비극 전집	천병희	도서출판 숲
에우리피데스 비극 전집 1, 2	천병희	도서출판 숲
아이스퀼로스 비극 전집	천병희	도서출판 숲
오이디푸스 왕	강대진	민음사
메데이아	강대진	민음사
오이디푸스 왕 외	김기영	을유문화사
	장시은	열린책들

서사시와 비극으로 읽는 서양 고전 레시피
브런치 인문학
ⓒ 강대진, 2025

제1판 제1쇄 발행   2025년 1월 20일

지은이   강대진
펴낸이   배경완
펴낸곳   북길드
등록번호   제652-2014-000008호
주소   제주특별자치도 서귀포시 서호중앙로 55 유포리아지식산업센터 B동 717호
전화   064-762-2582
팩스   064-762-2581
이메일   bookus@naver.com

ISBN   978-89-969374-7-0 (03890)

정가는 뒤표지에 있습니다. 잘못된 책은 구입하신 곳에서 교환해드립니다.
저작권법에 따라 보호를 받는 저작물이므로 책의 무단 전재와 무단 복제를 금합니다.

이 저서는 2021년 대한민국 교육부와 한국연구재단의 지원을 받아 수행된 연구임
(NRF-2021S1A5C2A04088759)